한국현대소설의
관습과 전략

한국현대소설의

관습과 전략

이상진 지음

도서출판 월인

책을 내며

소설을 읽으면 이야기보다는 이야기하기의 방식이 늘 먼저 들어왔다. 그러나 해석 도구가 많지 않고 길이 들지 않은 것들이라, 생각을 드러내기 쉽지 않았다. 틈새를 비집고 들어가 겨우 찾아낸 것이 좁고 거칠어 마음을 돌려먹곤 했다. 그것은 시대의 한계였다가, 작가의 한계였다가, 해석자의 한계가 되었다. 답도 끝도 보이지 않는 시도들이었지만, 용기를 내어 그간에 쓴 논문 중 열 편을 추렸다. 대체로 소설의 장르관습과 서사 전략에 방점이 찍혀있다. 고민 끝에 〈관습과 전략〉이라는 핵심어를 제목에 붙였다.

비극성, 비극적 인식, 희극성, 서술적 거리, 양식적 혼용, 시간, 의식의 흐름, 여담과 분산적 서사, 더블 비전과 캐릭터, 공간과 장소, 장소상실 등이 여러 텍스트를 오가며 공들여 읽어낸 키워드들이다. 관심을 많이 쏟았던 박경리의 소설에 대한 연구가 가장 많다. 이효석의 〈황제〉는 대학원 시절 처음으로 소설의 시간에 대해 공부하게 이끈 소설이었다. 〈무정〉의 풍자성에 대한 지적과, 다양한 서사 양식의 실험과 결합으로 되어 있다는 주장은 오랜 고민 끝에 나온 것이다. 이 연구를 위해 〈무정〉 연구 100년사를 훑는 것은 현대문학 연구공동체의 지식 권력 변화사를 읽는 시간이 되었다. 어떤 연구는 텍스트 분석보다 나의 삶에 대한 성찰이 앞서기도 했다. '아내'가 된 지 이십여 년 만에 아내를 보는 남성작가의 시선을 들여다보았다. 안석영의 〈아내〉는 남편이 찾아 복사해 주었는데, 읽어보니 주체적이고 이성적인 가정 관리자가 된 아내를 그려낸 작품이었다. 우연이 남긴 삶의 메시지로 기억해 둘 사건이었다. 늘 다니던 동숭동과 낙산은, 이 근처 어느 집에서 70년 전 김채원이 느꼈을 장소감에 대한 상상으로 풍성해졌다. 노작가의 기억 속 전쟁은 그렇게 지금 여기에서 계속되고 있다. 이윤기의 소설과 박경리의 〈토지〉에서 발견한 여담과 그 전략은 계속되는 연구주제이다. 여담을 통해 우리 소설의 서사 관습을 다시 읽고, 그 맥락 속에서 〈토지〉를 해석하는 일이 숙제로 남아있다.

다시 보니 무르익지 못한 생각으로 채워진 챕터들이 꽤 있다. 억지도 과한 해석도 많다. 이미 발표된 글들이라 어쩌지는 못하여 가독성을 높이는 정도에서 소극적으로만 수정하였다. 어지러운 문장 사이에서, 그래도 오랫동안 촘촘히 읽고 새롭게 읽어내려 고심한 흔적이, 필자도 자각하지 못한 해석의 틈을 열어 보인다면 기쁜 일이다.

책을 준비하던 중에 자산 신동욱 선생님께서 별세하셨다. 이광수 탄생 100년을 맞이하여 〈무정〉의 탁월함과 문제성을 오로지 텍스트에 의지해서 설명하시던 모습이 아직도 선연하다. 돌이켜보면 이 일련의 연구는 텍스트를 꼼꼼히 읽고 관습과 전략부터 살피시던 선생님의 가르침에서 시작된 것이다. 한국문학연구에 바친 선생님의 열정과 애정 어린 연구업적을 기리며 삼가 고인의 명복을 빈다.

어려운 상황에서도 흔쾌히 출판을 허락해 준 도서출판 월인에 깊이 감사한다.

2021년 1월 대학로에서

이상진

목차

한국현대소설의

관습과 전략

신식의 강박, 고백과 풍자 사이

: 〈무정〉의 양식적 특성과 서술적 거리

1. 근대적 소설 양식의 문제

이광수의 〈무정〉은 근대의 서구적인 소설 양식의 이입과 정착과정을 읽어내는 데 있어 중요한 작품으로 그 문학사적 가치를 인정받아 왔다. 이른바 최초의 근대적인 순한글 장편소설(novel)로서 당대의 신사조를 사실적으로 반영한 서사 양식이라는 것이 핵심이다. 접근 방식과 내용은 달라지고 있지만, 당대의 어떤 시대정신(근대성)을 반영하였고 또 어떤 점에서 새로운 소설방식(근대적 서사양식)을 보여주었는가에 대한 문제제기는 여전히 유효한 듯하다. 이 글에서는 〈무정〉이 보여준 근대성의 내용과 서사 양식의 문제를 고백과 풍자의 양식적 특성을 중심으로 살피고 새로운 해석 가능성을 타진해보고자 한다.

〈무정〉은 다양한 장르적 특성에 의해 규정되어 왔다. 근대소설, 애정소설, 연애소설, 계몽소설, 성장소설, 교양소설, 피카레스크 소설 등으로 규정되기도 했고 멜로드라마, 자서전적, 혹은 고백 서사적 특성 등으로 새롭게 분석되기도 했다. 지난 100여 년간 수많은 격론을 불러일으켰던 연구결과들이다. 상당히 오랫동안 〈무정〉의 장르 규정은 로맨스(romance)에서 노벨(novel)로의 발전 혹은 진화 여부에 집착한 가운데 이루어져 왔다.[1] 초창기에는 전근대적인 요소의 타파와 계몽주의적 시각이, 근래에는 사랑-연애의 감정과 담론 등이 근대성을 드러내는 지표로 읽혔고 이런 요소의 반영이 근대적 소설 양식의 조건을 충족해 주었다. 여기에는 서구의 근대적인 서사 장르로의 이행을 염두에 두고 장르 진화론적인 시각에서 〈무정〉의 위치를 재단하여 설명하려는 의도가 내재되어 있다.

고전 서사 전공자들은 〈무정〉에서 고소설과의 공통점, 전근대적인 장르적 특성을 눈여겨보았다. 이 작품의 전반부에서 발견되는 전(傳)자류의 이야기 방식이나 신파조의 서사, 〈채봉감별곡〉과의 유사성이 지적된 영채 중심의 기생 이야기 등은 고소설적 요소이자 로맨스적인 요소로서 노벨과 대립되는 것이라는 지적이다.[2] 1990년대

1 일본 근대문학의 관념을 성립시킨 문학론으로 평가되는 쓰보우치 쇼오의 『소설신수』 이후 소설은 노벨의 번역어로 배타적으로 사용되기 시작했고, 문학적 진화론의 시각에서 로맨스는 시대에 뒤떨어진 장르이고 사회의 진화 결과 신흥 '소설:노벨'이 형성되었다는 시각이 자리 잡았다. (노구치 다케히코, 노혜경 옮김, 『일본의 '소설' 개념』, 소명출판, 2010, 31~33쪽.) 〈무정〉이 "서구(일본)의 근대적 제도 및 문화의 번역이라는 문학적 실천과정에서" 나타나게 되었다는 지적(최주한, 「번역된 (탈)근대론으로서의 〈무정〉 연구사」, 『한국근대문학연구』 27집, 2013.)에서 확인할 수 있듯, 일본의 장르 진화론적 시각은 오랫동안 〈무정〉의 근대소설적 특성을 설명하는 바탕이 되었다.

2 성현경과 조동일은 〈무정〉이 새로운 소설이 아니라, 이전 소설과 근대소설의 교량역할을 하는 과도기적 소설에 불과하며, 고전 영웅소설과 서사구조면에서 다를 것이 없다는 평가를 내놓았다. 성현경, 「무정과 그 이전 소설」, 『어문학』 32, 1975.2. 조동일, 『한국문학통사』 4, 지식산업사, 1994, 456~459

이후에는 근대성의 성격 규명에 중심을 둔 연구가 주로 진행되었고, 서영채의 지적대로 "보다 나음"이 아니라 "서로 다름"에 주목하기 시작했다.[3] 최근에는 〈무정〉의 고백체적 특성, 내면의 발견에 주목하여 이 작품의 양식적 특성을 밝히는 새로운 시각이 나타나고 있다. 대체적으로는 이 작품에 나타나는 내면의 발견 혹은 고백적 특성을 근대의 산물이자 식민지적 주체의 자각 과정으로 보고 이를 (탈)근대성의 징표로 읽어내고 있는 것으로 보인다. 문제는 이런 근대적 주체의 내면 전개가 온전한 각성으로 이어지는 것이 아니라, 계몽 담론과 어긋나고 균열과 모순을 보여주고 있다는 지적에 있다.[4] 본고는 이 균열과 모순이 결국 근대성의 내용과 그 양식적 특성으로 나타나고 있음에 주목하고 있다.

지난 세기말부터는 〈무정〉이 "서구적 장르의 갱신과정에서 겪었어야 했을 소설 기술상의 시행착오를 고스란히 담고 있을 가능성"[5]에 무게를 두고 다양한 지적이 나타나고 있다. 즉 영채를 중심으로 한 애정소설과 형식을 중심으로 한 교양소설 혹은 계몽소설의 경계선상에 있다[6]든가, 모순된 양식의 공존을 "근대적 인식론과 로망스적 형식의 화음"으로 접근하여 "텍스트의 불안"을 지적하든가[7], 텍스

쪽.

3 황정현, 『이광수 소설연구사』, 고대 박사논문, 2009.

4 이 내면의 발견은 개인은 물론 사회=민족을 만들어내는 규범으로 작동하는 감정에 주목한 논의를 비롯하여 조선적 정체성의 탐색인지 식민지 근대 주체의 내면에 기반한 것인지에 대한 논의까지 근대성에 대한 다양한 해석을 이끌어 내었다. 최주한, 앞의 글.

5 김경수, 「현대소설의 형성과 겁탈-〈무정〉의 근대성 재론」, 『한국 현대문학과 근대성의 탐구』, 국학자료원, 2000.

6 윤홍로, 「무정의 전통성과 근대성」, 이광수, 〈무정〉, 우신사, 1992.

7 조남현, 「근대적 인식론과 로망스적 형식의 화음」, 『한국현대소설사 1』, 문학과지성사, 2012, 272쪽.

트가 형식적 비일관성[8]을 지니고 있다든가, "신소설과 번안소설 사이에서 진동"[9]하고 있다는 주장이 그것이다. 이런 연구결과는 〈무정〉이 하나의 서사 관습이나 양식에 의해 완성된 통일성을 지닌 작품이 아니라, 다양한 서사 관습이 혼합된 불안정한 작품임을 시사한다.

이는 〈무정〉이 창작된 시기의 문학장의 특성과 이광수의 문학 활동에서 그 근거를 찾아볼 수 있다. 〈무정〉이 연재된 1910년대는 다양한 담론양식이 시험되던 때였다. 작가도 독자도 모두 신구(新舊), 동서(東西)의 서사물에 노출되고 학습되던 때였다. 계몽성을 띠던 신소설이 사라져가는 자리에 일본의 신파극과 번안소설이 출현했다.[10] 활자본 고소설은 여전히 유행하고 있었고 동경유학생들을 중심으로 서구의 문학론과 서사장르가 유입되고 있었다. 무엇보다 이광수는 국한문혼용체로 썼던 〈영채전〉을 순 한글의 장편소설 〈무정〉으로 바꾸어 연재[11]할 정도로 신속한 서사변형과 다양한 양식의 글쓰기를 시도[12]할 능력을 갖추고 있었다. 이런 점 등으로 미루어, 〈무정〉의 양식적 특성과 형태의 비일관성에 대한 다른 차원의 접근이 필요하다.

이를 위해 이 논문에서 주목하려 하는 것은 서술자(내포작가)와 인물의 거리와 서술자의 어조에서 발생하는 균열이다. 〈무정〉에는 인물과 밀착된 고백체적 특성과 인물과 풍자적 거리를 두고 비판하는

---

8 염인수, 『초기 현대소설의 서술화법』, 고대 박사논문, 2014.

9 이만영, 「근대적 읽기 관습의 창출과 계도적 미학의 길 - 이광수의 문학론과 〈무정〉의 상관성을 중심으로」, 『센티멘탈 이광수』, 소명출판, 2013.

10 이만영, 앞의 글, 406쪽.

11 이희정, 『한국근대소설의 형성과 매일신보』, 소명출판, 2008, 301쪽.

12 이선경, 「1910년대 이광수의 장르 실험 - 장르 간 영향과 교섭을 중심으로」, 『한국문화연구』 29, 2015.

해부적 특성이 함께 나타난다. 고백과 풍자는 특히 형식을 비롯한 지식인 인물의 지적 태도와 내용의 서술에서 주로 나타나며[13], 이 작품에서 읽어내려는 근대성의 내용과 긴밀히 연결된다. 미리 말하자면, 계몽과 자유연애, 근대적 각성을 보여주는 주체에 대한 끝없는 거리조정은 신식의 강박에 시달리는 당시 지식인의 경박함에 대한 이광수의 자각이 표현된 것으로 볼 수 있다. 이 글에서는 고백과 풍자의 양식적 특성을 통해 〈무정〉을 재해석하되 기존 연구 결과에 대한 메타분석도 병행하고자 한다. 이를 통해 다양한 양식적 실험 내용과 비일관적인 서사구조를 밝히고, 소설사적 위치와 의미를 재검토할 수 있기를 기대한다.

2. 고백의 역설, 욕망의 은폐와 시간 모순

고백(confession)은 내향적이고 지적인 산문 형태이다. 한국문학에서는 1910년대 현상윤, 양건식의 작품부터 1920년대 염상섭의 초기 3부작까지 고백 서사를 어렵지 않게 찾아볼 수 있다. 이광수의 초기단편소설들은 자신의 유학생 시절 체험을 바탕으로 한 자전적인 작품이자[14] 고백서사적 특징을 보이고 있으며[15] 같은 시기에 발표된

13 프라이에 의하면 고백과 해부는 산문픽션 가운데 지적인 양식에 해당되며 내향적/외향적인 특성으로 구별된다. N. 프라이, 『비평의 해부』, 임철규 역, 한길사, 1986, 429~447쪽.

14 서은혜는 1910년대 이광수의 단편들을 분석하면서 작가와 연결 지을 수 있는 인물이 모범적 인물의 행적을 기록하는 '기록자'의 모습으로서 형상화되거나, 혹은 작가가 가진 신념 체계나 이상을 공유하는 인물의 목소리가 강하게 발화되고 있다는 점에서 자전성을 찾고 있다. 서은혜, 「1910년대 이광수 단편소설의 '자기-서사'적 특성」, 『춘원연구학보』 7. 2014.

15 손자영, 「1910년대 이광수 단편소설의 고백 서사적 특징 연구」, 『이화어문

〈무정〉에도 '자기-서사'적 면[16]과 고백서사적 특징이 나타나며, 이에 대한 연구도 이미 다각적으로 이루어진 바 있다. 이 연구들은 주로 우리 근대문학의 성립을 고백 서사와 연결시켜 분석한 것으로, 고백양식을 주체의 자각을 통한 자아의 각성과 내면의 발견이라는 근대의 문학원리로 보고 있다. 이 장에서는 〈무정〉의 고백서사적 특징을 시간구조와 착오, 심리묘사의 전략, 논설적 주장과 서술자의 문제를 중심으로 살펴보고 재해석하고자 한다.

1) 시간 착오와 장고(長考)

〈무정〉의 특별함과 새로움은 우선, 길이에 있다. 총 126회 분량으로 "조선국어체"로 유례가 없는 길이에 적절한 구성을 취한 것[17]이 당시 다른 작품과 차별되는 지점이다. 이 길이에 비하면 〈무정〉의 사건은 대단히 간단하다. 형식이 선형을 만나고 영채가 찾아오고, 청량리 사건을 확인하고, 영채를 찾아 평양에 다녀오고, 선형과 약혼식을 하기까지 5일이 전체의 3/4, 이들이 다시 유학길에 올라 재회하여 삼랑진 수해를 목격하고 음악회를 하고 떠나는 사건까지 2일간의 이야기가 그 나머지를 이룬다. 이렇게 겨우 7일간 벌어진 사건에 전후 거의 20년에 걸친 이야기가 소급제시와 후일담 형태로 보

논집』 42집, 2017.

16 〈무정〉은 연재 시기부터 이미 그 자전적 특성에 대해 의심받아왔다. 춘원은 후일 연애라는 것도 모르고 기생이라는 것도 대해본 일이 없었으며 신우선이라는 인물 하나밖에 모델이 없었다고 말한 바 있다. 이광수, 「문단 고행 삼십 년-서백리아(西伯利亞)에서 다시 동경으로」, 『조광』, 1936. 5.

17 김동인은 〈무정〉이 "量에 있어서 아직껏 朝鮮에서의 初有인 동시에 질에 있어서도 아직껏 조선 사람이 보지 못하던 새로운 것이었다"고 지적하였다. 김동인, 『春園硏究』, 신구문화사, 1956, 28쪽.

태지고, 인물의 내면 묘사와 서술자의 논평 등이 삽입된다.[18]

〈무정〉의 시간 배열을 살펴보면 소급제시가 상당히 많이 나타난다. 김정자는 영채와 형식이 헤어진 이후의 일들이 '칠팔 년 전'이라는 어구로 4번 이상 길게, 영채가 기생이 된 이후의 일들이 '육칠 년 전'이라는 어구로 5번 이상 반복하여 서술되며 이 외에도 동일한 내용의 이야기가 여러 차례 반복 서술된다고 정리하였다.[19] 시간의 변화와 시점(時點)을 드러내는 표현은 독자가 소급제시 부분을 잘 이해할 수 있도록 돕고 있음에 틀림없다. 그러나 서술자가 과도하게 개입하고 인물의 내면 묘사 등이 수시로 이루어지기 때문에 독자가 사건 시간을 실제보다 더 길게 체감하여 착오가 생길 수 있다.

〈무정〉이 방대한 분량을 다루면서 플롯을 잘 갖춘 셈이라고 평가한 김동인조차 형식과 선형의 첫 만남에서 약혼까지 수개월이 걸린 것으로 착각하여 기록하고 있다. 그는 "이형식을 자기 딸에게 영어를 가르친다는 명목으로 수개월간 서로 보게 하고, 인제는 다 되었거니 하고 형식을 불러서 혼인을 청"하였다고 쓰고 있다.[20] 그러나 이 결정은 실제로 단 5일 만에 이루어졌다. 김동인의 오독에는 이런 결정을 하기까지 수개월이 걸릴 것이라는 현실적 추측이 선입견으로 작용했을 것이다. 아무리 신식에 대해 무지하다고는 하나, 만난 지 5일 만에 약혼을 받아들이고, 함께 유학을 가기로 결정하며, 또 결정한 그 날로 약혼식을 거행하는 것도 문제려니와, 더구나 옛 은사의 딸이자 정혼한 바 있던 영채가 겁탈사건으로 자살을 한 (것으

---

18 정재석은 〈무정〉에 나타난 정보제시의 과잉성을 적시하고, 그 원인으로 연재소설의 특성, 전대 소설과의 친연성, 소설적 형상화의 미흡성 등을 들어 설명하고 있다. 정재석, 『한국현대소설의 시간구조』, 새미, 2004, 91~95쪽.

19 김정자, 『한국 근대소설의 시간 기법 연구』, 부산대 박사 논문, 1984. 44~45쪽.

20 김동인, 앞의 책, 34쪽.

로 믿고 있는) 상태에서 이런 결정을 하는 것도 상상하기 어렵기 때문이다.

스토리 시간을 정지시킨 상태에서 자주 삽입되는 인물의 내면 묘사도 이런 착각을 일으킬 수 있다. 영채가 기생이 되어 찾아온 후 형식은 영채의 순결을 의심하고 다시 연민을 느끼고 행복을 꿈꾸다가 또 의심하는 등 하루에도 여러 번 마음이 바뀐다. 이 때문에 긴 서술시간 속에 배치하여 속도를 늦추어 전달하지 않는다면 오히려 개연성을 얻기 어려울 정도이다.

> 그러코 보면 그ᄂᆞᆫ 실로 기ᄉᆡᆼ의 몸이 되었ᄂᆞᆫ가 그 은혜만흔 박션ᄉᆡᆼ의 ᄯᅡ님이 그만 기ᄉᆡᆼ의 몸이 되엇ᄂᆞᆫ가 셰샹을 위ᄒᆞ야 몸과 맘을 다 바치던 열셩잇ᄂᆞᆫ 박션ᄉᆡᆼ의 ᄯᅡ님이 그만 셰샹의 유혹을 바다 부랑ᄒᆞᆫ 남ᄌᆞ들의 놀이ᄀᆡ 감이 되엇ᄂᆞᆫ가 혹 엇던 유야랑과 오날져녁에 만나기ᄅᆞᆯ 약속ᄒᆞ고 그 약속ᄒᆞᆫ 시간이 오기젼에 잠간 나ᄅᆞᆯ 차즌 것이아닌가[21]

중요한 것은 이러한 내면서술의 양이다. 형식이 영채의 순결에 대해 의심하고 갈등하는 내용은 8회부터 시작되어 수시로 삽입된다. 심지어 16-17회, 24-25회는 의심하는 내용으로만 되어 있다. 이것은 형식이 영채에 대해 얼마나 많이 고민하고 갈등하였는지를 양적으로 증명하는 효과를 준다. 영채의 죽음을 제대로 확인하지도 않고 상경하여 곧바로 선형과 약혼하고 미국 유학을 신속하게 결정한 행동에 대해 긴 변명이 필요하기 때문이다. 결국 이런 내면 고백의 열거가 이야기 시간을 지연시키고, 졸속으로 전개된 사건을 마치 신중

21 이광수, 김철 교주, 『바로잡은 〈무정〉』, 문학동네, 2003, 118쪽.

하게 고려해서 내려진 결과인 것처럼 포장하고 있다고 볼 수 있다.

2) 고백과 은폐

〈무정〉은 시간 구성의 특이성으로 인하여 이야기 전개에서 자연스럽지 못한 부분이 많다. 70회로 쓰여진 〈영채전〉을 126회의 연재소설 〈무정〉으로 늘려 쓰는 과정에서 구조의 변화는 물론 중심인물과 주요 서사의 결정 등에서 어려움이 있었을 것이라고 짐작할 수 있다. 이런 부담을 안고도 무리한 시간 구성을 보여주어, 사건의 전개보다는 "인간의 심리를 가능한 한 상세하게 묘사하려고 노력"을 했다는 해석도 나왔다.[22]

이 작품에서 내면 묘사가 가장 많이 나오는 인물은 형식이다.

> 어제 영ᄎᆡ가 나를 ᄎᆞᄌᆞ옴도 이러ᄒᆞᆫ 괴로옴을 견ᄃᆡ다 못ᄒᆞ야 맛참ᄂᆡ ᄂᆡ게 의탁ᄒᆞᆯ양으로 온것이안일가 와셔 ᄂᆡ 의복과 거쳐가 극히 빈한ᄒᆞᆷ을 보ᄆᆡ 나에게 구원을 청ᄒᆞ야도 무익ᄒᆞᆯ줄을 알고 즁도에 말을 긋치고 도라갓슴이안일가 이러케 ᄉᆡᆼ각ᄒᆞ면 ᄌᆞ긔의 빈한ᄒᆞᆷ이 더욱 슯흐기도ᄒᆞ고 붓그럽기도ᄒᆞ다 과연 형식은 영ᄎᆡ를 구원ᄒᆞᆯ ᄌᆞ격이 업다 만일 월향이라ᄂᆞᆫ 긔ᄉᆡᆼ이 진실로 영ᄎᆡ라ᄒᆞ면 과연 형식은 영ᄎᆡ를 구원ᄒᆞᆯ능력이 업다[23]

위에서 볼 수 있듯, 종종 1인칭 서술로 형식의 내면이 인용부호 없

---

22 하타노 세츠코는 〈무정〉의 집필 당시 문학에서 심리학이 갖는 중요성은 이미 일반화된 상식이었고, '의식의 흐름'에 대해서도 알려져 있었으므로 춘원은 이를 알고 시도했을 것이라고 추측하고 있다. 하타노 세츠코, 『〈무정〉을 읽는다-〈무정〉의 빛과 그림자』, 최주한 옮김, 소명출판, 2008, 209~210쪽.

23 이광수, 앞의 책, 164~165쪽.

이 삽입되기도 하고, 형식을 초점자로 하여 서술되기도 한다. 서술자의 외적이고 객관적인 시점에 주인공의 내적이고 주관적이고 감정적인 시점이 수시로 덧입혀지는 것이다.[24] 하타노 세츠코는 형식의 내면 묘사와 독백, 행동의 부자연스러운 부분을 치밀하게 분석하여 그의 무의식에 억압된 원망을 읽어내고 있다. 이형식의 내면에서 과장되다 싶게 길고 지루하게 이어지는 과거 회상은, 자기 편리를 위해 왜곡되고, 자기를 정당화하는 방향으로 분석되어 서술된다. 시간 지연은 영채의 순결 훼손을 기정사실로 만들고, 영채의 죽음 혹은 행방불명에 대한 기대를 은폐하려는 장치에 다름 아니라고 할 수 있다. 결국 상류층에 편입하여 미래를 보장받고 싶은 형식에게 걸림돌이 될 뿐인 영채의 존재를 삭제하고 싶은 욕망이 작용하고 있는 것이다. 형식은 영채를 구원할 의무와 책임에서 벗어나기 위해 무의식적으로 영채가 사라지기를 원하고 있는데, 이를 은폐하고자 하는 심리가 망각, 억압, 투사, 반동형성 등의 심리기제로 나타나고 있다고 보고 있다.[25] 형식의 의심과 심리적 동요, 과장된 감정표현이 지루할 정도로 길게 반복되었던 이유는, 타국의 연구자가 행한 촘촘한 분석으로 설득력 있게 전달된다. 이에 따른다면 내면 고백의 유치함을 그저 "과도기 청년이 겪을 수밖에 없는 필연적인 혼란"[26]으로 보는 것은 작가의 의도를 지나치게 헤아린 결과라 아니할 수 없다.

3) '자기중심주의'의 표백과 허구성

〈무정〉에는 서사의 진행을 방해하는 삽입부가 많이 나타난다. 이 중 편집자적 논평이나 초점화 된 인물의 사상적 견해를 드러내는 부

24 양문규, 『한국 근대소설의 구어 전통과 문체 형성』, 소명출판, 2003, 98쪽.
25 하타노 세츠코, 앞의 책, 212~269쪽.
26 김영찬, 「식민지 근대의 내면과 표상」, 『상허학보』 16, 2006.

분에서 고백체 형태를 찾아볼 수 있다. 이 부분에 춘원의 사상이 틈입해 들어오고 있는데, 이를 그저 서술자의 권위적인 서술로 채우고 있는지, 작가의 지적 견해를 대변하는 허구적 존재인 누군가를 내세우는지 세심하게 살필 필요가 있다.

〈무정〉에서 내면 독백은 때로 장황한 논설로 연결되기도 한다. 그 중 하나가 문제의 53회이다. 〈무정〉은 순 한글표기로 되어 있으나, 53회는 한 회 전체가 논설형태인데다가 한자가 병기되어 있다. 53회는 영채가 청량사 사건 후 유서를 남기고 떠나버린 이 사건을 두고 여성의 정절문제에 대한 신우선의 판단과 이형식의 판단을 비교하여 서술한 내용을 담고 있다.

> 사ᄅᆞᆷ의 ᄉᆡᆼ명(生命)의 발현(發現)은 다죵다양(多種多樣)ᄒᆞ니 혹 츙(忠)도 되고 효(孝)도 되고 뎡절(貞節)도 되고 기타 무수무한(無數無限)ᄒᆞᆫ 인ᄉᆞ현샹(人事現象)이 되ᄂᆞᆫ것이라 그즁에 무릇 민족(民族)을 ᄯᅡ라 혹은 국졍(國情)을 ᄯᅡ르고 혹은 시ᄃᆡ(時代)를 ᄯᅡ라 필요샹 이 무수무궁(無數無窮)ᄒᆞᆫ 인ᄉᆞ현상즁(人事現象中)에써 특죵(特種)ᄒᆞᆫ것 일ᄀᆡ(一個)ᄂᆞ 또ᄂᆞᆫ 수ᄀᆡ(數個)를 취ᄒᆞ야 만반인ᄉᆞᄒᆡᆼ위(萬般人事行爲)의 즁심(中心)을 삼으니 ᄎᆞ소위(此所謂) 도(道)요 덕(德)이오 법(法)이오 률(律)이라 무릇 ᄉᆞ회덕ᄉᆡᆼ활(社會的生活)을 완셩(完成)ᄒᆞ랴면 그 ᄉᆞ회(事會)의 각원(各員)이 그 ᄉᆞ회(事會)의 도덕법률(道德法律)을 권々복응(拳々服膺)ᄒᆞᆷ이 맛당ᄒᆞᄃᆡ 그러나 결코 이ᄂᆞᆫ ᄉᆡᆼ명(生命)의 젼톄(全體)는 아니니, ᄉᆡᆼ명(生命)은 하여(何如)ᄒᆞᆫ 도덕법률(道德法律)보다도 위ᄃᆡ(偉大)ᄒᆞᆫ것이라[27]

27 이광수, 앞의 책, 332~333쪽.

전체적인 어조나 내용의 심각성으로 미루어 하나의 독립된 산문으로 보기에 부족함이 없다. 내용은 인간의 도덕률이나 제도보다 생명이 더욱 중요한 것이므로 정절을 훼손하였다고 하여 생명을 끊으려 하는 것은 잘못되었고, 어찌 되었든 "자기의 중심적 의무를 생명으로 삼음"이 중요하다는 것이다. 서술자는 형식의 생각을 전달하는 것으로 되어 있으나, 앞뒤의 서사 맥락으로 볼 때 형식의 인물형상화와 어긋나는 면이 없지 않다. 서술자는 형식이 이러한 생각을 근거로 영채를 '낡은 여자'라 하고, '순결, 열렬한 구식 여자'로 부르는 문제를 지적하면서 일시에 형식과 거리를 둔다. 결국 이 논평적 서술은 형식이 아닌 서술자(내포 작가)의 생각을 노출시킨 것으로 작가의 의도와 욕망이 형식의 인물형상화와 어떻게 어긋나고 있는지 짐작할 수 있다.

이 내용은 65회의 논평적 서술과 연결된다. 65회는 평양에서 상경하는 형식의 사유 내용으로 형식에게 초점화되어 있다. 그는 그간 자기의 지(知)의 판단과 정(情)의 감동으로가 아니라 사회의 관습을 따라 타동적으로 살아왔으니 이는 자신을 죽이고 버린 것이나 다름없었다고 하며, 이제는 '자기의 생명'을 깨달았고 자기는 다른 사람과 같지 않고 의지와 위치와 사명과 색채가 있음을 깨달았다고 생각한다. 이 부분은 형식의 '자기의 발견', '참 내면의 발견'을 보여주는 것으로서 "전통과 관습의 제약이나 현실과 타자로부터 독립된 자율적이면서도 개별적인 가치를 갖는 주체로서 스스로를 자각하는"[28] 중요한 계기로 해석되기도 했다. 그러나 이는 전후 서사적 맥락을 고려하여 재해석될 필요가 있다. 주체성의 발견이라는 이 거창한 자각은 이 대목에서 형식에게 비굴한 변명과 핑계를 마련해주는 근거

---

28 김영찬, 앞의 글.

가 되기 때문이다. 그는 영채의 죽음도 확인하지 않은 채 상경하면서 '무한한 기쁨'을 얻는다. 그것은 이 '자기중심주의'의 깨달음으로 인한 것이다. 이 깨달음은 과거의 약속과 의리에 매여 영채를 찾아 혼인해야 한다는 의무와 속박에서 형식을 해방시켜 주며, 세속적 욕망을 향한 형식의 행위 또한 합리화시킨다. 이 부분에 이어 형식이 자신의 무정함에 대해 반성하고 상처받은 유년기와 성장과정에 대해 회상을 길게 삽입시킨 것도 형식의 전후 행위에 대한 변명으로 작용한다.

53회와 65회에 다소 길게 논평조로 삽입된 내용은 인간이 도덕관습의 노예가 되고 있는 현실을 비판한 〈금일 아한청년과 정육(今日 我韓靑年 情育)〉 등 1910년대 춘원의 논설내용과 연결된다. 이 점에서 형식은 춘원의 생각을 대변하는 주제적 인물로 여겨질 수 있다. 그러나 이 서사 속의 형식은 그러한 내용을 오해 없이 전달하기에 이미 결함이 많은 인물임을 내포 작가는 인지하고 있다. 이 때문에 형식은 서술자에 의해 지속적으로 거리 조정을 당하는 모순투성이의 인물이 되고 있다.

〈무정〉은 서술자가 인물의 독백에 대해 거리를 두고 직접적으로 논평을 하거나 후일담으로 처리하는 등 메타서술을 함으로써 미학성이 훼손되[29]고 있다는 해석은 온당하다. 편집자적 전지성이 과다하게 행사되어 인물들의 인생과 도덕 등에 대해 작가가 간섭하고 일반화하려 함으로써 '논설을 쓰기 위해 부차적으로 이야기로서의 소설을 쓰고 있는 것처럼' 보인다는 지적[30]도 유효하다. 이런 지적은 이 작품의 균열적 특성을 적시한 것이다. 한편 〈무정〉의 고백체는

29 우찬제, 「서술상황과 작가의 욕망의 관련양상 연구-이광수의 「무정」의 시점 분석」, 『현대소설연구』 5, 1996.

30 조남현, 앞의 책, 270쪽.

계몽이라는 거대 담론을 담기에 버거운 틈새가 존재하며, 인물의 개인적 욕망을 은폐하고 이기적인 결정의 졸속성을 위장하기 위한 전략이라고 해석할 수도 있다. 이 점에서 이 소설의 고백체가 근대적 문학 원리로서 주체의 자각과 각성을 향한 것으로 보기에는 다소 무리가 있다.

3. 허명 개화와 자기 풍자

우리 소설의 풍자 혹은 골계 전통에 대한 연구결과에 의하면, 개화기에는 사회 비판적이고 계몽적인 특성이 강화되면서 고소설에서 보여주던 골계성이 잘 나타나지 않게 되었다.[31] 그러나 권영민은 개화기 계몽 담론의 서사화 방식 중 하나인 토론체, 혹은 대화체 서사에 주목하여, 이를 우화 혹은 풍자 양식으로 지칭하고 당시에도 중요한 전통 갈래였음을 확인시키고 있다.[32] 〈쇼경과 안즘방이 문답〉, 〈향로방문의싱이라〉, 〈거부오히〉, 〈시사문답〉, 〈병인간친회록〉, 〈절영신화〉, 〈향객담화〉 등을 풍자적인 작품의 예로 들고 있으며, 지배

31 조건상은 작가의 피상적 현실인식과 지식인으로서의 우월감에서 계몽, 설교의 입장을 취하고 있기 때문에, 다시 말해 하층민의 생활감정과는 거리가 먼 지식인의 이상주의적 행동양식만이 주제로 다뤄지고 있어 골계성을 찾기 어렵다고 그 이유를 분석하고 있다. 조건상, 『한국현대골계소설연구』, 문학예술사, 1985, 22쪽.

32 그는 서사구성의 원리로 허구성과 경험성을, 서사 가치지향으로 이념성과 실재성을 기준으로 하여 근대계몽기 서사양식을 우화·풍자, 전기, 신소설, 역사기록으로 나누었다. 개화기 서사물에 대한 기존의 분류를 좀 더 명확한 기준에 따라 나눈 결과로서, 토론체 서사를 우화·풍자 양식으로 본 점에서 차별성을 보인다. 권영민, 『서사양식과 담론의 근대성』, 서울대학교출판부, 1999, 96~109쪽.

세력의 무능과 부패, 일본의 정치군사적 영향과 경제적 침탈, 봉건사회의 붕괴과정에서 드러난 훼손된 삶의 가치 등을 핵심적 쟁점으로 다루는 것이 그 특징이라고 설명한다. 즉, 진술되고 있는 주제와 가치와 관념의 대립에 의해 이루어지는 지적인 갈등이 흥미의 초점을 이루며, 대체로 대화, 토론, 연설 등의 방식으로 이런 갈등을 기술하는 담론적 특징을 보인다고 지적하였다.[33]

이렇게 개화기 소설에서 미미하게나마 유지되던 골계적 양상은 이광수에 이르러서는 엄숙한 계몽과 설교적 입장에 의해 가려지고 거리가 멀어졌다는 지적이 지배적이다.[34] 김지원은 춘원이 "비판, 비난, 폭로, 공격 등 다양한 풍자적 수법을 동원하면서도" "계몽이라는 문화적 기능에만 치중한 나머지 해학과 풍자의 예술적 처리에 관심을 쏟지 않"았다고 지적하고 있다. 춘원에 반기를 들고 나타난 김동인의 몇몇 작품에서 풍자전통이 다시 살아나고 있다는 것이다.[35]

그러나 이런 지적은 수정될 필요가 있다. 이광수가 해학적 표현이나 '예술적 처리'에 미숙했다고는 할 수 있지만 풍자적인 서술이 아예 나타나지 않는 것은 아니다. 〈무정〉에서 지적인 갈등, 가치와 관념의 대립이 풍자의 초점이 되어 사회와 시대를 비판하는 부분을 어렵잖게 찾아볼 수 있다. 일부 부정적인 인물형상화기법, 이형식의 내면 고백과 서술자의 거리에서 나타나는 '자기 풍자'의 기제가 그런 것이다.

1) 허세 혹은 신지식 무식담

〈무정〉에서 풍자의 대상이 되는 인물의 결함은 심각한 도덕적 문

---

33 권영민, 『풍자 우화 그리고 계몽담론』, 서울대출판부, 2008, 27쪽.
34 조건상, 위의 책, 25~28쪽.
35 김지원, 『해학과 풍자의 문학』, 문장, 1983, 117~120쪽.

제에 있다기보다는 신지식에 대한 허세에 방점이 가 있다. 18회에서 21회까지에는 이형식이 근무하는 경성학교의 학생 김종렬과 학감 배명식의 사람됨과 이들의 부정적인 행각에 대한 소개가 나온다. 이 부분에서 인물에 대한 거리 두기, 조롱과 웃음을 동반한 풍자적 서술이 지배적으로 나타난다. 이형식을 찾아온 김종렬이라는 학생은 매사에 형식과 대립하고 형식을 미워하는 인물이다. 나이가 많고 공부에 재주는 없으나 일을 꾸미는 수단이 능란하여 '세력'을 가지고 있다고 설명된다. 흥미로운 것은 김종렬을 부정적인 시각에서 보는 근거가 그의 지적 수준, 그것도 신지식의 일천함에 있다는 데 있다. 나폴레옹을 유일한 숭배 인물로 삼고 모든 것에 나폴레옹을 인용하여 "검나(검은 나폴레옹)"라는 별호까지 얻었으나, 정작 김종렬은 나폴레옹 전기도 읽어본 적이 없고, 아는 바가 별로 없다.

> 그ᄂᆞᆫ나폴레온이 법국황뎨인줄을 알지마ᄂᆞᆫ 원ᄅᆡ 지즁ᄒᆡ에 잇ᄂᆞᆫ 코르시카셤 사ᄅᆞᆷ인줄은 모른다 워털루에셔 영국 장슈 월링톤에게 패ᄒᆞ야 태셔양즁 센트헬레나라ᄂᆞᆫ 외로은 셤에셔 나폴레온이 죽엇단 말을 력ᄉᆞ교ᄉᆞ에게 들엇스ᄂᆞ 그ᄂᆞᆫ「워털루」라든가「센트헬레ᄂᆞ」라든가ᄒᆞᄂᆞᆫ ᄇᆡ오기어려온 말은 다 니져바리고 다만 나폴레온은 패ᄒᆞ야 ᄐᆡ셔양즁 엇던 셤에셔 죽엇다고 ᄀᆡ억ᄒᆞᆯ뿐이라[36]

> 김죵렬은 스트라익이라ᄂᆞᆫ 말의 ᄯᅳᆺ은 ᄌᆞ셰히 모르거니와 베스쌜에스트라익이란 말이 잇슴을 보건ᄃᆡ 대체 학교를 공격하ᄂᆞᆫ것이어니ᄒᆞ엿다[37]

---

36 이광수, 앞의 책, 132쪽.

37 이광수, 앞의 책, 137쪽.

인용부에서 짐작할 수 있듯, 김종렬의 부정적인 면모를 드러내기 위해 동원되는 것은 신지식의 일천함, 지적 허풍과 허술함의 강조이다. 배학감에 대한 형상화도 마찬가지이다.

> 일후 형식이 됴롱겸 빅학감에게 물엇다
>
> 「션싱의 신학셜은 뉘 학셜을 근거로 ᄒᆞᆫ것이오닛가 폐스탈롯씨오닛가 엘렌케-오닛가」
>
> 빅학감은 폐스탈롯씨가 누구며 엘렌케-가 누군지 한번 들은듯은 ᄒᆞ건마ᄂᆞᆫ 얼ᄂᆞᆫ 생각이아니 ᄂᆞᆫ다 그러나 죠션 일류교육가가 삼ᄉᆞ류의 교육가가 아ᄂᆞᆫ 일홈을 모른다홈도 슈치라 이에 빅학감은 썰々 우스며
>
> 「녜 나도 「푸스털」과 「얼는커」의 학셜은 보앗지오 그러나 그것은 다 지다이오ᄭᅮ레「時代遲」된다」한다 「폐스탈롯씨」와 「엘렌케-」라ᄂᆞᆫ 말을 니져바려 「푸스탈」 「얼는케」라ᄒᆞ리만콤 무식ᄒᆞ면셔도 그네의 학셜을 다 보앗다ᄒᆞᄂᆞᆫ 빅학감의 심정을 도로혀 불상히녀겻다[38]

경성학교의 학감 겸 지리 역사를 담당하는 배명식은 동경고등사범을 졸업한 학력을 자랑하며, "일본 모든 일류 교육가보다도 뛰어난 새 학설과 새 교육의 이상을 가졌"다는 자부심을 가진 인물이다. 그러나 형식과의 대화에서 나타나듯 그는 개화기의 신교육자로서 의당 알고 있어야 교육지식이 부족한 사람이다. 페스탈로치나 엘렌케이 같은 이름도 제대로 못 외우면서 그들의 학설이 이미 시대에 뒤진 것이라고 큰소리치는 것이다.

---

38 이광수, 앞의 책, 141~142쪽.

이 부정적인 인물에 대한 이야기는 우리 전통 소화(笑話) 중 무식담과 유사하다. 무식담은 어리석거나 모자란 사람의 이야기인 우행담의 하나로서, 모르면서도 아는 체하는 사람들의 이야기이다. 무식담은 인간의 허위와 가식을 풍자하면서 모르는 것이 무엇인지를 아는 사람에게 특히 흥미를 유발한다는 점에서 지식인층의 소화라 할 수 있다.[39] 위의 인용부에서 형식은 '모르는 것이 무엇인지를 아는 사람'으로서 이들의 허위와 가식을 풍자적으로 전달하는 역할을 한다. 적어도 이 부분에서 이형식과 서술자의 지적 거리나 심리적 거리는 없는 것처럼 보인다. 형식은 신지식을 전수할 자격을 갖춘 긍정적인 교사로 형상화되고 있는 것이다. 그러나 허세와 과시의 거리는 그리 멀지 않다. 후반부에 가면 모르면서 아는 척하는 그들이나 아는 것을 과시하고 인정받으려는 형식이나 크게 다르지 않다는 것을 느낄 수 있다. 다음은 형식이 자신을 어떻게 평가하고 있는지, 또 주변에서는 그를 어떻게 평가하고 있는지를 짐작할 수 있는 대목이다.

> 교육자즁에 ᄌᆞ긔가 홀로 신문명을 리ᄒᆡ하고 됴션 젼도를 동견「洞見」ᄒᆞᄂᆞᆫ 능력이 잇ᄂᆞᆫ줄로 ᄉᆡᆼ각ᄒᆞᆫ다 셔울안에 수ᄇᆡᆨ명되ᄂᆞᆫ 교ᄉᆞᄂᆞᆫ 모도다 됴션인 교육의 의의「意義」를 모르고 긔계모양으로 산슐을 가라치고 일어를 가라치ᄂᆞᆫ것이라고 ᄉᆡᆼ각ᄒᆞᆫ다 (중략) 과연 형식의 ᄒᆞᄂᆞᆫ 말에나 일에ᄂᆞᆫ 별로 씌여난것이 업셧다 형식이가 큰 진리인드시 열심으로 ᄒᆞᄂᆞᆫ 말도 듯ᄂᆞᆫ 사ᄅᆞᆷ에게ᄂᆞᆫ 별로 감동을 쥬는바가 업셧다 다만 형식의 특ᄉᆡᆨ은 영어를 만히 셕고 셔양유명ᄒᆞᆫ 샤ᄅᆞᆷ

---

39 서대석, 「韓·中 笑話의 비교연구-無識譚을 중심으로」, 『어문학논총』 25집, 2006. 2.

의 일홈과 말을 만히 인용ᄒᆞ야 무슨 뜻인지 잘 알지도못홀 말을 길게 홈이엇다 형식의 연셜이나 글은 셔양글을 직역ᄒᆞᆫ것갓핫다[40]

68회부터 70회까지는 이형식이 경성학교의 교사로서 고민과 교육자로서의 교육관, 지적 능력 등에 대한 서술이 주를 이룬다. 학생을 사랑하여 이들을 위해 열정을 바친 4년간의 행적이 서술[41]되면서 동시에 그의 인격에 대한 거리두기가 이루어진다. 인용된 부분만으로 볼 때 이형식은 배학감과 별반 다르지 않은 교사로 보인다. 그리 뛰어난 것도 없으면서 그저 "영어를 만히 셕고 셔양유명ᄒᆞᆫ 샤ᄅᆞᆷ의 일홈과 말을 만히 인용"하며, "연셜이나 글은 셔양글을 직역ᄒᆞᆫ 것"(425쪽) 같다는 것이다. 또한 이 소설의 마지막에도 형식은 서술자에 의해 '모르면서도 아는 체하는' 사람의 하나로 표현된다. 전반부 서술자의 어조와 달리, 이 부분에서는 형식으로 대표되는 당시 신지식인들에 대한 불신과 조롱이 느껴진다. 너나 할 것 없이 신식의 강박 때문에 아는 척을 해야만 소위 행세를 할 수 있었던 당시의 풍경을 해부하면서 메니푸스가 되어버린 형식을 그리는 것이다.

또 다른 흥미로운 점은 별명이다. 별명은 풍자의 전형적 수법의 하나로 인물을 결점에 종속시켜 유형화시키는 효과를 가져다준다.[42] 앞의 김종렬은 나폴레옹에 대해 잘 모르면서 그를 존경한다고 하여

---

40 이광수, 앞의 책, 424~425쪽.

41 이 작품의 자전성을 연구한 오노 나오미는 경성학교의 체험은 이광수의 두 번째 오산학교 경험을 옮긴 것으로서, '열패'의 땅을 떠나 자기 구제와 재생의 길을 모색하기 위해 쓴 작품으로 평가하고 있다. 오노 나오미, 「이광수 〈무정〉을 읽는다」, 『조선학보』 163집, 1997. 4. (小野尚美, 「李光洙『無情』を讀む」, 『朝鮮學報』 第163集, 1997.4.); 이유진, 「일본에서의 〈무정〉에 대한 평가와 문학사적 의의」, 『춘원학보』 10호, 2017. 6. 에서 재인용.

42 앙리 베르그송, 『웃음-희극성의 의미에 관한 시론』, 정연복 옮김, 세계사, 1992, 21~23쪽.

"검나"라는 별명을 얻었고, 배학감은 그의 사회적인 태도의 졸렬함과 부정성 때문에 "암펌", "여우", "개" 등의 별명으로 불린다고 소개된다. 이형식의 경우도 "사상가", "철학가"라는 별명으로 불렀다고 하는데, 이는 "너는 싱각이나 ᄒ여라 실디에는 아모것도 못ᄒ겟다"(426쪽)는 조롱의 뜻을 전달하고 있다. 그가 가진 지식의 허술함 혹은 그 과시가 가져온 반어적인 의미를 가진 별명이라 할 것이다.

위에서 보았듯 형식을 포함한 김종렬과 배학감[43]을 희화화시켜 개화기 지식인층이 서구의 신문명 수입에 얼마나 강박적이 되어 있었는지를 드러내고 있다. 신식에 대한 강박증은 신지식을 지속적으로 학습하고 보여주지 않으면 안 된다는 불안감과 두려움을 가져다주었고 이 때문에 신지식에 대한 허세와 과시가 나타났음을 신식 학교를 중심으로 하여 보여준 것이다. 〈무정〉에는 이렇게 신문물, 신지식과 교양에 대한 당대의 욕망과 현실의 격차가 풍자를 통해 여실히 드러나고 있다.

2) 허명개화 비판과 모순

김동인이 "朝鮮의 過渡期의 先覺者然하는 사람들을 비웃기 爲하여" 창조한 인물[44]로 본 김장로는 김선형이라는 신식여성의 아버지이자 형식에게는 미국 유학과 출세의 탄탄대로를 마련해 줄 후원자이다. 그러나 초반의 형식에게는 비판 대상이 되는 종교인이고 자신

43 이 두 인물은 풍자의 대상인 동시에 이형식의 부정성이 드러나게 만드는 인물이기도 하다. 배학감은 영채의 정절을 훼손시켜 형식의 곁을 떠나도록 하였으며, 김종렬은 월향(영채)의 관계를 문제 삼아 형식으로 하여금 학교를 그만두도록 주동한다. 교사와 학생으로서 자격이 부족한 인물에 의해 형식은 제자리를 빼앗겼지만, 그 사건으로 인하여 형식은 새로운 시험대에 오르는 인물이 된다.

44 김동인, 앞의 책, 29쪽.

을 주눅 들게 하는 부유층이며, 박진사와는 비교할 수 없을 정도로 얕은 지식의 소유자, 어설프기 짝이 없는 신지식인으로 그려진다.

형식은 아무 지식도 덕행도 없는 사람들이 기독교에 발을 들여놓은 후 젠 체하는 태도를 비난한다. 같은 맥락에서 종교인으로서 치부에 성공한 김장로의 삶의 방식에 대해서도 부정적인 태도를 취한다. 선형에게 영어를 가르치기 위해 김장로의 집에 가는 길에 그는 "두벌옷도 가지지말라는 예수의 ᄀᆞ르침도"가 "기명ᄒᆞ면 쌍도 사고" 은행저금도 하고, 주권과 큰 집도 사고[45], "슈십인 하인도 부리는"(42쪽) 부자가 되어 사는 것이 부조리하다는 생각을 표출한다. 선형과 영채를 만난 후에는 그 둘을 비교하면서 빈부격차로 인한 갈등과 부유층 일반의 악행을 다소 과장하여 서술한다. 이 부분에서 김장로를 비판하는 이형식과 서술자, 내포 작가의 거리는 거의 없는 것으로 보인다.

김장로를 주인공으로 한 풍자가 본격적으로 나오는 부분은 79회에서 83회까지이다. 여러 차례에 걸쳐 김장로의 서양식(신식)에 대한 무조건적 숭배와 흉내 내기, 무식함이 낱낱이 고발된다. 초반과 달리, 비판과 풍자의 주체는 형식이 아니라 서술자이다. 이미 형식이 김장로의 유학과 약혼제의를 암묵적으로 수락한 이후이므로 형식과 김장로의 거리는 줄어들고 서술자와 거리가 생겨나기 때문이다.

> 김쟝로는 방을 셔양식으로 ᄭᅮ밈ᄲᅮᆫ더러 옷도 양복을 만히 입고 잘 ᄯᅢ에도 셔양식 침상에셔 잔다 그는 셔양 그즁에도 미국을 존경

---

45 '은행저금도 하고 주권과 큰집도 산다'는 내용은 이광수가 연재본을 단행본으로 발간하면서 삽입한 것으로 추측된다. 이 표현은 1918년 신문관·동양서원에서 출간된 단행본에 처음 나타난다. 이광수, 김철 교주, 앞의 책, 42쪽.

ᄒᆞᆫ다 그ᄅᆡ셔 모든것에 셔양을 본바드려ᄒᆞᆫ다 그ᄂᆞᆫ 과연 이십여년 셔양을 본바닷다 그가 예수를 믿ᄂᆞᆫ것도 쳐음에ᄂᆞᆫ 아마 셔양을 본밧기위ᄒᆞᆷ인지 모른다 그리ᄒᆞ고 그ᄂᆞᆫ ᄌᆞ긔ᄂᆞᆫ 셔양을 잘 알고 잘 본바든줄로 ᄉᆡᆼ각ᄒᆞᆫ다

(중략)

그ᄂᆞᆫ 과연 무식ᄒᆞ다 그가 들으면 셩도 ᄂᆡ려니와 그ᄂᆞᆫ 무식ᄒᆞ다 그ᄂᆞᆫ 눈으로 슬젹 보아가지고 셔양문명을 ᄭᆡ달을줄로 안다 허기ᄂᆞᆫ 그에게ᄂᆞᆫ 그밧게 더 죠흔 방법이 업다 그러나 눈으로 슬젹 보아가지고 셔양문명을 알수가잇슬가 십년 이십년 ᄎᆡᆨ을 보고 션ᄉᆡᆼᄭᆡ 듯고 졔가 ᄉᆡᆼ각ᄒᆞ야도 특별히 ᄌᆡ주가 잇고 부지런ᄒᆞ고 눈이 밝은 사ᄅᆞᆷ이라야 쳐음보ᄂᆞᆫ 남의 문명을 ᄭᆡ달을동 말동ᄒᆞ거던 김장로가 아모리 텬질이 명민ᄒᆞ다한들 ᄎᆡᆨ 한권 아니 보고 무슨 ᄌᆡ조가 복잡ᄒᆞᆫ 신문명의 참ᄯᅳᆺ을 ᄭᆡ달으리오[46]

〈무정〉의 79회 전체와 80회 전반은 김장로에 대한 풍자적인 서술로 이루어져 있다. 서양식이 좋아서 서양옷을 입고, 서양식 집을 짓고, 서양식으로 살고, 서양을 본받기 위해 기독교 신자가 되었을 것이라는 서술은 그의 무조건적인 추종이 가져올 위험에 대한 경계로 마무리된다. 머리가 좋고 성실하고 부지런한 사람이라도 신문명의 참뜻을 깨달으려면 수십 년을 공부해도 어려운데, 김장로는 그저 '눈으로 슬쩍 보아 가지고' 서양문명을 깨달은 것으로 안다는 것이다. 그의 신식 추종은 다시 이 작품의 가장 희극적 장면인 약혼식으로 이어진다.

46 이광수, 앞의 책, 472~475쪽.

장로ᄂᆞᆫ 형식과 션형을 번갈아 돌아보더니 목ᄉᆞ를 향ᄒᆞ여

「엇지ᄒᆞ면 죠흘가요」ᄒᆞᆫ다 아직 신식으로 혼인을ᄒᆞ야본 경험 업ᄂᆞᆫ 쟝로ᄂᆞᆫ 실로 엇지ᄒᆞ면 죠흘지를 모른다 무론 목ᄉᆞ도 알 ᄭᆞ닭이 업다 그러나 이러ᄒᆞᆫ 경우에 모른다 ᄒᆞᆯ수도 업다 그ᄅᆡ셔

「우리가 지금 인륜에 대ᄉᆞ를 의론ᄒᆞᄂᆞᆫ터인데 위션 하ᄂᆞ님ᄭᅴ 기도를 올입시다」ᄒᆞ고 고ᄀᆡ를 슉인다 다른 사ᄅᆞᆷ들도 다 고ᄀᆡ를 슉이고 손을 무릅우에 언져다 (중략)

쟝로ᄂᆞᆫ 엇더케 말을히야 죠흘ᄂᆞᆫ지 모르ᄂᆞᆫ 모양으로 올흔 손으로 테불을 툭툭 치더니 부인ᄭᅴ 몬져 말ᄒᆞ는것이 올흐리라ᄒᆞ야 량반스럽게 느럭々々ᄒᆞᆫ 목쇼리로

「여보 ᄂᆡ가 형식씨에게 약혼을 청ᄒᆞ얏더니 형식씨가 승낙을ᄒᆞ셧쇼 부인의 ᄉᆡᆼ각에ᄂᆞᆫ 엇더시오」ᄒᆞ고ᄂᆞᆫ ᄌᆞ긔가 경위잇게 신식답게 말ᄒᆞᆫ것을 스사로 만족ᄒᆞ여 ᄒᆞ며 부인을 본다 부인은 앗가 두리셔로 의론ᄒᆞᆫ것을 ᄉᆡ삼스럽게 쏘 뭇ᄂᆞᆫ것이 우습다ᄒᆞ면셔도 무엇이나 신식은 다 이러ᄒᆞ거니ᄒᆞ야 붓그러운드시 잠간 몸을 움즈기고 고개를 슉이며,

「감ᄉᆞ합니다」ᄒᆞ얏다[47]

이 장면은 당대의 독자 김동인이 지적하고 있듯, "당시 조선의 형태를 너무도 여실히 그려낸' '일장의 희극'[48]이라 할 만하다. 이들은 신식으로 하기 위해 연습한 대로 각자에게 의견을 묻고 승낙을 얻으며, 또 신식 혼인 경험도 없으면서 그저 기독교식으로 하는 것을 신식인 양 생각하고 약혼식을 진행한다. 결국 전반을 지루하게 이끌던

47 이광수, 앞의 책, 487~489쪽.

48 김동인, 앞의 책, 34쪽.

이형식의 고민은 이 지점에서 외부의 힘에 의해 강제적으로 마무리된다. 신식에 대한 무조건적인 추종, 김장로의 금권력과 계획된 행동에 의해 추동되어 이형식은 '줏대 없고 변덕스런 희극배우'가 되고 마는 것이다.

4. 미완의 깨달음, 고백과 풍자 사이

〈무정〉에서 서술자와 가장 줄다리기를 많이 하는 인물은 이형식이다. 그는 가장 자주 초점화 되고 가장 많이 목소리를 드러내지만, 또한 가장 핵심적인 풍자 대상이 되기도 한다. 이형식은 "자기모순에 빠져 찰나의 풍향변화에 따라 행동이 변하는 인물"[49]이며, "줏대 없고 정견 없고 자기의 주장이 없는 인물"로서 "초인적이며 거인적인 사상을 머금"기에는 문제가 있다[50]고 분석되었다. 감정의 극단적 변화와 가벼움, 경솔한 판단과 행동, 영채의 정절을 의심하는 지루한 내면 독백, 지식인이자 교사로서 어울리지 않는 유치한 생각 등은 굳이 서술자가 어조나 거리를 조정하지 않더라도 독자로 하여금 형식에 대해 거리를 두고 바라보게 하는 요소가 된다. 이런 특징은 후반부로 갈수록 더욱 심해져, 형식은 이 근대적인 소설의 주인공이자 계몽의 지도자가 되기에는 정서적으로나 도덕적, 지적으로 결함이 많은 인물로 형상화된다.

초반의 형식은 촉망받는 젊은이며 존경받는 선생인 것처럼 그려진다. 그는 김종렬과 배학감의 허세를 조소하고 김장로의 치부(致

49 김우종, 『한국현대소설사』, 성문각, 1982, 90~91쪽.
50 김동인, 앞의 책.

富)에 대해서도 거리를 두고 비판하는 지식인이다. 그러나 김장로의 제안에 따라 그에 종속되어 자신의 미래를 설계하게 되면서부터는 서술자의 거리 두기와 풍자적 어조가 좀 더 자주 나타난다.

> 형식은 엇지ᄒᆞᆯ줄을 몰낫다 평양도 가야ᄒᆞ겟지만은 김쟝로의 집 만찬에 참예ᄒᆞᄂᆞᆫ 것이 더 즁ᄒᆞᆫ것ᄀᆞᆺ기도ᄒᆞ얏다 그러나 지금ᄭᆞ지 영ᄎᆡ의 시톄를 차자가기로 결심ᄒᆞ얏던것을 바리고 금시에 션형에게 취ᄒᆞ야「녜」ᄒᆞ기ᄂᆞᆫ 졔 마ᄋᆞᆷ이 붓그러웟다「션형과 나와 약혼」ᄒᆞᆫ다ᄂᆞᆫ 말은 말만 들어도 깃벗다 영ᄎᆡ가 마참 쥭은것이 다ᄒᆡᆼ이다 ᄒᆞᄂᆞᆫ ᄉᆡᆼ각ᄭᆞ지 난다 게다가「미국류학」! 형식의 마ᄋᆞᆷ이 안이ᄭᅳᆯ리고 엇지ᄒᆞ랴 ᄉᆞ랑ᄒᆞ던 미인과 일ᄉᆡᆼ에 원ᄒᆞ던 셔양류학! 이즁에 하나만이라도 형식의 마음을 ᄭᅳᆯ만ᄒᆞ거든 하물며 둘을 다! 형식의 마ᄋᆞᆷ속에ᄂᆞᆫ「ᄂᆡ게 큰 복이 돌아왓고ᄂᆞ」ᄒᆞᄂᆞᆫ 쇼리가 안이발ᄒᆞᆯ슈가 업다[51]

형식은 노파로부터 자신의 무정함을 지적받고 영채의 시체를 찾으러 평양에 다시 가려고 했지만, 김장로의 제안을 받자 곧바로 기쁨에 들뜬다. '미국 유학' 약속이 그를 무디게 하고 만 것이다. 직전까지 자신이 영채를 죽였다는 자책으로 괴로워하던 그가 영채의 죽음을 심지어 다행으로 여기게까지 된다. 영채의 죽음도 확인하지 않은 채 "영ᄎᆡ가 마참 쥭은것이 다ᄒᆡᆼ이다"라고 확신하고, "ᄉᆞ랑ᄒᆞ던 미인과 일ᄉᆡᆼ에 원ᄒᆞ던 셔양류학"을 하게 된 점을 기뻐하는 그의 솔직한 고백에서 서술자의 냉소가 느껴진다. 결국 이 제안을 받아들임으로써 형식은 내포 작가의 욕망과 의지를 대변해줄 수 있는 주제적

---

51 이광수, 앞의 책, 458쪽.

인물의 자격을 상실하고 만다.

사실상 여기에서 이어지는 약혼식 장면은 김장로에 대한 풍자일 뿐 아니라 형식의 변모에 대한 풍자이기도 하다. 약혼식을 할 때, 모두가 중시한 것은 '신식'이었다. 그들은 혼인에 대한 각자의 솔직한 생각을 묻는 것이 신식이라고 보았고, 이에 따라 질문과 대답을 하였으며, 신식약혼식이 기독교식이라는 데 쉽게 합의했다. 그러나 서술자는 이 약혼을 "장난 모양으로 혼인이 결정되고 장난 모양으로 공부를 마치고 성례하기로 결정"한 "위험한 일"이라고 표현한다. 이는 신식 추종의 허술함에 대한 경계이자 이후에 일어날 새 국면에 대한 암시이기도 하다.

약혼 후 형식은 '선형과 미국'에만 희망을 걸고 지나간 시간을 가치 없는 것으로 여기게 된다. 뿐만 아니라, 미국에만 갔다 돌아오면 만인이 다 자기를 우러러보고 공경할 것이라고 자만하는 어리석음조차 보인다. 선형의 사랑을 얻기 위해 "평생에는 우습게 말도 하고 조롱도 하던 용모, 재산, 지위"를 부러워하게도 된다. 미국유학조차 조선의 문명을 위한다는 것보다 선형 한 사람의 사랑을 위한 것으로 변모된다.

> 형식의 모든 희망은 션형과 미국에 잇다 기ᄉᆡᆼ집에 갓다고 남들이 시비를ᄒᆞ고 돈에 팔녀서 장가를 든다고 남들이 비방을ᄒᆞ더라도 형식에게ᄂᆞᆫ 모다 우슈엇다 텬하사ᄅᆞᆷ이 다 ᄌᆞ긔를 미워ᄒᆞ고 죠롱ᄒᆞ더라도 션형 한 사ᄅᆞᆷ이 ᄌᆞ긔를 ᄉᆞ랑ᄒᆞ고 칭찬ᄒᆞ면 그만이다 ᄯᅩ ᄌᆞ긔가 미국에 갓다가 도라오ᄂᆞᆫ 날이면 만인이 다 ᄌᆞ긔를 울어러보고 공경ᄒᆞᆯ것이다 (중략) 길에셔 맛나ᄂᆞᆫ 여러 사ᄅᆞᆷ들도 이졔ᄂᆞᆫ ᄌᆞ긔와ᄂᆞᆫ 죵류가 다른 불상ᄒᆞᆫ 사ᄅᆞᆷᄀᆞᆺ치 보인다 더구나 이젼에ᄂᆞᆫ ᄌᆞ긔의 동무로 알아오던 쥬인로파가 지극히 불샹ᄒᆞ게보이고 갑작이 더

늙고 쪼으라진것 갓치 보인다[52]

하지만 선형은 다르다. 그녀는 형식을 선택한 것이 연민과 사랑을 혼동한 결과임을 뒤늦게 깨닫는다. 처음부터 이상형이 아니었으나 보이지 않는 강요에 의해 약혼이 진행되었다는 생각에 괴로워하며, 관계를 유지하기 위해 특별한 노력을 기울인다. 이때 형식에게 날아든 병국의 편지는 신식으로 치른 약혼식의 또 다른 문제를 보여준다. 병국은 편지에서 예수교적 혼인관은 "한번 부부가 된 이상에는 죽을 때까지 서로 사랑할 의무가 있다"는 것임을 알려준다. 신식은 곧 개인의 자유롭고 주체적인 결정이라는 생각으로 약혼을 진행하였지만, 그 과정에서 선택한 "신식=기독교식"은 죽을 때까지 사랑할 의무를 강조하는 것이었다. 이 대목에서 이 약혼이 과연 관습과 제도의 속박을 벗어난 주체중심의 사고 결과인가에 대한 의문이 표면에 떠오른다. 자유의사 결정이라는 본질은 빠진 채 예수교적 혼인의례가 신식으로 둔갑했던 것을 두고 서술자는 "위험한 일"이라 언급했던 것이다.

신식 추종자들의 욕망과 행위가 문제에 부딪친 이 국면에서, 형식이 사실적 서사의 주인공으로 지위를 유지하려면 이 문제를 덮어주고 합리화시킬 만한 새로운 전개가 필요하다. 이 부분부터 이어지는 형식의 지적인 고백과 내면 묘사는 바로 그런 근거가 될 만해 보인다. 첫째 김장로라는 부권(父權)과 금권에 의해 진행된 약혼의 문제성에 대한 깨달음이다. 이 문제를 자각한 형식과 선형은 뒤늦게 서로에 대한 호감을 확인하고 미숙한 결정을 수용한다. 이에는 형식의 사랑이 "낡은 시대, 자각 없는 시대에서 새 시대, 자각 있는 세대로

52 이광수, 앞의 책, 555~556쪽.

옮아가려는 과도기의 청년이 흔히 가지는 사랑, 진화하지 못한 사랑"이라는 깨달음이 동반된다. 두 번째는 조선의 미래, 신문명 건설을 위해 지식인으로서 배워야 한다는 사명감에 대한 깨달음이다. 형식은 여전히 어린애인데도 어른 없는 사회에서 "스스로 어른인 체하던 것"을 깨닫고 부끄러워한다. 무의미하게 반복되던 내면 독백, 기복이 심한 감정의 표백과 우유부단함, 우월감과 열등감을 오가는 불안정한 심리는 모두 어른인 체하던 어린애의 것이었다는 깨달음이다. 이러한 성찰의 지속에 의해 작품의 후반부에서는 형식을 중심으로 한 자기 발견, 각성의 서사로 나아간다.

> 々ᄂᆞᆫ 인ᄉᆡᆼ을 모른다 ᄂᆡ게 무슨 인ᄉᆡᆼ의 지식이 잇ᄂᆞᆫ가 나ᄂᆞᆫ 아직 나를 모른다 근본덕(根本的)으로 무엇인지ᄂᆞᆫ 셜혹 알지 못ᄒᆞᆫ다ᄒᆞ여도 젹더라도 현ᄌᆡ에 ᄂᆡ가 셰상에 쳐ᄒᆞ여갈 인ᄉᆡᆼ관은 잇셔야ᄒᆞᆯ것이다 올흔것을 올타ᄒᆞ고 됴흔것을 됴타고 ᄒᆞᆯ만ᄒᆞᆫ 무슨 표쥰은 잇셔야ᄒᆞᆯ것이다 그런데 ᄂᆡ게ᄂᆞᆫ 그것이 잇ᄂᆞᆫ가 나ᄂᆞᆫ 과연 ᄌᆞ각ᄒᆞᆫ 사ᄅᆞᆷ인가
>
> 이러케 ᄉᆡᆼ각ᄒᆞᄆᆡ 형식은 ᄌᆞ긔의 어리셕고 무식ᄒᆞᆫ것이 눈압헤 분명히 보이ᄂᆞᆫ듯ᄒᆞ다 형식은 눈을 ᄯᅥ서 션형을 본다 션형은 여젼히 가만히 안젓다 형식은 ᄯᅩ ᄉᆡᆼ각ᄒᆞᆫ다[53]

그간 이 작품을 교양소설이나 성장소설, 성장과 각성의 서사로 보려는 시각은 형식이 이러한 내적 독백을 거쳐 자기모순을 깨달아 가는 부분에 방점을 두고 있다. 형식의 우유부단한 행동과 세속적 욕망조차 '과도기'의 '어린애스러움'으로 변호되고 해석된 것도 이 성

---

53 이광수, 앞의 책, 659쪽.

찰적 독백에 초점을 두었기 때문이다. 그러나 이 깨달음으로 서사가 종결되지는 않는다. 이 자각에도 불구하고 형식은 끝까지 미숙하고 열등한 자아로 남는다. 형식의 깨달음은 삼랑진 수해 사건과 기차에서 신문명 건설의 포부를 밝히는 대화 장면으로 이어진다. 불쌍한 민중을 구제하기 위해 공부해야 한다는 사명감과 열정으로 주 인물들이 굳게 뭉치는 감격적 장면이다.

> 「나ᄂᆞᆫ 교육가가 될납니다 그러고 젼문으로ᄂᆞᆫ ᄉᆡᆼ물학(生物學)을 연구ᄒᆞᆯ납니다」 그러나 듯ᄂᆞᆫ 사ᄅᆞᆷ즁에ᄂᆞᆫ ᄉᆡᆼ물학의 뜻을 아ᄂᆞᆫ자가 업셧다 이러케 말ᄒᆞᄂᆞᆫ 형식도 무른 ᄉᆡᆼ물학이란 참뜻은 알지못ᄒᆞ얏다 다만 ᄌᆞ연과학(自然科學)을 즁히녁이ᄂᆞᆫ ᄉᆞ상과 ᄉᆡᆼ물학이 가장 ᄌᆞ긔의 셩미에 마즐뜻ᄒᆞ야 그러케 작뎡ᄒᆞᆫ것이라 ᄉᆡᆼ물학이 무엇인지도 모르면서 ᄉᆡ문명을 건셜ᄒᆞ겟다고 ᄌᆞ담ᄒᆞᄂᆞᆫ 그네의 신세도 불상ᄒᆞ고 그네를 밋ᄂᆞᆫ 시ᄃᆡ도 불상ᄒᆞ다[54]

춘원의 신교육사상, 계몽을 위한 실천으로 내세운 이들의 행동을 서술자 혹은 내포 작가는 다시 거리를 두고 바라본다. 생물학이 무엇인지도 모르고 연구하겠다는 형식이나 수학이 좋은 것인 줄만 알 뿐 인생과 어떤 관계가 있는지도 모르는 선형의 모습에서 제대로 알지도 못하면서 무조건 유학을 떠나 신문명을 건설하겠다고 자담하는 당시 지식인에 대한 씁쓸한 풍자가 나타난다. 그리고 바로 이 냉정한 서술자의 형상화로 인하여 과도기의 미숙한 청년에게 계몽의 짐을 지워야 했던 시대에 대한 해부로 방향은 바뀐다. '그네를 믿는 시대'가 불쌍하다는 자조적인 언급은 지향성은 있되, 그것을 가능케

54 이광수, 앞의 책, 712쪽.

해줄 실정적인 방식이 부재하는 상황에서 비롯되는 것이다.[55] 비판하고 행동하는 영웅적 인물을 내세우기보다, 결함과 상처로 비뚤어진 주인물을 거리 두기와 풍자로 그려낸 것은 결국 그 때문이다. 따라서 형식의 이상주의를 작가의 욕망이 반영된 것으로 보는 해석은 수정될 필요가 있다.

이 해석과 관련하여 음악회와 이후의 장면을 떠올려보자. 삼랑진에서 수해를 당한 사람들을 위해 음악회를 하겠다고 제안하는 사람은 형식이 아니라 병욱이다. 실제로 음악회를 하여 돈을 모으는 것도 병욱과 영채, 선형이다. 이 문제를 보고 형식은 과학을 하고 가르쳐야 한다는 공허하고 당연한 주장을 할 뿐. 정작 문제가 생겼을 때 실천에 옮긴 사람은 세 여성 인물이다. 음악회 이후에 합류한 우선의 변화도 주목할 필요가 있다. 그는 자신이 생각지도 못한 구제를 젊은 여성들이 음악회를 열어 해낸 것에 감동을 받아 참사람이 되겠다는 결심을 했다고 밝힌다. 이처럼 마지막에 이 젊은이들의 결심과 행동에서 중심은 형식에게 있지 않다. 각성은 형식의 몫이 아니라, 영채와 병욱의 실천으로부터 나온 것이다.

마지막회를 장식한 후일담에서도 마찬가지이다. 병욱과 영채의 성공적인 유학 생활과 활약은 두 단락에 걸쳐 소개되며, 신우선은 문사로서 수양과 저술에 노력하여 문명을 떨치게 되었다고 길게 소개된다. 뿐만 아니라 주변 인물들의 후일담까지 각 한 단락에 걸쳐 소개된다. 그러나 형식은 선형과 함께 시카고대학을 졸업하고 귀국할 예정이라는 짧은 정보만 전달될 뿐 어떤 성취와 변화가 있었는지에 대한 언급은 없다. 그가 교육자로 신문명을 개척하겠다고 목소리

---

55 박상준, 「비주체적 주체의 실체 없는 지향성」, 『소설의 숲에서 문학을 생각하다』, 소명출판, 2003, 91~94쪽.

를 높인 것과 크게 대조가 된다. 이것은 이 작품에서 형식의 위치를 다시 확인시켜준다. 형식은 신문명 건설이 무엇인지도 모른 채 강박적으로 신식을 추종하고 이상과 주장만 내세운 지식인의 부정적인 자화상, 춘원이 있는 힘을 다해 밀어내려 했던 열등한 자아의 초상이었던 것이다.

5. 신식의 강박, 〈무정〉의 자리

〈무정〉은 다양한 양식적 특성을 지닌 서사체로서 그 비일관성과 균열을 밝혀내기 위해 다른 차원의 접근이 필요하다. 이 글에서는 지금까지 인물과 서술자의 거리 및 태도를 중심으로 〈무정〉을 분석하여 개화 지식인의 부정성에 대한 자기 고백과 고발에서 비판적인 풍자에 이르는 다양한 양식적 특성을 확인하고 새로운 해석을 시도하였다.

서술자의 간섭 없이 인물 내면의 생각이나 지각 내용을 직접 제시하는 내적 독백은 주로 형식에 대한 형상화에서 많이 나타난다. 이를 시간 구조로 인한 착오, 욕망의 은폐와 서술전략에 중점을 두고 해석하였다. 형식의 과다한 내면 심리 묘사와 독백은 이야기의 시간을 지연시키고 시간 체감에서 착오를 일으켜 사건의 졸속적 진행을 마치 신중한 고려 결과인 것처럼 포장한다. 또한 과장되다 싶게 길고 지루하게 이어지는 고민과 갈등을 표현하여 형식의 부정적 욕망을 은폐하고 정당화시킨다. 장황한 논설로 연결되는 53회와 65회의 내용은 참자아의 발견, 근대적 주체의 자유를 주장하는 부분으로 춘원의 논설과 연결하여 이 소설의 중심적인 내용을 담은 것으로 해석되기도 한다. 그러나 전후의 서사 맥락으로 볼 때 주체성의 발견이라는 이 거창한 자각은 형식의 세속적 욕망을 합리화시켜주는 근거로 작용한다고 해석할 수 있다. 이것은 형식이 수차례의 깨달음과 성찰의 중심에 있지만, 끝까지 긍정적인 자리에 서지 못하고 서술자가 냉정한 거리를 두고 형상화한 이유라 할 수 있다.

〈무정〉에는 김종렬이나 배학감, 김장로와 이형식 등 개화기 지식인의 부정성에 대한 비판과 풍자가 나타난다. 주로 서구의 신지식에 대한 허세와 과시, 무조건적 추종을 보여주어 신식에 대한 강박증이 희화화되어 나타난다. 또 신문물, 신지식과 교양에 대한 당대의 욕망과 현실의 격차가 풍자를 통해 여실히 드러나고 있다. 김장로의 신식 추종의 행태와 약혼식의 장면은 이 작품을 통틀어 가장 희극적이고 풍자적인 부분이다. 하지만 서술자의 지적대로 장난처럼 결정된 이 위험한 사건에 의해 이형식은 다시 풍자와 비판의 중심에 서게 된다. 형식이 비록 우유부단한 과도기의 유치함을 거쳐 스스로 각성에 이르는 과정을 보여주기는 하나, 그 역시 "대 사회적 당위 명제에 매몰되는 모습"을 보이고 만다.[56] 춘원은 자기와 당시 지식인의 모습에서 이런 열등한 자아를 보았고, 나약하고 무지한 개인이 겁도 없이 시대의 짐을 짊어지려 한 모습을 고백과 풍자를 통해 매우 솔직하게 그려내었다. 형식은 춘원의 열등한 자아, 신식과 사회적 당위에 매몰된 개화 지식인의 그림자였던 것이다.

본고가 〈무정〉에서 "신식의 강박"을 읽어내면서 중점을 두고 본 것은 근대적 각성을 보여주는 주체에 대한 지속적인 거리 조정과 양식상의 균열이었다. 그렇다면 이 논의에서 살펴본 고백과 풍자의 양식적 특성이 기존의 다양한 장르적 규정과 함께 논의될 수 있는 지점은 어디인가. 그동안 〈무정〉을 둘러싼 '소설 양식의 발전'에 대한

56 우찬제, 「한국소설의 고통과 향유」, 『문학과 사회』 12, 1999. 겨울.

논의는 미숙하거나 전근대적인, 혹은 미완성의 양식들에 대한 실험으로부터 (이런 양식을 폐기하거나 극복하고) 서구의 근대적인 서사 장르(노벨)로 진화해 나간 것으로 진행되어 왔다. 이런 시각은 전통에서 서구로, 전근대에서 근대로, 혹은 과거에서 현재로의 문학적 관습(양식)의 변화에 대한 믿음에 바탕을 두고 있으며, 〈무정〉에서 1930년대 장편작품 출현까지의 통시적 맥락, 혹은 이른바 '소설 양식의 발전'도 설명해줄 수 있을 것이다.[57] 그러나 〈무정〉은 1930년대에 나타난 장편소설의 미적 구조에는 결코 못 미치는 불완전한 텍스트이다. 기존연구에서 지적되었듯, 로맨스적 전통과 근대소설적 성격이 아울러 나타나고 있으며, 계몽적 성장소설이자 대중적인 연애소설로도 볼 수 있으며, 이 연구에서 확인하였듯, 한 인물을 중심으로 보더라도 자기 고백에서 풍자적인 서술까지 다양한 양식적 특성을 보여주고 있다. 이처럼 비일관적이고 균열된 형태로 동서양의 다양한 산문전통의 요소가 결합되어 있다고 해도 과언은 아니다. 의식적으로든 무의식적으로든 이 작품에서 실험된 다양한 산문형식이야말로 서사 장르의 보편적인 양식의 원형으로 볼 여지도 있다.[58]

---

57 이광수가 "익숙하지만 주변부들의 이야기였던 고소설의 모티프들을 가져와서 진화론적 서사 안에 재배치하는 과정에서", 다시 말해 "전대의 양식적 특징들을 포괄하면서" 다양한 장르적 실험을 거쳐서 소설의 장르진화를 진행하였다는 이선경의 지적에 대해서는(이선경, 앞의 글) 이 점에서 좀 더 신중한 접근이 필요하다.

58 이 부분에서 장르 진화론적 입장을 벗어나 독창적인 장르론을 펼친 프라이의 논의에 주목할 필요가 있다. 그는 산문픽션의 지속적인 형식, 지배적인 문학관습으로 로맨스와 노벨, 고백과 해부의 형태를 들었다. 이 네 가지는 상호 배타적이거나 우열을 나눌 수 있는 형태가 아니라, 하나의 작품에도 동시적으로 존재할 수 있는 요소라는 데 그 핵심이 있다. 이를 테면 로만스는 전근대적 장르가 아니라, 중세에서 현재까지 그 이상화된 세계에 대한 구조로서 보편성을 가지고 있다고 프라이는 보고 있다. (N. 프라이, 앞의 책, 429~444쪽) 프라이의 접근은 서양의 문학전통 속에서 추출된 연역적 양식론

〈무정〉에서 다양한 서사 양식의 실험과 결합이 이루어졌고, 이런 상태에서 양식이 분화하고 변형되어 1930년대의 다양한 소설 양식의 출현이 이루어졌다는 설명 또한 가능할 것이다. 다양한 서사장르의 맹아적 형태의 혼합, 이 역시 "신식의 강박"이 낳은 〈무정〉의 새로움이라면 새로움일 터이다.

이라는 문제가 있기는 하다. 그러나 이에 기대어 볼 때, 〈무정〉은 프라이가 지적한 산문픽션의 네 가지 형태가 불완전하고 비일관적으로 결합되어 있는 양식적 특성을 보인다고 말할 수 있다.

참고문헌

이광수, 김철 교주, 『바로잡은 〈무정〉』, 문학동네, 2003.

권영민, 『서사양식과 담론의 근대성』, 서울대학교출판부, 1999.
______, 『풍자 우화 그리고 계몽담론』, 서울대출판부, 2008.
김경수, 『한국 현대문학과 근대성의 탐구』, 국학자료원, 2000.
김동인, 『春園硏究』, 신구문화사, 1956.
김우종, 『한국현대소설사』, 성문각, 1982.
김지원, 『해학과 풍자의 문학』, 문장, 1983.
박상준, 『소설의 숲에서 문학을 생각하다』, 소명출판, 2003.
양문규, 『한국근대소설의 구어전통과 문체 형성』, 소명출판, 2003.
이희정, 『한국근대소설의 형성과 매일신보』, 소명출판, 2008.
정재석, 『한국현대소설의 시간구조』, 새미, 2004.
조건상, 『한국현대골계소설연구』, 문학예술사, 1985.
조남현, 『한국현대소설사 1』, 문학과지성사, 2012.
하타노 세츠코, 『무정을 읽는다』. 최주한 옮김, 소명출판, 2008.
앙리 베르그송, 『웃음-희극성의 의미에 관한 시론』, 정연복 옮김, 세계사, 1992.
N. 프라이, 『비평의 해부』, 임철규 역, 한길사, 1986.

김영찬, 「식민지 근대의 내면과 표상」, 『상허학보』 16, 2006.
김정자, 「한국근대소설의 시간기법연구」, 부산대 박사논문, 1984.
서대석, 「韓·中 笑話의 비교연구-無識譚을 중심으로」, 『어문학논총』 25집, 2006.
서은혜, 「1910년대 이광수 단편소설의 '자기-서사'적 특성, 『춘원연구학보』 7. 2014.
성현경, 「〈무정〉과 그 이전 소설」, 『어문학』 32호, 1975.

손자영, 「1910년대 이광수 단편소설의 고백서사적 특징 연구」, 『이화어문논집』 42집, 2017.
염인수, 『초기 현대소설의 서술화법』, 고대 박사논문, 2014.
우찬제, 「서술상황과 작가의 욕망의 관련양상 연구 - 이광수의 「무정」의 시점 분석」, 『현대소설연구』 5, 1996.
______, 「한국소설의 고통과 향유」, 『문학과 사회』 12, 1999. 겨울.
윤홍로, 「무정의 전통성과 근대성」, 이광수, 『무정』, 우신사, 1992.
이만영, 「근대적 읽기 관습의 창출과 계도적 미학의 길 – 이광수의 문학론과 〈무정〉의 상관성을 중심으로」, 『센티멘탈 이광수』, 소명출판, 2013.
이선경, 「1910년대 이광수의 장르 실험」, 『한국문학연구』 29, 2015.
이유진, 「일본에서의 〈무정〉에 대한 평가와 문학사적 의의」, 『춘원학보』 10호, 2017.
최주한, 「번역된 (탈)근대론으로서의 〈무정〉 연구사」, 『한국근대문학연구』 27집, 2013.
황정현, 「이광수 소설연구사」, 고대 박사논문, 2009.

■ 「신식의 강박, 고백과 풍자 사이 - 〈무정〉의 양식적 특성과 서술적 거리」
(『현대소설연구』 69, 2018.)

기억의 중독과 현재의 소실(消失)

: 이효석 소설의 시간성과 〈황제〉

1. 이효석 후기 소설과 〈황제〉의 문제성

이효석의 〈황제〉(1939)는 세인트헬레나 섬에 유배 간 나폴레옹이 최후를 맞이하여, 자신의 영화로웠던 과거를 회상하는 내용으로 된 단편소설이다. 1930년대에 쓰인 영웅의 일대기, 혹은 역사소설의 관습 상 매우 특이한 소설이며, 또 실험성이 농후한 의식의 흐름 수법으로 되어 있어 그간 소설사나 이효석론에서 잘 다루어지지 않았다. 그러나 이 작품이 발표되었을 때는 사정이 달랐다. 발표 당시부터 이효석 사후까지 이 작품은 동료 문인들에게 특별한 주목을 받았다. 우선 〈황제〉가 발표된 『문장』 1939년 7월호는 문장사에서 기획한 창작 32인 특집으로서, 이광수의 〈꿈〉, 이태준의 〈농군〉, 박태원의 〈최노인전 초록〉 등 당시 활발하게 활약한 소설가 32인의 작품으로 구성되어 있다. 이효석의 〈황제〉는 그 작품들 중 가장 앞에 실려 있다. 이 작품이 게재된 후, 임화는 이효석을 현재의 중견작가 중 가장 자유롭고 편리한 지점에 서 있는 융통성 있는 작가라고 하면서 〈황제〉를 '로맨티시즘'으로 읽어내었으며, 이효석은 1939년도에 단편 소설의 기술적 진화에서 가장 큰 수확을 거둔 작가일 것이라고 좋은 평가를 내렸다.[1] 한편 유진오는 이 작품이 "영웅의 운명에 통곡하고", "패퇴하는 나폴레옹에게 빛나는 월계관을 경건한 태도로 바쳤다"고 해석하면서 이 역시 이효석의 또 다른 일면임을 인정해야 한다고 평가했다.[2]

이효석 사후(死後), 당시 『국민문학』 편집을 맡고 있던 김종한은 〈황제〉를 일역(日譯)하여 『국민문학』 9호(1942.8)에 게재하였다. 김종한은 〈황제〉가 나폴레옹의 심경을 비극적 위대성에까지 높이려고 한 작품으로서 효석을 추도하기 위해 번역하여 발표하였다고 회고한 바 있다.[3] 『국민문학』은 당시 경성제대 법문학부 중심의 잡지였으므로,[4] 경성제대 영문과 2회 졸업생(1930년)인 이효석을 추모하기 위해 그의 작품을 『국민문학』에 게재하는 것은 그리 이상한 일은 아니다. 그러나 왜 하필 그 많은 작품 중 〈황제〉였을까? 그 이유에 대해 추측할 만한 자료는 별로 없다. 다만 〈황제〉가 이효석의 다양한 성향을 보여주는 대표작 중의 하나[5]로 당대 문인들에게 인정을 받았다는 사실만큼은 주목할 필요가 있다.

이효석은 한 신문사의 설문 조사에서, 창작적 실천상 신조로 하는

1 임화, 「창작계의 일년 : 중견 십삼인론」, 『문장』, 1939.12.
2 유진오, 「작가 이효석론」, 『국민문학』, 1942.7.
3 김종한, 「바다·효석·하숙」, 『이효석전집』 8, 창미사, 1990.
4 김윤식, 『최재서의 『국민문학』과 사토 기요시 교수』, 역락, 2009, 27~29쪽.
5 유진오는 이효석이 "〈돈〉, 〈메밀꽃 필 무렵〉, 〈고사리〉, 〈황제〉와 같은 전연 경향을 달리하는 작품들에서 각각 성공을 거두고 있"다고 썼다. 유진오, 앞의 글.

방법에 대해 "모름지기 간결하고 비약적이어서 최소의 문자로 최대의 사실과 감정을 암시하고 표현하여야 한다"고 답함으로써 압축과 간결성에 대한 특별한 취향을 강조한 바 있다.[6] 이를 증명이라도 하듯 그의 소설 79편 가운데 단편이 73편으로 압도적으로 많다. 이는 그가 단편소설에 정통한 작가이며, 동시에 '단편소설' 장르의 서술 전략을 늘 의식하고 창작에 임했음을 보여주는 것이다.[7] 단편은 장편에 비해 그 형식이나 기법이 특별히 중시되는 장르이기 때문이다.

그는 70여 편의 단편소설을 통해서 다양한 전략을 구사하였는데, 그 중 〈황제〉가 보여주는 독특한 내적 독백체는 이미 〈가을과 산양〉(1933, 후에 〈독백〉으로 개제)에서 시도되었던 것이다. 이 작품은 좌익운동을 하다가 감옥에 들어간 남편을 그리며 욕정에 시달리는 아내의 은밀한 내면을 그리고 있다. 하지만 〈황제〉와 같이 뚜렷한 실험성을 발견하기는 어렵다.

〈황제〉를 발표할 무렵, 곧 1930년대 말에 이효석은 시정을 소설 무대로 삼아 사소설적인 면모를 보이는 작품을 몇 편, 이어 〈산협〉과 같이 신화적이고 향토적인 작품, 그리고 조선적 특성이 돋보이는 소재를 취한 일련의 일본어 소설을 창작하였다. 한편, 〈황제〉에 발표한 지 5개월 후 같은 지면에 희곡[8] 〈역사〉(『문장』, 1939.12)를 발표했는데, 이 작품은 『신약성서』 중 요한복음 11장과 12장을 원텍스

---

6 『조선중앙일보』, 1938. 7.12.

7 이효석, 「단편소설」, 『이효석 전집』 6, 창미사, 1990.

8 이효석은 희곡을 두 편 창작했으나, 〈역사〉만 게재되었고 다른 희곡 〈다난(多難)기의 기록〉은 제목만 전해진다. 〈다난기의 기록〉은 1932년 2월 초순경에 서북조선 순회공연에서 공연된 작품인데, 『문예월간』 1932년 1월호에 '부득이한 사정'으로 게재치 못한다고 밝혀져 있다. 이현주, 「이효석 문학의 배경에 대한 주석적 연구」, 연세대박사논문, 2009, 285쪽; 구보학회, 『박태원과 구인회』. 깊은샘, 2008, 140쪽.

트로 삼아 마리아와 라사로의 이야기를 재구성한 것이다.[9] 〈역사〉는 비록 장르는 다르지만 서양 역사에서 가장 허구화가 많이 된 위인의 이야기를 소재로 끌어와 재구성했다는 점에서 〈황제〉와 유사하다. 왜 그들을 택했으며, 또 어떻게 그려내고 있는가를 분석함으로써 1930년대말 이효석의 창작 의도와 문학관을 함께 읽어낼 수 있다는 점에서 〈황제〉와 더불어 주목을 요하는 작품이다.

위에서 본 것처럼 이효석의 〈황제〉는 의식의 흐름 소설로서 시간 서술상의 독특한 실험성, 역사소설로서 역사의 재구성 방식, 이효석의 후기 소설로서의 그의 문학관의 변모를 시사하는 문제적 작품임에 틀림없다. 이에 이 글에서는 이효석의 중기 이전 소설이 보여준 시간적 특징의 연장선상에서 〈황제〉가 지니는 시간 서술의 특징과 독특한 기법의 효과를 상세히 분석하는 데 그 일차적 목적을 둔다. 또한 이 작품이 1930년대 역사소설이라는 점에서 당대의 역사소설 창작관습과 일제 말기 영웅전기 재서술의 의미에 대해 살펴볼 것이다. 나아가 이 작품의 분석결과를 바탕으로 현재 왕성하게 진행되고 있는 이효석 후기 소설 평가 작업에 적절한 해석을 덧보탤 수 있을 것이다.

2. 기억과 기대의 극대화, 이효석 소설의 시간성

일찍이 아우구스티누스가 사유한 대로 우리의 영혼 속에 시간은 세 가지의 모습으로 존재한다. 지나간 것의 현재, 현재적인 것의 현재, 그리고 다가올 것의 현재. 이것은 모두 '현재'라는 순간에 인식

9 정일권, 「이효석의 희곡 「〈역사〉 연구」, 『인문학연구』, 29집, 2003.

되는 것으로서 다시 풀어 쓰면 지나간 것에 대한 현재의 기억, 벌어지고 있는 일에 대한 현재의 관찰, 다가올 것에 대한 현재의 기대이다. 어떤 경우가 되었든 간에 인간은 이 표면적 현재의 순간에 정지해 있고, 정지된 시점에서 과거에 대한 기억과 미래에 대한 기대라는 두 개의 시간적 방향을 들여다보게 되어 있다. 그리고 시간의 지속을 그 조건으로 하는 소설은 이 두 가지가 결합되어 펼쳐진다. 현대소설 대부분의 '이야기 선(story-line)'은 현재에서 미래의 서사종결부를 향해 진행되며, 이러한 중심 이야기 선에 필요한 과거의 사실이 부수적으로 삽입됨으로써 이야기의 개연성과 풍부한 서사성을 획득한다. 그러나 일반적으로 소설에서 기억과 기대를 서술할 때, 망각·억압·왜곡·투사 등과 같은 심리적 메커니즘이 작용하기 때문에 모호하고 설명하기가 어려울 수 있다.[10]

인간의 사회적 상황에 대한 해석과 역사적 전망이 뚜렷할 때, 소설의 시간 서술은 이런 모호성을 쉽게 넘어서기도 한다. 전망의 획득으로 사건의 인과관계는 분명해지며 서술의 시간적 논리는 미래에 대한 '기대'라는 분명한 방향성을 가지게 되기 때문이다. 이런 유형의 소설에서 인물은 능동적이고 이야기는 당연히 현재 벌어진 문제해결의 다양한 방법을 모색하는 방향으로 전개된다. 그러나 미래에 대한 전망이 불투명할 때, 그럴듯한 해결을 보여주기가 쉽지 않다. 이때 가능한 서술방법 중 하나는 소설의 완결성을 전사(前史)에서 찾는 것이다. 과거를 회상하고 그것의 의미를 발견하는 것이 소설의 내용을 이룬다. 이때 과거의 사실은 중심 갈등을 형성하는 핵심적 원인이자 돌이킬 수 없는 해결의 맹아(萌芽)가 되며, 자연스럽게 인물은 수동적이며 성찰적인 성격으로 형상화 되고, 분석적이며

10 Hans Meyerhoff, 김준오 역, 『문학과 시간현상학』, 삼영사, 1987, 34쪽.

해부적인 서술이 우세해진다.[11]

이효석 소설의 시간 서술상 특성을 발견할 수 있는 지점은 바로 이 두 방향성의 극대화, 곧 기억 혹은 기대가 현재를 지배하고 대신 현재가 소실(消失)되는 점에 있다. 즉, 현재 벌어지고 있는 일에 대한 관찰보다는 지나간 것에 대한 기억이나 다가올 것에 대한 기대가 대부분을 차지하는 것이다. 조르주 뿔레의 의견을 빌려 예단하자면 그것은 현재의 고통, 덧없는 순간에서 벗어나려는[12] 극단적 선택일 수 있다.

이른바 '동반자 작가'로 불리던 시절의 이효석 작품 가운데에는 미래에 대한 전망이 두드러지는 작품들이 발견된다. 〈노령근해〉(1930), 〈상륙〉(1930), 〈깨트려지는 홍등〉(1930), 〈마작철학〉(1930), 〈약령기〉(1930), 〈프렐류드〉(1931)에서는 미래에 대한 기대가 소설 전개의 추동력이 되며, 등장인물의 능동성이 뚜렷이 드러난다. 한 젊은이의 러시아 밀항 과정을 그리고 있는 〈노령근해〉, 〈상륙〉 연작은 사회주의의 유토피아이자 상징적 미래인 러시아로의 여정이 서술시간의 흐름을 지배하고 있다. 홍등가의 여성들이 세상을 상대로 파업을 결의하고 투쟁해 나가는 과정을 그린 〈깨트려지는 홍등〉은 사회주의의 자각과 실천의 흐름을 미래지향적 시간 전개로 그려내고 있다. 역시 노동자의 집단파업을 소재로 한 〈마작철학〉은 동해안 어느 어항의 정어리 공장 노동자의 파업과 공장주 2세인 정구태

---

11 물론 1인칭 주석적 서술이라면 슈탄젤의 지적대로 서술적 자아와 경험적 자아가 만나는 종결부에서 변증법적 합일이 이루어지고 미래에 대한 희망과 자기 각성이 이루어지게 하는 것이 가능하다. (F. Stanzel, 안삼환 역, 『소설형식의 기본유형』, 탐구당, 1990) 그러나 이 경우 각성과 결심은 서술자 개인의 차원에서 이루어지는 것으로 구체적 실천을 담보한 이념적 비전의 제시로 보기 어렵다.

12 Georg Pulet, 조중권 역, 『인간적 시간의 연구』, 동인, 1994, 35쪽.

가 새로운 철학을 발견해나가는 과정을 미래지향적 시점에서 전개하고 있다. 노동문제와 거리가 있지만 〈약령기〉는 주인공 학수가 애인의 죽음을 계기로 무능한 학생으로부터 벗어나 '전 인류적 번민'을 자각하게 된다는 이야기로서 역시 '자각'과 '변화'를 향한 미래지향적 서술로 되어 있다. 사회주의적 색채가 가장 노골적으로 드러난 〈프렐류드〉는 공산주의 운동을 하던 주인공 주화가 사상적 회의로 인해 자살을 하려다가 공장 노동자 주남죽을 만나 다시 공산주의 운동에 투신하게 된다는 내용으로 역시 미래에 대한 전망에 의한 직선적 구조가 서사를 이끌고 있다.

이 작품들에는 당시 프로문학이 그러하듯 전망의 과장과 도식적 행동, 현실에 대한 추상적 인식이 온전히 드러난다. 인물의 현재 행동은 미래에 대한 기대에 의해 추동됨으로써 현재에 대한 관찰과 관심을 몰수되고 "본질에서 현실과 유리되거나 현실 도피적 색채"[13]를 띤다. 이효석에게 사회주의는 자각의 결과 선택된 이념이자 역사발전의 필연적 결과가 아니었기 때문이다. 이를 분명히 알 수 있는 것은 이후에 창작된 일련의 작품을 통해서이다. 초기에서 중기로 넘어가는 과도기에 발표된 〈북국점경〉(1932)은 사회주의 표방과 탐미성의 분열 흔적이 포착되는 대표적인 작품이다. 다섯 편의 단편으로 이루어진 이 작품에 동적인 플롯이나 행동 전개와 같은 시간의 운동성은 거의 사라지고 현재의 상황 묘사와 서정적 터치가 중심을 이룬다. 미래에 대한 분명한 방향성을 상실할 때, 작가는 역사상 현재의 위치를 그리는 데 혼란을 느낀다는 것이 고스란히 드러나고 있다.

사회주의적 색채를 완전히 벗고 나온 중기 작품 〈돈(豚)〉(1933)에 이르면 미래에 대한 전망은 삭제되고 대신 개인의 좌절된 욕망이 서

---

13 이상옥, 『이효석의 삶과 문학』, 집문당, 1991, 200쪽.

사를 지배한다. 좌절의 기억을 가진 인물은 지극히 개인적인 욕망으로 미래를 기대하지만 그 기대는 순식간에 허물어지고 허무만이 남는다. 8개월 전에 산 암퇘지를 잘 키워 돈을 벌고자 하는 식이는, 종돈(種豚)과 암퇘지의 교합을 시도했지만 실패하고 이웃집 분이도 도망간 상황에 놓인다. 서술 상 현재는 다시 암퇘지의 교합을 시도하는 사건부터로서 식이는 그 장면에서 분이의 자태를 떠올린다. 돌아오는 길, 돼지를 팔아 분이가 있는 곳에 가는 상상에 잠겼다가 돼지가 기차에 치이고 만다. 돼지 교합 장면에서 분이와의 결합과 환상적 미래를 꿈꾸는 식이의 모습은 전망이 희박한 현실로부터의 도피하고자 하는 욕망을 보여준다. 결국 여기가 아닌 다른 시간, 현재가 아닌 올 수 없는 상상의 시간에 집중한 주인공은 돼지의 죽음으로 완전히 미래를 몰수당하고 만다.

환상으로 채색된 과거에 갇혀서 사는 허생원의 사랑이야기인 〈메밀꽃 필 무렵〉(1936)도 이와 크게 다르지 않다. 이 작품의 중심 내용은 과거에 있다. 단 하룻밤의 추억에 중독된 채 반평생을 장돌뱅이로 살아간 허생원의 반복적 삶은 시간의 흐름에 대한 거부, 그 자체이다. 이야기는 허생원과 동이, 조선달이 봉평에서 대화까지 밤길을 가는 사건에 전사(前史)가 펼쳐지고 왕년(往年)에 "기가 막힌" 하룻밤의 사랑을 했던 허생원이 몰랐던 사실을 발견하면서 끝난다. 짧은 현재의 시간이 지니는 긴장과 무게는 모두 과거 정보가 지닌 강렬함에 의해 뒷받침된다. 이야기를 전하는 작품 속 화자인 허생원과 새로운 피화자로서의 동이의 만남은 이야기가 전개되면서 필연적이고 운명적인 만남으로 자연스럽게 변화된다. 가능성이 필연성으로 향해 가는 이 흐름은 '늦은 발단'으로 시작하여 짧은 현재와 긴 과거를 결합시키는 점층적 구조의 특성으로서 이 작품에 완결성을 부여하고 있다. 이처럼 미래에 대한 전망이 차단되었을 때, 소설은 이미

종결된 과거를 끌어오거나 상상된 욕망의 세계를 소설의 소재로 선택할 수밖에 없다. 이렇게 이효석의 중기 소설은 전망 부재의 현실을 과거 지향적 서술을 통해 그려내고 있다.

지금부터 살펴 볼 〈황제〉는 이효석의 후기 작품으로서, 위에서 살펴본 시간서술의 특성을 가장 뚜렷하게 보여주는 동시에 가장 실험적인 작품이다. 선택적 전지에 의한 의식의 흐름 소설로서 미래에 대한 부정적인 전망과 고통스러운 현재 상태로부터 벗어나 과거의 영화를 되찾고 싶은 인물의 욕망이 회상의 수법으로 드러나고 있다.

3. 〈황제〉의 시간 서술적 특징

〈황제〉의 서술적 현재 시간은 세인트헬레나 섬에서 유배 6년째를 맞고 있는 나폴레옹이 죽기 직전이다. 나폴레옹의 전기적 기록에 의하면 1821년 5월 5일 늦은 오후이다. 아침부터 특별히 바람이 불고 예사롭지 않은 날, 죽음을 예감한 나폴레옹의 현재 의식 속에 떠오르는 기억이 중심내용을 이루고 있다. 전체는 모두 8개의 단락으로 나누어져 있는데, 이를 표로 그려 보면 다음과 같다.

	시간	내용
1	1821년 5월 5일 서술상의 현재	죽음을 앞 둔 나폴레옹
2	현재	허드슨 로오의 학대
	1769 1803 1804	나의 탄생(보나파르트로서의 탄생) 국민투표로 황제로 추대 전유럽의 황제가 됨(황제 나폴레옹으로서의 탄생)
	현재	

3	1815-1817 현재	세인트 헬레나섬에서 병을 얻음 형편 없는 처소
4	1804-	튜일러리 궁중의 화려한 생활
	현재	섬의 어두운 공간, 다른 공간 상상, 어머니 생각
	1785	포병소위 승급을 위해 양복장수에게 머리를 숙인 일
5	1795 1796. 3. 19. 1809. 12. 15. 1814. 5. 30.	파리 반란, 조세핀 만남 조세핀과 결혼 이혼식 조세핀의 죽음 (나폴레옹 엘바섬 유배)
	1810	마리 루이스와 결혼
	현재	루이스와 유일의 왕자 조셉의 편지가 끊어짐 허드슨 로오에 대한 불만
	1788-현재	7명의 여인들에 대한 회상
6	현재	영광과 승리 이면의 치욕과 패배 지나간 날에 대한 회한
	1789 7. 14. 1795. 10. 5. 1796.	프랑스 혁명 영국 연합함대를 물리친 공으로 여단장이 됨 파리 반란, 총독으로 임명됨 파리 주둔병 사령관, 이태리 원정 사령관 계속되는 승리로 불란서 영토를 넓힘
	1798. 5. 1802. 8. 2. 1803. 5. 18.	2년간의 원정 후 새로운 계획 이집트 원정, 카이로 정복, 제1통령에 오름 종신통령이 됨 황제의 자리에 오름
	현재	신의 아들이 되지 못한 것, 영원의 정복을 얻지 못한 것에 대한 아쉬움

7	1812 1814. 3. 1814. 4. 1815. 3. 1815. 10.	러시아 원정 파리 함락 엘바섬 유배 엘바섬 탈출, 파리로 돌아가 황제에 즉위, 백일천하 다시 체포되어 세인트 헬레나 섬에 유배
8	현재	사람들이 그리움, 원통함 나폴레옹의 죽음

표에서 알 수 있듯, 이 작품은 전체가 시간의 지속과 배열, 빈도에서 모순을 보여준다. 우선 현재 서술하고 있는 짧은 시간에 나폴레옹의 전 생애가 이야기되고 있다. 이는 '시간지속모순(anisochronies)'[14]으로서 서술시간에 비해 이야기의 지속 시간이 더 긴, 연장(stretch)[15]의 수법으로 되어 있다. 또 작품의 표면적인 배열로 볼 때 과거에 완결된 역사를 파편적으로 나열하고 있으며, 현재와 과거를 병치적으로 배열하고 있음을 알 수 있다. 곧 이야기의 순서가 연상이라는 논리에 의해 마구 뒤섞여 배열되는 '시간배열모순(anachronies)'이 나타난다. 8개의 단락은 현재와 과거의 대조로 이루어져 있고, 소설이 전개됨에 따라 점차 과거에 대한 서술이 많아지고 현재의 서술은 적어진다. 또한 과거의 이야기 중 나폴레옹이 승승장구하던 부분과 황제에 오르게 되는 부분이 반복하여 서술됨으로써 영광스러운 과거를 강조하고 있다. 이는 '시간빈도모순'으로서 서술상 강조하거나 특별한 의미부여를 위해 실제로 반복되지 않는 것을 반복하여 서술하는 것이다.

〈황제〉에서 이 같은 반복이 가장 분명하게 작위적으로 드러나는

14 G. Genette, *Narrative Discourse-an essay in method*, trans. Jane E. Lewin, Cornell Univ. Press, 1980, pp. 35-97.

15 S. Chatman, *Story and Discourse*, Cornell Univ. Press, 1978, pp. 67-77.

것은 처음과 마지막, 곧 현재의 반복된 서술이다. 나폴레옹의 과거는 시간의 순서대로 서술되지는 않지만 결국은 나폴레옹의 탄생에서 시작하여 세인트헬레나섬으로의 유배로 끝난다. 부분적으로 현재를 왔다갔다 하면서 진행되지만, 현재에서 시작하여 현재로 돌아오면서 끝나는 구성을 취하고 있다. 다음은 작품의 마지막에도 동일하게 반복되는 첫부분이다.

> —어둡다 요란하다 우렛소리 번갯불 바람은 천지를 쓸어가련 건가 구름은 우주를 뭉개 버리련 건가 파도소리 저 파도소리 절벽을 물어뜯는 저놈의 파도소리 수십 길 절벽을 뛰어넘어 이 집을 쓸어가려는 듯 차라리 쓸어가 버려라 집까지 섬까지 한 모금에 삼켜버려라 (오늘은 어인 일고 아침부터 이) 바람소리 파도소리 (중략) 자연이 무심할쏘냐 그대만이 나를 알아주누나 내 마지막을 일러주누나 오늘의 그대의 이 뜻을 내 모를 바 아니요 이 어두운 천지의 조화와 부질없는 대서양의 파도소리가 무엇을 재촉하는지를 내 모를 바 아니다 오늘이 올 것을 마음속에 생각하고 있었고 기다리고 있었다[16]

처음부터, 세인트헬레나 섬의 풍경과 기후에 대해 묘사한다. 이 음침한 날씨는 나폴레옹이 자기 죽음에 대한 예감이 운명적인 것임을 보여주고 있다. 이 부분은 다시 약간 변형되어 마지막에서 반복된다. 이 수미쌍관적인 상황묘사는 과거로부터 의식이 현재로 다시 돌아왔음을 나타내는 표지이면서 동시에 시간의 순환, 영웅재생의

---

16 이효석, 「皇帝」, 『文章』, 1939. 7. 2-3쪽. 현대어 표기는 『새롭게 완성한 이효석전집』 3(창미사, 2003)을 따름.

신화적 시간을 드러내는 것으로 해석할 수도 있다. 이어 나폴레옹은 세상을 떠난 후 "구라파로 돌아가 샹젤리제를 거닐고 세느강가를 헤매며 부하들과 만날 것"이라는 의지를 표명한다. 그리고 연속적인 명령문으로 자신의 최후의 순간에 충실하고도 긴급한 상황을 표현한다. 이효석이 택한 나폴레옹의 마지막 말은 "용기를 내라 탄환이 나를 뚫을 수는 없는 것이다 흠 흠으으……"로서, 불사의 의지를 드러내고 있으나, 이 역시 자신의 죽음과 상황을 끝까지 받아들일 수 없었던 영웅의 마지막 고통을 역설적으로 보여주는 것이다.

이처럼 이 작품은 미래의 전망이 완전히 부재하는 죽음의 시점을 서술적 현재로 택하고 있으며, 현재의 고통과 허무로부터 헤어나기 위해 화려한 과거에 대한 기억이 전체를 채우고 있다. 그러나 그 과거의 기억은 현재를 충만하게 하는 것이 아니라 빈약하고 황폐하게 함으로써 오히려 현재의 고통과 허무를 강조하는 효과를 낸다. 이는 처음과 마지막의 조금도 변함없는 상황의 반복적 표현과 끝까지 자신의 상황을 부조리하게 받아들이는 태도에서도 나타난다.

4. 나폴레옹 전기 새로 쓰기의 의미

1930년대 말, 이효석은 '학생에게 추천하는 서적'으로 예수의 전기와 나폴레옹의 전기를 들고 있다. "요새 필요가 있어서" 읽고 있는데 "누구나 일독할 필요를 느꼈"다는 것이 그 이유이다.[17] 이 기록 외에 이효석이 왜 나폴레옹의 이야기를 소설의 소재로 선택했는지에 대한 이유를 찾기 어렵다. 이효석의 아버지 이시후(李始厚)가 1911

17 이효석, 「학생에게 추천하는 서적」, 『이효석 전집』 6, 275쪽.

년 6월 20일 보급서관에서 『實業小說－富蘭克林傳』(밴자민 플랭클린의 자서전)을 편역하여 출판한 사실[18]이 있으나, 이 사실이 어린 이효석에게 서양 위인에 대해 관심을 가지게 할 원인이 되었을지는 확신하기 어렵다.

물론 1910년대 이전 이미 역사서로서 『나파륜전사(拿破崙戰史)』와 전기인 『법황나파륜전(法皇拿巴倫傳)』(1907)이 번역되어 시중에 유통되었고, 최남선의 〈해에게서 소년에게〉에 "나팔륜(拿破崙)"이 등장하며, 이광수의 〈무정〉에서 나폴레옹 숭배자인 경성학교 교사가 형상화되기도 하고, 『소년』에서도 나폴레옹 등 국가적 영웅에 대한 언급이 지속되었다. 1930년대 한성도서에서 출판 예고한 하쿠분칸 세계역사담 리스트에 나폴레옹 전기가 들어있으나 실제로 번역되지는 않았다.[19] 당시 독서 대중들이 나폴레옹에 대한 관심이 없지 않았을 것으로 추측되나 이효석이 실제로 어떤 책을 어떤 경로를 통해서 읽고 〈황제〉를 집필했는지는 알기 어렵다.

작품 창작의 동인(動因)으로 짐작할 수 있는 다른 하나는 요코미쓰 리이치(橫光利一)의 〈나폴레옹과 백선균〉(1926)이다. 이 작품은 세기의 영웅인 나폴레옹이 백선균(白癬菌)에 의해 조종당한다는 특이한 발상으로 영웅의 모습을 해학적으로 그리고 있다.[20] 풍자와 해학의 대상으로서의 나폴레옹의 모습을 그린 요코미쓰 리이치는 일

18 이나미의 기억에 의하면 이시후는 한성사범을 나와 1910년경부터 서울 근교에서 교편을 잡았으며, 사실상 이효석과는 일찍부터 떨어져 지냈다고 한다. 이나미, 『마지막 날의 아버지, 이효석』, 창미사, 1999, 62쪽. / 김성연, 「근대초기 청년 지식인의 성공신화와 자기계발서로서의 번역 전기물」, 『현대문학의 연구』 42, 2010.

19 김성연, 「식민지 시기 번역 위인전기 연구」, 연세대 박사논문, 2010. 12. 44쪽, 83-89쪽.

20 이금재, 「요코미츠 리이치의 〈나폴레옹과 백선균〉」, 『일어일문학연구』 37, 2000.

본에서 신감각파문학의 탄생을 알렸던 『문예시대』의 대표적인 작가로서 당시 국내 소설가들에게 상당한 영향력을 행사했다고 전해진다. 따라서 이효석이 이 작품을 읽었을 가능성이 있다.

1821년 나폴레옹이 숨을 거둔 후, 나폴레옹 이야기는 1823년 나폴레옹의 곁에서 지켜봤던 에마누엘 라스카즈가 쓴 『세인트헬레나의 회상』에서 시작하여 수만 가지의 저작으로 새로 창작되었다. 20세기말까지 거의 8만여 권의 저작이 발표될 정도로, 예수 그리스도와 더불어 사가들과 작가들의 관심을 가장 자극한 역사적 인물로 꼽힌다.[21] 또한 수 만 권의 저작에서 각기 다르게 그리고 있기 때문에 황제가 하나의 전체로 드러나지 않는 것도 특징이다. 이처럼 높은 이야기 가치를 지닌 나폴레옹 전기는 소재의 빈곤 상태에 있는 이효석에게 매력적으로 다가왔을 것으로 추측된다.

〈황제〉는 나폴레옹이 유배지에서 과거를 회상하는 데에 초점을 두어 서술된 작품이다. 이것은 나폴레옹의 유배에서 나올 수 있는 가장 개연성 있는 이야기 구성이라 할 수 있다. 장 폴 카우프만(Jean-Paul Kauffmann)은 소설 『나폴레옹』을 쓰면서 그의 유배에 대해 다음처럼 밝히고 있다.

> 나폴레옹의 유배는 그로 하여금 헐벗고 허약한 사람으로 만들었다. 그는 저항했고 과거의 영광에 기댔다. 참담한 패배 한 권의 그 혁혁했던 무훈을 떠올리며 그는 스스로를 위안했다. 그러나 그는 과거의 잉걸불을 되살리다가 기진했다. 감금된 자에게 행복했던 시절을 회상하는 일보다 더한 고통은 없으니까……[22]

---

21 Thierry Lentz, 이현숙 옮김, 『나폴레옹』, 시공사, 2001, 140쪽, 148쪽.

22 Jean-Paul Kauffmann, 김철 옮김, 『세인트헬레나로의 항해-나폴레옹』, 세계사, 1998, 20쪽.

그렇다면 이효석은 나폴레옹의 좌절과 과거의 영광을 대조시키기 위해 어떤 전기적 사실들을 선택하여 어떻게 서술하고 있는가. 나폴레옹과 관련된 수많은 사실과 이야기 가운데 〈황제〉에 선택된 사건은 다음과 같다.

1769. 8. 탄생

1785 포병소위 승급

1789. 7. 14. 프랑스 혁명

1795 파리반란, 조세핀 만남, 총독으로 임명

1796. 3. 19. 조세핀과 결혼, 파리 주둔병 사령관, 이태리 원정 사령관

1796. 5.-1798. 7. 원정시대

1802. 8. 2. 종신통령이 됨

1803. 5. 18. 원로원 국민투표로 황제에 추대됨

1804. 5. 왕위, 전 유럽 황제로 등극, 튜일러리 궁중 생활

1812 러시아 원정 실패

1814. 4. 엘바섬 유배

1815. 3.-6 백일천하, 워털루전쟁에서 패함

1815 세인트 헬레나섬 유배

1821. 5. 5. 현재

이 사실 중 대부분은 나폴레옹이 전쟁에서 자신의 능력을 발휘함으로써 승승장구하고 황제로 추대될 때까지의 성공기와 전 유럽을 손에 넣고자 했던 원정시대, 조세핀을 비롯한 7명의 여인들, 그리고 현재의 삶과 비교도 안 되는 화려한 궁중 생활이다.

〈황제〉에서 나폴레옹의 비참한 말로를 형상화하기 위해 선택된

인물은 허드슨 로오와 조세핀이다. 대개의 인물은 그저 한두 번 언급되는 정도에 그치지만, 이 두 인물은 그렇지 않다. '허드슨 로오(Sir Hudson Lowe, 1769-1844)'는 아일랜드계 영국의 군사지휘관으로 나폴레옹이 세인트 헬레나 섬에 유배되었을 때 총독으로 있었다고 전해진다. 그는 나폴레옹이 유배를 오자 상상을 초월하는 가혹행위를 저지른 것으로 알려져 있다.[23] 다른 모든 인물과 마찬가지로 직접 등장하지 않고 반복적으로 언급만 되는데, "악한 로오", "냉혈한 로오", "무도한 로오", "인색한 로오", "영국놈 로오", "불측한 놈", "지옥의 악마", "인면을 쓴 악마" 등으로 표현된다. 그는 나폴레옹에게 악인의 대명사이자 적국인 영국의 무자비한 처사를 상징적으로 보여주는 인물로서 나폴레옹의 불행한 현재를 더욱 강조하며, 나폴레옹의 정신적 상처와 정서적 불안을 암시하고 있다.

나폴레옹이 사랑한 여인으로 최초의 왕비인 '조세핀(1763-1814)'은 공포정치시대 혁명군의 대장이었던 알렉상드르 드 보아르네 자작의 부인으로서 남편이 1794년 단두대에서 처형된 후 빼어난 미모로 총재정부의 유력인사들과 친밀하게 교제하며 생활을 꾸려나갔다. 나폴레옹은 그녀를 보자 정신없이 사랑에 빠졌고 1796년에 결혼

---

23 나폴레옹에게 보나파르트 장군, 오합지졸의 지휘관놈 등의 욕을 하기도 하며 썩은 포도주에 침을 뱉어서 대접했는데 나폴레옹이 이를 마시지 않자 나폴레옹의 얼굴에 부었으며 심심하면 손바닥으로 나폴레옹의 뒤통수를 때렸다. 나폴레옹이 책을 읽고 있으면 그 책을 빼앗아서 나폴레옹의 머리를 세게 내리친 후 그 책을 나폴레옹이 보는 앞에서 갈갈이 찢어버리면서 히히덕거렸다. 더군다나 허드슨 로는 자신의 업무 중 스트레스가 조금만 쌓여도 무조건 나폴레옹에게 찾아가서 화풀이를 했다. 게다가 나폴레옹이 절대 외출하지 못하도록 집 밖에 체격 좋은 역사(力士)들만 수십명을 골라 뽑아서 보초병으로 세워놓은 뒤 나폴레옹이 문을 열고 나오면 심하게 구타한 후 다시 집 안으로 강제로 밀어넣기도 했다. 그것도 모자라 나폴레옹이 허드슨 로에 의해 병들자마자 나폴레옹이 치료를 받지 못하도록 나폴레옹의 주치의를 강제로 영국으로 보냈다. http://ko.wikipedia.org

하였으나 후사가 없어 이혼하였다.[24] 조세핀에 대한 그리움과 여전한 사랑의 고백과 아들 프랑수아 조셉에 대한 그리움의 표현은 나폴레옹의 영웅적 면모보다는 약하고 인간적인 면에 초점을 둔 것이다.

위에서 보았듯, 〈황제〉는 이미 100여 년 전에 사망한 나폴레옹의 일대기를 소재로 한 역사소설이다. 완결된 역사적 사실을 소재로 하고 있어 시간 서술 자체가 과거의 기록과 평가에서 자유롭지 못하다. 더구나 이효석이 생존했던 시기의 역사소설의 문법에 따른다면, 여기에는 역사적 사실에 대한 새로운 해석과 서술방식이 존재할 뿐, 갈등과 대립과 사건 해결에 대한 또 다른 허구적 요소가 개입될 여지가 없다. 역사적 사실과 허구적 서사화의 충돌, 이 사이에서 소설가 이효석이 선택한 것은 역사 기록에 남겨져 있지 않은 나폴레옹의 내면의 흐름을 통한 서술이다. 역사상 인물의 의식을 서술의 축으로 삼아 과거 지향적이고 폐쇄된 결론을 현재의 시간 속에 파편화시켜 서술함으로써 한 영웅의 일대기를 재해석하려한 것이다.

그간에 쓰인 많은 나폴레옹 전기가 그를 전설적인 인물로 신비화, 신화화시키고 있다면 이효석의 〈황제〉는 앞서의 분석에서 확인되었듯, 탈영웅화, 반신화화, 탈신화화한 여타의 전기들과 맥을 같이 하고 있다. 황제의 내면을 통해 이미 그 영웅적인 위엄과 판단능력을 상실한 약하디 약한 한 인간의 모습을 그리고 있는 것이다. 그렇다면 이효석은 왜, 무엇을 위해 하필 나폴레옹이라는 역사상의 인물을 끌고 와서 탈신화화하고 있는가.

---

24 Thierry Lentz, 앞의 책, 19쪽.

5. 극적 직접성과 풍자

〈황제〉에서 인물-서술자인 '나', 나폴레옹은 유배지에 있는 자신의 현재에 대해 부조리함을 느끼며, 황제로서의 자긍심을 잊지 않으려고 한다. 이러한 이유로 '나'에게 회상되는 내용은 자신의 과거를 합리화하려는 분석적 태도에 입각해 있다. 따라서 그의 과거는 동질적인 시간 가치에 의해 재배열되고 이 배열은 온전히 '나'의 의식의 흐름에 의존하고 있다.

주인공의 의식이 지속되고 있음을 나타내기 위해 〈황제〉는 마침표도 휴지부도 쉼표도 없는 문장으로 이루어져 있다. 또 작품의 처음과 끝이 "……"로 되어 있어 의식의 한 토막을 잘라내어 작품화 한 것임을 표현하고 있다. "지각과 기억의 저장고"로서, 또 "과거와 현재의 통합된 자아"로서 주인공의 내면에 완전히 밀착하여 이야기가 진행되며, 해석과 평가, 의미부여가 이루어지고 있어 신동욱의 지적대로 가히 '의식의 사실주의'[25]라고 부를 만하다.

이 점에서 〈황제〉는 의식의 흐름 소설 가운데에서도 '직접 내적 독백'에 해당된다고 할 수 있다. 직접 내적 독백은 그 누구의 개입도 없이 직접적으로 의식을 나타내 보여주며, 청자도 예상되어 있지 않다. 곧 "마치 독자가 전혀 없는 것처럼 완전히 솔직한 상태로 제시"되며, 모든 독백은 자기 자신, 자신의 내면을 향한 이야기이다.[26] 다음은 직접내적독백임을 알 수 있는 부분인데 청자를 예상하지 않고 있기 때문에 이야기의 흐름을 파악하기가 쉽지 않다.

---

25 신동욱, 「이효석 소설에 관한 연구」, 『삶의 투시로서의 문학』, 문학과지성사, 1988, 146쪽.

26 Robert Humphrey. 이우건, 유기룡 공역, 『현대소설과 의식의 흐름』, 형설출판사, 1984, 51쪽.

나를 학살함은 영국의 귀족정치이다 영국 놈같이 포악무도한 인종이 세상에 있을까 내게 처음부터 거역한 것두 그놈들 내 평생에 파멸을 인도한 것도 그놈들 그놈들에 대한 원한은 골수에 젖어들어 자나깨나 잊을 날이 없다 불측하고 무례한 허드슨 로오-이런 놈에게 나를 맡기는 행사부터가 글렀지 이놈은 사람의 예를 분별하지 못하는 놈이야[27]

로버트 험프리(Robert Humphrey)는 의식의 흐름 소설은 본질적으로 '기법상의 묘기'라고 한다. 의식의 흐름 소설을 분석하는 것은 근본적으로 기법을 검토하는 일과 마찬가지라는 것이다. 사실상, 의식의 흐름은 사적이고 내밀하고 유동적이기 때문에 일관성을 찾기 어렵다. 또한 시간 속에서 자유롭게 움직일 수 있으므로 시간의 무한 확대와 응집이 자유롭다. 그러나 이러한 특징 때문에 무질서하고 산발적으로 느껴지기 쉽다. 따라서 독자의 이해를 돕기 위해 '핍진성(verisimilitude)'을 부여하는 서술전략이 매우 중요하다.

의식의 흐름을 지배하는 자유연상을 통제하는 것은 기억·감각·상상력이다. 기억은 연상의 바탕이며, 감각은 연상을 유도하며, 상상력은 연상의 탄력성을 결정한다. 이 세 가지 요소의 미묘한 작용에 의해 서술은 이루어지는 것이다.[28] 〈황제〉에서는 이 세 요소들의 작용이 자연스럽게 이루어지기보다 다소간 작위적으로 연결되어 있다. 다시 말해 오로지 '나'의 의식만이 서술의 근원이 될 뿐, 현재의 '나'가 과거를 기억하기 위해서 객관적 상관물을 통한 정서적 연상의 단계를 거친다든가, 단편적 과거 사실들을 연결하는 상상의 논리가 작

27 이효석, 〈황제〉, 3쪽.

28 Robert Humphrey. 앞의 책, 77-81쪽.

용한다든가 하는 일은 거의 없다. 과거의 사실은 나폴레옹의 의식에 일방적으로 쏟아지고 무질서하게 나열된다.

예를 들어 그의 정치적 야망과 여성 편력, 그의 능력의 위대성은 다음과 같이 외면적인 사실 나열로 전달된다.

> 이렇게 해서 애급정벌이 시작되었다. 구십팔년 오월십구일 군함 십삼 척 소선 십사 척 운송선 사백 척 군졸 사만 학자 백 명 바다에 나서 반월의 진을 치니 그 길이 십팔 노트에 뻗치다 유월 말타섬에 올라 이를 항복시키고 알렉산드리아를 빼앗고 카이로에 나아가 칠월이십일일 이를 함락시키고 시리아로 향해 가사를 빼앗고 야파를 떨어트리고 상쟝 다아크를 포위했으나 사나온 토이기군 때문에 동방정략이 채 이루어지지 못한 채 본국의 위난을 듣고 쿨벨에게 애급을 맡기고 일로 불란서로 향했던 것이다. (중략) 단신 파리로 향하는 도중에 내 뒤를 따르는 민중 몇 천 몇 만이던가 십일월십일 나는 드디어 무력으로 정부를 넘어트리고 새로운 헌법을 준가해서 집정을 폐지하고 세 사람의 통령제도를 세워 그 제일통령에 오른 것이다[29]

마치 영화의 장면 장면을 넘겨서 보여줌으로써 과거 사건을 요약하듯, 매우 구체적이면서 상징적인 장면을 나열함으로써 장시간의 원정시대를 서술하고 있다. 이뿐 아니라 나폴레옹 탄생의 장면, 황제대관식 장면, 파리의 축제 분위기, 화려한 튜일러리 궁중의 일상생활, 추억의 공간 회상, 원정시대 전투 장면, 파리 개선식 장면 등도 구체적인 연도를 표시한 영화의 플래시백 장면처럼 작위적으로 연

29 이효석, 〈황제〉, 앞의 책, 13쪽.

결된다. 이 장면들이 현재와 동시적으로 병치되면서 빈번히 교차하기 때문에 독자가 느끼는 시간적 거리는 압축되고 52년에 걸친 나폴레옹의 일생은 공간의 동시성으로 펼쳐지게 된다. 이렇게 하여 혁명을 완성한 영웅인 과거의 나폴레옹과 전쟁의 패배로 몰락하게 된 현재의 나폴레옹의 대조와 동일화를 시도하고 있다. 이 점에서 과거, 현재, 미래 사이의 시간적 거리의 소멸은 이효석의 이전 소설과 마찬가지로 서정적 인식 태도[30]에서 비롯된 것이라는 해석이 가능하다.

사실상, 의식의 흐름 소설의 초점은 내면적인 인격을 제재로 삼아서 표현[31]하는 데 있다. 따라서 이 기법을 사용하여 나폴레옹의 정치사상이나 민족의식, 지도자로서의 깊은 회한과 인간적 면모와 같은 내면을 드러내는 것이 훨씬 효과적일 것이다. 그러나 위에서 살펴본 바와 같이 이 작품의 역사 서술은 주로 연표에서나 볼 수 있을 법한 외적 사실을 전달하는 데 초점이 있다. 특히, 전략적 장치를 통해 핍진성 있게 제시되지 않고, 의식 속에 떠오르는 장면 장면이 슬라이드로 넘어가듯 일방적으로 제시된다. 과거를 향한 나폴레옹 내면의 고뇌와 성찰보다는 외면적이고 표피적인 장면의 나열이 중심인 것이다.

다음의 예를 더 살펴보자.

> (가) 조세핀과 함께 노틀담에 이르자 나선형의 스물 한 층의 층계 그 위에는 진홍빛 용합을 둘어친 옥좌가 놓여 내 그날 있기를 기다리지 않았든가 조세핀과 함께 층계를 올라가 옥좌에 나란히 걸

30 김해옥, 『한국 현대 서정소설론』, 새미, 1999, 144쪽.

31 Robert Humphrey. 앞의 책, 15-21쪽.

치매 문무백관 시종과 시녀 엄숙히 읍하고 있는 속으로 삼백 명으로 된 합창대의 찬송가가 궁을 떠들어갈 듯 장엄하게 울려올 때 백성들은 비로소 그들의 황제를 찾아낸 것이다[32]

(나) 궁전은 화려하고 장엄한 설비와 치장을 베풀었으나 내 자신의 생활은 검박해서 말 한 필과 일년에 일천이백 프랑만 있으면 유쾌하게 지낼 수 있음을 (중략) – 내 침실을 지키는 건 여섯 사람 이웃방에 롱스탕이 숙직 그 다음 방에 시종 두 사람 사환 두 사람 마부 한 사람의 여섯 사람 – 말메에송 별장에서의 조세핀과의 즐거운 생활의 가지가지 **<u>조세핀의 일년 세액은 삼백만 프랑 의복 칠백 벌 모자 이백오십 보석 일천만 프랑 화랑의 비용 삼천 프랑 그의 곁을 모시는 여관 백 명</u>** – 그러나 이것도 루이 십육세의 왕후 마리 앙트와네트의 생활에 비기면 검박하기 짝없는 것(후략)[33](밑줄 및 굵은 글자-필자)

과거의 기억이 마치 사진이나 동영상으로 보여지듯, 사실적이고 구체적인 묘사를 담은 장면 중심으로 제시되고 있다. 역사적 사실들에 대한 나열과는 달리, 아마도 나폴레옹의 기억 속에 뚜렷이 각인된, 선명한 장면임을 표현하기 위해서일 것이다. (가)는 국민투표의 결과 황제에 등극하게 되던 순간과 화려한 황제 대관식 장면이다. 이 장면은 두 차례에 걸쳐 반복 서술되기도 한다. 이처럼 과거의 화려한 업적에 대한 열거와 반복, 만연체의 문장이나 화려한 수사 등은 현재 나폴레옹의 초라한 모습을 대조적으로 강조하기 위한 것

32 이효석, 〈황제〉, 앞의 책, 4쪽.
33 이효석, 〈황제〉, 앞의 책, 6쪽.

이라 할 수 있다. 그러나 그렇다고 하더라도 지나친 감이 없지 않다. (가)에서는 정확한 층계의 숫자나 빛깔과 같은 사실 정보가 드러난다. 나폴레옹의 왕비 조세핀은 사치스럽고 낭비가 심하였다고 전해지는데, (나)에서는 그녀의 사치스러움을 숫자를 통해 분명히 표현하고 있다. 그러나 나폴레옹은 "앙트와네트의 생활에 비기면 검박하기 짝없는 것"이라고 말하고 있다. 황제의 지력과 현실파악 능력을 의심케 하는 이 발언은 서술자로서 그의 권위와 신뢰를 순식간에 떨어뜨린다.

또 나폴레옹은 스스로 자신을 황제라고 지칭하고 신의 아들이 아니라는 사실에 불만을 가졌다고 수차례 말하고 있다. 그러나 그의 서술 속에 나타난 황제는 약점과 모순에 가득한 인물이고, 지적·도덕적으로 열등한 태도가 나타나고 있다. 소설에서 대개 서술자의 태도와 서술내용의 불일치에서 오는 반어적 효과는 이 같은 풍자적 비판과 맥을 같이 한다. 영웅의 위엄과 지적 권위에 대한 기대와 천박하고 비합리적인 태도와의 불일치에서 씁쓸한 웃음이 유발되고 풍자가 느껴진다.

이 작품은 직접 내적 독백으로 서술되기 때문에 겉보기에 과거와 현재의 풍자적 거리 두기, 혹은 서술자와 인물 간의 거리 두기 등이 불가능한 것처럼 보인다. 그러나 로버트 험프리는 의식의 흐름에서는 외부의 존재에 대한 거리 두기가 이루어지는 것이 아니라, 인간의 소망과 의식의 서술이, 실제의 외면적 행동과 실현과 얼마나 거리를 두게 되는가에서 풍자와 아이러니가 수시로 발생할 수 있다고 지적하고 있다.[34]

그렇다면 〈황제〉에서 서사의 개연성을 희생시켜가면서까지 보통

34 Robert Humphrey. 앞의 책, 34-37쪽.

과거 회상에서 가능하지 않은 내용을 서술한 부분도 같은 맥락에서 이해할 수 있다. 곧 분명한 연도와 날짜의 제시나 명백한 인원 수 등 지나치게 객관적으로 보이기 위한 숫자의 사용, 지명과 인명의 정확한 제시, 풍경의 선명한 묘사 등은 정보의 과잉으로 인해 나폴레옹의 의식에 독자가 몰입하는 것을 오히려 방해하고 있다. 직접 내적 독백이 가지는 '극적 직접성'을 통해 풍자의 전제가 되는 심리적 거리를 확보하게 되는 것이다. 이런 분석결과를 통해 〈황제〉는 실제로는 약점과 모순에 가득한 인간이 오직 의식의 차원에서 또는 상상과 망상 속에서 이상에 도달하는 것을 충실하게 보여줌으로써 풍자성을 획득한 작품으로 다시 읽을 수 있다.

6. 자기 내부에 갇힌 자, 〈황제〉의 은유

〈황제〉는 이전에 발표한 〈영라〉, 〈장미 병들다〉, 〈부록〉 등처럼 좌절의 인물, 소외된 인물을 주인공으로 삼은 작품 가운데 정점에 있다고 평가된다.[35] 이 소설의 주인공들은 대개 '왕년(往年)'의 화려한 시절을 회상하고 그 욕망이 좌절된 현재로부터 도피하고자 한다. 이들은 '자기 내부에 갇힌 자'로서 과거에 중독되어 있다. 〈메밀꽃 필 무렵〉에서 과거에 중독된 허생원의 경직성은 발정한 당나귀의 모습과 오버랩되어 서술자의 냉소적 태도를 통해 다소간 풍자적으로 그려지기도 한다.

과거에 집착하고 현재에 적응하기를 거부하는 경직된 태도는 풍자의 대상이 되기 마련이다. 그런데 이효석 소설에서는 자연과 인

---

35 신동욱, 앞의 글, 146쪽.

간, 현재와 과거의 시적 결합이 우세하기 때문에, 그러한 '거리두기'가 이루어지는 대신 그 어떤 해결도 없는 허무한 종결에서 대개는 멈추게 된다. 〈황제〉의 주인공 나폴레옹도 자기 내부에 갇힌 자이다. 그는 초라하고 불행한 현재를 잊기 위해 과거의 '영광스러운' 날들을 기억하고 그로부터 위로받는다. 나폴레옹은 "나는 황제 나폴레옹이다 황제인 것이다 영원히-지금에도 변함없는 황제인 것이다"라는 말을 반복하며, 황제에서 나아가 "제우스의 아들이라고 일컬을 수 없다"는 것이 불만이라고 말하고 있다. 이것은 유배지에서 병을 얻어 6년째가 되어가는 불행한 상황과 과거의 영광에 고착되어 현실을 받아들이지 못하는 황제의 병적 심리상태를 암시하고 있다.

그렇다면 몇 세기 전의 과거, 유럽의 역사적 인물의 생애를 끌어와 의식의 흐름이라는 실험적인 수법을 통해 현실과 몇 겹의 거리를 확보한 채 풍자적인 시선에서 재구성한 이 작품의 의미는 어디에서 찾아야 할까? 신동욱은 〈황제〉가 당대의 시대적 고통을 간접적으로 집약화하고 좌절의 의미를 인식시키고 있다고 평가했다.[36] 그러나 위에서 보았듯 황제의 오만함과 그로 인한 필연적 결과로서 현재의 몰락을 풍자적이고 반어적으로 그리고 있다는 다른 해석도 가능하다. 부분적으로 반성적 성찰이 개입되지 않는 것은 아니지만, 굴욕과 실패의 자취만으로도 참기 힘들어하는 영웅의 마지막 내면까지도 다음처럼 서술되기 때문이다.

> 위력이 서반구에 떨치고 경륜이 사해에 뻗쳐 이제는 하늘의 해와 마주서고 그와만 패를 다투게 된 것이다 한 가지의 부족이 있다면 알렉산더같이 내 자신 제우스의 아들이라고 선언하지 못한 그

36 신동욱, 앞의 글. 147쪽.

> 일뿐이다 그 외에 더 바랄 것도 원할 것도 없었다 힘껏 댕긴 활이니 그에게 무엇이 두려운 것이 있으며 꽉 찬 만월이니 그에게 무엇이 더 그리운 것이 있으랴 – 그러나 슬프다 그 활이 왜 늦춰져야 하고 그 만월이 왜 이지러져야 하는가 영원의 만족 영원의 행복 영원의 정복이라는 것은 없는 법인가 그것이 우주의 법칙인가 만물은 흐르고 움직이고 변하는 것 – 그것이 우주의 법칙인가[37]

이 부분에 이르면 한 나라의 영웅이자 전쟁의 지도자, 제국주의를 향한 영원한 정복 열망에 사로잡혔던 황제를 이제 복합적인 시선으로 바라볼 수밖에 없다.

일제 말까지 이효석 문학이 지향했던 것은 유럽 중심주의였다.[38] 그러나 문학 창작에서도 유럽 추종자로서 유럽적 가치를 보편적인 것으로 생각해왔던 그가, 세계어로서 선택할 수밖에 없었던 일본어 창작을 통해 보여준 것은 오히려 조선적 향토색이었다. 그리고 이러한 새로운 지향으로 나아가게 되면서 마지막으로 선택한 것이 나폴레옹의 생애와 성경의 이야기였다. 그렇다면 그에게 나폴레옹은 유럽 중심주의의 자연스러운 패퇴의 은유로 읽혔을 수 있다. 혹은 나아가 그간의 자기 문학세계를 풍자하기 위한 자조적인 선택으로도 읽어낼 수 있다.

한편 이 작품 이후 이효석이 발표한 〈화분〉, 〈벽공무한〉, 〈하얼빈〉 등은 '국민문학론'에 대한 비판적인 인식이 드러나며, 특히 〈하얼빈〉

---

37 이효석, 〈황제〉, 앞의 책, 14-15쪽.

38 그의 이런 태도는 일제말기 일본이 근대의 초극과 동양주의라는 이름으로 근대와 서구를 배척하던 당대 지배 이념을 고려할 때 비협력의 중요한 역사적 의의를 가진다는 해석도 가능하다. 김재용, 「일제말 이효석 문학의 재인식」, 『근대한국학연구소 심포지엄 발표집 - 이효석문학의 재인식』, 2011.7.21. 13쪽.

은 직접적 압축적으로 세계 문명의 위기를 진단하면서 일본의 동아시아 진출에 대한 비판적 안목을 보여주었다고 평가된다.[39] 그는 국민문학론이라는 정치 담론, 일본적 오리엔탈리즘론과도 일정한 거리를 유지하고 있었다는 것이다. 또한 이 작품을 발표하기 전 해인 1938년, 이효석은 자신이 재직하던 숭실전문학교가 신사참배를 거부했다는 이유로 조선총독부에 의해 강제 폐교되어 대동공업전문학교로 옮겼다. 그곳에서 그는 나폴레옹 전기를 읽고 이 작품을 썼다.

중일전쟁 이후 더욱 노골화된 일제의 대륙침략을 보면서 선택한 나폴레옹의 생애를, 이효석은 영웅의 비극적 종말만으로 그리고 있지 않다. 영국의 팽창에 저항한 프랑스의 민족영웅이자 정치사상가로 그를 호명한 것도 아니다. 〈황제〉에서 나폴레옹은 무한한 정복욕망에서 놓여나지 못하고 자기의 영광스러운 과거 속에 갇힌 불행한 황제일 뿐이다. 더욱이 인간의 우둔함에 대한 냉소적이고 풍자적인 시선은 한 영웅의 비극적 생애에 대한 연민의 시선보다 더욱 크게 드러나고 있다. 이 점에서 〈황제〉는 일제의 대륙침략전쟁의 수행을 비판하고 오욕의 미래를 예시하는 고도의 수사로 확대하여 해석할 수 있을 것이다.

39 방민호, 「이효석과 하얼빈」, 『현대소설연구』 35집, 2007.

참고문헌

이효석, 『이효석 전집』 1-8, 창미사, 1990.

김성연, 「근대초기 청년 지식인의 성공신화와 자기계발서로서의 번역 전기물」, 『현대문학의 연구』 42, 2010.

김성연, 「식민지 시기 번역 위인전기 연구」, 연세대 박사논문, 2010. 12.

김재용, 「일제말 이효석 문학의 재인식」, 『근대한국학연구소 심포지엄 발표집-이효석문학의 재인식』, 2011.7.21.

방민호, 「이효석과 하얼빈」, 『현대소설연구』 35집, 2007.

유진오, 「작가 이효석론」, 『국민문학』, 1942.7.

이금재, 「요코미츠 리이치의 〈나폴레옹과 백선균〉」, 『일어일문학연구』 37, 2000.

이현주, 「이효석 문학의 배경에 대한 주석적 연구」, 연세대박사논문, 2009.

임 화, 「창작계의 일년 : 중견 십삼인론」, 『문장』, 1939.12.

정일권, 「이효석의 희곡 〈역사〉 연구」, 『인문학연구』, 29집, 2003.

조명기, 「이효석의 후기 소설 연구-〈삽화〉, 〈장미 병들다〉, 〈부록〉을 중심으로」, 『현대문학이론연구』, 23집, 2004.

조성경, 『일제말기 이효석 소설연구』, 영남대학교 석사논문, 2010.

김윤식, 『최재서의 『국민문학』과 사토 기요시 교수』, 역락, 2009.

김윤식, 『일제말기 한국 작가의 일본어 글쓰기론』, 서울대학교출판부, 2003.

김해옥, 『한국 현대 서정소설론』, 새미, 1999.

신동욱, 『삶의 투시로서의 문학』, 문학과지성사, 1988.

이나미, 『마지막 날의 아버지, 이효석』, 창미사, 1999.

이상옥, 『이효석의 삶과 문학』, 집문당, 1991.

구보학회, 『박태원과 구인회』. 깊은샘, 2008.

S. Chatman, *Story and Discourse*, Cornell Univ. Press, 1978.

G. Genette, *Narrative Discourse - an essay in method*, trans. Jane E. Lewin, Cornell Univ. Press, 1980

Robert Humphrey, 이우건, 유기룡 공역, 『현대소설과 의식의 흐름』, 형설출판사, 1984.
Jean-Paul Kauffmann, 김철 옮김, 『세인트 헬레나로의 항해-나폴레옹』, 세계사, 1998.
Thierry Lentz, 이현숙 옮김, 『나폴레옹』, 시공사, 2001.
Georg Pulet, 조중권 역, 『인간적 시간의 연구』, 동인, 1994.

■ 「기억의 중독과 현재의 소실(消失)-이효석 소설의 시간성 〈황제〉」
(『현대문학이론연구』 48, 2012.)

설득의 기술, 로고스(logos)의 수사학

: 이윤기 단편소설의 수사학적 특징

Ⅰ. 논증적 담론으로서의 소설

소설가 이윤기(1947~2010)는 수백 권의 번역서를 낸 역량 있는 영어권 번역자이고, 토마스 벌핀치의 『그리스·로마 신화』 해설을 비롯하여 신화에 대한 방대한 저작을 낸 신화학자이며, 성서와 불경 해설서·산문집 등을 낸 저술가로 주로 알려져 있다. 또 1977년부터 소설을 발표하기 시작하여 2010년에 세상을 떠날 때까지 유작을 포함하여 단편 49편, 연작 장편을 포함하여 장편 7편, 에세이집 9권을 출간하는 등, 거의 30년간 열정적으로 창작을 한 소설가이기도 하다.

이윤기는 서양 고전의 번역과 저술행위만큼이나 소설 쓰기를 중요하게 생각했고, 고전에 대한 성실한 독해와 소통, 자신의 삶에 대한 성찰과 균형을 이루는 소설 쓰기에 몰두하고자 부단히 노력하였다.[1] 그 결과 1990년대 중반부터 거의 3년간 주요문학지에 매월 작품을 발표하다시피 할 정도로 왕성한 작품 창작을 했고, 무게감 있는 장편소설을 여러 편 내고 두 차례나 주요 문학상을 받을 정도로 문단에서 주목받았으며, 독일어로 번역된 단편집을 통해 스위스와 독일 등지에서 심리분석이 탁월한 단편 작가로 호평을 받았다. 1990년대에는 단편소설들을 연속하여 발표했는데, 주제의 깊이와 독특한 구성면에서 평론가들을 감탄시킬 만큼 충분히 매력적이었다. 그러나 유감스럽게도 번역과 저술가로서의 명성에 가려져 객관적인 평가의 대상이 되지 못하였다. 그의 소설에 대한 평가는 주로 문예지나 작품집에 실린 평론, 인상비평에 가까운 시평이나 작품에 대한 단편적 해설, 작가론과 대담 등을 통해 이루어졌다. 이 중에는 번역가로서의 그의 문단 권력에 부응하는 주례사비평의 성격을 띤 것도 없지 않았다. 그의 사후 그의 유작과 작품의 특성을 개괄하는 평론이 발표되었지만, 이 역시 이전과 대동소이하다.

1994년 첫 장편소설이자 성장소설인 『하늘의 문』이 발표된 후 이윤기는, 문장과 묘사·인물형상화·사건처리 등에서 "소설의 형식이나 서술의 방법에 대한 깊은 고심이 없다"[2], 생각과 언변이 주관적이고 관념적인 채로 작품 속에 어설프게 삽입되어 있어 '어떻게'라는 소설의 방법론을 소홀히 하고 있다[3]는 등의 지적을 받았다. 그러나 문제작이 속속 발표된 1990년대 말, 그의 소설에 대한 평가는 긍정적으로 바뀌었다. 그는 "동시대의 젊은 작가들이 집착하는 문제의식과는 어느 정도 거리를 두고" 존재의 근원에 대한 관심을 보여주는

---

1 문흥술, 「무쇠 솥을 뚫는 모기의 기」, 『소설과 사상』, 1998. 가을. 279쪽.
2 김인환, 「신화와 종교 통한 근대의 뿌리 찾기」, 『문학동네』, 1995. 봄, 317쪽.
3 이경호, 「자전소설에서 풍속소설로」, 『문예중앙』, 1995. 겨울.

등 매우 다른 낯설고 특별한 소설 문법을 보여주는 작가[4]로 세간의 주목을 받았다. 또한 그의 단편소설은 극적 반전과 완결된 구성의 묘미[5], 오래전부터 널리 애용되어 온 결말의 극적 뒤집기를 통해 예사롭지 않은 삶의 의미를 드러내고 있다고 평가[6]되기도 했다. 이어 삶에 대한 긍정적이고 포용적인 태도와 서술 중심의 "멘토의 문장"[7], 번역가로서의 깔끔한 문장과 세련된 수사와 은유 등에 대한 지적이 이어졌다.

요약하면 그에 대한 부정적인 평가는 대체적으로 소설 장르에 대한 고민과 방법론의 한계를 지적하는 것이고, 평가의 대부분은 주제의 선택과 긍정적인 세계관, 서술의 형식적인 측면에 집중되어 있다. 이렇게 상반된 평가가 나타난 것은 그의 소설의 질적 수준이 고르지 않다는 이유도 있지만, 문예지에 게재된 대부분의 평론이 다양한 잣대에 의해 쓰여진 인상적이고 임시적인 서평 위주의 글이라는 이유도 들 수 있다. 소설 장르와 형식에 대한 문제점을 지니고 있지만 주제의 선정과 서술이 특별하다는 것은 그의 소설 쓰기가 일반적인 소설 쓰기와는 다른 문법에 의해 추동되기 때문일 것이라고 추측할 수 있다. 이 부분에 대해 이남호의 다음 지적을 보자.

> 그의 소설에는 항상 삶의 어떤 국면이 구체적으로 그려진다. 아울러 이윤기는 그러한 삶의 국면을 단순히 펼쳐 보이는 데 그치는 것이 아니라 어떤 개념으로 수렴시키고자 한다. 즉, 개념화에 대한

4 강상희, 「실명시대의 소설학」, 『문학동네』, 1998. 봄 ; 권명아, 「하늘의 별을 보고 길을 찾는 자」, 『작가세계』, 1999. 여름.

5 김미현, 「삶, 아주 낮은 하늘」, 이윤기, 『나비넥타이』, 민음사, 1998, 234쪽.

6 이남호, 「이윤기 소설을 읽는 일곱 가지 이유」, 이윤기, 『나비넥타이』, 민음사, 1999, 393~395쪽.

7 백지은, 「멘토의 문장」, 이윤기, 『유리그림자』, 민음사, 2011.

지향성이 강하다. 이 때문에 이윤기의 소설은 지적인 느낌을 줄 뿐 아니라, 작가의 의도나 주제가 선명하다는 느낌을 준다.[8]

대개 소설은 삶의 어떤 국면을 포착하고 그것을 소재로 삼아 이야기로 펼쳐냄으로써 인간의 문제를 재현하고 의미를 확산시킨다. 그러나 이윤기의 소설은 삶의 국면을 이해하고 해석해내는 서사를 펼치기보다, 어떤 개념으로 수렴시키기 위해 다양한 서사를 늘어놓는 방식으로 전개된다. 그의 소설을 두고 "배울 준비가 되어 있는 태도를 견지한 화자의 이야기"[9]라고 하거나 "미적 형상화 충동보다는 직정적, 경세적 충동이 나타난다"[10]고 지적한 것은 같은 맥락에서 설명할 수 있다. 그의 소설 가운데에는 하나의 창조된 예술 장르이면서도 '지적인 동의를 얻어내려는 설득적 담론'으로서의 특성을 유감없이 보여주는 작품이 많다. 다시 말해 이야기가 중심이 아니라 주제(명제)가 중심이며, 이를 위해 사실(체험)과 허구, 이미 발표된 누군가의 이야기 등을 자유롭게 병치하여 진행해 나가는 것이다. 이런 특성은 보편적인 삶의 문제를 제기하고[11] 깨달음과 반전이 나타나는 단편소설에서 더욱 두드러진다. 즉 이윤기의 단편소설에는 주제 전달에 초점을 둔 설득적 담론으로서의 특성이 강하게 나타난다는 것이다.

이윤기의 단편소설에 나타나는 이러한 특성은 논증적인 수사학[12]

8 이남호, 앞의 글, 405~406쪽.

9 백지은, 앞의 글, 132쪽.

10 정영훈, 「보르항에 이른 길」, 이윤기, 『유리 그림자』, 민음사, 2011, 112쪽.

11 한스-디터 겔페르트, 허영재·정인모 역, 『단편소설 어떻게 해석할 것인가?』, 새문사, 2005, 36~40쪽.

12 현재 수사학이라는 용어는 그 대상과 용어에 대한 정의 등에서 서로 구분되고 심지어 대립되어 쓰이고 있다. 18세기 이후 수사학은 공허하고 논리적인

의 특성과 유사하다. 논증적 수사학은 아리스토텔레스를 위시한 고전주의 수사학에서 제시된 '설득을 위한 기술'로서, '문채의 수사학'보다는 더 넓은 의미를 가지고 있다. 문학 분석에서 흔히 사용되는 '문채의 수사학'은 미적 표현기술에 초점을 둔 것으로서 '시학'과 유사한 의미로 사용되지만, '논증적인 수사학'은 '설득'에 초점이 가 있는 모든 담론에 해당하는 것으로서, 논거 발견에서 논거 배열, 논거의 표현술에 이르는 '통합적인 담론이론'을 가리킨다. 곧 논증적 수사학은 '어떤 주어진 경우가 담고 있는 설득력 있는 모두를 발견하는 기술'이라고 할 수 있다. 이 글에서는 설득적 담론의 특성이 강하게 드러나는 그의 단편소설[13]을 대상으로 논증적 수사술을 분석하여, 그간 파편적으로 지적되어 온 이윤기 소설의 특성을 종합하여 설명하고, 그 일관된 근거로서 논증적 수사학의 유효성을 확인해보고자 한다. 이 연구의 결과, 그동안 시학에서 축소되어 왔던 수사학 영역을 확대하고, 유사한 유형의 소설들을 분석하고 비교할 독법의

'설득의 기술'만을 가리키는 '줄어든 수사학'으로서, 부정적이고 폄하된 용어로 쓰이기도 하며, 문학에서 수사학은 '표현의 기술'을 가리키는 시적 기술을 의미하는 것으로 축소되어 쓰이기도 한다. 박성창, 『수사학』, 문학과지성사, 2009, 149~180쪽; H. F. Plet, 양태종 옮김, 『수사학과 텍스트 분석』, 동인, 2002, 26~31쪽.

13 이윤기가 출간한 단편소설집은 모두 5권으로, 『하얀 헬리콥터』(영학출판사, 1988), 『나비넥타이』(민음사, 1998/1999), 『두물머리』(민음사, 2000), 『노래의 날개』(민음사, 2003), 『유리그림자』(민음사, 2011)이다. 여기에 실린 단편소설은 총 49편이다. 이 중 1977년부터 1988년까지 쓴 초기 단편소설 15편은 자전적 장편소설 『하늘의 문』으로 편입되어, 별개의 단편소설로 보기 어렵다. 또 그의 사후에 출간된 『유리그림자』에 실린 4편의 단편은 소설로서의 완성도면에서 크게 뒤처지는 작품이어서 이전 소설과 같은 차원에서 분석하기 어렵다. 이에 이 연구는 초기 단편 중 작가가 다시 선정하여 개정된 『나비넥타이』(1999)에 게재한 7편, 『나비넥타이』(민음사, 1998)에 실린 8편, 『두물머리』(민음사, 2000)에 실린 13편, 그리고 『노래의 날개』(민음사, 2003)에 실린 9편을 포함한 총 37편의 단편소설을 대상으로 한다.

가능성을 보여줄 것도 기대한다.

2. 논거의 발견 : 자기 참조와 편집

한 인터뷰에서 이윤기는 자기 작품의 주제가 '신화와 고대종교'에 투사되어 있는 인간의 모습 읽기라고 고백[14]한 바 있다. 그는 신학과 종교학에 대한 각별한 관심 때문에 번역에 손대기 시작했고, 수백 권의 책을 번역하는 사이 세계의 신화와 상징에 정통하게 되었다. 그런 신화적 상상력을 모태로 한 까닭에 그의 소설 주제는 대체로 인류의 보편적인 삶의 문제에 초점이 맞추어져 있고 이 점에서 가장 주목할 만한 작가로 평가되기도 했다.

문제는 이 같은 주제의식에 의해 소재를 선택하고 형상화하는 방식에 있다. 그는 여느 소설가와 마찬가지로 자신의 체험 사실로부터 주로 소재를 선택하지만, 독창적인 창작품을 만들기 위해 새로운 이야기로 변형시키는 일이 별로 없다. 그의 체험적 사실, 그가 번역한 고전 텍스트, 그리고 그가 쓴 소설과 수필 등에 실린 내용이 그대로 소설에 들어오기도 하며, 혹은 일부의 변형을 거쳐서 다른 작품에서 반복되어 쓰이는 일이 잦다. 곧 작가 자신을 참조점으로 하여 수집된 사실과 창작된 이야기 가운데 주제를 전달하기에 적절한 논거가 된다고 판단되는 것은 언제든지 복제하고 변형하여 레고블록처럼 짜 맞추는 방식의 글쓰기를 했다고 할 수 있다.[15] 이런 이유로 그의

14 문흥술, 앞의 글.

15 이윤기의 이러한 상호 텍스트적 글쓰기 방식에 대해서는 매우 조심스러운 문제 제기가 있었다. 정영훈은 소설의 같은 내용이나 표현이 반복되는 경우가 많다는 것을 주석을 통해 지적한 후, 이에 대한 상세한 논의가 필요하다

글 가운데에는 장르의 경계가 불분명한 작품, 독립된 창작품으로 보기 애매한 작품이 적지 않다.

우선 장르적 정체성이 불분명한 작품을 보자. 첫 단편 소설집인 『하얀 헬리콥터』(1988)에는 1970년대 초반부터 1980년대 말까지 쓴 단편소설 15편이 실려 있다. 거의 대부분이 자전적인 작품으로서 베트남 참전과 그 전후 작가의 삶을 드러내고 있다. 그런데 이 소설들이 조각보처럼 다시 꿰매져 1994년 자전적 장편소설 〈하늘의 문〉으로 완성되었다. 각각 독립적으로 완성된 단편소설이 장편소설의 부분 부분으로 편입된 것이다. 이 과정에서 관찰자가 등장인물이 되거나(〈스파르타카스〉), '나'가 등장인물 중 다른 한 사람으로 변형되고(〈물과 〈물〉〉, 〈자연교실1〉, 〈자연교실2〉, 〈미친개1〉, 〈미친개2〉), 제목과 어조와 문체를 바꾸고 요약하는 식의 변형이 가해졌다. 물론 단편소설로 발표된 것을 개작하여 장편소설로 다시 완성하는 일은 흔히 있을 수 있는 일이다. 그러나 여기에 실린 소설 중 7편이 변형되고 제목이 수정되어 증보된 단편소설집 『나비넥타이』(1999)에 다시 실렸다(〈손님〉, 〈하얀 헬리콥터〉, 〈크레슨트 비치〉, 〈미친개1〉, 〈미친개2〉, 〈가설극장〉, 〈패자부활〉). 단편소설이 장편소설에 편입되고, 편입된 장편소설의 부분들이 다시 단편소설로 독립하여 발표된 것이다. 이것은 각 장르의 관습과 특성에 대한 고려가 전제되지 않고 있음을 보여주는 동시에, 그의 글이 파편적이고 삽화적인 특성을 띠는 이유를 짐작케 하는 사례라 할 수 있다. 요컨대 중심 이야기의 집중과 연속이 아니라, 다양한 이야기의 편집과 확산에 창작의 초점이 있는 것이다.

장르적 정체성의 문제는 소설과 수필, 그의 다른 저작에 포함된 글에서도 나타난다. 그의 산문에 실린 내용이 소설 속에 편집·변형

고 강조한 바 있다. 정영훈, 앞의 글, 112~114쪽, 주석8)

되어 들어가거나, 반대로 소설 내용 중의 일부가 수필로 독립되어 발표된 것도 있다. 소설 〈하늘의 문〉의 한 장인 〈현미경과 망원경〉의 일부는 산문집 『무지개와 프리즘』의 한 챕터로 들어갔고, 박정만 시인의 외부 평가와 그의 진실은 실명 그대로 쓴 평전형태의 소설 〈전설과 진실〉(『세계의 문학』, 2001. 겨울)[16]이 되었다. 특히 그의 유고 소설집에 실린 소설은 모두 수필이 편집, 변형된 것이므로 독립된 작품으로 인정하고 가치평가를 하기 어렵다. 고등학교시절 여자 친구와의 이야기인 〈사람의 향기〉의 내용은 소설 〈유리그림자〉가 되고, 〈뚬벙이 이야기〉는 소설 〈네눈이〉 속에 삽입되었으며, 자식과 후배의 의견을 존중하고 두려워할 줄 알아야한다는 생각을 드러내고 있는 소설 〈'소리'와 '하리'〉의 일부분은 수필 〈어른의 학교〉를 그대로 옮겨온 것이다. 이처럼 같은 소재의 반복, 변형은 각 작품의 독립적 가치를 훼손시키고 있다고 할 수 있다.

그가 번역한 수백 권의 고전도 소설의 주제를 설득시키기 위한 소재(논거)로 직·간접적으로 사용되었다. 〈보르항을 찾아서〉(『동서문학』, 2003. 가을)에는 신화학자 조셉 캠벨(Joseph Campbell)의 동영상 내용 중 신병을 앓다가 신의 권능을 가지게 된 소년 블랙엘크 이야기가 길게 인용되어 있다. 〈알타이아의 장작개비〉(『세계의 문학』, 2003. 겨울)는 한 잡지사의 소설공모 당선작 심사에 얽힌 이야기를 줄거리로 하여, 카를 융을 표절한 니체를 변호하는 내용과 이윤기 자신이 번역한 오비디우스의 『변신이야기』 중 알타이아 이야기, 아

16 이 소설을 발표하기 전, 그는 동명의 수필 〈전설과 진실〉(『이윤기가 건너는 강』, 작가정신, 2001)을 발표한 바 있다. 이 글에서 그는 '나는 한 인간이나 사건의 전설되기 프로세스에 관심이 많을 뿐 전설 그 자체에는 흥미가 적다. 내가 관심하는 것은 한 인간이나 사건이 외부와 공유하는 의미 체계가 아니라 한 인간이나 사건 자체의 주관적인 의미체계이다.'라고 말하고 있다.

탈란테 이야기가 수 쪽에 걸쳐서 직접 인용되고 있다.

그런가 하면 〈하모니카〉(『현대문학』, 2002.3)에는 TV 다큐프로그램의 내용이 중심을 이룬다. 이 작품은 '나'와 아내가 TV를 시청한다는 바깥 이야기에 실제로 다큐의 내용이 속 이야기로 들어간 액자소설 형태로 되어 있다.

> 노빈이는 2부에 처음으로 등장한다. '노빈이'라는 이름이 노숙자 이름으로 너무 잘 어울려 영 마뜩찮다. 형색이 초라하다. 죽었다는 소문이 지하도에 나돈 적도 있단다. 한동안은 노숙자들의 해결사였단다. 목마른 노숙자에게는 물을, 주린 노숙자에게는 빵을 구해다 주던 노빈이다. 노숙자들이, 돈이 어디 있어서 이런 걸 사오느냐고 물으면 노빈이는, 내가 돈 주고 가져오는 거 봤어, 하고 반문했단다.[17]

이 작품에서는 실제 자아와 허구적 자아가 거의 구별되지 않고 화자가 작가 이윤기 자신임을 굳이 감추지 않는다. 또 인용한 부분처럼 작가이자 화자가 시청한 다큐 내용을 눈으로 보듯이 상세하게 서술하고 있다. 이 내용은 실제로 한국방송대상 작품상을 수상한 KBS 인생극장, 〈친구와 하모니카〉(2001.2.13~15) 3부작과 그 후속작인 〈친구와 하모니카 그 후〉 5부작(2011. 4.24~28)의 동영상을 거의 그대로 요약 서술한 것이다. 다만 다큐프로그램 속의 하늘이가 구름이로, 두한이가 수한이, 석현이가 노빈이로 등장인물의 이름만 바꾸었을 뿐이다. 이 소설은 실제의 다큐작가와 연출가에 의해 포착되고 이야기로 만들어진 영상을 글로 옮긴 것에 불과하므로, 독창적인 창

17 이윤기, 〈하모니카〉, 『노래의 날개』, 민음사, 2013, 144쪽.

작품으로 평가하기 어렵다.

이처럼 이윤기의 체험과 생각 속에 들어온 것은 필요에 따라 그의 명제를 증명하고 설득해내기 위한 논거로 소설 속에 배치되었다. 뿐만 아니라, 자신이 쓴 모든 글쓰기의 결과물도 새로운 글쓰기의 재료로 재활용되었다. 소설작품으로서의 완성도나 장르적 고려 등을 소홀히 하고 있다는 인상을 주었던 것은 이 때문이다. 설득을 위한 글은 주장하는 바의 설득력을 높이기 위해 적절하고 권위 있는 논거를 가능하면 그대로, 필요하다면 반복하여 인용한다. 명제의 타당한 논증을 논거의 자립적인 가치보다 우선시하기 때문이다. 그러나 소설은 다르다. 소설의 재료로 취택된 삶의 편린들은 날것 그대로가 아니라, 여러 구성요소에 맞추어 적절한 변형과 허구화의 과정을 거치는 것이 보통이다. 그래야 비로소 예술적 가치를 지닌 한 편의 작품으로 탄생하는 것이다. 같은 주제를 다루더라도, 소설이 철학 서적이나 사회과학 논문으로 대신할 수 없는 독창적인 가치를 부여받는 이유이다.

자유로운 자기 참조와 편집의 양상으로 미루어 볼 때, 이윤기는 '허구적 이야기', 이야기를 통한 의미의 전달, 문학작품으로서의 자립적 가치 획득을 창작의 중요한 국면으로 보지 않는다고 할 수 있다. 그가 소설의 소재로 끌어오고 있는 다양한 체험결과나 고전 텍스트들은, 변형과 창조의 대상이 아니라 주제의 설득력을 높이도록 배치된 '권위적 논거'[18]가 된다. 이야기로서의 흥미와 개연성보다는 명제의 논거로서의 유효성에 더 매달리고 있는 것이다. 이것은 그가 소설을 '지적인 동의를 얻어내려는 설득적 담론'으로 보고 있다는 증거이며, 그 결과 소설의 미적 구조 형상화에 소홀하고, 자립적 가

18 올리비에 르불, 박인철 옮김, 『수사학』, 한길사, 2003, 99쪽.

치를 훼손시키고 있다고 할 수 있다.

3. 배열 : 주제의 응집과 서사의 분산

전통적 소설에서 텍스트 표면의 사건은 시간적 선조성에 의해 하나의 스토리로 회귀되는 것이 보통이다. 그러나 논증적 담론에서는 명제와의 연관성과 논리성이 배열의 핵심이다. 이윤기 소설은 지적인 독자의 이성적이고 논리적인 추론능력을 전제로 하여, '나', 혹은 주인공의 자각을 향해 서사가 진행된다. 문제를 제시하고 이에 대한 적절한 정보를 논리적으로 예시하여 마지막에 가서 깨달음을 얻도록 유도하는 방식이다. 이 점에서 그의 소설은 상승과 하강, 긴장과 놀람 등을 동반하는 플롯으로 독자를 서사에 몰입시키고 정념에 호소하여 감동을 줌으로써 주제를 전달하는 류의 소설과 다르다. 그의 단편 소설 중에는 대립된 가치와 입장을 하나의 상황에 농축시킨 후 수평적으로 전개시키는 이야기가 대부분이다. 이러한 소설은 '횡적 긴장'을 보여주는 현대의 극단편류[19]로 분류할 수 있는데, 서사성이 약하고 구성적 결속이 미약하게 보이지만, 주제를 이끌어 나가는 논리적인 응집력과 일관성의 측면에서 효과적인 전개이다. 여기에서는 이 같은 '배열' 특성을 대표작품 분석을 통해 살펴보기로 하자.

1) 주제의 응집 : 로고스(logos)의 수사학

이윤기의 단편소설 가운데에는 질문을 던지면서 시작하고 그 대답을 찾아가는 과정이 구조화되는 작품이 많다. 곧 '질문－논거 나

---

19 한스-디터 겔페르트, 앞의 책, 32~35쪽.

열 – 대답(자각)'의 구조로, 질문의 답을 얻기 위한 여러 사례가 수수께끼 풀이처럼 나열된다. 따라서 전개과정에 배치한 복선을 찾는 것이 작품이해의 관건이다. 작품의 배열 원칙은 각 사건의 인과성이 아니라 질문과의 논리성 관련성이어서, 명제를 내세우고 논거를 제시하여 증명해나가는 논증방식과 유사하게 보인다.

이윤기에게 동인문학상을 안겨 준 〈나비넥타이〉(『세계의 문학』, 1995. 봄)는 결말 부분의 반전과 깨달음이 돋보이는 수작으로 몇 겹의 은유와 복합적 서사를 읽는 재미가 있다. 바로 이윤기식의 독특한 배열, 시간의 흐름을 거스르는 인위적인 조직이 주는 매력이다. 이 작품은 한 가지 이상의 커다란 의문을 제기하면서 시작되어, 소설이 전개되면서 이 의문에 대한 여러 가지 답이 '숨은 그림 찾기'처럼 곳곳에 배치되며 마지막에 이 모든 힌트를 종합하여 문제의 답을 얻고 자각에 이르는 것으로 마무리가 된다.

'나'에게는 같은 마을에서 자라 서울에 있는 같은 대학, 같은 학과에 진학한 줄동창 박노수라는 친구가 있다. 노수는 사회학으로 전공을 바꾸고 미국으로 유학 가더니 크게 변모하여 돌아왔다. "말 배울 때부터 미국으로 떠나기까지 근 30년 동안이나 말더듬이 노릇을 하던, 언필칭 어눌하기 짝이 없던 위인"[20]이 '노오스 파아크'로 이름을 바꾸고 도전적인 콧수염을 기른 채 나타난 것이다. 이 작품은 이렇게 '주인공 박노수는 왜 미국에서 돌아오면서 콧수염을 기르고 노스팍으로 이름을 바꾸었는가?'라는 질문을 던지면서 시작된다. 관찰적 화자인 '나'는 그와 몇 차례 만나고 그의 가족의 내력과 기억을 되살리면서 이 질문에 대한 답을 찾아간다. 이 문제를 풀어나가기 위한 힌트로 과거의 인상적인 장면 몇 토막, 개념적 핵심어 몇 개가 제

20 이윤기, 〈나비넥타이〉, 『나비넥타이』, 민음사, 1998, 191쪽.

공된다. 즉, 박노수의 '자기 강화 프로그램', '기신주의(棄新主義)'와 '숭신주의(崇新主義)', 박교수의 '나비넥타이', 루어(lure), 그리고 최종 순간에 가서야 밝혀지는 노수와 노민이의 '남매관계' 등이다.

처음에 나오는 것은 노수 가족에 대한 '나'의 경험내용 보고와 논평이다. 노수의 동생 노민이와 함께 고향에서 살던 할머니는 문명의 이기를 두려워하는 사람이었지만, 후에 도시로 온 노민이는 노수와 달리 도시적인 것에 쉽게 적응하는 사람이었다. 노수는 학창시절 말을 더듬고 수줍음을 심하게 타서 늘 놀림감이 되었고, 아버지인 박교수가 나비넥타이를 고집하는 바람에 더욱 힘들어했다. 대학에 가서 노수의 수줍음은 병적일 정도로 바뀌었고, 영어에 대한 열등감, 여학생 기피증으로 이어져 결국 유학을 떠났다.

이후의 변화양상에 대해서는 노수와 '나'의 대화, 노수의 TV 강연 내용을 통해 전달된다. 노수는 유학 후 자신의 열등감을 극복하기 위해 '자기 강화 프로그램'을 실천했고, 그 결과 새로운 것을 기피하는 기신주의로부터 벗어날 수 있었다. 그리고 아버지 박교수가 나비넥타이를 했던 것처럼, 노수도 콧수염을 기르고 이름도 바꾸었다. 결국 노수의 콧수염과 박교수의 나비넥타이가 동일한 맥락에서 의미층을 형성하면서 그의 열등감의 원인과 변화의 이유가 밝혀진다. 노수는 나비넥타이의 역할을 '루어'로 단정 짓는다. 곧 '가짜 미끼'를 던져 사람들로 하여금 다른 것에 한눈을 팔게 함으로써 가면을 쓰고 자신을 강화시킬 수 있었다는 것이다. 이것이 새로운 것에 공포를 느끼는 기신주의자 노수와 아버지 박교수의 사는 법이었다. 마지막에는 노수와 노민이의 '남매 관계'라는 또 다른 루어 때문에 그들이 정혼한 사이라는 사실을 몰랐음을 깨닫게 된다.

〈나비넥타이〉는 이처럼 단순히 줄동창 박노수에 대한 재미난 이야기만은 아니다. '본질이 아닌 다른 것에 한눈을 팔게 하는 미끼' 때문에 가까운 사람의 본모습을 알아보지 못하는 일이 있다는 명제를 증명해내기 위해 '나'라는 화자를 내세워 이것을 깨달아 가는 과정을 그린 소설이다. 이 작품은 중편에 가까운 분량으로 다양한 이야기가 분산적으로 제시되는 데도 불구하고 '질문-대답'의 구조와 관련된 주제어의 의미에 의해 응집력을 얻고 있다.

〈손가락〉(『상상』, 1998, 여름) 역시 '다른 것에 한눈을 팔게 하는 미끼'에 대한 이야기로서, 수수께끼를 던지고 그 답을 찾아가는 방식으로 전개된다. 작품의 처음은 엠티를 온 학생들에게 '완허스님'을 찾으라는 주문을 하는 것에서 시작된다. '완허스님은 누구이며, 현재 어디에 있는가?'가 그 질문이다. '나'는 한교수와 동행하여 그가 그동안 보여주었던 기이한 행동과 정보를 추론하여 최종적으로 그가 바로 '완허스님'이고 이제 어디에도 없다는 것을 깨닫게 된다. 질문에서 대답에 이르는 과정에서 가장 강력한 힌트로 제시되는 것이 '논리의 오작동'을 원관념으로 하는 '손가락'의 비유이다.

> 「(전략) 달은 없고 도처에 손가락뿐입니다. 언필칭 〈지월지교(指月之敎)〉, 해쌌는데, 좋지요. 달 가리키면 달 보아야지 손가락을 보아서는 안 된다는 가르침…… 좋고말고요. 하지만 제 눈에는 아직 손가락밖에는 안 보입니다. 도처에 손가락입니다. 우리는 번번이 손가락에 걸려 달 앞에서 코방아를 찧고 맙니다. 손가락 보면서 걷다가 개똥에 미끄러져 쇠똥에 코를 박는 형국입니다. 금생에는 완전히 허탕을 친 것이 아닌가…… 이래서 저나 그 친구나 허탈합니다.」[21]

21 이윤기, 〈손가락〉, 『두물머리』, 민음사, 2000, 141쪽.

한교수의 이 말은 자연을 보호하겠다고 방법을 제시하는 사람은 많지만, 정작 실천하는 사람은 없다는 말에서 시작된 것이다. 결국 이야기는 사람들이 엉뚱한 수사에 속아서 본질을 보지 못한다는 것, 손가락이 가리키는 것을 보지 않고 손가락에만 집착하는 "논리의 오작동"에 대한 다양한 사례로 넘어간다. 그리고 이 추론의 과정을 통해 그가 찾으라고 한 '완허스님'이라는 존재가 본질을 가리는 손가락이었음을 깨닫게 된다. 이 작품의 전개 방식은 현재에서 과거의 정보로 역행했다가 다시 현재로 돌아오는 방식이지만, 몇 쪽에 걸쳐서 지속되는 한교수의 일방적인 말과, '손가락' 은유와 관련된 사례만이 나열되고 있어, 서사보다는 논리적 예증과 추론에 초점이 가 있다고 할 수 있다.

〈하얀 얼룩말〉은 '질문-대답'의 구조가 전면에 드러난 단편이다. 작품은 상황을 추론하는 다양한 시각을 생각해보게 만드는 이야기에서 시작된다. '판자 사이로 지나간 사람을 본 세 사람이 다 다른 옷을 입은 것으로 판단했다면 그는 과연 어떤 옷을 입은 것인가?'가 그 질문이다. 이 질문에서 시작하여 '나'와 '그'는 묘향사 찻집에서 만난 보살이 과연 어떤 사람인가를 놓고 언쟁을 벌인다. 이렇게 이 작품은 나와 그가 묘향산에 가서 찻집에 들렀다 돌아온다는 이야기의 시간 진행보다는 두 사람의 추론 과정, 논리적인 대화법에 초점이 가 있다. 결국 그 보살이 '그'의 전 부인이라는 사실을 알게 되는 '서프라이징 엔딩(surprising ending)'으로 끝이 난다. 이것 역시 그의 소설이 명백한 주제를 개념화시키고 있음을 보여주는 사례라고 할 수 있다.

이 외에도 이윤기의 많은 작품이 '질문-사례를 통한 추론-대답(자각)'의 구조로 되어 있다. 〈갈매기〉(『문학사상』, 1997.2)는 '그가 그녀에 대해 가지는 감정은 기심(機心)인가 항심(恒心)인가?'라는 질문에서 시작하여 그녀에 대한 그의 감정을 시험한다. 〈오리와 인간〉(『문학과 의식』, 1998. 여름)은 '그 흰 물오리는 왜 나머지 오리들에게 집단으로 공격을 당했을까?'에 대한 대답을 구하는 과정에서 군대에서 오리를 사육하던 상관에 대한 기억이 평행적으로 제시된다. 〈숨은그림찾기 – 직선과 곡선〉(『세계의 문학』 1997. 여름)은 '왜 하사장은 나의 책을 함부로 취급하여 버리게 했는가, 그는 누구인가?'라는 질문으로 시작하여 결국 하사장이 나를 후원해준 사람이며, 나의 편협한 시각에 의해 세상을 잘못 이해하고 있었음을 깨닫게 된다는 이야기이다.

이 단편들은 긴장된 플롯을 포기함으로써 정점을 포기하지만, 대신 긴장이 하나의 주제를 드러내는 초점으로 압축되어 그려지는 '상황 이야기'이다. 그런데 거의 언제나 마지막에 대답을 구하는 동시에 반전이 일어난다. 다시 말해 마지막에 이야기의 압축과 분명한 깨달음으로 통하는 갑작스런 통찰이 그려지는 '돌연한 자각형 초점(epiphany focus)'의 상황 이야기 유형이라고 할 수 있다.[22] 이때 정해진 주제를 설득해나가는 방향은 감정이나 정서로 구성되는 파토스(pathos)나 화자의 덕성과 신뢰와 사회적 관습에 의지하는 에토스(ethos)보다는 합리적이고 이성적인 논증의 방법, 곧 로고스(logos)적인 성향이 강하다.[23] "눈물처럼 빨리 말라버리는 것도 없"다는 것을 잘 알고 있기에 자신이 가진 모든 관련 논거를 가능한 한 명징하고 합리적으로 추론할 수 있도록 배열하는 것이다. 이 때문에 그의 소

---

22 한스-디터 겔페르트, 앞의 책, 67쪽. 한스-디터 겔페르트는 상황이야기의 초점화 방식을 바람빼기형, 위기형, 돌연한 자각형, 성인식형으로 나누고 있다. 이 중 돌연한 자각형은 '갑작스런 예견 능력 속에서 삶의 토대를 직관하고, 그들 자신의 약점, 습관 그리고 당연한 실패를 인정하거나 특별히 강화된 형태로 그들 자신의 삶의 상황을 체험하는 그런 순간'이 그려진다.

23 박성창, 앞의 책, 44~51쪽.

설은 주제가 응집되고 지적이고 이성적이라는 느낌을 강하게 준다.

2) 서사의 분산 : 여담(餘談)의 수사학

논증에 초점이 놓이게 될 때 이질적이고 일탈적인 삽화와 예증이 수평적으로 펼쳐지기 때문에 서사는 오히려 파편화되고 텍스트의 질서가 파괴되기 쉽다. 허구 세계에 몰입하고 빈자리를 채워 읽으면서 주제를 추론해내는 기존의 독서법으로 읽기에는 낯설기만 한 텍스트가 되는 것이다. 이렇게 중심 이야기선을 벗어나서 다른 이야기를 하는 행위, 소설에서 서사의 전개와 동떨어진 긴 묘사문이나 여타의 사건, 삽입된 이야기 등의 '여담(digression)'[24]을 이윤기의 소설에서는 자주 찾아볼 수 있다.

〈봄날은 간다〉(2003)는 자전적인 소설로서 그가 마련한 양평의 집 뒷산에 나무를 심는 과정을 그리고 있다. 화자인 '나'는 시골에서 직접 노동을 하게 되면서 생긴 굳은살을 통해 시간의 눈금에 대해 이야기를 시작한다. 결국은 '시간에 방울을 매다는 행위'로서 나무 심기의 의미를 강조하고, '봄날은 간다'라는 노래 가사를 통해 계몽적 서술까지 덧보탠다. 이 작품은 초반에 썩 잘 읽혀지지 않는데, 시간의 눈금을 알려주기 위해 일부러 삽입한 '굳은살'의 어원 분석과 관련된 과거의 정보가 길어져 이야기의 진행을 방해하고 있기 때문이다.

> 굳은살을 내 고향 경상도에서는 '구덕살'이라고 부른다. 젖어 있던 물건이 반쯤 마른 상태를 나타내는 말에 '구덕구덕하다'가 있다. '구덕살'을 만져보면 정말 '구덕구덕하다'. '굳은살'은 형용사로 쓸

24 란다 사브리, 이충민 옮김, 『담화의 놀이들』, 새물결, 2003, 10~17쪽.

수 없지만 내 고향 사투리 '구덕살'은 형용사로도 쓸 수 있으니 표준말보다 윗길 아닌가? 하지만 표준말을 쓰겠다.[25]

'오랜 시간을 들인 일의 소중함을 잊고 있다'는 것을 깨우치기 위해, 긴 시간의 흔적을 담고 있는 '굳은살' 이야기를 꺼냈지만, 돌연히 화자는 굳은살의 어원 분석과 작가의 고향 방언에 대한 여담으로 넘어간다. 이 여담은 독자가 중심 서사에 몰입하는 것을 방해하고, '굳은살'의 은유도 성공적으로 전달하지 못한다. 수백 권의 저서를 번역한 번역가로서 "뜻과 말맛에 대해 남달리 예민한 감수성"[26]이 드러나는 부분이지만, 그 감수성에 의해 서사는 분산되고 있는 것이다.

이야기의 진행 중에 관련된 어원 분석[27]이 나오거나 문화적 지식 정보가 나열되고 문화비평으로까지 확대되는 것은 그의 소설에서 흔히 찾아볼 수 있는 여담의 형태이다. 〈삼각함수〉(2000)의 화자는 거의 다섯 페이지나 할애하여 베트남 참전 직후 우리 사회에 퍼진 월남치마, 월남 화장실, 월남 뽕 등 '월남' 문화를 비판적으로 분석하고 있다. 〈숨은그림찾기-함지산〉에서는 화자의 고향에 있는 함지산과 터키의 고원에 대한 어원 분석과 지리적 문화적 정보 나열

---

25 이윤기, 〈봄날은 간다〉, 『노래의 날개』, 민음사, 2003, 92쪽.

26 이남호, 앞의 글.

27 베트남을 배경으로 한 초기의 소설에서는 전쟁터에서 사용하던 은어에 대한 설명이 자주 등장하며, 〈패자부활〉에서는 공사판에서 쓰이는 은어 중, 도비, 가라, 오사마리, 가리가코이, 가리고야, 데모도, 심보우와 같은 이른바 '왜말 토막'에 대한 비평적 서술이 짧지 않게 이어진다. 〈낯익은 봄〉에서는 화자의 고향 방언인 '작두'에 대해 설명하기 위해 세 단락을 할애한다. 〈노래의 날개〉에서는 화자가 머물던 '절섬'의 어원에 대해서 거의 한 페이지에 걸쳐 서술하고 있다. 〈보르항을 찾아서〉(2003)에는 아예 몽골어와 우리말의 유사성에 대한 분석이 여러 차례 서사의 진행을 멈추어 중심서사에 대한 몰입을 방해한다.

이 전체의 거의 반을 차지한다. 또 〈세 동무〉(1998)에서는 무성영화 〈세 동무〉의 주제가였던 동명의 노래 가사와 노래에 얽힌 정보가 적지 않게 나온다. 여기에서 더 나아가 〈네크로폴리스〉는 파묵칼레(목화의 성)에 있는 네크로폴리스, 죽음의 도시에서 사라진 풍속에 대한 정보가 거의 전체를 차지하여 소설 장르로 보기 어려울 정도이다. 이와 같은 '여담'은 서사를 분산시켜 몰입을 방해하지만 이야기의 장면보다 훨씬 직접적으로 작품의 주제를 전달한다. 서사의 미적이고 치밀한 진행보다는 주제에 대한 부언을 훨씬 중요하게 여겼음을 알 수 있다.

또 다른 여담의 형태는 전체 내용 이해를 위해 삽입된 비유적 이야기나 논평이다. 그의 소설에서 가장 흔하게 나타나는 것은 프롤로그나 에필로그이다. 즉, 속 이야기와 다른 차원의 짧은 이야기나 인용 등을 삽입하여 독자가 작품의 전체 의미를 파악하도록 배려하는 것이다. 이렇게 중심 이야기의 논평 내지 주석으로 작용하는 여담은 일종의 '메타담화전략'[28]으로서 텍스트를 읽고 있는 독자와 글을 쓰는 작가의 관계를 드러내어 '자기반영성'을 강조하게 된다.

예를 들어 〈갈매기〉는 『列子』의 〈황제편〉에 실린 '해동(海童)과 갈매기의 이야기'를 인용하면서 시작된다. 작품의 주인물인 '그'가 마음에 두고 있는 여자를 '갈매기'로 비유하면서 서사가 진행된다. 프롤로그의 메타 담화가 작품을 읽는 기본 프레임으로 작용하는 것이다. '나'가 '절섬'이라는 곳에 여름 한때 머물면서 좋은 노래를 만들기에 대한 집착에서 벗어나게 되는 이야기인 〈노래의 날개〉(2000) 첫 장은 '비상이 든 노래책'에 대한 이야기이다. 스승 '하인선생'이 '나'의 상황에 대해 충고하려고 해주는 이야기가 하나의 장으로 독

---

28 란다 사브리, 앞의 책, 621쪽.

립되어 프롤로그처럼 읽히는 것이다.

때로 이러한 메타담화 전략은 작품 중간에 삽입되어 서사를 심각하게 지연시키기도 한다. 〈삼각함수〉에는 이른바 '왕도의 논법'으로 부르는 이야기가 삽입되어 있는데, 이 이야기는 '나'의 베트남에 대한 복합적인 심정을 드러내고 주제를 이해시키는 중요한 여담이다.

> 옛 중국의 진 나라에 백인이라는 사람이 있었다. 이 백인의 친구 중에는 왕도라는 사람이 있었다. 그런데 어떤 일 때문에 왕도라는 사람이 곤경에 빠졌던 모양이다. 백인은 친구 왕도를 변호하는 글을 썼고, 왕도는 이 글 덕분에 목숨을 건졌다. 그런데 이 글을 쓴 백인은 바로 이 글 때문에 목숨을 잃을 지경에 이르렀다.
>
> (중략)
>
> "아, 내가 백인을 죽인 것은 아니지만, 결국 나로 말미암아 죽었구나! 그러니 내가 죽인 거나 마찬가지이다."[29]

이 작품은 해롤드 교수의 베트남 방문을 계기로 '나'가 베트남 참전 당시의 기억을 되살리는 내용으로 되어 있다. '나'는 베트남 호이난에 근무할 때 신병의 무지함을 방관하여 결국 사망에 이르게 한 적이 있는데, 바로 그 기억을 떠올린 것이다. 인용한 왕도의 논법에 따른다면 '나'가 신병을 직접 죽인 것은 아니지만, '나'로 말미암아 죽었으니 죽인 것이나 마찬가지라는 결론에 이른다. 그런데 '왕도의 논법'은 '나'의 과거 행위와 연결되는 데서 끝나지 않는다. 미국인인 베이커 해롤드 교수의 베트남 방문과 그가 목격한 호이난의 현재도 역시 '왕도의 논법'으로 분석된다. 신병을 죽음에 이르도록 한 나의

29 이윤기 〈삼각함수〉, 『노래의 날개』, 민음사, 2003, 182~183쪽.

미필적 고의와 한국과 미국의 베트남 참전 결과 호이난시를 망가지게 한 책임이 같은 맥락에서 이야기되는 것이다. 나아가, 베트남전쟁 당시 베트남의 한국군 이야기를 통해, 현재 한국에 주둔 중인 미국군 이야기를 시작함으로써 '한국-미국-베트남'의 '삼각함수' 문제를 끌어온다. 이것이 '왕도의 논법'을 인용한 궁극적 이유이며 이 의도는 화자의 서술을 통해 선명하게 드러난다.

여담은 흔히 텍스트의 경제성, 동질성, 통일성을 저해하는 서사적 결함으로 간주된다. 중심적인 이야기선에서 벗어나 서사를 지연시킴으로써 독자의 몰입을 방해하고 거리를 둔 채 서사의 내용을 바라보게 하기 때문이다. 그러나 위에서 확인했듯 이윤기는 의식적인 담론전략에 의해 여담을 삽입했다고 할 수 있다. 그 결과 그의 소설은 정해진 길을 따라 연속적으로 움직이는 서사가 아니라, 명제를 논증해내기 위해 파편화되고 불연속적인 조각 담론이 표류하는 텍스트에 가까운 형태가 되었다.

4. 표현 : 현자의 서술과 확정된 은유

이윤기가 번역을 하면서 적절한 단어 하나를 찾기 위해 얼마나 노력을 기울였는가는 잘 알려져 있다. 내용의 전달에 가장 충실한 단어, 적절한 길이의 주술 관계가 분명한 깔끔한 문장, 감성을 싣기보다는 명백하고 드라이한 문장이 이윤기 문장의 특징으로 자리 잡은 것은 어쩌면 당연한 일인지도 모른다. 그러나 소설분석에서 문장의 '적절성'보다 중요한 것은 주제를 미적으로 형상화하기 위해서 어떠한 표현을 만들어내고 있는가를 보는 일이다.

1) 듣는 화자, 말하는 인물 : 현자의 수사학

이윤기의 소설이 서사성의 결함을 보이는 또 다른 이유로 인물의 형상화와 화자의 설정, 서술방식을 들 수 있다. 그의 작품에는 사건이 벌어지는 구체적인 시공간이나 역사·사회적 배경 등이 제시되지 않는 일이 많다. 또 꼭 필요하지 않다면 정황이나 장소, 인물의 외양, 태도 등의 묘사가 잘 나타나지도 않는다. 다양하고 개성적인 인물이 사회와의 관련 속에서 좌절하고 변화하는 구체적인 삶의 현장이 그려지는 일은 거의 없다. 오히려 인간의 보편적인 주제를 전달하기 위해 가상의 무대를 만들고 적절한 화자를 내세워 대화나 연설을 하도록 가공한 느낌이 강하다.

우선 이윤기 소설은 인물의 행동이나 변화에 대한 외적 서술보다 인물의 내면서술이나 인물 간의 대화가 중심이다. 대부분은 1인칭 화자를 내세워 서술하는데, 이 화자는 동등한 인물과의 관계 속에서 심각한 발견과 자각에 이르는 주인물이거나, 주인물의 생각과 행동에 대체로 동조하고 수용적으로 전달하는 콩피당트(confidant)로서 관찰자이다. 전자의 경우 주인물의 생각은 내면서술을 통해서, 후자의 경우는 대화를 통해서 제시되며, 어느 경우이든 '나'가 최종적인 '자각'에 이르는 것으로 마무리된다. 이때 '나'의 자각을 가져오는 인물은 세상의 이치에 통달한 우월한 존재로서 현자이며, 화자는 언제나 배울 준비가 되어 있는 태도를 견지한 존재이다.

문제는 이른바 현자형 인물의 말이 일상적인 대화의 법칙을 벗어나 부자연스러울 정도로 길어지는 경우이다. 〈나비넥타이〉는 중반까지 화자인 '나'가 기억하는 주인공 박노수의 과거가 자연스럽게 서술되지만, 중반 이후부터는 박노수의 일방적인 말하기를 통해서 전개된다. '나'와 박노수가 대화를 나누는 것으로 설정되어 있지만, 박노수의 말이 지나치게 길게 지속되어 마치 화자가 바뀐 듯한 착각을 불러일으킬 정도이다. 노수가 자기 강화 프로그램에 대해서 말하는 부분은 무려 여섯 쪽에 걸쳐 지속되며, 기신주의와 숭신주의에 대해 TV에서 강연하는 부분은 두 쪽, 그리고 자신의 정혼자에 대한 이야기 역시 여섯 쪽이 넘게 일방적인 말하기로 진행된다. 작품의 후반부는 거의 노수의 목소리로 진행되고, '나'는 그 이야기를 듣는 피화자로 바뀐다. 화자의 고백대로 "나는 말하고 노수는 듣고 하던 우리들의 관계가, 노수는 말하고 나는 듣고 하는 새로운 관계로 완전히 역전"된 것이다. 핵심은 그 이유가 "노수가 넓은 세상에서 끊임없이 공부"를 했기 때문이라는 데 있다. 즉, 인물 간의 관계 속에서 정보와 관찰 내용을 전달하는 사람이 아니라, '세상에 대해서 들을 만한 이야기'를 할 수 있는 '현자'가 발언권을 얻는 것이다. 그래서 세상에 대해 더 깨우친 '노수'가 말하고 그동안 정체되어 발전이 없었던 '나'는 듣는 식으로 서술역전이 이루어진다. 이 외에도 〈패자부활〉의 동주, 〈손가락〉의 한교수, 〈노래의 날개〉의 하인선생, 〈봄날은 간다〉의 민우 선배는 일방적이며 길게 말을 하여 화자를 수동적인 피화자의 위치로 내몬다. 이 인물들은 '나'가 모르는 비밀이나 한수 높은 지혜를 지닌 '현자형 인물'로서 최종적으로 화자에게 깨우침을 준다. 인물의 관계와 갈등을 통한 서사의 전개보다는 그 인물의 생각을 드러내 메시지를 전달하는 데에 방점이 있는 것이다.

이것은 인물의 대화체의 특성에서도 드러난다. 이윤기 소설의 등장인물은 개성은 강하지만, 말투는 한결같다. 심지어 개개인의 개성을 드러내는 말투를 만들어내는 데 무성의하다고 느껴질 정도이다. 인물의 개성을 드러내기보다는 내용을 효과적으로 전달하는 데 중심이 있는 것이다.

> "인부는 우리 집에서 일하는 분들이다. 나무 심을 동안 잘 먹여주

고 잘 재워주어야 한다. 임금은 지불하지 않아도 된다. 당신에게 주는 나의 작은 선물이다. 트럭 운임은 당신이 지불하는 것이 좋겠다. 부담스러울 테니까. 나무도 나의 선물이다. 양재동에서 만났을 때 내가 당신에게, 어쩌면 내가 도움을 줄 수 있을지도 모르겠다고, 어쩌면 당신이 내게 도움을 줄 수 있을지도 모르겠다고 한 말, 기억할 것이다. 당신에게 약간의 도움을 줄 수 있어서 기쁘다.(후략)"[30]

인용 부분은 〈봄날은 간다〉 중 한 대목으로 대학 선배가 후배인 '나'에게 하는 말인데 대체로 매우 부자연스럽다. '당신'이라는 호칭이나 시종일관 짧게 이어지는 문장, '-다' 같은 종결어미 등으로 인해 대화라기보다는 대화의 내용을 서술형으로 요약한 것처럼 느껴져 인용 부호조차 불필요해 보인다. 그의 말은 이 부분 외에도 일곱 쪽에 걸쳐서 길게 이어지고 있는데, 과거 사실에 대한 요약 제시와 논평적인 서술로 일관되고 있어 소설의 전개에 방해가 될 정도이다.

다른 작품에서도 한 인물의 말이 길게 이어질 경우, 위와 마찬가지로 화자의 어조와 혼동될 만큼 어투가 변형된다. 곧 중립화된 정보 중심의 문장이 나열되고, 종종 사건의 재현보다는 요약된 서술로 드러나거나, 심지어 문어체로 탈바꿈되기도 한다. 대개 등장인물의 말은 인물의 성격과 태도를 드러내고 사건 전개를 암시하기도 하는데 이 작품들에서는 작품의 메시지를 전달하는 기능만이 두드러진다. 이 현자형 인물은 작가 이윤기를 대신하여 말하는 대리인으로서, 자유롭게 요약하고 전달할 수 있는 '화자'의 특권을 부여받은 것이다. 이처럼 표현의 차원에서도 역시 서사의 전개와 인물의 생동감과 같은 소설의 요소보다 주제의 선명하고 효과적인 설득에 초점이

30 이윤기, 〈봄날은 간다〉, 앞의 책, 108~109쪽.

가 있음을 확인할 수 있다.

2) 확정된 은유 : 반복의 수사학

대개의 소설이 그렇듯, 제목은 작품을 읽고 의도된 메시지를 찾아내게 만드는 중요한 키워드이다. 이윤기 소설의 제목도 역시 바로 그 작품의 메시지를 담고 있는 기표이며, 전달하고자 하는 주제(명제)를 개념화하여 비유적으로 표현한 것이다. 원래 비유적인 표현은 서로 다른 두 개념이나 의미 층위에서 유사성과 차별성을 찾아내서 긴장과 의미의 생성을 이루어내며, 그 결과 이전에 생각지 못했던 삶의 새로운 국면을 찾아내고 의미를 확산시키는 것이 특징이다. 그러나 지금까지 보아 온 것처럼 이윤기 소설은 대체로 제목에서 제시된 단어의 함의를 찾아내기 위한 암시적인 사건들을 논거로 배열하여 의미를 수렴해가는 전개를 보인다. 또 단어의 의미를 명백하게 이해할 수 있도록 다양한 수사를 사용하고 설명을 덧붙인다. 이 때문에 은유를 통해 의미가 확산되어 독자에게 해석의 여지를 남기기보다는, 의미가 활성화되는 것을 막아버리는 결과가 생겨난다.

이윤기 소설에서 단어의 원관념을 알려주는 첫 번째 수법은 이분법적 구분과 대조이다. 대립적인 단어를 사용하여 단어의 함의를 분명하게 이해할 수 있도록 하는 것이다. 〈패자부활〉은 '비계공 : 건축기사', '가설물 : 설계도면에 의한 건물', '노란 플라스틱 화이버 : 하얀 알루미늄 화이버'의 의미 대조가 작품을 이해하는 중요한 키워드이다. 아버지와 동생의 세계에 속한 '비계공', '가설물'의 비유는 건축기사가 되어 튼튼한 생활을 지향하는 내가 지으려는 제대로 된 설계도면, 빌딩의 비유와 대립된다. 전자의 노동자가 쓰는 '노란 플라스틱 화이버'와 나의 '하얀 알루미늄 화이버'의 대립도 이런 비유를 강화시킨다. 이런 대립은 곧바로 나의 세계를 아버지와 동생의 세계와 구분 짓는 것으로 나의 가족의 갈등을 드러내고 풀어내는 실마리로 작용한다. 동시에 개인의 삶을 '건물 건축을 위해 설치하는 가설물과 제대로 된 빌딩'으로 비유하여 대립시킴으로써 삶의 보편적인 주제를 향한다.

〈갈매기〉라는 작품에서는 '갈매기'로 은유된 여자에 대한 '그'의 마음이 기심(機心)인지 항심(恒心)인지 알기 위해 바닷가와 아버지의 집을 대립적으로 배치한다. 〈숨은 그림 찾기1〉에서는 단 하나의 잣대로만 세계의 모습을 해석하는 듯한 모노코드 난수표의 소유자 하사장과, 하사장의 일방적인 폭력에 상처받은 화자의 세계관을 '직선'과 '곡선'의 대립된 비유로 표현하며, 이 비유를 통해 '나'는 자각에 이른다. 〈좌우지간〉에서는, '좌'와 '우'의 대립 구조의 변화가 작품 이해의 핵심이다. 처음에는 왼손잡이와 오른손잡이의 대립에서 친가와 외가의 대립, 그리고 어머니와 큰형수의 위치, 마지막에는 아버지와 어머니의 쌍분을 의미하는 것으로 발전하며, '좌우지간'이라는 제목을 통해 이름을 누구로 하든지, 모두 허명(虛名)에 불과하다는 메시지를 전하는 것으로 끝난다.

한편, 은유된 의미가 무엇인지 제대로 이해할 수 있도록 작품의 평결과 같은 주제 단락이 덧붙여지기도 한다. 이를테면 〈패자부활〉은 다음과 같은 화자의 고백으로 끝난다. 이 주제 단락을 덧붙여 '패자부활'의 의미를 명백하게 드러내는 것이다.

> 현장 공사가 끝나면 비계는 헐려 나간다. 아버지는 위대한 비계였다. 위대한 비계공이었다. 나는 이제 비계가 헐려 나간 건물, 이제부터는 홀로 서 있어야 하는 건물이 되었다. 아버지와 동주는 위대한 승리자들이라는 생각이 들었다. 아버지와 동주가 승리자들이라면…… 그러면 나는 패자여야 한다. 하지만 아니다. 나는 패자가

> 아니다. 패자부활전에서 승리한 또 하나의 승리자가 되었다.
>
> 이제 나도 이 하드 화이버를 벗을 수 있을 것 같다. 아버지가 나 같은 인간에게 남긴 메시지가 이제 명약관화해진 것이다.[31]

〈구멍〉(1996)은 일본 여행 중에 깨닫게 된 한국 여성의 매춘 문제와 종군위안부 문제를 다루고 있는데, 결국 작품 마지막에 '환경은 배와 같은 것이 아닐까 싶다. 우리는 모두 한 배를 탄 뱃사람들이다. 제 자리 밑이라고 해서 함부로 배 밑에 구멍을 뚫을 수는 없는 것이다.'와 같은 주제 단락을 덧붙임으로써 '구멍'의 의미와 작품의 주제를 단정적으로 전달하고 있다. 〈사람의 성분〉(1997)의 첫 부분에 나오는 다음 단락에서도 내용을 이해하기 위해 알아두어야 할 키워드가 비유로 제시된다.

> 그 시절 그 까마귀는 지금 썩은 쥐를 포식하고 있다. 앞서가는 네가 이렇게 나타나 서울에다 먼 나라 화단의 생소한 소문을 뿌리고 다니면 그 까마귀는 네가 썩은 쥐를 빼앗으러 온 줄 알고 무시로 까악거릴 터이나 괘념치 말 일이다.[32]

작품을 읽으면서 '까마귀'가 일찍 성공을 거둔 동창인 이장환이고, '썩은 쥐'가 엉터리 그림이며, '앞서가는 너'가 강지우라는 인물임을 파악하면 작품의 메시지를 제대로 이해한 것이 된다. 이런 비유에 의해 그의 소설은 의미가 확장되는 대신 분명하고 계몽적인 알레고리적 서사로 의미가 축소되고 만다.

---

31 이윤기, 〈패자부활〉, 『나비넥타이』, 앞의 책, 186쪽.

32 이윤기, 〈사람의 성분〉, 앞의 책, 369쪽.

이윤기의 소설 문장은 간결하고 정확하지만, 내용을 전달하는 방식은 직접적이지 않다. 화자나 등장인물은 "한번 뒤틀거나 건너뛰면서 상황을 전달"[33]하는 완곡어법을 주로 사용한다. 그러나 완곡어법이 의미를 생산하고 상황을 다각적으로 표현하는 기능을 하지 않고, 앞에서 본 것처럼 하나의 명제로 귀결되는 메시지를 강조하는 기능을 한다. 이것은 문학 담론에서 비유적인 표현이 대체로 의미를 확장하고 새롭게 활성화시키는 것과는 대조적이다. 요컨대 그의 소설의 표현은 의미의 영역을 애매하고 불확정적인 채로 두는 것이 아니라, 명백하고 권위적인 메시지를 반복하여 배열하고 강조하고 있다고 할 수 있다.

5. 번역과 소설의 거리

지금까지 보아왔듯, 제목의 설정과 소재, 서사 전개, 표현까지 이윤기 단편 소설의 모든 구성 요소들은 하나의 명제를 논증하고 설득하는 학술논문을 연상시킬 정도로 중심적인 주제를 향한 집중력, 응집력이 뛰어나다. 이런 이유로 그의 소설은 지적인 느낌이 강하고 작가의 의도나 주제가 매우 선명하게 전달된다.

이윤기는 인간 존재의 근원에 대한 보편적 삶의 문제를 소설의 주제로 삼아 필요한 '권위적 논거'를 끌어와 설득력을 높이고 있다. 그 결과 일상체험에서 문헌 텍스트까지 작가 자신을 참조점으로 한 내용이 소설에서 반복되고 변형되고 복제되어 나타나는 일이 많다. 이처럼 그의 단편 소설은 유사한 다른 작품의 부분이 되거나 평행적

33 이남호, 앞의 글.

서사로 삽입될 수 있는 상호 텍스트성을 띠고 있다. 또 서사의 전개에서 정념에 의지하기보다는 합리적이고 이성적인 논증의 방법이 우세하게 드러났다. 메시지 전달을 위해 필요한 '논거'로서의 이야기들은 서사적 흥미와 생동감, 필연적 구조에 따라 배열되는 것이 아니라 가능한 한 명징하고 논리적인 예증과 추론이 될 수 있도록 배열되고 있다. 따라서 필요에 따라 단어의 어원을 따지거나, 관련된 정보가 길게 나열되는 '여담'이 이야기를 중지시키고 의미를 확장시키는 일이 잦다. 중심 이야기를 중지시킨 채 비유적인 다른 이야기나 고전 텍스트 중의 일부, 아포리즘적 문장을 병치하거나 길게 인용하는 여담은 의식적인 담론 전략으로서 서사의 흥미를 반감시키지만 이해를 증폭시키는 역할을 한다.

표현에서는, 지적으로 우월한 특정 인물에게 발언권을 주어 사태를 적절히 요약하고 사례를 통해 설득하기도 한다. 이 점에서 세상 이치에 대해 알려주고 믿음직하게 충고를 해주는 '멘토의 문장'[34]이라는 긍정적인 평가를 받았지만, 동시에 등장인물이 작가의 손에서 벗어나 그 자신의 생동성을 갖는 데 지장을 초래[35]한다는 부정적 평가도 받았다. 이윤기는 묘사나 수식적인 문장보다는 간결하고 정확한 경제적인 문장을 구사하지만, 동일한 메시지를 변형하여 제시하는 수법으로 등장인물이나 화자는 완곡어법을 사용하는 일이 많다. 그러나 메시지를 은유적으로 표현한 핵심어가 반복적으로 제시되며, 그 원관념을 명백하게 이해할 수 있도록 대조와 대구, 주제 단락과 설명이 뒤따른다.

이 같은 수사적 특징은 전통적인 소설 문법에서 벗어나 있다. 소

34 백지은, 앞의 글.

35 염무웅, 「억압적 세계와 자유의 삶」, 『창작과 비평』, 1995. 여름, 75쪽.

재의 중복과 상호텍스트성은 소설적 완성도를 의심케 한다. 몇 쪽에 걸친 인용이나 다큐 내용의 요약, 수필과 소설에 중복하여 쓰인 자기 체험, 장편소설에 편입되었다가 다시 수정하여 독립된 단편소설들은 우리가 아는 독창적이고 허구적 소설과 거리가 멀다. 소설의 배열에서 일관성과 담론의 명백성은 서사성의 결핍과 분산적인 특성으로 이어진다. 하나의 중심 서사를 통해 주제가 응집되어 드러나는 것이 아니라 관련된 단편 시퀀스들이 분산되고 삽화적으로 나열되는 것이다. 이 때문에 소설은 사건의 결합과 진행이 아니라 하나의 명제를 논증해내는 과정처럼 느껴진다.

표현의 측면에서, 시공간적 배경은 현실적인 역사·사회적 맥락을 벗어나는 경우가 많다. 또 작가를 대신하여 일방적으로 말하는 대리인으로서 현자형 등장인물이나 '자각형'의 화자가 등장한다. 따라서 인물들의 다양성과 입체적 성격을 드러내는 생동감 있는 묘사나 서술 대신 특정 인물을 중심으로 한 중립화된 정보 중심의 문장과 요약된 서술이 나타나며 이것이 때로 문어체로 바뀌기까지 한다. 그의 소설에 흔하게 나타나는 은유적인 표현은 이질적인 것의 대비와 긴장, 애매하고 불확정적인 '빈자리'에 의해 새로운 의미가 활성화되는 것이 아니라, 여러 차례에 걸친 반복된 설명과 논거에 의해 분명한 메시지로 축소되고 마는, 스스로 죽어가는 메타포가 되었다. 이렇게 하여 그의 소설은 미적 형상화 충동보다는 논리적 설득으로 세상을 계몽하려는 충동이 훨씬 우세한 소설이 되었다.

세 번째 소설집 『두물머리』를 내면서 이윤기는 다음과 같은 말을 덧붙였다.

> 나는 옥시모론의 문화에 합류하지 못했다. 그래서 그랬을 것이다. 내가 쓴 글은, 내가 의도한 것 이상의 의미 공간을 지어내지 못

했다. 나 혼자서 북치고 장구치고 상모까지 돌린 형국이었다.

(중략)

소설가는 '거짓된 진실', 혹은 '진실한 거짓'을 써야 한다. 모순을 해소하는 것이 아니라 큰 모순을 지어내어야 한다. 옥시모론.[36]

자신의 소설이 결국 자신이 의도한 꼭 그만큼밖에 전달하지 못하고 있다는 것, 그리고 그 이유가 결국 전달하려는 모든 것을 작품 속에 다 써넣으려 했던 무모한 생각에 있었음을 깨닫고 있었던 것이다. "거짓된 진실", "진실한 거짓"이라는 모순형용(oxymoron)의 상상적인 공간 속에 소설의 본질이 있음을 뒤늦게 알았지만, 그는 결국 그 허물 벗기에 성공하지 못했다. 이 땅의 말로 바꾸어야 하면서도 원 텍스트의 의미를 벗어나서는 안 된다는 번역자의 철칙이 빚어낸 한계였다.

---

36 이윤기, 〈허물벗기〉, 『두물머리』, 민음사, 2000, 293쪽.

참고문헌

이윤기, 『하얀 헬리콥터』, 영학출판사, 1988.

______, 『하늘의 門』 1~3, 열린책들, 1994.

______, 『진홍 글씨』, 작가정신, 1998.

______, 『무지개와 프리즘』, 생각의 나무, 1998.

______, 『어른의 학교』, 민음사, 1999.

______, 『나비넥타이』, 민음사, 1999.

______, 『두물머리』, 민음사, 2000.

______, 『이윤기가 건너는 강』, 작가정신, 2001.

______, 『노래의 날개』, 민음사, 2003.

______, 『내려올 때 보았네』, 비채, 2007.

______, 『유리그림자』, 민음사, 2011.

박성창, 『수사학』, 문학과지성사, 2009.

오형엽, 『문학과 수사학』, 소명출판, 2011.

전성기 외, 『텍스트 분석방법으로서의 수사학』, 유로서적, 2004.

올리비에 르불, 박인철 옮김, 『수사학』, 한길사, 2003.

한스-디터 겔페르트, 허영재 · 정인모 역, 『단편소설 어떻게 해석할 것인가?』, 새문사, 2005.

H. F. Plet, 양태종 옮김, 『수사학과 텍스트 분석』, 동인, 2002.

란다 사브리, 이충민 옮김, 『담화의 놀이들』, 새물결, 2003.

강상희, 「실명시대의 소설학」, 『문학동네』, 1998. 봄, 320~338쪽.

권명아, 「하늘의 별을 보고 길을 찾는 자」, 『작가세계』, 1999. 여름.

김경수, 「사다리로서의 소설과 소설쓰기」, 『작가세계』, 1999. 여름.

김미현, 「삶, 아주 낮은 하늘」, 이윤기, 『나비넥타이』, 민음사, 1998.

김예림, 「삶에의 기술과 자기 치유의 노정」, 『실천문학』, 1995. 겨울.

김인환, 「신화와 종교 통한 근대의 뿌리 찾기: 〈칠조어론〉, 박상륭/〈하늘의 문〉, 이윤기 서평」『문학동네』, 1995. 봄.
김정란, 「한 사람 속의 두 사람? 두 사람 속의 한 사람?」, 『작가세계』, 1999. 여름.
염무웅, 「억압적 세계와 자유의 삶」, 『창작과 비평』, 1995. 여름.
이경호, 「자전소설에서 풍속소설로」, 『문예중앙』, 1995. 겨울.
이남호, 「이윤기 소설을 읽는 아홉 가지 이유」, 이윤기, 『나비 넥타이』, 민음사, 1999.
이윤기/문흥술, 「작가 탐방-이윤기: 무쇠솥을 뚫는 모기의 기」, 『소설과 사상』, 1998. 가을.
장은수, 「이윤기, 또는 길 위에 선 영혼」, 『세계의 문학』, 1994. 겨울.
정영훈, 「보르항에 이른 길」, 『세계의 문학』, 2010. 겨울.

■ 「설득의 기술, 로고스(logos)의 수사학-이윤기 단편소설의 수사학적 특성」
(『한국문학논총』 63, 2013.)

〈토지〉에 나타난 여담의 성격과 서술전략

1. 〈토지〉의 여담과 경계의 문제

박경리의 〈토지〉는 20세기 전반 한국을 배경으로 한 역사철학적 성찰과 생명의 서사로서 독창적인 장르적 성격을 지니고 있다. 전통적인 소설과 달리 단역 인물을 포함한 수백 명의 인물이 등장하여 파편화되고 탈중심적이며 삽화적으로 진행되는 서사구조는 어떤 장르적 특성으로도 쉽게 설명하기 어렵다. 이러한 특성을 두고 '총체소설'이라거나 '다하(多河)소설'[1]과 같은 명칭이 붙기도 했고, '리좀적 서사'[2]라든가 줄거리가 표류하고 중심플롯이 부재하는 병렬식의 소설이라는 지적[3]도 있었다. 전반부에 비해 후반부에 이와 같은

---

1 김진석, 「소내하는 한의 문학」, 『한·생명·대자대비』, 솔출판사, 1995.

2 김은경, 「〈토지〉의 유기적 인물관계와 '리좀적' 서사구성」, 『관악어문연구』 31권, 서울대 국문과, 2006, 317~347쪽.

3 성은애, 「〈토지〉 5부의 세대교체와 그 성과」, 『한·생명·대자대비』, 솔출판사,

성격이 좀 더 두드러지게 나타나는 까닭에 〈토지〉의 서사 체계를 이원적으로 분리하여 분석한 시도도 있었다. 최유찬은 〈토지〉의 전반부를 플롯의 통일 원리, 후반부를 관심의 통일 원리에 의해 조직된 것[4]으로 보았고, 조윤아는 1~3부를 영웅일대기 서사, 4,5부를 생명주의자를 동반한 서사로 나누어 보았다.[5] 최유희는 최서희를 중심으로 하는 전기적 형태의 플롯을 바탕으로 한 가족사적 플롯과, 식민지의 해방이라고 하는 역사적 사건을 말하려고 하는 역사적 형태의 플롯이 결합된 형태[6]로 보았고, 김은경은 가계적 서사와 일대기적 서사로 나누어 보았다.[7] 이러한 연구결과는 결국 〈토지〉가 부분적인 독자성을 지닌 분산적이고 개방적인 구조의 작품이며, 하나의 플롯 원리로 설명하기 어려운 독특한 작품임을 다시 확인시킨다.

이 연구는 위에서 확인한 〈토지〉의 분산성과 탈중심성, 균열의 특성이, 전 5부에 걸쳐 나타나는 일탈적인 부분, 삽입된 여담(餘談, digression)에서 비롯된다고 보고, 이에 대한 구체적인 분석을 통해 〈토지〉의 서술전략을 읽어내는 데 목적이 있다. 곧 서사의 맥락에서 이탈하여 흐름상 보충적이거나 잉여적인 것으로 보이는 여담적 텍스트가 작가의 숨은 의도와 목적에 부합하는 의식적인 서술전략에 의해 삽입된 것으로 전제하고 여담의 성격과 삽입양상에 의해 어떤 특성을 드러내고 있는가를 살피려는 것이다.

그간 〈토지〉에 나타난 여담에 대한 지적이 없지 않았다. 〈토지〉 1

1995, 156~158쪽.

4 최유찬, 『토지를 읽는다』, 솔출판사, 1996, 388~389쪽.

5 조윤아, 「박경리 〈토지〉의 생명사상 변모에 관한 연구」, 서울여대 박사논문, 1998. 조윤아는 4부의 창작기간의 공백 동안 작가의 사상적 전환의 가능성이 있다고 보고 있다.

6 최유희, 「박경리 〈토지〉 연구」, 중앙대학교 박사논문, 1999.

7 김은경, 「〈토지〉의 서사구조 연구」, 서울대 석사논문, 2000.

부에 대해 송재영은 "여담적인 삽화의 도입, 이질적인 작품구조의 전개, 전체적으로 보아 전혀 무관하게 느껴지는 통속적인 스토리의 가미"를 지적하고, 비여담적 독서의 가능성을 시사하였다.[8] 이덕화는 〈토지〉의 3, 4부에 핵심사건이 없어서 한두 가지의 교류가 단절되고 사건을 생략해도 서사의 진행에 무리는 없다[9]고 하였다. 김인숙은 과거의 회상, 재진술 등 다른 사건의 개입이 서사를 지체시키고 소설 전체를 다양한 에피소드 모음처럼 보이게 한다고 지적하였다.[10] 김원규는 〈토지〉의 단역 인물 연구를 통해, 이들의 대화 중 어떤 것은 독자로 하여금 "텍스트에 몰입하는 것을 방해받게 되며 빠른 속도감보다는 '느림'을 경험하게" 한다고 보고 있다.[11] 이 외에도 많은 연구자들이 이런 특성을 암시하거나 포함한 특성을 지적한 바 있다. 그러나 여담의 실체를 지적하고 삽입 의도와 방식, 효과 등을 분석한 본격적인 연구는 이루어진 바 없다. 따라서 〈토지〉에서 여담의 실체와 경계를 읽어내어 분리해내는 작업만으로도 충분히 의미가 있다고 생각한다.

문제는 이 작품 중 어떤 부분을 여담으로 보는가, 그 기준을 정하는 데 있다. 보통 여담이란 본래 다루고 있던 주제를 잠시 접어두고 다른 이야기를 하는 행위를 말하며, 탈선·이탈·표류·우회 등으로 비유되거나 표현된다. 소설에서 여담은 여담 자체의 중요성과 별개로 서사적 맥락과 직접적으로 관련이 없는 내용이 삽입되는 경우를 말

8 송재영, 「소설의 넓이와 깊이」, 『한과삶』, 솔출판사, 1994. 30~31쪽.

9 이덕화 「서술의도에서 본 토지의 인물 유형」, 『토지와 박경리 문학』, 솔, 1996, 128쪽.

10 김인숙, 「박경리 〈토지〉의 대화성 연구」, 연세대 비교문학협동과정 석사논문, 2000, 53~54쪽.

11 김원규, 「텍스트의 구도와 단역인물의 의미」, 최유찬 외, 『한국 근대문화와 박경리의 〈토지〉』. 소명출판, 2008, 320~321쪽.

한다. 그런데 이런 이론적 규정은 대체로 중심 사건과 주요인물이 분명한 작품들, 비교적 전체의 서사를 선명하게 그려볼 수 있는 길이의 작품들에서 적절한 예시를 제공하고 있다. 그러나 〈토지〉는 중심과 주변의 구별이 어려운 분산적이고 삽화적인 특성 때문에 여담과 본텍스트의 경계를 짓기 어렵다. 수백 명의 인물이 등장하는 이 소설의 성격상 중심인물과 주변인물을 규정하기도 쉽지 않고, 자칫 잘못하면 너무나 많은 인물의 이야기가 여담의 경계 안에 들어가게 될 수도 있다. 일반적으로 추상적이고 사변적인 내용의 여담은 이야기가 중단되고 긴 휴지(休止, pause) 상태에서 삽입된다. 이때 저자의 노출, 서술자 심급의 유희적 발언, 사전표지나 사후인지 같은 이음매(transition)가 분명히 드러나 여담을 구별해내는 데 큰 어려움이 없다. 그러나 〈토지〉는 이런 이음매를 후반부까지 찾아보기 어렵다. 처음부터 일탈적인 부분의 삽입을 의도하고 있으나, 그 흔적을 플롯의 요소를 유지시키면서 봉합하기 위한 여러 가지 기법을 동원하고 있다. 한 마디로 여담의 경계가 불분명한 '간섭의 체계'로 이루어진 비여담적 전략을 구사하고 있는 것이다. 이와 같은 특성은 〈토지〉에 나타나는 여담적 텍스트의 경계를 찾아내는 과정 자체가 중요한 서술전략을 찾아내는 길이 될 수 있음을 시사한다.

란다 사브리는 여담을 "텍스트 안의 잉여 부분, 일탈적이고 과도하고 이질적인 부분들을 잡다하게 통칭하는 말"로 규정하며, "동질성과 결합력을 약화시키는 부분들"을 모두 여담의 범주에 포함시킨다.[12] 곧 특정 유형의 담화만이 아니라 온갖 다양한 장르, 형태(특히

---

12 란다 사브리, 이충민 옮김, 『담화의 놀이들』, 새물결, 2003, 115쪽. 란다 사브리는 이 책에서 여담을 이렇게 규정하면서도 이음매의 표지가 분명하게 나타나는 것을 중심으로 이 긴 논의를 전개하고 있다. 〈토지〉에는 사브리가 말한 성격의 이음매가 거의 나타나지 않고 정교한 여담 전략을 보여주고 있으

서사와 이질적인 장르)가 삽입될 수 있다고 지적하고 그 경계의 애매성에 주목하여 장르적 특성과 삽입양상에 대한 구체적인 접근법을 제시한다. 이 연구는 란다 사브리의 확대된 여담의 논의에 기대어, 〈토지〉의 여담적 텍스트의 경계를 찾아보고 여담의 장르적 특성과 삽입양상을 통해 〈토지〉의 서술특성을 읽어내고자 한다.

2. 여담의 형태와 분류

여담은 본론으로부터 이탈된다는 특성 외에 어떤 지배적 장르 속에 군소 장르의 단편을 삽입한다는 공통점이 있다. 즉, 소설에서 서사적이지 않은 장르의 이질적인 결합도 여담의 중요한 본질 중 하나라고 할 수 있다. 겉으로 매끄럽게 봉합이 되어 있더라도 이질적인 조각들을 분리해낼 수 있는 근거를 여담의 장르적 특성에서 찾을 수 있는 것이다. 사브리는 이런 특성을 반영하여 여담을 장르적 특성에 따라 서술, 묘사, 논설, 대화로 나눈다. 이를 다시 제라르 즈네트가 제안한 부연의 분할법에 따라 전개(확장), 삽입, 개입으로 구분하여 총 11가지의 여담 형태를 제시하였다.[13] 이 연구에서는 사브리의 규정과 범주화에 근거를 두고, 서사적 응집성과 장르적 성격, 시간 지속 문제와 서술 태도 등을 고려하여 〈토지〉에서 110개 이상의 여담

므로 이 논의의 범주에서 본다면 프루스트의 『잃어버린 시간을 찾아서』와 유사하게 가장 경계에 있는 작품이라 할 수 있다. 곧 좁은 의미의 여담이라는 개념을 적용한다면 〈토지〉의 여담은 일반적인 확장 혹은 부연설명에 불과하다고 할 수 있다. 그러나 이렇게 보기에 〈토지〉에는 전략적이고 또 전형적인 여담적 텍스트가 많이 등장하고 그 성격도 다양하여, 이 연구에서는 넓은 범위의 여담에 포함시켜 논의하기로 한다.

13 란다 사브리, 앞의 책, 469~498쪽.

을 찾아내었다. 여담으로 분류하는 과정에서 조금이라고 애매하다고 판단된 것은 가능한 한 여담에서 제외하였다. 이를 정리하고 대표적인 여담의 예를 들어 보면 다음과 같다.

1) 서술적 여담

서술적 여담은 한 사건을 중심으로 하나의 이야기가 서술되는 것, 곧 서사 장르에 작은 서사적 단장(斷章)이 삽입되는 것으로서 액자라는 경계에 의해 인지되기도 한다. 중심 줄거리와의 관련 속에서 부연되는 삽화, 인물을 통해 말해지는 일화, 서술자가 전달하는 여담적인 이야기가 이에 해당된다.

전개(확산)에 의한 부연 방식으로서 삽화(揷話, episode)는 중심 줄거리를 윤색하기 위해 서술자가 덧붙이는 완전히 이질적인 사건이다. 이에는 회상이나 예상, 삽화적 인물에 대한 단락도 포함된다.[14] 〈토지〉에서 가장 많이 발견되는 형태 중 하나가 바로 삽화로서, 수많은 등장인물의 전사(前史)가 요약적으로 제시되는 회상(소급제시), 현재나 미래에 대한 예시의 기능을 하고 주인공의 정신 현상을 반영하는 꿈[15]이나 특별한 경험의 기억, 길게 이어지는 내면 독백 등이 있으나, 여담으로 보기에 애매한 부분이 있어 제외하였다. 〈토지〉의 삽화는 주로 1, 2부에 등장하며, 익명의 1회적 단역 인물[16]에 대한 잉

---

14 란다 사브리, 앞의 책, 474쪽.

15 송기섭, 「여담의 구실과 서사 전략」, 『한국문학이론과 비평』 29, 한국문학이론과 비평학회, 2005.

16 〈토지〉에 등장하는 단역 인물들을 조사하고 그 기능과 의미에 대해 연구한 김원규는 "단역 인물들이 나누는 대화는 사건 전개 과정에 박진감을 주기도 하지만, "이전에 전개되던 사건과 별다른 관련성을 갖지 못한 채" 수없이 반복된다고 말한다. 김원규는 단역인물들의 대화가 비록 당시의 시대상이나 세태를 묘사하기 위한 묘사기능, 역사적 사건과 역사적 인물에 대한 평가기능을 한다고 하더라도 여담으로 볼 수 있는 가능성을 시사하고 있다. 김원

여적인 서사가 회상이나 예상의 방식으로, 혹은 서술자의 시각을 통해 서술된다.

> "떠리미요, 떠리미! 이렇게 싼 물건은 난생 못 봤을 기요. 봤이믄 봤다 카소! 몽땅 개 값으로 던지고 갈라누마. 아 서울 자식 놈 찾아 갈라누마. 누구든지 몽땅 가지믄 수 터지요! 개 값이요오……. 개 값!"
>
> 깡마른 늙은이가 떠들어대는 것이었다. 여름이면 뜨거운 자갈길을 신발 벗고 가던 방물장수였다. 겨울이면 해장국 한 그릇에 찬밥 한 덩이 말아 먹고 주막집 처마 밑에서 해 뜨는 하늘을 바라보던 늙은이, 이 장에서 저 장으로, 이 마을에서 저 마을로 떠돌아다니면서 지난해에도 그랬었고 그 전해도, 아마 십년 전에도 그랬으리라. 서울 자식 놈 찾아갈라누마, 누구든지 몽땅 가지믄 수가 터진다고. 앞으로, 세상을 하직하는 날까지, 장사를 끝내는 날까지, 고생스런 방랑길을 끝내는 날까지 때 묻은 잡화를 펴놓고 그는 떠들어댈 것이다. 몽땅 개 값으로 던지고 갈라누마, 서울 자식놈 찾아갈라누마 하고. 우락부락하게 생긴, 닭의 벼슬같이 우둘투둘한 목 가죽이 벌건 사나이는 장꾼들 사이로 누비고 다니면서 매 같은 눈을 번뜩이며 장세를 받아내고 있었다.(1:101~102)[17]

인용한 부분은 장날의 풍경을 그려내기 위해 짐꾼, 장돌뱅이풍의 중년 사내, 방물장수의 이야기를 끼워 넣은 것으로 이들의 서사는

규, 앞의 글.

17 박경리 〈토지〉 1권, 마로니에북스, 2012, 101~102쪽. 이 논문은 마로니에북스본(2012) 박경리의 『토지』를 텍스트로 하며, 앞으로 인용 부분은 '(권:쪽수)'와 같이 표기하여 본문 중에 삽입한다.

당시 세태에 대한 정보제시 기능을 한다. 작품의 초반부로 용이와 월선의 갈등과 마을의 남성들이 하나씩 소개되는 부분이지만, 서술자는 평사리 남성들과 장날에 스쳐가는 1회적인 인물들을 같은 수준에서 이야기함으로써 독자를 혼란스럽게 하고 만다. 모든 인물들을 평등하게 창조하고 그리려고 했다는 작가의 의도와 독특한 서사구조, 비여담적 독서의 필요가 시사되고 있다고 할 수 있다.

삽입에 의한 부연 방식으로서 2차 이야기는 액자구조 속 이야기처럼 한 인물이 다른 인물들에게 읽어주거나 말해주는 이야기, 일화, 소설, 자서전 등을 말한다. 〈토지〉에는 상당히 많은 구전 이야기들이 삽입되는데 인물들의 대화 중에 등장하는 일화 중 10편만을 여담으로 분류하였다. 이 일화들은 전후의 맥락에 맞게 주제적이거나 설득적인 기능, 설명적인 기능을 하는 것도 있고, 맥락과 관계없이 심심풀이 기능이나 교란적 기능을 하는 것도 있다. 주제적인 기능을 하는 일화로, '명당자리 설화'(2:431~432), '봉안전 방변 사건'(18:211~214), 설득적인 기능을 하는 것으로 '사기 장수를 따라 간 재상가 부인 이야기(1:116~117), 설명적인 기능을 하는 것으로 '독한 계모와 사위 이야기'(2:78~79), '조선 도자기에 얽힌 일화'(14:168), 이외에 서술적인 경제성을 해치는 분명한 증거로서 심심풀이 기능을 하는 '욕심으로 똥창까지 막힌 시어머니와 세 며느리 이야기'(6:57~58), '구두쇠 첨지 이야기'(10:364~366), '어느 촌로의 천륜 이야기'(13:277~278) 등을 들 수 있다.

다음은 서의돈이 전하는 보부상의 홍가 이야기이다. 인용한 부분에서 볼 수 있듯, 이야기가 진행되면서 서의돈은 등장인물에서 서술자의 위치로 옮겨가, 보부상 홍가를 등장인물로 내세워 서술하는 서술의 변조가 이루어진다.

"육칠 년 전일까? 아니야, 칠판 년쯤 되겠군. 보부상에 홍가라는 자가 있었지.

…(중략)…

홍가는 치를 떤다.

'만사가, 마, 만사가 그, 그렇게 돼나갑니다. 부끄럽고 창피하고, 어릴 적부터, 큰 죄도 안 졌는데 문고리를 잠근 빈방에서 치마끈으로 목을 매어 파아랗게 죽어가는 얼굴, 울부짖는 소리에 이웃들이 모여들어 에미 애 좀 고만 먹여라 하던 아낙들의 음성, 떠다 준 찬물 한 대접을 마시고 후유 하고 숨을 내쉬던 어머니의 얼굴, 내 또래들은 매를 맞으면 남들이 철없는 것을 그만 때려라, 그게 얼마나 부러웠는지, 평생 등바닥에 들어붙은 전복같이 어머니가 목을 매거나 양잿물을 마시면 어쩌나, 남이 나를 불효자식이라 한다, 길 가다가도 머릿속에 불이 붙는 것만 같았어요 ….(중략)…"

"…(중략)… 효도이든 충성이든, 의리든, 그것을 십분 이용하는 거지. 가질 수 있는 한 다 가지려는 거지. 철저한 착취거든. 종에게 피죽 먹이듯, 그래야 소유를 확인할 수 있는 심리, 불효자식으로 만들어놔야 마음을 놓고, 의리없는 놈이다 의리없는 놈이다 하는 것이나, 역적이다 역적이다 하는 것이나 그게 다 방편을 위해 묶어 두려는 협박일 때 그 같이 추악한 건 없을 게야. 무섭지."(10:92~98)

구리개에 있는 황태수 집에서 벌어진 서의돈의 귀국환영회 자리에 참여한 서의돈, 이상현, 선우일, 성삼대 사이에 시국담이 오간다. 표면으로는 시국담이지만, 이상현과 서의돈이 기화를 가운데 두고 벌이는 신경전이다. 이 상황에서 뜬금없이 서의돈이 화제를 돌려 보부상 홍가 이야기를 한다. 상당히 긴 일화를 전달한 후, '효의 강요'에 대해 비판하고 결국 사랑이 없는 탐욕, 방편을 위해 묶어두려는 협박이 얼마나 추악한가를 말한다. 상현의 행동에 대한 비판으로 화살을 돌린 것이다. 그러나 이런 의도를 전달하기에는 이야기가 너무 길다. 더구나 정작 귀기울여 들어야 할 이상현은 잠이 들고 만다. 이 점에서 이 일화는 주제적 기능과 동시에 심심풀이 기능을 가진 여담으로 분류할 수 있다.

개입에 의한 부연으로서 서술자 심급의 일화는 등장인물이 언급한 2차 이야기를 서술자가 가로챈 후 서술자의 목소리로 길게 말하는 여담으로서 서사적 응집성이 가장 떨어진다. 이런 여담은 〈토지〉에 가장 드물게 나타나는데 평사리의 소리꾼 서서방이 실성한 후 장터에서 춘향이의 이별가를 부르고 구걸하는 장면에서 전달되는 '모흥갑의 일화'(3:406~407)가 대표적이다. 한편, 강포수와 최치수가 구천을 잡으러 지리산에 갔을 때 여러 가지 기이한 체험과 관련된 일화가 집중적으로 삽입되는데, 이는 생명의 소중함을 일깨우는 알레고리이자, 강포수가 세속적 욕망에 흔들리는 상황을 경계하는 메시지로서 주제적인 맥락을 형성한다. 따라서 다소 긴 시간적 휴지를 보이는 '노루사냥설화'(3:10~11)만을 여담적 텍스트에 포함시켰다.

2) 묘사적 여담

묘사적 여담은 필연적 관련이 없는 묘사가 필요 이상 드러나는 경우로서, 부연 방식에 따라 묘사적 탈선, 삽입된 묘사, 비평적 묘사로 나눈다.

확장에 의한 부연으로서 묘사적 탈선은 하나의 어휘를 풀어서 해설하는 것. 특정 장소를 한 바퀴 돌아보는 시선을 보여준다. 란다 사브리는 본래 줄거리와 분리된 채 하나의 지리적, 역사적 장소, 특정한 사회적 아비투스를 재구성하는 의의가 있다고 본다. 〈토지〉에서 탈선적이라고 생각될 만큼 길게 이어지는 묘사로 우선 한가위 풍경

(1부 서, 3부 2장), 장날 풍경(1부 11장), 일본문화의 침투와 식민지 일상(4부 서)에 대한 묘사를 들 수 있다. 공통적으로 명절의 풍요로움과 일상의 피폐함을 대조적으로 강조하여 작품의 의도[18]를 전달하려는 묘사라 할 것이다. 이외에는 통영 지역에 대한 지나치게 상세하고 반복적인 묘사인데, 묘사적 탈선을 보이는 여담 전체 10건 중 5건이 이에 해당된다.[19] 통영은 홍이와 보연의 혼례장면에서 처음 배경으로 들어오는데, 혼례와는 크게 상관없는 통영의 풍신제와 명정골의 우물(10:235) 묘사가 삽입되고, 이후 통영 부둣가(14:361~363), 통영 학교풍경, 판데목(14:387~388, 393~394, 403~407), 통영의 풍경과 역사(16:277~279)[20], 통영의 목탄버스에서 본 바다(19:374)에 대한 묘사가 이어져 통영 지역에 대한 작가의 특별한 애정[21]이 가져온 탈선과 지역 형상화상의 불균형을 확인시킨다.

일반적으로 소설에서 묘사를 도입할 때 상투적인 전략으로 나오는 것이 낯선 집단에 도착하는 신참, 어떤 지식을 지니고 있는 인물과 초보자의 만남과 같은 설정이다.[22] 〈토지〉도 대체로 유사하다. 특

---

18 박경리는 이 작품을 쓰게 된 동기로 '풍요로운 대지와 죽어가는 사람들'의 강렬한 이미지의 대비를 언급한 바 있다. 김치수, 「박경리와의 대화-소유의 관계로 본 한의 원류」, 『박경리와 이청준』, 민음사, 1982, 165~166쪽.

19 박경리의 작품 중 다수가 통영을 배경으로 하고 있다. 즉, 『애가』, 『파시』, 「환상의 시기」, 『김약국의 딸들』, 〈토지〉의 일부가 그러한데, 그만큼 상징적인 의미화가 이루어지고 있다고 할 수 있다. 조윤아, 「박경리 소설에 나타난 통영 공간의 상상력」, 『비평문학』, 한국비평문학회, 2009.

20 통영의 역사에서 일본에 대한 반항정신과 역사적 자존심에 대한 묘사로 이어지면서 비판적인 서술과 구분하기 어려운 묘사가 이어진다.

21 정영자는 박경리가 자신의 고향인 통영을 묘사할 때에는 사실적인 기법으로 정확하고 탁월한 정경묘사를 하고 있으며 "경상도 해변의 향토언어와 향토적 색채에 대한 남다른 애정"을 드러낸다고 지적하고 있다. 정영자, 「박경리 소설 연구」, 『수련어문논집』 24, 수련어문학회, 1998, 281~282쪽.

22 란다 사브리, 앞의 책, 428쪽.

히, 여행과 배회를 모티브로 하여 배경묘사에 내면적인 성찰과 논평적 서술이 함께 서술되는 경우가 많다. 다음은 혜관과 주갑이 왕청으로 가는 길, 풍경에 대한 상세한 묘사에서 시작된 여담적 묘사 부분이다.

> 망망한 지평선이다. 야트막한 구릉(丘陵)이 없었던 것은 아니지만 훤하게 트인 시야, 얼굴을 치는 것은 모래바람뿐이다. … (중략) … 노영(露英) 양국이 남진을 위해, 또 남진을 저지하기 위해 간단없는 각축전을 벌였던 신강(新疆) 밖의 중아지대(中亞地帶)며, 서장(西藏)넘어 인도는 어디메쯤인가. 빙산과 열사(熱砂)와 만년설(萬年雪)의 가장 냉혹한 자연을 딛고 서서 생존을 계속하는 인간들이 있는 곳, 땅은 있으되 소유하는 토지는 거의 없고 목초와 물을 찾아 떼지은 가축을 몰고 지나가는 땅, 초록(哨鹿)을 불면서 사슴을 따라가는 광대한 설원 일엽편주(一葉片舟), 고기떼를 쫓아 해빙한 바다를 지르는 사람들, 짐승가죽이 침구요 의복이며 생선뼈, 짐승뼈는 바늘에서 연장, 장신구까지, 동물의 피지는 등유(燈油)로 쓰이며 가축의 배설물조차 땔감이 되는, 자연에 반역하면서 자연에 순응하는 그네들, … (중략) … 아직 도처에 벌판은 있고 개간할 만한 땅은 가는 곳마다 있건만 타민족에 의해 이미 만주는 봉금(封禁)된 땅은 아니요, 대청제국도 망한 지 이십 년이 가까워온다. 문(文)은 무(武)에 의하여 주살(誅殺)당하고 무는 문에 의하여 쇠망하는 역사의 이치는 생과 사와 같이 인류와 더불어 영원히 끝이 없는 것인가.(12:134~137)

박경리는 대체로 지도에 의지하여 상상한 결과를 표현함으로써 배경 지역에 대한 실재감을 높이고 있다.[23] 처음에는 왕청으로 가는 길의 막막한 평야에 대한 묘사이지만, 이내 중국과 시베리아의 역사와 문화, 그들의 삶의 양태에 대한 문헌적인 정보의 전달로 이어진다. 〈토지〉에서는 이처럼 특정한 어휘나 장소에 대한 묘사가 나오기는 하지만 종종 추상적이고 성찰적인 논평으로 이어져, 전반적으로 묘사적 여담은 거의 나타나지 않는다고 볼 수 있다. 이 외에 길게 삽입된 묘사적 여담도 대체로 새로운 장소에 있는 등장인물의 시선에 의지하고 있는데, 선우신이 목격한 관동대지진의 묘사(10:274~275), 유인실이 배회하면서 관찰하여 쓰는 동경 풍경(15:89~91), 영광의 눈에 비친 길림, 송화강의 풍경(16:84~87) 등이다.

박경리는 플롯 상의 상황에 자연스럽게 삽입시키는 묘사전략을 취하고 있으므로 저자의 논평으로 손질된 비평적 묘사는 거의 나타나지 않는다. 그 드문 예로 콜레라 창궐(1902) 사건 이후에 벌어진 논평적인 묘사를 들 수 있다. 이 사건은 평사리의 풍요로운 추석 풍경과 대조적으로 죽음과 황폐화로 치닫는 인간사를 형상화하여 〈토지〉의 최초의 의도를 전달하기 위한 핵심적인 부분이다. 전반부에서 장터풍경이나 명절 풍경, 노동의 모습 등 평사리의 일상적 삶에 대한 형상화와 더불어 가장 개연성이 높은 서사화가 이루어져야 하는 부분으로서 1부 4편의 2장(발병)부터 5장(생과 사)까지 4장에 걸쳐 진행된다. 이 긴 사건화에 덧붙은 서술자의 비평적 묘사에서 분

23 작가는 지도를 보고 공간을 상상하였음을 여러 측면에서 확인할 수 있는데, 인물에 대해서는 근거리 묘사를, 공간에 대해서는 원거리 묘사를 선호하고 있는 점, 지도 중심의 평면적이고 추상적인 묘사에 의존하고 있으며, 종종 여정을 중심으로, 그것도 여행 중의 개인이 지각하기 쉽지 않은 방향, 합류 지점, 높이, 거리 등의 묘사로 표현되는 점이 그러하다. 이상진, 「〈토지〉 속의 만주, 삭제된 역사에 대한 징후적 독법」, 『현대소설연구』 24, 한국현대소설학회, 2004.

명한 거리를 둔 채 논평하고자 하는 의도를 엿볼 수 있다. 이 여담은 역병을 물리치려는 민중의 노력이 주로 미신에 기대고 있었다는 것, 역병에 대한 공포가 낳은 무수한 소문들이 무지한 민중들에게 어떻게 퍼졌는가에 대한 짧은 논평적 묘사(3:244~245)이다.[24]

3) 논설적 여담

논설적 여담은 어떤 관념이나 사건 등에 대한 논설적인 진술이나 주장이 장황하게 삽입되는 경우를 말한다. 이에는 서사의 이해를 돕기 위해 서사를 지연시킨 채 삽입되는 '~에 대한 고찰'과 인물의 웅변적인 주장이나 장광설에 의한 삽입된 논설, 서술자의 논평이라 할 수 있는 서술자 심급의 성찰이 있다.

확장에 의한 부연으로서 '~에 대한 고찰'은 하나의 관념, 역설, 객관적이고자 하는 진술에서 출발하여 확장된 것을 말한다. 〈토지〉는 1890년대 말부터 20세기 전반까지 당시 조선은 물론 만주 일대와 일본 동경지역을 시공간적 무대로 끌어오고 있다. 또 당시의 사회적 변동과 정치이념의 갈등 양상을 반영하고 있다. 자연스럽게 시대 상황과 이념에 대한 고찰 결과를 드러내는 중립적이고 해설적인 설명이 뒤따르는데, 문제는 그러한 고찰이 필요 이상의 정보를 담고 있거나 독서를 방해할 정도로 길어지는 데 있다. 다음은 무라카미 쇼지 객실에 간 오가타의 시선을 빌려 일제의 만주침략과 중국 이주 일본인에 대한 역사적 고찰 결과를 서술한 것이다.

> 원래가 식민(植民)에는 다소 기민(棄民)의 경향이 없지 않다. 오

24 콜레라의 창궐에 대한 여담은 다음 장에서 나룻배를 탄 장돌뱅이풍의 사나이이야기, 곧 단역인물의 삽화로 더 이어진다. (1-4-6, 3:254~256)

늘 현실을 바라보건대, 다롄[大連]항구를 거쳐 안동(安東)을 거쳐 수륙 양면에서 물밀듯 이주해왔고 계속 이주해오고 있는 일본인들, 개척의 전사(戰士)니 의용군(義勇軍)이니 하며 마구 쏟아 붓는 일본인들, 그들은 일본에서 어떤 계층인가. 노동력이 유일한 밑천인 사람들인 것이다. 살만한 사람들이 고급인력으로 온다면 모를까, 뭐가 답답하여 정든 고향산천 버리면서까지 낯설고 물선 고장으로 이주해갈 까닭이 있겠는가. 어렵기 때문에 신천지를 찾아오는 것이요 어려운 백성은 나라에서도 반갑잖은 존재다. 반갑잖은 존재는 밀어내기 마련, 해서 기민의 경향이 짙다 할 수도 있을 것이다. … (중략) … 세계 제패의 황당한 꿈을 꾸는 일본의 군국주의는 만주 자체가 하나의 병참기지인 만큼 언제든지 그 인력을 전용(轉用)할 수 있는 것이다. 생산력으로, 전투력으로 어느 편이든 본국에 비하여 그들은 최전방이며 일선이 될 것이다. 확대일로의 중국전선도 전선이려니와 소련이 언제 어떻게 도발해올지, 전쟁의 가능성은 매우 짙다.(15:415~421)

관련된 정보나 사상, 이념 등에 대한 중립적이고 해설적인 설명이라고는 하지만, 서술이 진행되면서 문헌에 대한 권위적 해석과 현학적 표현이 끼어 들어가고, 논평적인 시각이 덧보태지기도 한다. 이 때문에 사실상, 서술자 심급의 논평과 분명하게 경계 짓기 어려운 부분이 많다. 그럼에도 불구하고 비교적 사전적이고 중립적인 서술이 잉여적으로 또 장황하게 삽입된 부분만 골랐을 때 〈토지〉에서 20여 개의 여담을 찾아낼 수 있다. 이 중에는 역사적 사건이나 역사상의 인물, 정치사상에 대한 것이 대부분이다. 즉 정부전복모의사건, 동학혁명, 관동대지진, 만보산사건, 만주사변, 신민회, 형평사, 진주도청이전 사건, 이르쿠츠파, 중국의 좌파 일본인, 장고봉 사건, 만주의 항일투쟁양상과 간도의 사정, 동경유학생들의 현실, 일본인의 정서와 현실, 일본문인들, 박열, 마점산, 일본의 일련종, 일본 승려 무사시보 벤케이 등에 대한 서술이다. 1994년 완간 시 〈토지〉 사전이 함께 발간되었어야 할 충분한 근거와 필요성을 이해하게 한다.

삽입된 논설은 인물들이 생산하고 수용하는 모든 논설적인 실행 – 편지·시·에세이·웅변의 단장·장광설 등 – 을 말한다. 장광설은 인물의 입을 통해 말해져 이야기 속의 특정 상황에 아무리 완벽하게 편입된다 해도 결국은 저자 자신의 이론임이 금세 확연히 드러나게 된다. 특히 〈토지〉에는 이론적 장광설이 많이 나타나는데, 대체로 인물과 서술자의 어조·문체를 구분하기 어려워 자연스레 저자를 대변하는 것으로 보게 한다. 따라서 저자의 생각과 인물들의 생각을 구분하려는 노력이 필요하다.[25] 다음은 김훈장의 손자인 김범석의 목소리로 수차례 삽입되는 농민(농본주의)론 중 한 부분이다.

> "『염철론(塩鐵論)』을 보면, 이 책은 한나라 때 소금과 쇠와 술 등, 그것의 전매(專賣)정책을 둘러싼 여와 야의 공박을 수록한 책인데 대부(大夫, 관리)와 문학(文學, 野의 지식인)의 경제논쟁을 대충 요약한다면, 문학은 상업을 억제하고 불필요한 것의 생산을 반대하며

25 같은 사건을 두고 입장이 다른 인물이 타인을 설득하기 위해 길게 연설적인 이야기를 행하는 경우도 있다. 예를 들어, 니항사건을 두고 두 대립되는 인물이 늘어놓는 장광설을 비교해볼 수 있다. 김두수를 만나러 온 한복은 연추에서 장인걸, 송장환 등과 만난 후 두수와 연락이 닿는다는 최서기의 집을 방문한다. 최서기는 김두수를 만나기 어려운 사정을 설명하며 '니항사건'에 대해 설명한다. 이 부분은 앞서 장인걸 등이 이 사건과 최재형의 죽음에 대해 한복에게 설명한 것과 전혀 다른 입장에서 논평이 이루어지는 것이다. 한복이 김두수를 만나러 간 사건은 총 4장에 걸쳐서 서술되는데, 연추와 용정에 있는 다른 사람들만 만나고 정작 김두수를 만나는 장면에서 서사는 다른 이야기로 전환되고 만다.

의식(衣食)의 근간으로써 농업을 장려하는데, 불필요한 것의 생산과 교역으로 부강해지면 그것은 전쟁을 부르게 되고 인민은 도덕적 타락으로 빠지게 된다는 주장이며, 반면 대부는 교역의 필요성과 민생의 향상을 위해 생산고를 독려해야 하며 그것으로 강병책(强兵策)을 도모하여 국가가 부강해져야 한다고 역설하는데, 예를 들어 그릇에 무늬를 넣는 것조차 인력의 소모로 본 극단적으로 스토익한 문학은 이상론자요, 곤륜(崑崙, 중국 전설 속의 신성한 산) 밖에서 비취를 들여와서 세공하여 이윤을 남기는 것을 가(可)하다 생각하는 대부는 현실주의자라, 그러나 없어도 되는 것의 무한생산과 강병책이 인력과 물자의 엄청난 낭비임을 부정할 수 없고 그것으로 인하여 인성이 타락하고 국가와 국가, 민족과 민족, 너와 내가 무한정 경쟁하며, 제국주의 침략도 바로 그것인데, 여하튼 마지막까지 서로가 적으로 존재하며 무찌르게 된다면 과연 그것은 민생을 위함이겠는가?(후략)" (17:333~338)

김범석은 이 부분 외에도 여러 차례에 걸쳐 본인이 생각하는 민중, 특히 농민들의 본성에 대한 냉정한 판단과 논평을 이홍, 혹은 주변인에게 털어놓는데, 이와 유사한 생각이 서술자 심급의 성찰적 서술에서도 함께 제시된다. 이 외에 오가타·조찬하·유인실 등의 일본론, 권필응·남천택·제문식의 시국론 등 약 15개 이상의 삽입된 논설을 여담으로 볼 수 있다.

서술자 심급의 성찰은 가장 잘 알려진 형태의 여담으로서, 칭찬과 비난, 추상적 생각을 늘어놓고 논평하는 것을 말한다. 곧 작가의 생각이 서술자 심급에서 서술되는 것으로 텍스트상에서 작가와의 거리가 가장 가까운 거의 직접적인 에세이 형태로 느껴지는 부분이다. 〈토지〉에서는 인간에 대한 성찰, 농민과 대중에 대한 논평적 성찰, 황폐화된 조선의 현실과 일본의 정치와 문화에 대한 비판, 일제하 황민화 교육의 현장에 대한 성찰적 언급이 해당된다. 작품의 가장 마지막에, 주요 인물들에 대한 재요약과 논평에 이어 삽입된 다음 부분은 〈토지〉에서 보여준 작가의 인물 창조론과 생명에 대한 성찰을 대변하고 있다고 할 수 있다.

> 가령 문학, 혹은 소설 같은 데에는 천사처럼 아름다운 악마가 있고 보기에 몰골은 흉측하지만 부처 같은 사람도 있는데, 물론 실제에도 그런 경우가 허다하지만, 그러니까 잘나고 못나고, 병신이거나 사대육신이 멀쩡하다는 것은 형태가 지닌 숙명이다.
>
> … (중략) …
>
> 인간을 습관의 동물이라고 한다. 어니 인간만이겠는가. 무릇 모든 생명에는 모두 습성이 있게 마련이다. 제각기 독특한 삶의 방식을 가지고 있을 것이다. 다만 인간에게는 선악으로 구분짓고 도덕이라는 균형을 정하는 이성이 있으며 영성(靈性)에 대한 끝없는 갈증이 있다. 그것이 다른 생명들과 다른 점이다. 그러니 선악의 기준이 없는 다른 생명들은 본성을 감출 필요도, 본성을 간파할 필요도 없다. 있는 그대로, 허위가 없는 것이다.(20:142~144)

실상, 여담으로 분류하든 안 하든 〈토지〉에서 서술자가 논평적인 어조로 가장 지속적으로 반복하는 내용이 이 같은 인간론이다. 인간의 선악 문제와 농민과 민중의 생리, 식민치하가 되면서 의식이 마비되고 황폐화되는 인간성에 대한 성찰 등이 그것이다. 1부 초반에 죽음과 삶, 비극과 희극의 양면을 통해 인간에 대한 성찰을 길게 서술하는 부분이 그러하고, 최치수의 장례 풍경을 서술하면서는 농민을 '슬퍼하는 관객'으로 지칭하며 "속성에 얽매인 현실적인 동물"임을 강조하는 부분도 눈여겨 볼 논설적 여담이다.

4) 대화적 여담

대화적 여담은 '~에 대한 대화'로서 전개와 삽입에 의한 부연 방식을 포괄한다. 또 대화이므로 서술자의 개입에 의한 부연 방식은 나타나지 않는다. 극과 마찬가지로 서사에서도 대화란 인물의 성격이 드러나고 인물간의 역학관계가 그려지며 행동의 변화를 야기할 수 있어야 동기부여(motivation)[26]가 된다. 따라서 서사적 맥락을 드러내거나 인물의 특성을 드러내기 위한 특별한 기능이 나타나지 않은 채, 두 명 이상의 인물이 만사를 제쳐 놓고 특정 주제에 대해 의견을 교환하는 토론 장면은 여담이라 볼 수 있다. 종합적인 결론에 도달하겠다는 것보다는 오히려 한 문제에 대해 나올 수 있는 모든 대립되는 견해들을 인물의 목소리를 통해 전부 말해보려는 것으로 〈토지〉에 가장 많이 나오는 여담의 형태이다.

> 장인걸은 권필응의 특성을 생각하다가 그때 광경을 눈앞에 떠올린다. 얘기는 흑룡강에서 시작되었다.
>
> … (중략) …
>
> 과연 원세개는 조선독립군을 도와줄 인물이냐,
>
> "원세개?"
>
> 벽에 기대서서 말이 없었던 권필응이 앞으로 몸을 기울이며 날카로운 어조로 쏘았다.
>
> "어림 반 푼어치도 없지. 그자는 틀림없이 일본과 야합할걸?"

---

26 보리스 토마셰프스키, 한기찬 역, 「주제론」, 브룩스 외, 『신비평과 형식주의』, 고려원, 1991. 209~219쪽.

내뱉었다.

"그렇지요? 인물이랄 것 같으면 뭐니 해도 손문이,"

강한 어세에 당황한 강일석은 얘기의 중심을 잃었다.

"손문? 손문보다 위대했던 것은 삼민주의(三民主義)였지."

이번에는 냉소했다.

"위대한 것 많았지. 손문보다 위대한 것 말이야. 삼합회(三合會)를 위시한 여러 비밀결사가 위대했어. 기라성 같은 혁명지도자 혁명군 그리고 홍수전(洪秀全)이 뿌려놓고 간 씨앗을 줏어먹은 농민들, 그리고 또 있어, 광산노동자들! 손문은 뭘 했나? 삼민주의? 손문은 일찍이 홍수전 막하의 한 숙로(宿老)에게 배웠건만 삼민주의는 태평천국의 정치요강을 앞서지 못하였고 그렇게 아류에 불과한 거야. … (중략) …"

흥분한 권필응은 여지없이 손문을 깔아 뭉개버렸던 것이다.

"그러나 원세개 같은 간물(奸物)하고야 월등 다르지."

이동진의 말이었다. 장인걸과 강일석은 이동진의 얼굴을 힐끗 쳐다보았다.(7:334~338)

인용한 부분은 이동진과 장인걸이 쎄리판심의 집에 왔다가 과거 권필응과 만났던 일을 회상하는 대목이다. 내용은 조선독립군을 도울 수 있는 지도자로서 원세개, 손문에 대한 평가와 시국에 대한 대화이다. 지식인 중심의 이 같은 대화는 당대의 정치 사회적 혼란상과 정치이념의 각축 양상을 보여준다. 한편으로 현학적이고 논쟁적인 전통을 잇고 있는 대목이라 할 수 있다.

3. 여담의 장르적 성격과 부연 방식

〈토지〉 전 5부에서 서사의 직선적인 흐름을 떠난 일탈적 담론을 110건 이상 발견할 수 있다. 한 단락 정도부터 20페이지가 넘어가는 것까지 길이가 다양하지만, 대체적으로는 길이가 짧은 편이다. 이것은 묘사나 성찰이 주가 되는 구절에서도 인물이 계속 등장하는 '간섭의 체계'[27]를 보이고 있기 때문이다.

〈토지〉에서 여담이 가장 적게 나타나는 부분은 2부이다. 1부에는 시대적 배경과 인물의 전사(前史)에 대한 요약 제시, 정세의 급변함에 대한 논쟁적 토론이 삽입되는 데 비해, 2부는 평사리와 만주로 배경이 확장되면서 이들의 서사를 지탱하기 위한 사건서술이 상대적으로 많기 때문이라 판단된다. 기존의 연구에서도 지적되었듯, 4부는 가장 짧은데도 불구하고 가장 많은 여담이 삽입되어 있고, 길이도 긴 편이다. 전반적으로 1부와 5부에서 인물에 대한 요약과 논평적 서술이 길게 이어지는데 1부의 경우는 그것이 서사 맥락을 이해하는 데 반드시 필요한 전사이므로 여담이라고 볼 수 없지만, 5부의 경우는 이미 독자들도 다 알고 있는 인물의 이야기를 길게 요약하여 재서술하고, 심지어 같은 표현으로 된 몇 단락을 반복하여 옮긴 부분조차 있어 여담으로 분류할 수 있다.

여담은 본래 진행되던 이야기의 줄거리와 맺는 관계에 따라 메타담화적인 전략과 덩어리전략으로 나누어 볼 수 있다. 전자는 그 전체가 진행 중인 이야기에 대한 논평, 주석으로서 생산되는 여담으로서 줄거리에 대해 종속적이고 기생적인 것을 말하며, 후자는 플롯과 여담 사이에 연관성을 만들려는 노력을 전혀 하지 않은 채 플롯과

27 란다 사브리, 앞의 책, 462~463쪽.

무관한 자율적 여담 단위를 거칠게 삽입하여 독립적인 성격이 강한 것을 가리킨다.[28] 이 전략을 기준으로 볼 때, 〈토지〉의 전반부 즉 1~3부에는 본 줄거리와 비교적 연관성이 있고 상대적으로 길이가 짧으며 이음새가 잘 만들어진 메타담화적 전략이 주로 나타나고, 4~5부에는 연관성이 적고 느슨하며 내용과 동떨어져 길게 이어지는 덩어리 전략이 자주 나타난다. 후반부로 갈수록 논설적 성격은 강해지고 서사성이 떨어져 독자의 몰입이 어려운 것은 이 같은 여담의 특성 때문이라고 할 수 있다.

앞서 살펴본 〈토지〉의 여담을 그 장르적 성격과 부연 방식에 따라 특성을 살펴보면 다음과 같다.

1) 여담의 장르적 성격과 서사적 권력

〈토지〉에 나타난 여담의 장르적인 형태를 서술적, 묘사적, 논설적, 대화적인 것으로 나누어 보았을 때, 가장 적게 나타나는 것은 묘사로서 건수로 계산할 때 전체 여담의 10% 정도이다. 〈토지〉에서는 물건이나 풍경에 대한 설명적 묘사가 많지 않은 편이며, 더욱이 여담으로 간주할 만큼 불필요할 정도로 지속되는 일도 많지 않다. 두 번째는 서술적인 여담, 곧 일화로서 역시 건수로 계산할 때 전체 여담의 20% 가까이가 된다. 특이한 것은 이 중 반 이상이 1부에 나타난다는 것인데, 이는 농촌공동체를 배경으로 농민들의 문화를 드러내기 위한 전략적 삽입으로 이해할 수 있다. 이 연구에서는 다루지 않았지만, 민요나 판소리 대목 등 구전 가요의 삽입도 초반에 집중되는데, 이 역시 같은 맥락에서 해석할 수 있다.

여담 중 가장 많이 나타나는 것은 논설로서 전체 여담의 거의

---

28 란다 사브리, 앞의 책, 619~620쪽.

40%를 차지한다. 여기에 대화 형태로 나타나는 논쟁을 포함시키면 전체 여담의 70% 정도가 논설적이고 논쟁적인 대화나 독백, 서술로 되어 있다고 할 수 있다.[29] 특이한 것은 논설적인 여담 중 60% 이상이 4~5부에 집중적으로 나타나며, 대화적 형태의 논쟁도 후반부에 더 많이 나타난다는 사실이다. 또 후반부로 갈수록 이러한 논설은 에세이화[30]가 되고 인물과 서술자의 어조 차이가 나타나지 않아 서술자-저자의 생각과 다르지 않다고 여기게 된다. 〈토지〉의 논설적 여담에서 다루는 내용은 주로 역사 사회적인 성찰로서 이 작품의 사실성을 강화시키며, 동시에 계몽적이고 철학적인 성찰도 있어 내적 가치가 크다. 그러나 이런 점에서, 〈토지〉의 논설적 여담에 나타나는 사상적 담론이 이 작품의 서사적 의미를 지탱하고 간섭하며 지배할 우려가 있다.

〈토지〉에 반복적으로 나타나는 논설적 여담을 거칠게 분류해본다면 신여성론[31], 농민(농본주의)론. 민중론, 일본문화론, 인간론, 생

---

29 이 같은 특징은 유사한 장편소설로서 흔히 비교되는 최명희의 『혼불』의 여담적 특성과 분명하게 차별화되는 점이다. 윤영옥은 『혼불』의 하이퍼텍스트성을 논하면서 이 작품의 일탈적인 부분들이 주로 문화적인 은유로서의 일화이거나 지식정보가 중심이 되고 있다고 밝히고 있다. 윤영옥, 「최명희 『혼불』의 서사구조와 하이퍼텍스트성」, 『현대문학이론연구』 62집, 현대문학이론학회, 2015. 249~273쪽.

30 김진석, 앞의 글, 253쪽.

31 〈토지〉의 신여성문제는 임명빈과 임명희의 대화 중에서 먼저 나타난다. 명빈은 여성의 지위신장을 인정하면서도, 신여성운동이 여러 가지로 여성들의 모습을 왜곡시키고 있다고 비난한다. 신여성의 문제는 당사자들의 대화 속에서 고백적으로 비판된다. 여옥과 강선혜 등은 신여성운동이 가지는 급진적 성격으로 하여 실제적으로는 신여성의 계층이 하락되거나 호기심의 대상 정도로 전락하고 있으며, "남성들의 기득권을 인정해주는 사회풍토"에서 신여성이 여전히 남성의 종속물로서 '고가품(高價品), 완상(玩賞)품'으로 취급되고 있다고 지적한다. 박경리는 제1기 신여성운동에 대해 긍정적인 일면이 없지 않으나, 당시로서 급진적 성격으로 인해 심지어 신여성들조차 비판

명론 등이다. 때로는 서술자에 의해, 때로는 등장인물의 대화와 장광설로 이어지는 담론들을 별도로 정리하고 삽입양상을 비교한다면 작가의 의도를 전혀 다른 방식으로 읽어내게 될 것이다. 또 이런 저자-서술자 심급의 논설을 제외한 채로, 즉 서술의 불투명성을 걷어낸 채로 서사를 분석하는 것도 이 작품을 적극적으로 다르게 읽는 한 방법이 될 수 있다.

한편, 작품의 역사적 배경에 대한 전거(典據)를 제시하는 논평적 서술은 독자로 하여금 허구로부터 현실의 문제로 돌아오게 한다. 이러한 지식정보와 계몽적인 담론이 반복되면 점차 작가의 서사적 권력[32]을 강화시키게 될 수 있다. 〈토지〉의 3부까지가 드라마로 만들어지고 독자가 4부 연재를 애타게 기다리던 1980년대 초반, 박경리는 드라마화를 통해 〈토지〉의 대중성이 물 위로 떠오른 것을 경계하기 시작하였다. 독자와 언론은 박경리를 〈토지〉의 작가에서 대중의 관심과 함께 하는 공인으로 만나기를 바랐다.[33] 한편 박경리는 〈토지〉의 연재 도중에 소설이 아닌 시집을 내고 에세이와 기행문을 내놓았다. 작품은 이미 계획한 규모를 넘어서고 있었지만, 대중들의 이 같은 반응과 연재의 압박 때문에 4부 이후의 여담은 길이가 길어지고

적 고백을 하지 않을 수 없게 했음을 보여주고 있다. 이상진, 『토지연구』, 월인, 1999, 73쪽.

32 서사적 권력(narrative power)은 작가가 어떤 서사물을 가지고 허구라는 장치를 통해 현실적인 문제를 비판하고 징벌할 수 있는 힘을 말한다. 작가는 허구적 텍스트임을 내세우지만, 누구도 단순한 허구이야기로만 읽을 수 없도록 만드는 허다한 서술적 징표들과 현실적 전거들을 텍스트 곳곳에 배치시키기 때문이다. 한용환, 『소설학 사전』, 문예출판사, 1999, 243쪽.

33 이 시기 신문과 잡지에서는 작가의 4부 연재와 관련된 기사를 집중적으로 내보내기 시작하였는데, 이 기사의 70%는 〈토지〉를 집필 중인 작가에 대한 인터뷰 기사로서 독자들의 관심이 〈토지〉를 넘어서 작가에 대한 관심으로 확대되고 있음을 알 수 있다.

논설적인 특성이 전경화되었을 것이라 짐작된다. 이는 〈토지〉의 대중성 획득에 대한 거부와 작가에게 부여된 서사적 권력이 준 책무에 기인했을 가능성도 있다. 다시 말해 박경리는 이 무렵 작가로서의 책무를 다하기 위해 '독자의 구미만 맞출 순 없'다는 생각을 드러냈으며[34], 4부에 일본론을 집중적으로 쓰겠다는 공언도 하였다. 그리고 이를 증명이나 하듯 4부를 논설과 성찰의 서사로 만들었다. 후반부에 강조된 논설적 여담은 이 소설을 사상소설의 범주에 포함시키는데 크게 기여했다고 할 수 있다.

2) 여담의 부연 방식과 대화성

사브리는 여담의 부연 방식을 나누면서, 중심 줄거리 도중에 나오는 하나의 사실·생각·단어 등을 연장시켜 이용하는 것을 전개(확장)에 의한 부연, 논설적·서술적·묘사적 단락을 제2층위에서 삽입하는 것(주로 인물이 말하는 것)을 삽입에 의한 부연, 서술자의 세계에 속하며 본래 줄거리와는 무관한 요소가 스토리 중에 침입하는 것을 개입에 의한 부연으로 본다[35].

위의 기준에 따라 〈토지〉의 여담을 분류해 볼 때, 가장 많이 나타나는 것은 전개에 의한 부연으로서 전체의 약 반을 차치한다. 이 연구에서 찾아낸 여담의 반 정도는 중심 줄거리와 연결되는 확장적이고 부연적인 부분으로 분류해야 할 것이라는 뜻이다. 그러나 〈토지〉의 여담 중에는 플롯의 요소를 성찰이나 묘사 속에서 유지함으로써 이러한 여담의 자율성을 훼방하는 간섭의 체계

---

34 인터뷰 「작가는 독자 구미만 맞출 순 없어 - 월간경향에 〈토지〉 4부 연재 재개하는 박경리씨」, 『경향신문』, 1987.7.17 : 최영주, 「인터뷰/작가 박경리씨에게 듣는다 ─『土地』는 끝이 없는 이야기」, 『월간경향』, 1987.8.

35 란다 사브리, 앞의 책, 498쪽.

로 된 것도 있고, 이 때문에 '허위적 연속성'을 의심할 만하기도 하다. 어쨌든 이 부분은 3, 4부에 가장 많이 나타나며, 대부분이 논설적인 삽입으로 역사 사회적 사건이나 이념에 대한 설명으로 되어 있다.

삽입에 의한 부연도 못지않게 많이 나오는데, 이는 서술자의 심급에서 행해지는 것이 아니라, 등장인물을 통해 진행되는 것이다. 사실 가장 여담적인 것은 서술자-저자 심급이 극도로 부각되어 이야기를 정지시키면서까지 자신의 현존을 드러내는 서술행위이다. 그러나 〈토지〉는 대체로 이런 기능을 인물이 떠맡는다. 곧 인물이 전하는 일화적 서술이나 묘사, 장광설에 가까운 논설적 대화, 내면 독백, 특정 주제에 대한 토론 등이 여담의 대부분을 차지하는 것이다. 이 중 가장 많은 것이 대화 형태로 진행되는데, 확장적 부연 방식을 포함할 때 전체의 반이 넘는다. 인물의 일방적인 말이나 서술자의 서술보다는 어떤 주제를 두고 토론의 형태를 띤 대화가 〈토지〉의 여담 중 가장 많이 나온다는 뜻이다. 대체로는 뛰어난 화술을 지닌 인물, 지적인 정보를 많이 가진 지식인층의 대화이며 이때 무지한 질문자이자 청자 역할을 하는 인물이 대화를 지속시킨다. 지식인층 사이에서 이루어지는 시국담이 대부분이다.

1부에서는 최치수와 이동진·조준구·김훈장·문의원 등이 1900년 초반의 어지러운 시국에 대해 나누는 토론이 이에 해당된다. 2부에서는 만주에 간 이동진·장인걸·권필응 등의 독립운동가 그룹이 식민화된 조선과 중국의 정세에 대해 주장을 펼치는 토론 부분이 해당된다. 3부에서는 임명희·강선혜·길여옥 등 신여성층, 이상현·선우 형제·서의돈 등 서울 지식인 집단, 그리고 소지감·송관수·혜관·이범준 등이 벌이는 토론이 이 같은 여담에 해당된다. 4부에서는 조찬하·오가타·제문식·조용하·유인실 등과 무라카미 쇼지의 객실을 드나드는 만주의 일본 지식인들에 의해 벌어지는 시국담과 일본비판 등이 나온다. 5부에도 역시 이전의 지식인 그룹이 고르게 등장하여 일제 말기의 정세 변화에 따른 정치 이념논쟁이 나타난다. 전체 중 55%정도는 서울을 중심으로 지식인들이 주요 인물로 등장하는 3부와 4부에 집중되어 나타난다. 〈토지〉의 3부 이후 도시를 중심으로 지식인들이 부상하고 있다는 지적은 이런 여담의 성격에 의해서도 확인된다.

한편 대화 중에 장광설로 이어지는 삽입된 논설은 4부에서 압도적으로 많이 나타난다. 이 중의 대부분이 오가타·유인실·조찬하 등에 의해 장황하게 이어지는 일본(문화)론인데, 작가가 4부에서 본격적으로 쓰겠다고 한 일본론을 서술자의 고찰이나 서술자 심급의 논평의 형태가 아니라 대변적인 인물을 내세워 표현하였음을 확인할 수 있다. 정리하면, 〈토지〉에서 인과적인 서술에서 벗어나는 논설적 여담조차도 다양한 인물의 목소리를 통해서 대화적으로 전달하도록 하고 있고, 이는 성찰적 에세이조차 구어적으로 전달하는 것을 선호하는 작가의 성향과 일치한다.

3) 여담과 상호텍스트성

여담은 때로 두 텍스트가 갑자기 상관관계를 맺게 되는 이상한 사태를 보여주기도 한다. 이 때문에 텍스트에 대한 우리의 생각을 교란시키기도 한다고 사브리는 말한다. 곧 여담(탈선)은 자기가 속한 작품이 아닌 곳에서 따로 만들어진 텍스트일 수도 있고, 작품을 떠나서 그것만으로 출판, 연구되는 독립적 작품이 되려할 수도 있다는 것이다.[36] 여기에서 발생되는 상호텍스트성을 〈토지〉의 여담과 작가

36 란다 사브리, 앞의 책, 473~474쪽.

의 다른 작품, 그리고 당시의 잡사에서 발견할 수 있다.

〈토지〉는 연재 초기부터 매우 치밀하게 계획된 작품이었다. 연재를 시작하기 3년 전, 그간의 작품이 새롭게 쓸 작품을 위한 "습작"[37]이라고 밝히며, 〈토지〉에 이전에 쓴 작품의 모티프나 다른 장르의 글이 침투하여 올 수도 있음을 암시하였다. 연재 1년 전에는 〈토지〉의 9회 연재분에 해당하는 용이와 강청댁, 월선의 이야기를 〈약으로도 못 고치는 병〉(『월간문학』, 1968.11)이라는 중편소설로 독립하여 발표하였다. 이 작품은 죽림댁(강청댁)이 질투하고 행패를 부려 월선이 간도로 떠나고 용이가 상사병에 걸려 괴로워하는 내용으로 〈토지〉 1부의 여담이 아니라 주요 서사로 편입되었다. 따라서 이 소설은 아직 제대로 다듬어지지 않은 상태의 흔적을 품고 있는 전(前) 텍스트(avant-text)이자 독립된 작품으로서 〈토지〉와의 상호텍스트성을 분명하게 보여준다.

서사에 포함시키기에는 탈선적이고 여담으로 보기에는 인물관계와 지속 정도가 문제가 되는 부분이 5부에 나오는 상의의 진주여고 서사이다. 종결을 앞두고 새롭게 등장하는 진주여고 학생과 선생들의 사건 서술은 총 3장에 걸쳐 200쪽이나 차지하고 있다. 5부의 다른 인물들의 이야기가 한두 페이지로 요약 제시된 것에 비한다면 심한 불균형을 야기하는 삽입 서사이다. 상의는 이용의 손녀로서 주요한 서사적 맥락 안에 있고, 일제말 황민화교육의 현장을 생생하게 보여주는 부분이기는 하다. 그러나 지나친 감이 없지 않다.

사실 이상의의 진주여고 서사는 1966년 3월부터 12월까지 『한국문학』에 발표된 중편 〈환상의 시기〉의 내용과 거의 유사하다. 곧 일제말 학교의 풍경과 주인공 민이와 옥순자의 관계, 옥순자가 정학을

---

37 박경리, 「창작의 주변」, 『Q씨에게』, 지식산업사, 1966.

당하게 되는 사건, 민이와 S언니 맺기 문제 등이 그렇다. 진주여고 서사는 작가의 원체험으로서 식민지시기에 작가가 경험하거나 전해들은 실화, 혹은 당시의 잡사에서 근원을 찾을 수도 있다.

> 책은 외면한 채 출전 군인 집의 일손 돕기, 퇴비증산, 송진 캐기. 심지어 비오는 날엔 군인들이 사용할 대[竹]도시락과 장갑 만들기 그리고 보리 부비기, 손바닥이 아파 일인 선생 몰래 울음을 감추던 그때, 그러나 지나고 보면 그것들도 역시 잊을 수 없는 추억이다.[38]

식민지 말기 진주여고 학생들의 일상을 회고한 위의 내용은 이 학교 졸업생인 박경리가 〈토지〉의 마지막 권까지 삽입한 당시 여학생들의 모습과 겹쳐진다. 박경리는 황민화 교육의 대변자로 이상의를 내세워 신사참배, 군사훈련, 벼 보리 베기, 폐품 수집, 센닌바리[千人針] 만들기, 군테[軍手, 목장갑] 마무리 작업 등을 상세하게 삽입하여 보여주는 것이다.

한편, '봉안전 방변사건'과 '화장실 낙서' 사건은 박경리의 단편 〈옛날이야기〉의 중심사건이다.[39] 이 사건은 〈토지〉에서 분명한 행위주체가 드러나지 않은 채 소문으로 처리되고 남순자가 이상의에게 전하는 이야기(18:211~214)에서 반복하여 소개된다. 봉안전 방변사건과 같은 잡사는 흔한 여담의 형태로서, 보도의 어떤 범주에도 들어가지 않는 사회적 삶에 관한 사건, 범죄, 사고를 말한다.[40] 잡사는 무의미하고 사소한 사건들로서 사회에 대한 중요한 정보는 아니지

---

38 22회 졸업생 이홍남의 회고, 진주여자고등학교동창회, 『일신육십년사』, 1985, 156쪽.

39 이상진, 「식민체험과 기억의 이면」, 『어문학』 94, 2006.

40 프랑크 에브라르, 최정아 옮김, 『잡사와 문학』, 동문선, 2004, 16~17쪽.

만, 당대를 드러내는 중요한 효과를 줄 수 있는 여담의 원천이다.

〈토지〉에서는 주로 작가의 유년기 체험 공간인 경남지역에 대한 묘사와 설명에 많이 나타난다.

> …… "바까노 마산, 신다신슈, 시센니 다쯔 시센, 고맞다 고죠, 도우스루까 도오에이, 후에우 후잔," 아까부터 천일이는 왜말을 흥얼거리고 있었다. 번역을 하자면 바보의 마산(馬山), 죽은 진주(晋州), 사선에 선 사천(沙川), 딱하다 고성(固城), 어떡하나 통영(統營) 불어나는 부산(釜山), 그런 뜻인데 왜말로는 지명(地名)의 첫 음과 형용사의 첫 음이 같고, 마산만은 첫 글자가 다르다. 사년 전의 일이다. 경남의 도청을 진주에서 부산으로 옮겨가는, 진주로서는 사활에 관한 큰 사건이 있었다 …… 그 무렵 『부산일보』에 게재되었던 일종의 풍자 비슷한 글귀가 지금 천일이 흥얼거린 왜말이다. 그 기사 때문에 진주서는 『부산일보』 불매운동을 벌이기도 했다 …… 임진왜란 때 빛나던 항쟁 정신과 민란의 진원지였던 만큼 확실히 이곳 사람들은 다혈질이었으며 ……

인용한 부분에서 서술자는 마천일이 흥얼거리는 말을 시작으로 서술자가 경남 도청이전 사건을 언급하고 있다. 서술자의 설명은 천일이 흥얼거린 말놀음에 대한 해석에서 '도청이전 사건'의 소개로 넘어가는데, 이 비하 발언 때문에 진주 사람들이 『부산일보』 불매운동을 벌였다는 잡사를 소개함으로써 도청이전 사건을 훨씬 개연성 있게 전하고 있다.[41] 이어, '아름다운 고도 진주를 사랑했다는 사내'

---

41 이상진, 「일제하 진주지역의 역사와 박경리의 〈토지〉」, 『현대문학의 연구』 27, 한국문학연구학회, 2005.

라는 표현으로 진주도청 이전 반대운동을 하다가 자살한 이시이 다카아케(石井高曉)를 언급한다. 물론 이 부분은 여담으로 길게 삽입되는 것이 아니라 그저 언급만 될 뿐이지만, 체험적인 부분에서 잡사가 틈입해 오고 있음을 확인할 수 있다. 뿐만 아니라, 4부에 나오는 가정부 군자금 강탈 사건(1931)은 1920년대 중반까지 자주 보고되었던 사건을 서사화한 것으로서 특히 1926년에 진주에서 있었던 사건과도 유사하다.[42] 물론 이 사건은 완전히 허구적으로 만들어진 것이며, 장면화를 통해 진주의 두 자본가 김두만과 이도영의 태도를 대조적으로 보여주는 데 방점이 있다.[43] 여담에 포함시키기에 애매한 서사이나 역시 당시 잡사가 수용되었음을 확인할 수 있다.

〈토지〉에 삽입된 논설적 여담 중 일부는 동시기에 쓰여진 에세이에 수록되기도 했다. 조찬하의 말 중에 나오는 한·일의 의상(衣裳) 비교(10:161~3)는 박경리의 「꿈꾸는 자가 창조한다」의 일부 내용과 일치한다.[44] 특히 일본의 폭력성, 복수의식, 문학 등 일본문화에 대한 비판과 우리 문화와의 비교 등은 작가의 다른 글이나 강의에서 말하고 있는 일본에 대한 분석과 일치하는 부분이 많다. 위에서 보았듯, 몇몇 여담에서 보이는 상호텍스트성을 통해 작가가 〈토지〉에 자신의 모든 것, 출판된 글은 물론 기억의 모든 것까지를 모두 쏟아부으려 했다는 것을 다시 확인할 수 있다. 그 결과 다양한 장르와 성격의 단장들이 여담 혹은 그 경계에서 이 작품에 미끌어져 들어와 독특한 형태의 소설로 완성된 것이다.

42 「총기 가진 청년 진주에도 돌현-군자 오천원제공하라고 협박 후 또 온다고 말하고 귀신가치 피해」, 『동아일보』, 1926.12.21.

43 이상진, 앞의 글.

44 박경리, 『박경리의 원주통신—꿈꾸는 자가 창조한다』, 나남, 1994, 72~74쪽.

4. 〈토지〉의 서술전략과 여담

〈토지〉는 분산적이고 탈중심적이며 개방적인 서사구조를 지닌 작품으로 평가되어 왔다. 이 논문은 그 원인이 전 5부에 걸쳐 삽입된 여담(digression)에 있다고 보고, 여담적 텍스트를 분리하고 구체적으로 분석하여 〈토지〉의 서술특성을 살펴보았다.

이 작품은 초반부터 묘사나 정보전달, 논설을 위해 기능적인 인물을 등장시키는 등 정교한 전략에 따라 여담을 삽입하고 있어 여담의 경계를 짓기가 어렵다. 이음매를 약화시키는 체계를 통해 단절감을 없애고, 플롯의 요소를 유지하면서 묘사나 성찰이 주가 되는 구절에서도 인물이 계속 등장하는 '간섭의 체계'를 보이고 있기 때문이다. 이런 이유로 서사적 응집성과 장르적 성격, 시간 지속 문제와 서술태도 등을 고려하여 가장 최소의 여담적 텍스트를 110개 이상 찾아내어 장르적 성격과 부연 방식에 따라 분류하였다.

〈토지〉에 삽입된 여담은 2부에 가장 적게 나타나고 4부에는 거의 4배나 많이 나타난다. 이는 그동안 전-반을 구분 지어 읽을 원인을 제공하였다고 볼 수 있다. 장르적 형태 중엔 묘사적 여담이 가장 적게 나타나지만, 명절의 풍요로움과 일상의 피폐함을 대조적으로 강조함으로써 이 작품의 의도를 드러내는 데 기여하고 있다. 배경이 되는 지역 형상화의 불균형을 만드는 통영지역에 대한 지나친 묘사의 삽입은 별도의 주목을 요한다. 한편, 작가의 역사 철학적 고찰, 사회 정세에 대한 논평이라 할 논설적 여담은 묘사적 여담보다 3배 이상이나 많으며, 60% 이상이 4,5부에 나타난다. 또한 전반부에는 메타 담화적 전략이 우세한 반면, 후반부로 갈수록 덩어리 전략이 나타나 더 긴 휴지 속에 더 긴 여담이 삽입되는 일이 많다. 이 역시 전-후반을 구분 짓게 하는 원인이 된다. 논설적 여담은 대체로 내포작가의 역사·사회적 성찰을 드러내고 있는데, 사실성과 계몽성, 사상성을 강화시켜 작가에게 '서사적 권력'을 부여하게 된 원인이 되었다고 볼 수 있다.

부연 방식으로 볼 때, 서술자의 개입과 노출이 아니라 중립적인 서술이나 등장인물에 의한 여담이 주로 나타난다. 특히 인물의 일방적인 말이나 서술자의 서술보다는 어떤 주제를 두고 토론의 형태를 띤 시국담이 가장 많다. 대체로는 뛰어난 화술을 지닌 인물, 지적인 정보를 많이 가진 지식인층의 대화로서 당대의 정치사회적 혼란상과 정치이념의 각축양상을 제대로 드러낸다. 현학적이고 논쟁적인 전통을 잇고 있는 대목이라 할 수 있다. 또한 작가를 대신하는 지식인 인물의 장광설이나 내면고백이 후반부의 사상성을 지탱하고 있는 것도 중요한 특징이다. 이 부분은 자연스럽게 작가의 생각을 사실적으로 드러낸 다른 글쓰기와의 상호텍스트적 읽기를 통해 해석될 여지가 있다. 〈토지〉에는 이전의 작가의 다른 소설이나 당시의 잡사 등이 여담으로 삽입되고 있으며, 완결 이후에 새로운 글쓰기 형태로 독립되기도 했다. 상호텍스트적 양상을 통해 작품에 모든 것을 쏟아 부으려 했던 박경리의 의지와 다양한 장르의 여담이 삽입된 이유를 짐작할 수 있다.

슈클로프스키는 여담의 역할을 소설 속에 새로운 질료(비평적, 철학적 요소)를 도입하기, 줄거리의 진행을 감속하고 제동걸기, 대비감 창출하기로 보고 있다.[45] 〈토지〉의 경우, 슈클로프스키가 말한 것처럼 감속과 제동 걸기, 지연하기 등을 통해 독자의 에너지를 집중시키는 '낯설게 하기'의 효과를 거두는 것은 사실이다. 이 작품이 걸핏하면 비워지고 지연되는 이야기의 공란을 대신하여 다소간 이질적

---

45 란다 사브리, 앞의 책, 12쪽.

인 이야기나 비서술적 담론을 채우는 독특한 방식을 가지고 있다는 지적도 이런 특성에 대한 설명이 된다. 그러나 무엇보다 이 작품에서 여담의 중요한 역할은 서사 장르와는 태생적으로 어울리지 않는 비평적이고 철학적인 담론을 결합시킨 데 있다. 요컨대 〈토지〉는 비평적이고 철학적인 여담의 삽입으로 형이상학적 성찰을 보여준 독특한 사상적 형태의 소설로 완성되었다고 할 수 있다.

참고문헌

박경리 『토지』 1~20, 마로니에북스, 2012.

______, 「창작의 주변」, 『Q씨에게』, 지식산업사, 1966.

______, 『환상의 시기』, 나남, 1994.

______, 「약으로도 못 고치는 병」, 『월간문학』, 1968.11.

______, 『박경리의 원주통신—꿈꾸는 자가 창조한다』, 나남, 1994.

김원규, 「텍스트의 구도와 단역인물의 의미」, 최유찬 외, 『한국 근대문화와 박경리의 〈토지〉』. 소명출판, 2008.

김은경, 「〈토지〉의 서사구조 연구」, 서울대 석사논문, 2000.

______, 「〈토지〉의 유기적 인물관계와 '리좀적' 서사구성」, 『관악어문연구』 31권, 서울대 국문과, 2006.

김인숙, 「박경리 〈토지〉의 대화성 연구」, 연세대 비교문학협동과정 석사논문, 2000.

김진석, 「소내하는 한의 문학」, 『한·생명·대자대비』, 솔출판사, 1995.

김치수, 「박경리와의 대화-소유의 관계로 본 한의 원류」, 『박경리와 이청준』, 민음사, 1982.

성은애, 「〈토지〉 5부의 세대교체와 그 성과」, 『한·생명·대자대비』, 솔출판사, 1995.

송기섭, 「여담의 구실과 서사전략」, 『한국문학이론과 비평』 29, 한국문학이론과 비평학회, 2005.

송재영, 「소설의 넓이와 깊이」, 『한과삶』, 솔출판사, 1994.

윤영옥, 「최명희 〈혼불〉의 서사구조와 하이퍼텍스트성」, 『현대문학이론연구』 62집, 현대문학이론학회, 2015.

이덕화, 「서술의도에서 본 토지의 인물 유형」, 『토지와 박경리 문학』, 솔, 1996.

이상진, 「〈토지〉 속의 만주, 삭제된 역사에 대한 징후적 독법」, 『현대소설연구』 24, 한국현대소설학회, 2004.

______, 「일제하 진주지역의 역사와 박경리의 〈토지〉」, 『현대문학의 연구』 27, 한국문학연구학회, 2005.
______, 「식민체험과 기억의 이면」, 『어문학』 94, 한국어문학회, 2006.
정영자, 「박경리 소설 연구」, 『수련어문논집』 24집, 수련어문학회, 1998.
조윤아, 「박경리 소설에 나타난 통영 공간의 상상력」, 『비평문학』, 한국비평문학회, 2009, 8.
______, 「박경리 〈토지〉의 생명사상 변모에 관한 연구」, 서울여대 박사논문, 1998.
최유희, 「박경리 〈토지〉 연구」, 중앙대학교 박사논문, 1999.
보리스 토마셰프스키, 한기찬 역, 「주제론」, 브룩스 외, 『신비평과 형식주의』, 고려원, 1991.
이상진, 『토지연구』, 월인, 1999.
진주여자고등학교동창회, 『일신육십년사』, 1985.
최유찬, 『토지를 읽는다』, 솔출판사, 1996.
한용환, 『소설학 사전』, 문예출판사, 1999.
프랑크 에브라르, 최정아 옮김, 『잡사와 문학』, 동문선, 2004.
란다 사브리, 이충민 옮김, 『담화의 놀이들』, 새물결, 2003.

■ 「〈토지〉에 나타난 여담의 성격과 서술전략」
(『현대문학이론연구』 63, 2015.)

희극적 결함과 서술 태도

: 한국현대소설의 희극성

Ⅰ. 한국 소설과 희극성 연구

희극성은 문예 미학적으로나 철학적으로 지속적인 연구대상이 되어 온 중요한 개념으로, 홍소(哄笑)로부터 냉소(冷笑)까지, 유쾌하고 통쾌한 웃음에서 비웃음까지를 포함한 '웃음의 감정(laughter emotion)'을 불러일으키는 모든 것[1]을 지칭한다. 웃음을 유발하는 '표현과 인지의 방식'[2]으로서 희극성에는 이른바 유머(humor), 위트(wit),

---

1 이때 웃음은 수리오의 구별을 빌릴 때 '미학적인 웃음'이다. 다시 말해 정신병자나 바보들의 웃음과 같은 병리학적인 원인에 의한 웃음, 간지럼과 같은 물리적인 자극에 의한 웃음, 환대의 웃음, 안도의 웃음 등 원초적이고 '비미학적인 웃음'은 제외한다. Etienne Souriau, "Le risible et la comique", *Jounal de Psychologie*, XLI(1948), p.148, p.151, 류종영, 『웃음의 미학』, 유로, 2005, 22쪽에서 재인용.

2 이준서, 「문학 텍스트 속의 '웃음'」, 서울대학교 독일어문화권연구소, 『독일

풍자(satire), 아이러니(irony), 말장난(pun) 등의 기법 내지 관습적 장르가 포함된다.

한국 전통문학에서 희극성을 띠는 작품이 차지하는 비중은 매우 커서 그간 중요한 연구과제 중 하나였다. 주로 구비문학 연구자들을 중심으로 한 소화(笑話) 연구, 특히 이른바 '바보 민담'을 대상으로 한 연구가 많이 이루어졌고, 민요와 판소리 등에 나타나는 해학성 연구도 지속하여 이루어져 왔다. 주목할 만한 연구로 미적 범주로서 '골계'의 개념에 대한 조동일, 이어령의 연구[3], 고전 문학 속의 골계 양상을 사적으로 파악하고 장르별로 구분하는 시도를 보여준 장덕순, 소재영, 김열규, 김진악[4] 등의 연구를 들 수 있다. 전통문학에 나타난 웃음의 양상을 재범주화한 서대석, 정병헌, 김대행의 연구[5]는 현대 문학작품의 희극성의 분석에도 암시하는 바가 크다.

고전문학 연구에 비해 현대문학 작품의 희극적 특성에 대한 연구는 상대적으로 적다. 한국 현대문학이 짊어져야 했던 크고 작은 역사의 질곡, 이로 인한 오랜 엄숙주의의 결과, 지난 세기 후반까지 희극성을 띤 작품이 그리 많이 창작되지도 크게 주목받지도 못했다. 작품에 대한 평가도 역시 그 본질적인 측면보다는 사회와의 관계 속

어문화권연구』, 2001.

3 조동일,「한국 문학에 있어서의 골계」,『국어국문학』 51집, 1971; 이어령,「해학의 미적 범주」,『사상계』, 1958, 11.

4 장덕순,「한국의 해학」, 단국대『동양학』 4집, 1974; 소재영,「한국의 풍자소설」『숭전어문학』 5집, 1976; 김열규,『한국인의 유머』, 중앙일보사, 1980(한국학술정보에서 2001년 재출간); 김진악,「한국골계문학형성론」,『국어교육』, 1983.

5 서대석,「한국전통소화에 나타난 웃음의 성격」; 정병헌,「판소리 웃음과 웃기기 전략」; 김대행,「상생의 웃음과 언어문화-한국시가의 두 웃음을 중심으로」, 김유정탄생100주년기념사업추진위원회 편,『한국의 웃음문화』, 소명출판, 2008.

에서 획득되는 의미에 중점을 두고 평가되어 온 경향이 있다.

한국 현대문학연구에서 웃음과 관련된 연구가 표면화된 것은 1970년에 있었던 국제 펜대회이다. 여기에서 '동서 문학의 해학'이라는 주제로 한국문학 전반의 해학성 논의가 집중적으로 이루어졌고[6] 이 연구 결과는 추후에 외국에 소개되기도 했다.[7] 이후 현대 골계 소설을 사적으로 정리하고 각 작품의 구조나 문체·주제·인물 등을 종합적으로 연구한 김지원[8]의 연구와 해학·골계·풍자·유머 등을 핵심어로 한 작가론과 작품론이 이어졌다. 이 연구 결과는 김인환[9], 조건상[10]에 의해 본격적이고 체계적인 연구의 틀이 다져지고 용어 정리가 일차로 이루어졌다. 이후 김유정을 비롯하여 채만식, 김성한, 손창섭, 남정현 등 희극성이 두드러지는 개별 작가와 작품 중심의 연구가 지속적으로 이루어지고 있다. 또 단순히 웃음만을 목적으로 한 대중적 '유모어 소설'[11]에 대한 분석을 포함하여 웃음에 대한 미학적, 사회학적, 혹은 심리학적 이론에 바탕을 둔 연구가 이루어졌다. 최근에는 희극성 내지 웃음을 핵심어로 한, 보다 큰 범위의 장르적 접근도 나타나고 있다.

한국 현대소설의 희극성은 주로 사회적 문맥 속에서 분석되고, 현

---

6 이를 이어 『한국문학과 해학』이라는 특집이 『월간문학』에 마련되어 곽종원, 김동욱, 이주홍, 정인섭, 최일수 등이 필자로 참여하였다. 조건상, 「현대골계소설의 사적 배경과 미적 형상화」, 『한국소설 읽기의 열두 가지 시각』, 성균관대학교출판부, 2004, 14~15쪽.

7 International Cultural Foundation ed. *Humour in Korean Literature*, Seoul: Si-sa-yong-o-sa Publishers, Inc. 1982.

8 김지원, 『해학과 풍자의 문학』, 문학사, 1982.

9 김인환, 「희극적 소설의 구조 원리」, 고려대학교박사논문, 1981.

10 조건상, 「한국 현대 골계소설 연구」, 문학예술사, 1985.

11 강현구, 「'유모어 소설'의 세계관과 웃음의 기법-1920년~1950년대 '유모어 소설'을 중심으로」, 『한국문예비평연구』, 2004.6.

실의 부조리함을 고발하고 비판하는 태도 내지 수사적 기법으로 간주되어 왔다. 이는 그간의 연구에서 희극성(골계)[12]을 '인간과 사회를 통찰하여 인간의 악덕과 위선, 그리고 생활 속의 모순과 불합리를 드러내는 비판 정신에서 출발'하는 것으로 보고 '비판과 교정'이라는 사회적 측면에만 제한시켜서 해석해왔기 때문이다. 희극성을 분석하기 위해서는 정서적·사회적·문화적·심리적인 다양한 측면을 고려해야 함을 간과한 것이다. 또 그간의 연구는 희극성과 관련된 다양한 용어들을 어떻게 개념화하며 이를 범주화하여 분석할 것인가가 중심을 이루고 있다. 그러나 그 과정에서 해학과 풍자[13] 혹은 채만식식 희극성과 김유정식 희극성[14], 혹은 〈만언사〉형 웃음과 〈우부가〉형 웃음[15]으로 대별함으로써 풍자 희극과 낭만 희극의 범주화 언저리에 머물고 있다. 이런 구분은 웃음을 자타의 구별, 작가의 서술 의도와 그 효과에 기준을 둔 것으로 역시 웃음의 사회적 맥락에 초점을 둔 것이다. 이러한 대별에 따라 작품에 접근하면, 다양한 희극성의 표출 방식이나 그 미학적 측면을 소홀히 하기 쉽다.

---

12 골계(滑稽)는 좁게 볼 때 서구의 유머(humor) 혹은 조크(joke)에 해당되나, 이어령과 조동일의 연구 등에 의해 서구의 희극성(the comic)과 같은 개념으로 자리 잡았다. 이어령은 이 중 주관적인 골계의 하위 개념으로 해학, 위트, 풍자, 아이러니를 놓고 있다.

13 한편 조건상은 골계를 정적인 비판 태도를 유지하는 소극적 방법으로서의 해학과 지적인 비판 태도로서 적극성을 띠고 있는 풍자로 대별하였다. 조건상, 앞의 책, 5쪽.

14 이에 대해서는 김열규, 앞의 책, 204~214면; 유승호, 「'웃음'의 형상화 과정과 그 의미」, 『한국소설 읽기의 열두 가지 시각-주제론을 중심으로』, 성균관대학교 출판부, 2004, 52~66쪽 참조.

15 김대행은 공격성이 없고 수평적 시각을 형성하는 상생의 웃음을 「만언사」형 웃음, 공격성이 있고 수직적 시각을 형성하여 사람을 타자의 개념으로 바라보는 풍자적인 공멸의 웃음을 「우부가」형 웃음으로 대별하였다. 김대행, 앞의 글.

한편, 최근에는 소설 고유의 장르적 특성 및 소통방식에 대한 고려는 괄호 속에 둔 채 인물과 언어, 상황과 같은 극이론 및 서양의 웃음 이론에 바탕을 둔 분석이 주로 이루어지고 있어 소설의 장르적 특성을 염두에 둔 연구 방법론에 대한 검토가 요청되고 있다. 따라서 소설 고유의 특성에 초점을 두고 웃음의 표출방식과 전략을 규명하고 우리 소설의 희극적 요소를 다양한 차원에서 분석해낼 필요가 있다.

2. 희극성의 소통구조와 서술 태도

본래 희극성은 희극에서 나온 것이므로, 무대에서 벌어지는 상황과 직접 제시되는 요소로부터 그 특성을 상상하게 된다. 인물의 과장되고 특별한 외양, 우스꽝스러운 태도와 행동, 인물과 인물 간의 유형화된 대립, 웃음 유발을 위해 잘 짜여진 플롯 등이 그것이다. 그러나 소설에서는 이런 희극성이 보다 복잡한 양상으로 나타난다. 소설은 근본적으로 중개성을 특성으로 하므로, 서술자에 의해 재현양상은 아주 달라질 수 있기 때문이다. 서술자는 이야기 속의 인물과 상황 등을 평가하는 사람이기도 하고, 민감하게 지각하는 사람이기도 하며, 관찰하여 말하는 사람이기도 하다. 그리하여 독자는 '한 관찰하는 정신이라는 매개'를 통해 세계를 인식한다.[16] 따라서, 희극적 상황의 연출도 소설 속의 인물을 대하는 서술자의 어조와 태도, 혹은 작품 내 서술자의 성격과 다른 인물과의 관계 등에 의존할 수

16 F. K. Stanzel, 김정신 옮김, 『소설의 이론-〈걸리버여행기〉에서 〈질투〉까지』, 문학과비평사, 1992, 19쪽.

밖에 없다. 희극성의 핵심 가운데 하나는 시간적, 공간적 '거리(distance)'인데, 이것은 서술자와 인물, 서술자와 독자, 인물과 인물의 관계 속에서 폭넓게 나타나며, 서술자의 태도에 의해 이런 거리가 통어됨으로써 희극성의 양상이 다르게 나타난다.

이 같은 서술상황은 프로이트가 말한 '경향적 농담'의 성립조건을 통해 설명할 수 있다. 프로이트는 특정한 의도를 지닌 농담이 성립하기 위해서는 말하는 사람과 적대적인 공격의 대상이 되는 사람, 그리고 농담을 듣고 그 목적을 충족시킬 제3자인 청자가 있어야 한다고 말한다.[17] 우스개를 만드는 생산자와 농담 속에서 화제의 대상이 되는 희생자, 그리고 그것을 듣는 사람인 수용자로 이루어지는 코미디의 전형적인 3자적 관계이다. 생산자와 수용자가 공모하여 희생자를 깎아내리고 조롱하여 웃음거리로 만드는 폭력적인 상황이 만들어진다. 코미디의 생산자는 희생자에게 농담을 통해 직접적인 폭력을 행사하고, 수용자는 생산자의 말 혹은 행위에 대해 방조, 동의에 의한 공모를 함으로써 희생자에게 간접적인 폭력을 행사한다는 것이다.[18] 이 관계와 희극성의 발현 양상에 대한 설명은 소설에서 서술자(내포 작가)와 인물 그리고 내포 독자의 삼각관계로 다시 설명할 수 있다. 곧 생산자는 소설 내적 존재로서 서술자, 혹은 감춰진 내포 작가로 볼 수 있고, 희생자는 작품 속의 인물 혹은 사회적 제도나 힘의 희극적 결합이 될 것이고, 수용자는 독자가 된다. 이때 서

---

17 프로이트는 농담을 언어 농담처럼 농담 자체가 목적인 악의 없는(harmless) 농담과 특정한 의도를 지닌 경향적 농담으로 분류한다. 경향적 농담에는 노출을 위한 외설적 농담, 공격이나 풍자를 위한 적의 있는 농담, 냉소적인 농담, 회의적인 농담이 포함된다. 프로이트, 『농담과 무의식의 관계』, 열린책들, 2003, 117~126쪽.

18 박근서, 『코미디, 웃음과 행복의 텍스트』, 커뮤니케이션북스, 2006, 72~73쪽.

술자(생산자)의 어조와 인물(희생자)과의 거리에 의해 희극성은 다양한 형태로 나타난다. 서술자의 해설과 주관적 개입이 심해질수록 작품에 대한 환상은 사라지고 작중 세계에 대해 미적 거리가 형성[19]되는 것이다.

웃음은 인물의 희극적 결함으로부터 만들어진다. 이 희극적 결함은 신체적 결함, 성격(영혼)의 결함, 도덕(정신)적 결함으로 나누어 볼 수 있다.[20] 첫째 형태(외모)의 결함은 추함이기보다는 우아함에 대조되는 뻣뻣함, 자연스러운 생명성에 반대되는 경직성, 기계성에서 비롯되는 것이다.[21] 두 번째 성격의 결함은 우둔함·저능함·무능력·소극성·자학성·비사회성이 특성으로 나타난다. 이른바 절대적인 '바보'와 사회에 의해 만들어진 상대적인 바보가 그 주인공이 된다. 세 번째 도덕적 결함은 비열함·비속성·허세(허영심)·권력에 대한 욕망 등에 의해 드러난다. 이중 인간과 사회의 문제를 그 중심 테마로 하는 소설의 본격적이고 지속적인 중심 소재이자 분석의 요소가 될 수 있는 것은 성격의 결함과 도덕적 결함이다. 이는 악·음탕함·인색함·자만심·나쁜 태도와 습관·무지·선입견·사려 없는 행위·우둔함 등 인간의 중요한 불완전성[22]에서 생겨나는 것이다. 즉 소설

19 배봉기, 「채만식 소설의 희극성 연구」, 『현대문학의 연구』 2, 1989.

20 류종영, 앞의 책, 72쪽.

21 앙리 베르그송, 『웃음-희극성의 의미에 관한 시론』, 정연복 옮김, 세계사, 1992, 30~31쪽.

22 플라트너에 의하면 우스꽝스러운 것의 진정한 본질은 인간의 불완전성에 있고, 따라서 희극적인 것의 목적은 불완전성에 대한 자각과 교정에 있다. 그 불완전성은 인간의 중요하지 않은 불완전성과 중요한 불완전성으로 나누어 설명할 수 있다. 중요하지 않은 불완전성은 외형적 결함이나 생활양식의 결함, 감각의 오류, 기억의 오류, 취향의 오류 등으로 생기는 혼동과 오해와 같은 것이고, 인간의 중요한 불완전성은 악·음탕함·인색함·자만심·나쁜 태도와 습관·무지·선입견·사려 없는 행위·우둔함 등이다. 전자를 소재로 하는 경우는 웃음 자체에 목적이 있는 것으로 소극(farce)과 같은 낮은 차원의

에 나타나는 고차원적 희극적 요소[23]는 인간의 중요한 불완전성과 관련되는 것으로, 인물의 희극적 결함, 혹은 우스꽝스러움의 대상이 되는 사회나 제도 등의 결함을 통해 표현된다.

이 글에서는 앞서 살펴본 서술자-인물-독자의 삼각관계와 인물의 희극적 결함을 중심으로 하여 우리 소설의 희극적 특성을 분석하고자 한다. 우선 서술자와 인물의 관계양상에 따라 등장인물과 독자의 거리, 희극성의 초점이 어떻게 변화하는가 살펴보기 위해 서술상황의 범주화를 시도한다. 즉 서술자의 위치와 태도에 따라 중립적 서술자, 우월한 서술자, 열등한 서술자로 나눈 후, 인물의 희극적 결함과 결합되면서 어떻게 웃음이 유발되는가를 분석한다.[24] 설득력을 높이기 위해 그간 희극성을 비교적 분명하게 보여주고 있다고 반복적으로 지적되어 온 김유정, 채만식, 김성한, 손창섭, 남정현, 전광용, 이무영의 대표적인 텍스트를 대상으로 삼았다.

희극적 요소가 된다. 이런 극에서는 외모의 기형이나 외설적인 소재, 또는 오인, 계략 등 구조적인 요소, 말장난이나 인물의 사소한 실수 등이 그 구체적인 희극적 장치가 되는 것이다. 반면 후자의 경우, 곧 인간의 중요한 불완전성은 인간의 정신적, 도덕적 결함이 그 주요 소재로서 고차원적인 희극적 요소라 할 수 있다. 류종영, 앞의 책, 192~193쪽.

23 톰슨이 제시하는 고차원적 희극의 요소는 성격의 불일치를 통해 웃음을 유발하는 것과 사상 풍자이다. 웃음거리가 될 만한 성격적 결함이나 특성으로 웃음을 자아내는 것과, 인생과 사회에 대한 비판으로서의 풍자를 말하며, 이는 특정한 개인이나 사회, 제도, 계층 등을 조소함으로써 대상의 가치와 의미를 격하시키거나 새롭게 재평가하려는 문학적 시도이다. A. R. Thompson, *The Anatomy Of Drama*, Berkeley: The Univ. of California Press, 1942. pp.196~205.

24 희극성이 소통되는 서술상황, 곧 생산자와 희생자, 수용자의 관계 속에서 수용자의 주관적 반응으로서의 웃음은 소설 텍스트 연구의 대상으로 삼기에는 한계가 있다. 웃음 내지 웃음의 감정은 수용자의 사회적 정서적 문화적 반응으로 추측될 수 있을 뿐이다. 따라서 텍스트 연구는 웃음이 아닌 희극성, 혹은 희극적 장치와 전략에 대한 분석으로 향할 수밖에 없다.

3. 중립적인 서술자와 가치 전도 ; 인물의 희극성

웃음을 유발하는 말을 하는 자, 웃음의 생산자인 서술자가 중립적이고 공식적인 태도로 전달에 충실한 유형의 희극적 텍스트를 살펴보자. 이 경우, 웃음의 대상이 되는 인물의 희극적 결함을 전달하는 역할만 할 뿐, 이 우스꽝스러운 상황에 서술자가 개입하지 않는다. 서술자는 등장인물과 일정한 거리를 두고 무감동 내지 경직된 태도로 인물의 행동을 사실대로 전달한다. 때로 희극적 결함을 지닌 인물에 밀착하여 그 내면의 목소리를 전달하기도 한다. 서술자의 판단은 철저히 유보되고, 독자는 인물의 행동과 태도를 직접 대면하는 것 같은 느낌을 받는다. 이 때문에 소설의 희극성은 소재의 선택에 의해 드러나고, 웃음은 독자의 판단에 의해 나타난다. 인물의 우스꽝스러운 행동을 진지하고 성실하게 전달하는 서술자의 태도도 웃음유발 원인이 된다. 즉, 등장인물의 우스꽝스러움과 이를 전하는 서술자의 태도가 일치하지 않는 점에 의해 우월감을 느낀 독자는 자신의 판단결과에 대해 만족하며 이를 웃음으로 표현하게 된다.

김유정의 〈땡볕〉(1937)은 중립적이고 냉정한 서술자가 이른바 '바보 인물'에 대해 이야기한 작품이다. 이 작품의 희극성은 주인공 덕순 부부의 성격적 결함으로서의 무지함·우둔함·비사회성에서 발생한다. '바보 인물'은 우리 문학 전통의 해학성을 드러내는 중요한 요소로서 김유정 소설에 가장 자주 등장하는 주인공이다. 그의 소설에서는 바보 인물의 행동적·성격적 자질들이 다른 상황과 대비되고 병치되어 희극성을 드러낸다. 이재선은 김유정 소설에서 서술자의 역할에 주목, 서술의 입각점을 높게 혹은 낮게 하고 주관적으로 개입하여 대상을 해학적으로 왜곡, 변형함으로써 유희적으로 희화화시킨다고 보고 있다.[25] 〈땡볕〉의 경우, 서술의 입각점은 덕순의 희극성을 강조하기 위해 서술자가 숨어있는 것으로 나타난다.

> 덕순이는 이렇게 얼떨떨한 낯으로 다시 한 번 뒤통수를 긁지 않을 수 없었다. 간호부의 말이 무슨 소린지 다는 모른다 하더라도 속대중으로 저쯤은 알아챘던 것이니 안해의 생명이 위험하다는 그 말이 두렵기도 하려니와 겨우 아이를 뱄다는 것쯤, 연구거리는 못되는 병인 양 싶어 우선 낙심하고 마는 것이다. 허나 이왕 버린 노릇이매,
>
> 「그럼 먹을 것이 없는데요……」
>
> 「그건 여기에서 입원시키고 먹일 것이니까 염려 마셔요……」
>
> 「그런데요 저……」
>
> 하고 덕순이는 열적은 낯을 무얼로 가릴지 몰라 주볏주볏,
>
> 「월급 같은 건 안 주나요?」
>
> 「무슨 월급이요?」
>
> 「왜 여기서 병을 고치면 월급을 주는 수도 있다지요.」
>
> 「제 병 고쳐주는데 무슨 월급을 준단 말이오?」[26]

환자를 대학병원 연구용으로 입원시키면 병도 고치고 월급도 받을 수 있다는 말을 듣고 병든 아내를 병원에 데려간 덕순과 그의 아내는 병의 위중함보다도 돈을 받을 수 없다는 데에서 더 실망한다. 죽음 선고를 받고도 대학병원의 연구거리가 되지 못하는 것에 낙심

---

25 이재선, 「바보의 미학과 정치학 - 김유정 소설의 희극적 인간상」, 『한국의 웃음문화』, 소명출판, 2008, 415~416쪽.

26 김유정, 「땡볕」, 전신재 편, 『원본김유정전집』, 한림대학교출판부, 1987, 307~308쪽.

하고 죽음에 대해 어떤 말도 삼간 채 월급을 주는지, 밥을 먹을 수 있는지를 물으며, 죽어가는 아내에게 담배 사려고 아껴두었던 돈으로 얼음냉수를 사다주는 일밖에 할 수 없는 덕순, 그저 갚아야 할 빚을 유언 대신 나열하는 아내. 김유정이 그린 덕순 부부의 모습은 자기 연민(슬픔)을 감추기 위해 웃음을 이용하는 '우는 광대(weeping clown)'[27]처럼 보인다. 가장 본질적인 대조, 죽음과 삶의 문제, 울음과 웃음의 모순이 작품을 읽는 독자를 불편하고 복잡하게 만드는 것이다.

덕순 부부의 순진함과 엉뚱함은 독자에게 웃음을 줄 수 있지만, 그 소재와 상황은 결코 웃을 수 없는 심각한 것이다. 따라서 독자의 시선은 이 인물들을 바보로 만드는 사회를 향하게 되고 당대의 사회적 조건이 강화되고 고발된다. 베르그송은 희극성은 격리 자체에 의해 생겨나므로 사회로부터 고립되어 있는 사람은 우스꽝스러움에 노출된다고 설명하고 있다.[28] 이처럼 바보들의 비사회적인 모습은 그 사회의 제도나 관습에 문제가 있을 때 더욱 두드러지게 나타난다. 이때 웃음을 일으켜 이미 바보의 편이 된 독자는 이들의 상황에 대해 연민을 느끼며, 그들의 원초성, 우행, 몽매함을 공격하거나 비난하지 않고 오히려 긍정적으로 수용한다. 그리고 그들의 입장에서 바보가 사회에 제대로 적응하지 못하는 책임을 부조리한 제도나 관습 탓으로 인식하게 된다. 이 같은 시각 변화를 통하여 청중은 불합리한 대상이나 제도, 관습의 문제점을 인식하여 그 대상에 대한 저

---

27 엔드류 스톳은 이 같은 우는 광대의 모습이 바로 웃음의 가장 본질적인 면모임을 강조하며, 웃음이 고통의 가까운 사촌이라고 표현하고 있다. Andrew Stott, *Comedy*, New York : Routledge, 2005, 146쪽.

28 앙리 베르그송, 앞의 책, 115쪽.

항 심리를 형성하게 된다.[29] 이를 김유정 연구자들이 지적했듯, 어리석음 또는 바보의 '가치 전환현상',[30] 혹은 수용자와 함께 웃고 울며 비극적 상황을 재인식하고 공동의 이해로 향하는 "눈물 닦기"로서의 웃음[31]이라 해석할 수 있을 것이다.

전광용의 〈꺼삐딴 리〉(1962)는 일제강점기와 해방, 국토의 분열과 정부수립, 그리고 6.25 전쟁을 겪으면서 그 시대의 큰 변화를 잘 이용하여 늘 'captain((Капитан, 꺼삐딴)'으로 살아남는 이인국박사의 처세술을 보여주는 작품이다. 비속한 상황 속에 놓인 비열한 인물, 이인국 박사의 행태가 밀착 서술되어 독자에게 웃음을 통한 주체적인 거리 확보를 유도한다. 일제강점기에 이인국 박사는 유명한 외과 의사였으며, '국어 상용의 가'로 인정받는 집에 살 정도의 친일인사였다. 그러나 해방 후 소련군이 주둔하게 되면서 친일반민족행위자로 잡혀간다. 수감되어 있으면서도 러시아어를 열심히 익혀 기회를 엿보다가, 목숨을 걸고 러시아 장교의 혹을 제거해 줌으로써 풀려나고 이번에는 친소인사가 되어 아들을 소련으로 유학 보낸다. 전쟁 통에 월남하게 되면서 아들과는 소식이 끊기지만, 미군의 환심을 사 성공하며 이번에서는 친미인사가 되어 딸을 미국으로 유학보낸다. 소설의 시작부분이자, 스토리상의 마지막 부분은 대사관의 미스터 브라운에게 잘 보여 '지상 낙토' 미국으로 갈 꿈에 부푼 이인국 박사의 모습이다.

---

29 김복순, 『바보이야기와 웃음』, 한국학술정보, 2009, 66쪽.

30 이재선, 「바보의 미학과 정치학-김유정 소설의 희극적 인간상」, 『한국의 웃음문화』, 소명출판, 2008, 395쪽.

31 김대행, 「웃음으로 눈물 닦기와 국문학」, 한국문학언어학회, 『어문론총』 39호, 2003.

대학을 갓 나와 임상 경험도 신통치 않은 것들이 미국에만 갔다 오면 별이라도 딴 듯이 날치는 꼴이 눈꼴 사나왔다.

(어디 나두 댕겨오구 나면 보자!)

(중략)

(흥 그 사마귀 같은 일본놈들 틈에서도 살았고 닥싸귀 같은 로스케 속에서도 살아났는데, 양키라고 다를까...... 혁명이 일겠으면 일구, 나라가 바뀌겠으면 바뀌구, 아직 이 이인국의 살 구멍은 막히지 않았다. 나보다 얼마든지 날뛰던 놈들도 있는데, 나쯤이야....)[32]

이 작품의 희극성은 이인국 박사의 기회주의적이고 속물적인 성격과 철면피한 태도에서 비롯된다. 그러나 서술자는 이 인물의 삶을 있는 그대로 그리는 것 외에 다른 희극적 장치를 쓰고 있지 않다. 비꼼이라든가 과장, 대조, 왜곡 등 풍자적인 어조 등 언어적 희극성은 나타나지 않는다. 이 때문에 독자는 시대의 급격한 변화 속에 성공적으로 살아남는 그의 파란만장한 삶에 몰입할 수도 있다. 그러나 외과의사로서 사회적 지위와 민족의 현실을 무시하는 태도 사이의 불일치, 최고의 자리를 유지하겠다는 그의 경직되고 무분별한 태도 때문에 독자는 인물에 대해 심리적·도덕적 거리를 느끼지 않을 수 없게 된다. 인용한 마지막 대목에서 '혁명이 일겠으면 일구, 나라가 바뀌겠으면 바뀌구' 라고 생각하는 그의 내면의 목소리에서 그 거리감은 극대화된다. 그의 도덕적 비열함, 부정적 삶의 태도에 동의할 수 없으므로 아이러니가 발생하고 이인국박사의 삶은 비난과 풍자의 대상이 된다.

서술자가 웃음의 대상이 되는 인물(희생자)을 깎아내리고 조롱하

---

32 전광용, 「꺼삐딴 리」, 『현대한국문학전집』 5, 신구문화사, 1981, 398쪽.

는 역할을 하지 않고, 단순히 중립적으로 전달만 하는 경우, 생산자와 수용자의 공모라는 희극적 상황이 성립되기 어렵다. 서술자가 인물에 대해 어떤 가치판단도 하지 않고, 웃음거리로 만들기 위한 전략이나 장치를 쓰지 않을 때, 웃음은 인물의 뚜렷한 희극적 결함에 의해서만 발생된다. 즉 인물의 희극적 결함 자체를 충실히 전달하여 독자의 웃음이 유발되는데, 웃음의 성격은 독자의 판단에 맡겨진다. 그러나 서술자가 적극적으로 개입하는 다음의 경우는 다르다. 서술자는 인물과의 거리감을 드러내고 다양한 희극적 장치를 통해 인물을 웃음거리로 전락시킨다.

4. 우월한 서술자의 거리 두기

서술자가 등장인물보다 지적이나 도덕적으로 우위에 있을 때, 독자는 서술자가 제시하는 정보를 신뢰하고 인물에 대한 서술자의 태도에 의해 영향을 받는다. 이러한 생산자의 우월성은 아리스토텔레스가 지적한 희극의 가장 중요한 요소로서, 독자의 웃음은 서술자와 같은 우월한 위치에서 함께 대상을 풍자하고 비판하는 데에 대한 동의라고 할 수 있다. 이렇게 서술자는 독자를 웃음이라는 쾌락의 획득을 통해 자기편으로 매수[33]하고, 독자는 서술자와 공모 하에 웃음을 통해 대상을 배척하거나 격하시키고 조롱한다. 이때, 등장인물의 희극적 결함이 비열함이나 허영, 권력욕과 같은 도덕적 결함일 때 더 강력한 비난의 대상이 된다. 누구나 동의할 수 있는 분명한 악덕에 해당되기 때문이다.

33 프로이트, 앞의 책, 133쪽.

이무영의 〈굉장씨〉(1946)[34]는 시대조류에 편승하는 기회주의적이고 권력 지향형 인물인 굉장씨를 주인공으로 한 소설이다. '뻐기는 맛, 우쭐한 맛, 평평대는 맛에만 사는' 굉장씨는 하필 관청의 장들과 교제하려고 잔치를 벌이기로 한 날 해방을 맞게 된다. 그는 태도를 돌변하여 조선독립만세를 부르며 마을을 돌아다니지만, 그러다가 잡혀간다는 소문에 석굴로 도망을 치고 만다. 다시 이왕 전하가 일본에서 돌아온다는 소문에 '조선식'으로 완전히 생활을 바꾸었다가, 임정 요인들이 세상을 장악한다는 소문에 요인들을 만나기 위해 전 재산을 다 쓰고 만다. 완전히 재산이 거덜나버린 굉장씨를 읍내에 들어온 인민위원회가 끌어들이자 굉장씨는 그간 자신을 인정해주지 않던 주변 사람들을 일러바칠 생각에 행복해진다.[35]

이 작품의 희극성은 우선 인물의 명명법에서 나타난다. 명명법은 인물에 대한 서술자의 기본 태도와 관계를 드러낸다. 성과 이름을 함께 지칭하며 공식적인 어투를 유지하는 것이나 인물의 유형화된 별명을 부르는 일이 그것인데, 별명은 인물의 희극적 결함을 강조하

---

34 여기에서 텍스트로 삼은 것은 『이무영 전집』 2에 실린 것으로, 「굉장소전」이라는 제목으로 『백민』 6호(1946.12.)에 발표된 작품을 개제하여 수록한 것이다. 이 작품은 원래 해방 전인 1944년 「宏壯氏」라는 제목으로 『문화조선』에 발표된 일본어 소설의 후일담으로 쓰여진 것이다. 즉, 굉장씨의 내용을 축약된 형태로 서두에 삽입한 후 해방 후의 경과를 이어 쓰는 방식으로 개작한 것이다. 서승희, 「국민문학 작가의 해방 이후 글쓰기 전략 연구」, 『한민족문화연구』 43집, 2013.

35 소설의 마지막에서 좌익은 굉장씨와 같은 친일파를 포섭하여 폭동을 일으키려한다고 설정(뜻하지 않은 향웅 묘사)하고 이를 풍자하고 있다. 이는 좌익을 통한 친일파 척결론을 수용하지 않겠다는 작가의 의지를 표명하는 것이기도 하다. 곧 이무영의 현실적 위치와 각오를 선언 없이 드러내는 의미가 큰 작품이라 할 수 있다. 이주형, 『소설과 농민을 향한 열정-이무영』, 건국대학교 출판부, 2001, 80~82쪽.

여, 인물을 결점에 종속시켜 유형화시키는 효과를 준다.[36] 별명을 부름으로써 한 인물의 한 가지 특성이 이야기의 진행 내내 자동적으로 떠올라 인물을 풍자하게 되는 것이다. 김성한 소설에 나오는 박쥐(〈박쥐〉)나 달팽이(〈달팽이〉), 채만식의 코삐뚤이 삼복이와 노랑수염 백주사(〈미스터 방〉), 그리고 이무영의 안달군[37](〈안달소전〉) 등이 그러한 예이다. 이 작품의 주인공 '굉장씨' 역시 그가 지닌 치명적인 결점이 별명으로 나타나고 있다.

> 말버릇도 말버릇이지만 그는 본래 굉장한 것을 좋아하는 사람이다. 가장 집물은 더 말할 것도 없지만 몸에 지니는 단장이며 골통대, 심지어 주머니칼까지도 굉장히 부대한 것을 즐긴다. (중략) 쥐가 오줌독에 빠져 죽은 조그만 사건도 그는 굉장 소리를 늘어놓지 않고는 설명을 못한다. 풍치는 사람이 대개 그렇듯이 말을 해도 몹시 부풀어서 정말 큰 사건을 설명할 때는 말주변은 없는데다가 성미는 급해 놓아서 거품만 부걱거린다. 그러고는 그저 굉장 소리만 연성 늘어놓는 것이었다.
>
> (중략)
>
> 그의 명함이란 너비가 두 치에 길이 세 치나 되는 카드다. 직함으로는 전 면 협의원, 전 학문위원, 전 칠성 자동차부 주임, 전 진흥회

36 앙리 베르그송, 앞의 책, 21~23쪽.

37 안달군은 '원래가 크지도 못한 키에다가 양쪽 어깨가 차악 내려앉고 그나마도 상반신에 비해서 하지가 짧은 편이라서 얼핏 보기에는 어딘지 생리적으로 결함이 있는 것처럼 보여진다'고 표현됨으로써 성격적 결함을 인물의 명명과 신체로 표상하여 우스꽝스러움을 더하며 별명과 외모에 의해 운명과 모순되는 희극성을 드러낸다. 「안달소전」(『조광』 60호, 1940.10.) 『이무영 전집』 2, 신구문화사, 1985, 431쪽.

장, 현직으로 칠성 농장주, 소방대 고문 – 이렇듯 굉장한 것이다.[38]

굉장씨라는 별명을 가지게 된 이유에 대한 서술자의 설명은 겉보기에 사실 전달을 가장하고 있지만, 굉장씨의 성격, 행동, 말, 상황, 심지어 일상용품까지 굉장한 것으로 열거하여 다소간 희극성을 띠고 있다. 쥐가 오줌독에 빠져 죽은 사건과 같이 예로 든 사건조차 웃음을 자아낸다.

주인공의 희극적 결함은 '두 치 길이에 세 치나 되는' 명함을 가졌다는 표현에서도 잘 드러난다. 굉장씨는 허세를 부리기 좋아하고 남에게 뻐기기 좋아하며, 정상의 범위를 넘어서는 과장된 행동을 하는 인물로서 허영심이 희화화 되고 있다. 허영은 사회생활로부터 생긴 것임에도 불구하고 이기주의보다도 더 본성적인 것이며 매우 자연스러운, 보편적으로 타고 난 감정인 까닭에 인물의 희극성을 드러내는 제1의 요소로 지적되기도 한다.[39] 결국 이 작품은 서술자가 인물을 과장되고 허풍스럽게 서술함으로써 해방기의 혼란상을 강조하여 보여줄 뿐 아니라 또 기회주의적인 한 인간의 성격적 파탄을 풍자하고 있다.

전통적으로 희극의 주인공은 자신의 무능력 때문에 보이지 않는 어떤 힘에 휘둘리면서도 그것이 어떤 것인지 잘 모르고 기계적 행동만 반복하는 '바보 인물'이다. 바보 인물의 구성 요소는 무지, 무능력, 경직성, 기계성, 소극성과 메저키즘 등으로 소설에서 이런 인물이 우월한 서술자에 의해 매개될 때, 곧 서술자의 여러 가지 희극적

---

38 이무영, 『이무영 전집』 2, 429~430쪽.

39 앙리 베르그송, 앞의 책, 138~141쪽.

장치를 통과하게 되면 '바보'는 다시 여러 가지 사회적 의미를 입고 독자에게 다가가게 된다. 소설에서는 '웃음 그 자체'가 목적이 되는 경우는 거의 없기 때문이다.

남정현의 〈너는 뭐냐〉(1965)는 심각한 정치 풍자를 담고 있는 문제작이다. 주인공 관수는 소설 번역가로서 이삼 년이 지나도록 제가 먹는 쌀값 한번 제대로 내논 적이 없는 무능력한 남편이며 아내가 무슨 일을 하는지도 모르는 비사회적 인간, '온달형 바보'[40]이다. 관수의 아내 신옥은 현대성에 맹목적인 열정을 바치는 허영심 가득한 인물로서 남편과의 관계를 물질적 주종관계 내지 계약관계로 보고 있다. 식모인 인숙은 천박한 대중문화에 경도되어 자신이 좋아하는 샹송 가수와 아내가 닮았다는 이유 하나만으로 아내에게 절대적인 복종을 하는 모자란 인물이다. 그리고 주인집의 아이들은 대중문화에 경도되어 자기 정체성도 인지하지 못하고 타율적으로 살아간다. 그리고 이 모든 가족원은 관수가 반현대적인 무지한 인간으로 판단하고 따돌린다.

관수를 구성하는 희극적 결함은 저능함, 비사회성, 열등감과 무의지, 그리고 피학성이다. 관수와 함께 생활하는 아내 신옥과 식모 인숙이, 주인집 아이들 모두는 현대라는 이름의 광기와 허세에 빠진 비정상적이고 평균 이하의 인물이다. 다시 말해 관수뿐 아니라 동거인들 모두 현대라는 열병에 의해 망가져 맹목성 내지 기계적인 매몰에서 벗어나지 못하고 있는 점에서 '바보 인물'이다. 그리고 서술자는 이들의 모습을 과장하고 희화화하고 대조하고 왜곡시켜 풍자하고 있다.

관수의 아내 신옥은 박테리아가 우글대는 한국식 변소를 피해 아

40 장영우, 「통곡의 현실, 고소의 미학-남정현론」, 『작가연구』 2, 1996, 386쪽.

침마다 요강에서 용변을 본다. "요강을 타고 하는 아내의 작업"을 오랜 시간 동안 관찰한 후에야 사태를 파악한 나는 "그 위에 정중하게 앉아서 푸드득 하는 음향과 더불어 하루 생활의 거보를 내디디는" 아내의 모습에서 현대인에 대한 경이와 선망과 쾌감을 느낀다.

> 빈틈없는 현대인을 아내로 맞이한 남편의 우월감 같은 것을 최대한으로 구사해 보는 것이었다.
>
> 첫째는 저렇게 하찮은 오줌 방울에서까지 독자적인 강렬한 냄새를 풍겨야 하는 현대인의 체질에 대한 경이요,
>
> 둘째는 참으로 묘하게도 오줌 방울로써 푸드득푸드득 하는 둔중한 소리를 발음시킬 수 있는 현대인의 기교에 대한 선망이요,
>
> 셋째는 우선 구대인과 현대인의 판가름은 멀리 있는 게 아니라 실상은 오줌을 누는 일 같은 그렇게 상습적인 행위에서부터 갈라지는 것 같다는 일종의 발견에 대한 쾌감이었다.[41]

작품의 초반을 이끌어가는 이 배설 모티프는 아내의 권위를 무너뜨리기에 너무도 적합한 것이나 오히려 관수는 이로부터 현대인의 체질과 기교와 정체성을 읽어내는 한심한 논리를 펼친다. 신옥과 관수의 태도를 대조시키고 희화화하면서, 이를 비아냥거리는 어조로 서술하여 독자의 읽는 재미가 배가된다. 우스꽝스러운 이야기를 대단히 진지한 어투와 현학적인 표현으로 논리적인 양 가장하여 서술하는 방식 역시 독자의 웃음을 유발시키는 중요한 요소라 할 수 있다.

사실상, 여기에 쓰인 배설 모티프는 모든 고상한 것, 정신적인 것,

---

41 남정현, 「너는 뭐냐」, 『현대한국문학전집』 15, 신구문화사, 1981, 203쪽.

그리고 추상적인 것을 물질적, 육체적 차원으로 바꿈으로써 신옥을 격하시키고 희극적 결함을 풍자하는 구실을 한다.[42] 한여름에도 입언저리가 헐고 진물이 나도 우상인 아내의 명령에 절대적으로 복종하느라 마스크를 벗지 못하는 식모 인숙이의 융통성 없는 태도 역시 웃음을 유발시킨다. 뿐만 아니라 담임 선생님 이름은 못 외워도 배우의 이름은 천재적으로 암송하고, 라디오의 목소리만 듣고 주인공을 알아내며 드라마의 레퍼토리를 줄줄 꿰고 있는 주인집 아이들의 맹목성과 기계성 역시 중요한 희극적 장치이다. 관수는 이 모든 인물의 행동과 태도를 이상히 여기면서도 "〈현대〉라는 이름의 벼락"이 뒤통수를 칠까봐 눈치를 보며 따돌림당한다.

관수는 아내를 아내라고 한 것이 문제가 되어 부부관계가 붕괴되는 아이러니컬한 상황에 처하고, "지상에 설 한 치의 땅마저 철거당하는 성싶은 그런 억울한 심정이 가슴을 치밀어 옴"을 느끼며 길을 나선다. 그리고 우연하게 시위 군중 속에 끼어 자신의 위치를 자각하게 된다. 미끈한 세단에서 내린 아내를 향해 사람들을 따라 그저 '너는 뭐냐'고 한마디 했을 뿐인데도 아내는 손을 비비고 시시하기 그지없는 여인이 되어 버린다. 이 순간, 상황은 완전히 뒤집힌다. 아내의 멱살을 잡고 '너는 뭐냐'를 소리치는 마지막 장면, 결국 작품 내내 보이지 않는 '알라존(alazon)'으로서의 그 현대성이란 권력의 실체를 찾아내서 관수가 '에이론(eiron)'의 지적 펀치를 날리는 마지막 장면에서, 다시 자기 풍자가 이루어진다. 결국 4·19의 혁명적 의미

42 이러한 태도를 '그로테스크 리얼리즘'으로 명명한 바흐친은 라블레식으로 '낡고 죽어가는 세상(중세)에 똥을 던지고, 오줌을 내갈기고, 분변적인 저주의 말들을 우박처럼 퍼붓는 것은 이 낡고 죽어가는 세상을 즐겁게 매장시키는 행위'라고 분석한다. 미하일 바흐친, 전승희·서경희·박유미 옮김, 『장편소설과 민중언어』, 창작과비평사, 1988, 386~388쪽.

도 그 동기도 모른 채 우연히 끼어든 시위 대열에서 지극히 개인적인 사유에 의해 심판과 복종을 얻어내는 관수의 타율성이 풍자의 대상이 되는 것이다.

인물의 희극적 결함이 인물의 피학적인 태도나 비정상적 행위 등 정신적인 결함으로 나타날 경우, 이에 대한 서술자의 태도는 복합적일 수밖에 없다. 인물에 대해 지적으로나 도덕적으로 절대적인 우월성을 담보할 수 없기 때문이다. 손창섭 소설의 인물은 한 마디로 냉소의 대상이면서 동시에 인간에 대한 모멸감과 자조 의식을 환기시키는 대상이다. 그의 소설에는 육체적 불구자이거나 불구에 준하는 흉한 모습을 가진 인물, 상식적인 세상살이를 하기 어려운 정신적 무능력자나 비정상적인 사고를 하는 인물이 등장한다. 긍정적 인물이 등장하더라도 의지가 박약하거나 권태에 빠져 급기야는 내부에 감춰진 인간의 동물적 본성과 약점을 드러내고 있기 때문에 고소(苦笑)를 유발[43]한다. 서술자는 이런 인물을 냉소적으로 그려냄으로써 조롱과 야유를 가한다.

자전적 소설인 〈신의 희작〉(1961)은 냉소와 자조, 실의와 체념, 허위와 불신, 생활의 분열 등의 그림자가 드리워진 작품이다. 주인공 S는 "봉두난발에, 과도히 작은 머리통, 기품이라고는 찾아볼 수 없는 검고 속된 얼굴 모습, 정채 없는 희멀건 눈, 불안하게 길고 가는 목, 본새 없이 좁고 찌그러진 어깨"를 가진 시시한 소설가이다. 그는 오로지 자기 인생의 "비극적인 유우머"를 밝혀보기 위해 문학을 한다. 이야기는 고무공장 직공으로 일하며 자신을 키운 엄마, 어느 날 목격한 불륜 장면의 충격, 치욕적인 야뇨증에 시달림, 어머니의 야반

43 조건상 편저, 『해학소설의 현장』, 성균관대학교 출판부, 1986, 288쪽.

도주, 가난과 우울의 시절을 보내고 소설가가 되기까지의 과정이 나열된다.

> 하루는 거리에서 아이들이 가지고 노는 고무풍선을 보고 S는 문득 눈을 빛내면서 걸음을 멈추었다. 가슴이 울렁거리도록 새로운 발견에 감동을 한 것이다. 그 길로 구멍가게에 가서 고무풍선을 하나 샀다. 그리고 그날 밤부터 즉시 야뇨증의 예방 방법으로서 그 고무풍선을 시험적으로 사용해 본 것이다. 즉 풍선의 주둥이를 잡아 늘려서 페니스에다 씌우고 자는 것이다. 그러나 여기에는 얄궂은 생리현상에 기인한 기술적인 난점이 있었다.
>
> 고무풍선을 씌우려고 건드리면 페니스는 맹랑하게도 발기해 버리기 때문이다. 그런 걸 고무 풍선의 주둥이를 최대한으로 잡아 늘여서 간신히 페니스에 씌우고 잔다. 그러나 잠이 든 사이에 페니스가 완전히 위축해 버리면 고무풍선은 저절로 빠져버리고 마는 것이다. 그는 고무풍선을 씌우고 노끈이나 고무줄로 동여매고 자는 방법도 연구해 보았으나, 역시 페니스의 신축 운동으로 신통한 성과를 거두지 못하였다.[44]

인용한 부분에서 볼 수 있듯 S의 야뇨증 극복기는 눈물 나게 절실하다. 그러나 그의 황당한 행동이나 "가슴이 울렁거리도록 새로운 발견", "얄궂은", "맹랑하게도", "기술적인 난점", "페니스의 신축 운동" 등의 표현처럼 조롱으로 일관하는 서술자의 어조 때문에 그의 상황을 공감하고 연민을 가지게 되지 않는다. 사회적인 상황과 개인적인 불운에서 비롯된 그의 인간적 결함을 〈땡볕〉의 덕순 부부를 보

---

44 손창섭, 「신의 희작」, 『손창섭대표작전집』 1, 예문관, 1971, 151쪽.

듯 연민을 가지고 끌어안는 웃음이 유발되지 않는 것이다. 이는 주인공의 불행을 드러내는 소재가 성과 불륜, 야뇨증, 성적 표현, 폭력 등으로 동의를 얻어내기 힘든 부정적인 요소일 뿐 아니라 지극히 사적인 차원의 문제로 보이기 때문이다. 이런 이유로 독자는 서술자와 함께 그에 대해 함께 조롱하고 거리를 둠으로써 인간 사회의 어쩔 수 없는 그림자의 존재를 인정하고 마는 것이다. 그리고 풍자가 아닌 '단순한 아이러니'에서 유발되는 차가운 웃음[45], 불길하고 우울한 블랙 유머(black humor)적 특성을 드러낸다.

이 작품은 이렇게 자기를 비하하고 스스로 우스꽝스러워지고 모멸당함으로써 자기를 조롱하고 비웃는 사람들에게 불편함을 옮기는 것, 그리고 그것을 상대에게 되돌려 당신은 어떤가 하고 묻는 냉소[46]를 유발하는 피학적인 유머를 보여준다. 이것은 "희극과 비극, 눈물과 웃음, 공포와 전율 등의 감정이 혼합되어서 나타나는 독특한 미학적 표현"[47]으로, 현대인의 비참하고 부조리한 일면과 인간에 대한 불신과 절망을 드러낸다. 한 마디로 희극성이 "정신적으로 어두운 면을 표명하는 일이든 인간의 불완전함에 대해 정신적으로 자각하는 일이든, 깊고 심각한 충격이라는 은신처에서 발생"[48]한다는 것을 말해주고 있다.

---

45 한상규, 「손창섭 초기 소설에 나타난 아이러니의 미적 기능」, 『외국문학』, 1993. 가을.

46 백지은, 「손창섭 소설에서 '냉소주의'의 의미」, 『현대소설연구』 20, 2003.

47 이태동, 「비극적 유우머와 욕망과 현실 사이-손창섭론」, 『한국현대소설의 위상』, 문예출판사, 1985.

48 Andrew Stott, *Comedy*, New York : Routledge, 2005, 147쪽.

5. 극화된 열등한 서술자와 희극적 아이러니

서술자는 대개 믿을 수 있지만 극화된 서술자는 꼭 그렇지는 않다. 등장인물과의 지적·정서적·심리적 거리 등에 의해 제한되거나 잘못된 정보가 서술되고 왜곡된 견해가 덧보태질 수 있다. 특히, 서술자가 등장인물보다 지적으로나 도덕적으로 열등한 경우, 서술자의 서술을 괄호 속에 넣거나 뒤집어 해석해야 하는 국면에 처할 수도 있다. 이때 독자는 열등한 서술자의 정보 때문에 공모 대신 우월감을 느끼고 인물과 서술자 모두에 대해 웃을 수 있다. 극화된 서술자가 웃음의 생산자가 아니라 오히려 희생자가 되는 상황이 발생하는 것이다. 여기에서 발생되는 대조와 전복은 고도의 풍자적 효과를 가져다준다.

생산자(관찰자 혹은 서술자)의 우월성, 또는 수용자(독자)의 보다 높은 통찰력은 희극적 소통의 중요한 전제조건이다. 그런데 희극적 대상인 인물이 비열하고 문제적인데도 관찰자가 열등하여 이를 알아채지 못한다면 이야기가 전개될수록 그 대조와 불편함은 심해지고 긴장과 에너지가 높아진다. 비속하고 허영심에 찬 인물에 대해 서술하면서 그 인물의 도덕적 결함을 알아채지 못하고 호감만 보인다고 상상해보자. 이럴 때 서술자의 무지와 순진성이 계속 충돌하나, 서술자의 권위에 의해 폭로될 기회가 억압되다가 최종적인 순간에 독자에 의해 터지게 되는 '디아블로'[49] 효과가 나타난다.

---

49 베르그송은 말과 상황이 반복되고 혼동되는 등의 희극적 장치가, 용수철처럼 앞으로 튀어 오르는 억눌려진 감정을 다시 억눌러 결국 어느 순간 튀어 오르는 것을 '디아블로(뚜껑을 열면 용수철이 달린 채 눌려져 있던 괴상한 형태의 인형이 불쑥 튀어 나오는 장난감) 효과'로 지칭하고 있다. 앙리 베르그송, 앞의

〈무명로〉, 〈김가성론〉, 〈자유인〉, 〈암야행〉, 〈매체〉 등 김성한 소설에 등장하는 주인공들은 대개 사회지도층에 속한 정치인, 교사, 지식인 등으로 허세와 가식, 위선에 천박성을 지닌 비양심적인 인물이다. 이들은 자신의 비리나 모순된 행위에 대해 하등의 가책이나 부끄러움을 모르는 희화화된 인물로서 관념이나 의식에 의하여 작위적으로 만들어진 전형성과 평면성을 띠고 있다. 김성한의 작품은 이런 인물에 대한 서술에서 반어적 표현과 풍자적인 어조, 요설적인 문체를 종횡무진 구사함으로써 고대 판소리 계열의 소설을 연상시키는 골계를 표출[50]하고 있다는 평가를 받았다.

〈김가성론〉(1950)은 해방기의 암울한 사회현실과 모순된 병리 현상을 부정적인 인물의 창조와 풍자를 통해 비판한 작품이다. 이 작품은 '론(論)'의 형식으로 자신의 주장을 증명해나가는 독특한 구조로 되어 있다. 곧 '나와 어릴 때 동문수학한 김가성은 매우 훌륭한 인물이다'라는 명제를 증명하기 위해 다양한 근거를 나열하고 있는 것이다. 그러나 이런 근거를 나열하면서 점차 그의 '훌륭함'을 증명하는 것이 아니라, 그의 '속물성', '기만성'을 증명하게 되고 만다. 표면적인 '나'의 태도는 여전히 그를 추앙하고 있지만, 김가성의 태도나 그에 대한 부정적인 정보는 나의 과장된 태도와 어조와 너무나 거리가 있다.

> "아아, 요새 안녕허십니까?"
>
> 그의 대답은 역시 점잖고 태도 또한 침착하였다.
>
> "저의 집은 성북동인데 자세한 주소는 이렇습니다."

책, 64~67쪽.

50 조건상, 앞의 책, 256쪽.

하고 신문대금 받으러 다닐 때 쓰던 연필로 영수증 용지 뒷등에 써서 드렸다. 이렇게 거처를 알려드리는 것이 잘난 사람에 대한 예의요, 후일 그가 일만이에게 덕을 베풀어 줘야겠는데 주소를 몰라서 어쩌나 하는 경우가 없도록 하자는 것이었다.

"아아 그러십니까."

그는 받으려 하지도 않고 눈으로 한번 훑어만 보고, 머리를 끄덕이면서 가려고 한다. 머리가 비상한 가성인지라 종이 쪼각에 적은 것 따위를 받을 필요는 절대 없는 것이다. 그를 보내고 나는 호주머니에 도루 집어넣었다. 언제 보나 침착하고 냉정하여 학자로서는 더 바랄 나위가 없다. 과연 예민한 머리에 훌륭한 태도다.

적어도 권위자가 아니냐. 응당 그래야지.[51]

'나'는 "천하에 이름이 자자한 김가성"과 동문수학한 사이로서, 그에 대해 써서 그 친구 덕에 좀 잘나졌으면 좋겠다고 생각한다. '나'는 김가성에 대해서만은 비판 능력이 없고, 무능하고 비굴하기까지 한 인물로 표현된다. 심지어 옆집 대학생의 적나라한 비판을 마주하고도, 그가 1인 10역을 무난히 해낼 것이며 김가성론을 쓴 것은 "말꼬리에 붙어서 천리를 가려는 파리의 심사"라고 표현한다.

그러나 '나'의 성격화와 전달되는 내용의 불일치 때문에, 서술자가 자신을 속이고 있다는 판단을 하게 된다. 내심하고는 다르게 과장하고 왜곡하고 거짓말을 하고 있다는 결론에 이르는 것이다. 마지막까지도 결국 그런 그에 기대어 어떻게든 조금 잘나게 보이려는 바보 같은 '나'의 모습을 드러냄으로써 '나'와 같은 속물적 인간까지를 싸잡아서 이중의 풍자를 하고 있음을 알게 된다. 해방 후 이런 방식

51 김성한, 『중단편전집-바비도』, 책세상, 1988, 34쪽.

으로 권력층에 아부하여 한 자리를 챙겨보려 한 사람도 많았다는 것을 '나'의 비굴한 모습, 그리고 "모로 가도 서울만 가면 된다"는 뻔뻔한 태도를 통해 풍자하고 있다.

채만식의 풍자소설은 서술자의 강력한 개입에 의한 거리 두기가 중요한 특징이다. 작품세계와 독자 사이에 뚜렷하게 존재하는 서술자는 극적 환상을 깨고[52] 독자의 감정을 직접적으로 조정한다. 곧 채만식의 풍자적 작품은 사회에 대한 비판적 시각의 특별함이나 어조와 기교의 특성이 아니라 작품의 근본적인 이야기 방식이 다른 것이다. 채만식의 〈치숙〉(1938)은 무능한 인텔리의 비극을 그린 지식인 소설로서, 생활로부터 유리되어 방황하는 지식인들에게 그들의 이데올로기마저 힘이 되지 못하는 상황의 논리를 역설적으로 그려내고 있다. 이 작품은 청자를 앞에 두고 이야기하는 것처럼 설정한 '대화체'로, 작품 내의 인물이지만 외부에 위치하여 독자에게 자신의 이야기를 편집하여 서술하는 극화된 서술자가 이야기한다.

'나'가 보기에 아저씨는 일본에 가서 유학까지 했지만 가장으로서 생활력도 없고 감옥에 갔다와 병까지 든 데다 조강지처를 두고 신여성과 살림까지 차린 한심한 인간이다. 반면 '나'는 어린 나이에도 먹고 살 길을 스스로 마련하고 열심히 일하여 일본인 주인의 신망을 얻었으며, 장차 내지인 여성과 결혼할 꿈에 부풀어 있다. 나는 어느 모로 보나 유학까지 다녀온 아저씨보다 훨씬 뛰어난 인간이라고 자부하고 있는 것이다. 이런 태도는 다음 대화에 잘 드러나 있다.

> "아저씨가 여기다가 경제 무어라구 쓰구 또, 사회 무어라고 썼는

---

52 배봉기, 앞의 글.

데, 그러면 그게 경제를 하란 뜻이요, 사회주의를 하라는 뜻이요?"

"뭐?"

못 알아듣고 뚜릿뚜릿해요. 자기가 쓰고도 오래 돼서 다아 잊어버렸거나 혹시 내가 말을 너무 까다롭게 내기 때문에 섬뻑 대답이 안 나왔거나 그랬겠지요. 그래 다시 조곤조곤 따졌지요.

(중략)

"아니, 그렇다면 아저씨 대학교 잘못 다녔소. 경제 못하는 경제학 공부를 오년이나 했으니 그게 무어란 말이오? 아저씨가 대학교까지 다니면서 경제 공부를 하구두 왜 돈 못 모으나 했더니, 인제 보니깐 공부를 잘못해서 그랬군요!"

"공부를 잘못했다? 허허, 그랬을는지도 모르겠다. 옳다, 네 말이 옳아!"

이거 봐요 글쎄. 단박 꼼짝 못하잖나. 암만 대학교를 다니고, 속에는 육조를 배포했어도 그렇다니깐 글쎄…….[53]

'나'는 경제학을 공부한 아저씨의 글을 제대로 읽어내지도 못하면서 아저씨의 무능함에 대해 학문적인 반박을 하고자 한다. 나는 자신의 빈약한 교양이나 잘못된 가치관, 왜곡된 지식 정보에 대해 자각하지 못하고 있으며, 나의 비판을 자조적으로 받아들이는 아저씨의 태도를 오해할 정도로 단순한 인물이다. 곧 이 대화를 통해 '나'는 일제에 편승하여 속된 욕망을 채우려는 무지한 출세 지향형의 인물임이, 아저씨는 일제 파시즘에 대항하여 비순응적인 태도를 끝까지 견지하는 순수이념형 인물임이 서서히 나타나게 된다. 따라서 아저씨에 대한 나의 비난은 나에 대한 정보가 서술되면서 점차 힘을 잃

53 채만식, 「치숙」, 『채만식전집』 7, 창작과비평사, 1989. 271~272쪽.

게 되고, 급기야 '나'의 이기적이고 현실적인 욕망에 의해 해석이 역전된다. 이 둘의 가치 대립과 심리적, 정서적, 지적 거리가 서술자의 정보와 어조의 불일치로부터 유추되어 나는 믿을 수 없는 서술자임이 밝혀지는 순간 이야기의 의미는 완전히 정반대를 향하게 된다.

이러한 작품의 구조와 맥락은 김성한의 〈김가성론〉과 거의 유사하다. 그러나 〈김가성론〉의 '나'가 김가성에 대한 맹목적인 찬양과 긍정으로 일관하는 것과 정반대로 서술대상인 '오촌고모부'의 삶의 태도를 시종 일관 비판하고 있다. 〈김가성론〉의 분석에서 확인한 것처럼, 결국 이 두 서술자의 경직성과 맹목성은 같은 지점에서 만나 전복되고 이중의 풍자가 이루어진다.

6. 희극적 결함, 웃음의 설득력

이 논문에서는 희극적 결함을 지닌 인물에 대한 거리를 조절하는 소설의 매개자로서 서술자의 위치와 태도를 중심으로 그 중립적인 서술자, 우월한 서술자, 극화된 열등한 서술자로 범주화하여 살펴보았다. 중립적인 서술자, 곧 생산자의 희극적 장치가 미세하거나 부재하는 경우, 희극성은 거리의 조정보다는 소재의 선택에 의해 드러나고 웃음은 독자의 판단에 맡겨진다. 이 경우 대개, 전통적인 '바보인물'이 부조리한 사회제도에 희생되는 양상을 보여주어 '공동체에 편입하는 웃음'이 나타난다. 인물보다 지적이나 도덕적으로 우월한 서술자의 경우, 독자는 서술자에 절대적인 신뢰를 하게 되어 독자의 웃음은 서술자의 도덕적 우월성에 대한 동일시와 공모에 의해 유발된다. 이때의 웃음은 주로 배제와 조롱, 풍자의 웃음이 된다. 극화된 열등한 서술자는 '믿을 수 없는 서술자'로서 서술자의 정보와 어조에 대한 독자의 우월성 확보에 의해 웃음이 유발된다. 이 경우 대체로 극화된 서술자가 웃음의 희생자가 되는 반어적 상황이 수반되어 가장 지적인 풍자가 이루어진다.

이런 분석을 통해 희극성 획득에 동원되는 다양한 수사적 표현과 장치를 살펴볼 수 있었다. 인물의 지위와 성격 및 도덕적 태도의 불일치, 이야기의 내용과 대조되는 현학적이고 진지한 어투 등에서 드러나는 어조의 불일치, 대조, 과장, 왜곡, 나열 등의 수사적 장치, 부정적인 것을 조롱함으로써 인간의 그림자에 대한 거리를 두는 블랙 유머, 열등한 관찰자와 보이지 않는 알라존의 대립이 긴장을 유지시키는 구조와 희극적 아이러니 등 다양한 희극적 장치가 그것이다. 그러나 이것은 어디까지나 소설의 각 요소가 관계하는 관습에 의해 설득할 수 있는 것이어야 함은 물론이다. '설득력'은 웃음의 구조를 만들어 내는 매우 중요한 요소[54]이기 때문이다.

---

54 John Bailey, *Intent on Laughter*, Quadrangle/The New York Times Book Co., 1976, pp. 53~55.

참고문헌

김성한, 『중단편전집-바비도』, 책세상, 1988.
김유정, 「땡볕」, 전신재 편, 『원본김유정전집』, 한림대학교출판부, 1987.
남정현, 「너는 뭐냐」, 『현대한국문학전집』 15, 신구문화사, 1981.
손창섭, 『손창섭 대표작 전집』, 예문관, 1971.
이무영, 『이무영 대표작 전집』, 신구문화사, 1985.
전광용, 「꺼삐딴 리」, 『현대한국문학전집』 5, 신구문화사, 1981.
채만식, 『채만식 전집』 7, 창작과비평사, 1989.

김복순, 『바보 이야기와 웃음』, 한국학술정보, 2009.
김유정탄생100주년기념사업추진위원회 편, 『한국의 웃음문화』, 소명출판, 2008.
류종영, 『웃음의 미학』, 유로, 2005.
박근서, 『코미디, 웃음과 행복의 텍스트』, 커뮤니케이션북스, 2006.
이명우, 『희곡의 이해』, 박이정, 1999.
이주형, 『소설과 농민을 향한 열정-이무영』, 건국대학교 출판부, 2001.
조건상, 『한국현대골계소설연구』, 문학예술사, 1985.
_____ 편저, 『해학소설의 현장』, 성균관대학교 출판부, 1986.
앙리 베르그송, 정연복 옮김, 『웃음-희극성의 의미에 관한 시론』, 세계사, 1992.
미하일 바흐찐, 전승희·서경희·박유미 옮김, 『장편소설과 민중언어』. 창작과비평사, 1988.
S. 프로이트, 임인주 옮김, 『농담과 무의식의 관계』, 열린책들, 1997.
B. 우스펜스키, 김경수 역, 『소설 구성의 시학』, 현대소설사, 1992.
F. K. Stanzel, 김정신 옮김, 『소설의 이론-「걸리버여행기」에서 「질투」까지』, 문학과비평사, 1992.
John Bailey, *Intent on Laughter*, Quadrangle/The New York Times Book Co.,

1976.

International Cultural Foundation ed. *Humour in Korean Literature*, Seoul: Si-sa-yong-o-sa Publishers, Inc. 1982.

Paul Lewis, *Commic Effects: Interdisciplinary Approaches to Humor in Literature*, State Univ. of New York Press, 1989.

Andrew Stott, *Comedy*, New York: Routledge, 2005.

A. R. Thompson, *The Anatomy Of Drama*, Berkeley: The Univ. of California Press, 1942.

강현구, 「'유모어 소설'의 세계관과 웃음의 기법-1920년~1950년대 '유모어 소설'을 중심으로」, 『한국문예비평연구』, 2004. 6.

김대행, 「웃음으로 눈물 닦기와 국문학」, 한국문학언어학회, 『어문론총』 39호, 2003.

김형식, 「희극성의 이론적 근거」, 『문화콘텐츠연구』 9, 2004.

백지은, 「손창섭 소설에서 '냉소주의'의 의미」, 『현대소설연구』 20, 2003.

유승호, 「'웃음'의 형상화 과정과 그 의미」, 『한국소설 읽기의 열두 가지 시각-주제론을 중심으로』, 성균관대학교 출판부, 2004.

이상진, 「한국 창작동화에 나타난 희극성」, 『현대문학의 연구』 35, 2008.

이재선, 「바보문학론」, 『한국문학주제론』, 서강대출판부, 1989.

이준서, 「문학텍스트 속의 '웃음'」, 서울대학교 독일어문화권연구소, 『독일어문화권연구』, 2001.

■ 「한국 현대소설의 희극성 연구 시론-인물의 희극적 결합과 서술태도를 중심으로」

(『우리문학연구』 32, 2011.)

운명의 패러독스, 박경리 소설의 비극적 인간상

1. 사마천과 욥(Job), 비극적 감각의 기원

박경리의 문학, 나아가 〈토지〉를 이해하는 여러 통로 중에 사마천(司馬遷)과 욥(Job)이 있다. 박경리는 일평생을 전율 없이는 떠올릴 수 없었다는 욥처럼 진실만을 말하고자 했고, 육체와 영혼을 거세당하고도 진실을 기록하고자 한 사마천처럼 글쓰기에 매달렸다고 여러 차례 고백한 바 있다.

사마천은 기원전 99년에 있었던 이릉 사건 때 이릉을 두둔한 죄로 사형을 받게 되었지만, 『사기』 편찬을 완성하기 위해 궁형(宮刑)을 선택했다. 생명의 위협에도 불구하고 진실을 말하였고, 다시 진실을 기록하기 위해서 당시에는 관습상 죽는 것보다도 훨씬 더 견디기 어려웠다는 궁형의 고통과 시련을 무릅썼다. 박경리의 표현에 따르면 사마천은 "자기 한 몸으로, 자기 영혼으로 남"[1]은 지식인이며, "천형 때문에 홀로 앉아 글을 썼던 사람"[2]이다.

『구약성경』 가운데 지혜문학의 대표작으로 꼽히는 〈욥기〉는 신과 악마의 경쟁 때문에 이유도 없는 고난을 의연히 견디어 나가는 이상적 신앙자 욥의 이야기이다. 하루아침에 열 명의 가족과 재산을 모두 잃고 욕창으로 괴로움을 받게 된 욥의 고난을 시작으로, 인간의 한계성과 욕심을 되돌아보고 창조자를 기억하며, 온전한 성숙에 이르게 되는 과정이 〈욥기〉의 내용이다. 욥은 이유 없는 고난으로 인하여 생을 저주하고 죽음과 허무를 동경하게 되지만 "결코 내 입술이 불의를 말하지 아니하며, 내 혀가 궤휼을 발하지 아니하고 단정코 너희를 옳다 하지 아니하겠고, 죽기 전에는 나의 온전함을 버리지 않을 것이라"(〈욥기〉 제27장)고 친구들에게 당당히 말한다. 1970년대 초반, 암과 투병하면서 〈토지〉를 집필하던 박경리는 이 부분을 인용한 후, 고통 속의 욥을 떠올리면서 '육신적 고통'과 창작행위로 인해 무자비하게 자신을 묶어버린 '정신적 속박'의 사슬을 끊지 않고 포기하지 않았다고 썼다.[3] 이 성찰의 결과는 박경리의 글쓰기 행위를 넘어 박경리가 창조한 인물의 형상화 속에도 스며들었다. 가장 정직하게 신에게 도전함으로써 가장 크게 고통을 당했고, 그렇게 됨으로써 가장 큰 구원을 얻은[4] 욥의 '비극성'은 "행복했더라면 글을 쓰지 않았을" 박경리의 소설의 중심에서 새로운 '비극적 감각'으로 재현된 것이다.

---

1 최영주, 「인터뷰/작가 박경리씨에게 듣는다-〈토지〉는 끝이 없는 이야기」, 『월간경향』, 1987.8.

2 박경리, 「사마천」, 『못 떠나는 배』, 지식산업사, 1988.

3 박경리, 「빙벽에 걸린 자일처럼」, 『거리의 악사』, 민음사, 1977, 9~11쪽.

4 김한, 「비극으로서의 「욥기」 다시 읽기 – 욥의 고난과 신의 자유를 중심으로-」, 『고전 르네상스 영문학』 제 20권 2호, 2011.

2. 부조리한 운명에 대한 탐색

박경리 소설의 주제는 1950년대 자전적인 색채로부터 1960~70년대에 사회적 역사적 문제로 발전하고 다시 〈토지〉에 이르러 생명과 자연의 문제로 귀결되었다는 것이 대체적인 지적이다. 그렇다면 박경리 소설 전체를 지배하는 지속적인 요소는 무엇일까? 작가는 〈토지〉 이전의 작품은 모두 습작에 불과하였다고 고백한 바 있다. 또한 그간 박경리 소설의 상호텍스트적 연구를 통해 작품 간의 유사성이 일부 밝혀지기도 했다. 그 연구 결과에 의하면 불완전한 가족 이야기[5], 숙명주의 혹은 운명주의, 불행 혹은 비극적 특성, 윤리와 가치의 문제, 소외의식 등이 박경리 소설 전체를 잇는 키워드이다. 이 연구도 그 연장 선상에 있다.

이 연구는 박경리 소설의 핵심주제가 인간의 비극적 운명, 부조리한 고통에 대한 탐색에 있다는 전제에서 시작한다. 박경리는 이 문제를 집요할 정도로 반복적으로 서사화시켰고, 〈토지〉에서 비로소 그 비극적 운명과 성찰의 서사가 완전하게 형상화되었다. 이 글에서는 박경리의 초기 단편부터 〈토지〉까지 이어지는 비극적 인물의 형상화를 분석하여 비극적 인식의 특성을 찾아내고자 한다.

그간 박경리 소설의 비극적[6] 요소, 혹은 비극적 비전에 대한 지적이

5 이금란, 「가족 서사로 본 박경리 소설 연구- 초기 단편을 중심으로」, 『현대소설연구』 19. 2003.

6 이 글에서 '비극'은 문학 장르로서의 연행 혹은 드라마의 형식을 넘어서 미학적 개념으로서의 비극적인 것, 혹은 비극적 비전, 비극적인 인식으로 확대 표현할 수 있는 보편적 개념을 전제한 것이다. 또한 고대 그리스 비극 개념에서 파생되었으나 그 비극으로 단순 환원될 수 없는 현대의 비극적 서사까지 포괄하는 미학적 개념을 전제한다. 사실상, 드라마로서의 비극에서는 플롯이 매우 중요한 요소이지만 비극적 인물의 창조는 비극적인 것, 혹은 비극적인 인식으로서 인간 삶의 많은 것과 연관되어 해석할 수 있다는 점을 염두

없지 않았다. 대체적으로는 등장인물의 불행이나 하강적 서사를 '수사적인 차원'에서 표현한 정도였고, 전통적인 한의 정서나 숙명주의와 같은 맥락에서 분석이 이루어지기도 했다.[7] 최유희는 박경리의 〈토지〉를 대상으로 비극적 인물형의 서사를 분석한 후, 서사의 동력에서 비극적 감성이 중요하게 드러나나, 전체적으로는 멜로드라마 양식이라는 결론을 내렸다.[8] 박경리 문학의 비극성은 〈표류도〉, 〈김약국의 딸들〉 등 몇 편의 장편소설과 〈토지〉 를 대상으로 한 이덕화의 분석에서 비로소 제대로 조명되었는데, 근본적으로 박경리 소설이 '사회 비극'의 성격을 지닌 것으로 보고 여성주의적 입장에서 가부장제와 사회제도의 불합리성과 폭력성을 비판하는 데 초점이 있다.[9] 비극의 원인을 인간의 사회적 규정과 제도 등 외부에서 찾고 있다는 점에서 이전의 연구와도 차별되고, 이 연구의 문제의식과도 상반된다. 김명희의 연구[10]는 비극에 대한 좀 더 세밀한 장르적 접근을 보여주지만, 대상 작품이 한정되어 있고 연구 결과가 기존의 지적과 크게 다르지 않다. 장르적인 차원에서 가장 본격적인 연구는 〈토지〉를 대상으로 한 최유찬의 연구로서, '가문의 비극'이라는 소재와 플

에 두고 비극적 인물의 형상화에 주목한다.

여기에서는 결정적인 책임이 없는데도 세계와의 불화 속에서 좌절하는 인간으로 형상화되는 '비극적 세계상'과 비극적 세계상에 맞서는 주인공과 체념에 맞서는 수용자의 의지인 '비극정신', 그리고 이 저항을 통해 운명에 대한 수용과 저항을 통합함으로써 '비극적 깨달음', 혹은 '비극적 앎'에 이를 수 있다는 비극성의 기본 개념(김창현, 『한국비극소설의 이론』, 서강대학교출판부, 2013, 42~43쪽.)에 바탕을 두고 논의를 진행할 것이다.

7 하응백, 「비극적 삶의 초극과 완성」, 『한·생명·대자대비』, 솔출판사, 1995 : 안남연, 「박경리, 그 비극의 미학」, 『여성문학연구』 4호, 2000. 12. 류보선 「비극성에서 한으로, 운명에서 역사로」, 『작가세계』 22호, 1994.가을.

8 최유희, 「박경리 〈토지〉 연구」, 중앙대학교 박사학위 논문, 1999.

9 이덕화, 『박경리와 최명희, 두 여성적 글쓰기』, 태학사, 2000, 116~167쪽.

10 김명희, 「박경리 소설의 비극성 연구」, 전주대학교 석사학위 논문, 2008.

롯은 그리스의 비극 에우리피데스의 〈트로이의 여인들〉과 가장 유사하다는 결론을 내린다.[11] 그러나 이 연구는 〈토지〉만을 대상으로 한 것이며, 고대 그리스 비극에 기원을 두고 플롯 및 관심의 통일성을 중심으로 분석하고 있어 박경리 소설 전체를 대상으로 비극적 인물과 인식의 문제를 다루려는 본 연구와 일정한 거리가 있다.

박경리 소설의 비극성은 우리 전통 정서인 '한'의 문제로 읽어낸 연구가 많았고, 운명주의 혹은 숙명론과 함께 논의되기도 했다. 특히, 〈토지〉는 한의 얽힘과 삭임·해한·상생의 의지를 보여주는 작품으로 집중 조명되었다.[12] 〈토지〉의 전반부에는 운명론적 색채가 뚜렷하게 드러난다는 지적이 많았는데,[13] 부정적인 평가가 대부분이었다. 정호웅은 〈토지〉 이전의 작품에서 시작하여 〈토지〉의 전반부를 관류하는 중심 주제를 체념적인 운명론으로 보았고,[14] 후반부로 가

11 최유찬은 〈토지〉가 특히, 〈토지〉가 열린 결말을 향하면서 해방에서 끝난 것이 바로 에우리피데스가 사용한 '데우스 엑스 마키나'의 수법에 비견될 수 있다고 말한다. 일찍이 아리스토텔레스는 에우리피데스의 플롯의 결함으로 '데우스 엑스 마키나'의 사용을 지적하였으나, 최유찬은 사사키 겐이치의 분석을 토대로 하여 〈토지〉가 종국을 향한 것이 아니라 '단지 멈추기만 할' 뿐인 종지법의 수단으로 '데우스 엑스 마키나'의 수법을 사용한 것은 창조적인 사고의 산물이라고 지적하고 있다. 최유찬 『〈토지〉를 읽는 방법』, 서정시학, 2008, 276~439쪽.

12 정호웅, 「〈토지〉의 주제-한·생명·대자대비」, 『한·생명·대자대비』, 솔출판사, 1995 ; 천이두, 「한의 여러 궤적들」, 같은 책 ; 신덕룡, 「〈토지〉의 삶과 역사」, 같은 책 ; 김진석, 「소내(疎內)하는 한의 문학 : 〈토지〉」, 같은 책 ; 임진영, 「개인의 한과 민족의 한-박경리의 〈토지〉론」, 한국문학연구회 엮음, 『현대문학의 연구 5-다시 읽는 역사문학』, 평민사, 1995. ; 양문규, 「〈토지〉에 나타난 작가의식」, 같은 책 ; 조정래, 「생존의 원리와 역사성」, 같은 책.

13 염무웅, 「역사라는 운명극」, 『신동아』, 1973.11, 서정미, 「〈토지〉의 한과 삶」, 『창작과 비평』, 1980, 여름, 김철, 「운명과 의지-〈토지〉의 역사의식」, 『문학의 시대』 3, 1986.

14 정호웅, 「〈토지〉의 주제-한·생명·대자대비」, 『한·생명·대자대비』, 솔출판사, 1994, 208쪽.

면서 "봉건적인 관습이나 제도 또는 통념을 넘어서는" 진실에 대한 통찰이 드러나고 있음을 간파하였다. 이 연구를 포함하여 대체적으로는 등장인물이 처한 고통의 원인을 역사적 사회적 사건과 제도 등 가시적이고 현실적인 문제에서 찾으려는 시도가 지속되었다. 근대의 합리적 사고틀에서 볼 때 어찌 보면 당연한 분석이지만, 그 결과 박경리 소설은 등장인물의 고통을 통해 부조리하고 불합리한 현실에 대한 고발과 비판을 보여주는 여느 소설과 다를 바가 없다는 결론에 이른다.

박경리의 소설에는 현실에 대한 고발과 비판만 나타나지 않는다. 인간 문명의 발전과 제도 개선의 이면에 드리운 그림자를 읽어내고, 인간으로서 어쩔 수 없는 불합리한 삶의 조건에 대해 질문을 던진다. 인간의 한계를 운명에 대한 저항과 소외로 인한 고통, 좌절 속에서도 인간의 한계를 캐묻고 진실을 찾고자 하는 의지가 나타난다. 그것은 소박한 숙명론도 아니고, 한의 정서만으로 설명될 수 없는 것이며, 전근대적 세계관은 더더욱 아니다. 숙명에 굴복하고 자기 소멸의 과정을 통해 무사하게 살기 위해 희구하는 것이 아니라, 부조리에 도전하고 자기 확인을 거쳐 진실하게 살려는 의지를 표현하고 있는 것이다.[15] 즉, 박경리의 소설은 근대적 인간의 조건에 대한 직시로서 비극적 인식을 보여주고 있으며, 비극적인 인물을 창조하여 '우주 가운데서 스스로의 한계를 받아들일 줄' 알고 이를 위해 자

15 김병익은 한은 숙명의 굴복이지만 비극은 부조리에의 도전이고, 한이 자기소멸의 과정인데 비해 비극은 자기 확인의 행위이며 한이 무사하게 살려는 희구를 갖고 있다면 비극은 진실하게 살려는 의지를 표현한다고 하며 비극적 인식은 근대적 의지라고 보고 있다. (김병익, 「한의 세계와 비극의 발견」, 김병익·김주연·김치수·김현, 『현대한국문학의 이론』, 민음사, 1974, 296쪽.) 이 점에서 박경리의 소설은 한의 문학이기보다는 부조리에의 도전이자 자기 확인이며 진실하게 살려는 의지를 표현하는 비극적 인식을 보여주고 있다고 할 수 있다.

신이 어떤 존재인가를 알기 위해 '정신적 투쟁'을 지속하는 행위[16]를 서사화하고 있다고 말할 수 있다. 이에 이 논문은 박경리 소설에 나타난 비극적 인간상을 분석하여 비극적 인식의 내용을 살펴보고자 한다.

아울러 이 연구는 '비극적 인간상'을 매개로 이전 소설과 〈토지〉의 상호텍스트성의 규명에도 초점을 두고 있다. 저주받은 혈통의 불안과 대물림, 부조리한 낙인(烙印), 운명에 대한 저항 혹은 하마르티아(hamartia), 나르시시즘과 소외, 고독, 결벽증의 문제 등의 성격적 결함은 박경리 소설의 비극적 인간상에 공통적으로 나타나는 요소라고 할 수 있다. 이런 요소는 〈토지〉의 1부의 비극적 서사에 집중적으로 드러나며, 1950~60년대 단편들, 비극적 소설로 규정할 수 있는 〈김약국의 딸들〉과 〈노을진 들녘〉, 그 외의 〈성녀와 마녀〉, 〈표류도〉, 〈나비와 엉겅퀴〉, 〈파시〉 등의 인물형상화에서 공통적으로 발견되고 있음을 확인해 볼 것이다. 나아가 초기소설부터 수십 년간 탐색된 인간존재의 문제가 〈토지〉의 후반부에서 어떤 방식으로 완성되고 있는지를 살펴보고자 한다.

3. 혈통에 대한 불안과 집착

박경리 소설에는 혈통에 대한 불안을 느끼며 가족과 가문의 문제에 집착하는 인물이 적지 않게 등장한다. 태생적으로 주어진 환경, 부조리한 운명 때문에 겪게 되는 문제 제기가 나타나는 것이다. 이

16 C. I. 글릭크스버그, 이경식 옮김, 『20세기 문학에 나타난 비극적 인간상』, 종로서적, 1983, 12~32쪽.

런 이유로 '숙명적'인 태도, '운명론적 요소'가 주요 특징으로 지적되었고, 이것은 바로 운명에 대한 체념과 순응으로 해석되기도 했다. 불행한 가족사와 파멸의 서사는 운명적 고통에 대한 미학적 형상화로서 고대의 비극적 드라마를 닮았다. 그러나 운명적 결함에 의한 파멸과 그 수용을 그리는 운명 비극의 성격만을 보여주고 있지는 않다.

1970년대 전반까지, 박경리가 그려낸 〈토지〉 1부 내용은 최참판가와 평사리 사람들의 비극적 삶, 지극히 운명적인 이야기였다. 일본 제국주의의 침탈, 의병의 봉기, 동학농민운동, 신분 해방문제 등등 여러 가지 역사·사회적 배경들이 얽혀 들어가지만, 전반부의 중심인 평사리 사람들의 근본적 갈등을 만들고 인물들을 움직이는 것은 비극적 에너지이다. 초반에 서사를 진행시키는 불안의 요소는 최참판가에 대한 저주 이야기, 그리고 가문의 비밀과 부조리한 욕망, 그 결과로서 가족들과 주변인들의 연속된 죽음, 절손의 불안에 시달리는 사람들에게 있다.

> 오냐! 믹일 기이 없어서 자식새끼 거나리고 나는 저승길을 갈 기다마는 최가 놈 집구석에 재물이 쌯이고 쌯이도 묵어줄 사램이 없을 긴께, 두고 보아라![17]

가뭄이 든 어느 해, 고방에 쌓인 곡식을 전답 문서와 바꾸던 인색한 최씨가를 향해 자식 일곱을 거느린 과부가 퍼부었다는 저주는 마을 사람들의 입에서 입으로 전해 내려온다. 저주를 남기고 굶주려 죽은 과부와 그 자식들 원귀 때문에 최참판댁에는 자손이 내리 귀하

---

17 박경리, 『토지』 1권, 마로니에북스, 2012, 286쪽.

며, "청빈한 선비들은 이 마을에 들어서면 강 쪽으로 얼굴을 돌리며 고래 등 같은 최참판댁 기와집을 외면했고 최씨네의 신도비(神道碑)에 침을 뱉었다."고도 전해진다. 이것을 증명이나 하듯, 사냥해온 노루고기를 먹고 최치수의 아버지는 하루아침에 비명횡사하고, 그 일로 몰매를 맞아 죽은 삼수 할아버지의 원혼이 최참판가의 불안한 그림자가 된다. 초반에 윤씨 부인의 비밀을 알고 있는 바우 할아범의 죽음에서 비롯하여 최씨가의 당주인 최치수가 살해당하고 김평산과 칠성, 귀녀 등 살해 모의자들이 처형당하며 김평산을 따라 함안댁이 자살하고, 다시 흉년과 호열자로 윤씨 부인과 문의원, 봉순네, 강청댁 등 평사리 사람들은 줄줄이 죽어 나간다. '광대한 토지에 풍년이 들어 곡식이 무르익었는데도 베어먹을 사람이 없는 풍경', 박경리의 초기 의도대로 〈토지〉의 1부는 진행된 것이다.

그러나 최초의 의도에 따라 진행된 서사는 여기까지이다. 최씨가의 이 비극적 몰락으로부터 남아있는 자의 이야기가 〈토지〉의 나머지 80%를 이어간다. 그 비극적 조건을 타고난 최씨가의 후손 두 사람, 김환과 최서희가 그것을 어떻게 감당해내는가, 또한 최참판가의 (가짜)집주인으로서 조병수가 아버지의 악행에 의한 부조리한 낙인과 불구성을 딛고 어떻게 살아가는가는 〈토지〉가 어떤 비극적 비전을 보여주고 있는지를 드러내는 중요한 서사 라인이다.

〈토지〉의 초반을 지배하는 가문에 대한 저주, 그리고 대를 이은 패륜, 혈통 혹은 운명에 대한 불안감은 박경리의 초기 단편소설들에서부터 지속적으로 나타난 인물의 형상화 요소이다. 〈반딧불〉(1957)에는 아버지에게 버림 당한 홀어머니에 대한 무조건적 증오, 가족 이력 때문에 불편해하는 남자친구에 대한 거부로 고립되는 주영이라는 인물이 등장한다. 운명의 대물림과 상실에 대한 불안이 결벽증과 결합하여 형성된 이러한 성격은 〈벽지〉에도 이어진다. 〈벽지〉

(1958)의 강혜인은 생모의 자살로 이미 "자기의 운명 속에 인내와 고독이 있는 것"을 느끼며 살고 있다. 언니 숙인의 월북과 계모인 윤씨 부인, 이복동생 영인의 폭사, 아버지의 병사 등 집안의 연속된 비극으로 인한 불안감 때문에 스스로 벽을 쌓고 고립되며, 병구에 대한 사랑의 감정을 차단하기 위해 새로운 벽지(僻地)를 향해 떠난다. 혜인의 행동은 분단과 한국전쟁, 언니에 대한 질시만을 원인으로 볼 수 없는 혈통적 불안과 고립감을 보여주고 있다.

장편소설에서 이러한 비극적 가문의 운명, 대물림이라는 소재가 좀 더 긴 시간적 배경과 다각적인 조망 속에 그려진다. 〈김약국의 딸들〉은 숙정이 비상을 먹고 자살을 한 후 "비상 묵은 자손은 지리지 않는다"는 속신(俗信)이 주문처럼 작용하여 몰락하는 한 집안의 이야기이다.

> "저의 아버지는 고아로 자라셨어요. 할머니는 자살을 하고 할아버지는 살인을 하고, 그리고 어디서 돌아갔는지 아무도 몰라요. 아버지는 딸을 다섯 두셨어요. 큰딸은 과부, 그리고, 영아살해혐의로 경찰서까지 다녀왔어요. 저는 노처녀구요. 다음 동생이 발광했어요. 집에서 키운 머슴을 사랑했죠. 그것은 허용되지 못했습니다. 저 자신부터가 반대했으니까요. 그는 처녀가 아니라는 험 때문에 아편장이 부자 아들에게 시집갔어요. 결국 그 아편장이 남편은 어머니와 그 머슴을 도끼로 찍었습니다. 그 가엾은 동생은 미치광이가 됐죠. 다음 동생이 이번에 죽은 거예요."[18]

둘째딸 용빈의 입을 통해, 할머니의 자살, 할아버지의 살인, 언니

18 박경리, 『김약국의 딸들』, 나남, 1993, 365쪽.

의 영아살해, 동생의 발광, 살해당한 어머니, 그리고 넷째 동생의 죽음 등 김약국집의 비극적 역사가 전달된다. 자살과 저주, 몰락과 절손으로 이어지는 이 사건들은 근대적이고 합리적인 사고로 받아들일 수 없는 '보이지 않는 힘'에 굴복하게 한다.

〈파시〉(1964~1965)는 한국전쟁 당시 통영을 배경으로 한 장편소설이다. 이 작품에서 자존심 강하고 섬세한 성격의 명화는 사랑하는 사람과 그 아버지에게서 동시에 사랑을 받는다. 명화의 어머니는 해방 후에 중국에서 늦게 돌아온 아버지를 기다리다가 미쳐서 자살했다. 박의사는 아들 응주와 명화의 결혼을 이 혈통을 이유로 반대한다.

> "집안이 나쁘다든지, 가난하다든지, 혹은 얼굴이 못생겼다든지, 그 밖의 어떤 악조건이 있더라도 응주가 굳이 원한다면 나로서도 할 수 없는 일이죠. 하지만 (중략) 혈통에 관한 문제만은 용납할 수가 없습니다."[19]

백정도 무당 자식도 서로 좋으면 되나, 광기와 자살의 혈통은 "당대에 그치는 것이 아니"라는 것이다. 박의사는 의학을 전공한 사람으로서 인간의 자유의지에 의해 이루어낸 역사적 사회적인 변화는 신뢰하는 한편, 혈통(유전)의 문제에 대해서는 불합리하고 전근대적인 시각을 드러낸다. 명화 역시 운명이 주술적인 연쇄 고리를 형성하여 다음 세대로 전승된다[20]는 불안감을 떨치지 못하고 홀로 떠나간다.

〈성녀와 마녀〉(1960~1961)의 첫 장의 제목은 "피가 나쁘다"이다.

---

19 박경리, 『파시』, 마로니에북스, 2013, 289쪽.

20 방금단, 「통영-그리움의 서사 : 박경리의 〈김약국의 딸들〉, 〈파시〉를 중심으로」, 『돈암어문학』 25집. 2012.

마녀형의 인물 형숙과 사랑에 빠진 아들에게 안박사는 "형숙은 너를 파멸시킬 것이다. 그에게는 어미의 피가 그대로 흐르고 있다. 무서운 탕녀, 요부의 피가 말이다."라는 저주 섞인 말을 한다. 형숙의 어머니 오국주는 '나면서부터 탕녀였고 애정이 무엇인가를 모르는 여자' '어떤 사내고 간에 망쳐놓고야 마는 이상한 습벽'[21]이 있는 여자로 표현된다. 그 이유로 오국주의 딸 형숙도 "무서운 탕녀, 요부의 피"를 가진 여자, '마녀의 피'를 가진 팜 파탈로 남성들의 불안과 두려움의 대상으로 규정된다. 그러나 형숙은 자신의 부조리한 낙인을 감추지 않고 저항하고, 그 저항 때문에 더 큰 고립을 자초한다.

〈나비와 엉겅퀴〉에도 정신병으로 자살한 어머니를 둔 강은애 강은식 남매가 등장한다. 이들에게도 혈통적 불안은 사랑의 장애 요인이 된다. 은애는 어머니의 정신병력 때문에 결혼 후에도 내내 불안 속에 살아가며, 남편의 외도를 목격한 후 잠시 정신분열을 일으키기도 한다. 은애의 오빠인 강은식은 모친의 정신병력 때문에 후손을 낳지 않기 위해 불임수술을 하며, 결혼도 하지 않으려 한다. 희련에 대해 남다른 사랑을 느끼지만 결국 핏줄에 대한 공포로 곁을 떠나며, 홀로 남은 희련은 자살을 하고 만다.

위에서 살펴본 인물들은 혈통에 대한 불안 때문에 미래를 불신하고 스스로 사회와 가족으로부터 소외되는 존재들이다. 〈토지〉의 최서희와 구천, 아버지의 악행을 고스란히 짊어지고 다녀야 했던 조병수, "샐인 죄인의 자식"이라는 꼬리표를 평생 달고 다녀야 했던 임이, 거복과 한복, 그리고 강두매(메)도 이들과 유사하다. 이 인물들은 그 저주와 낙인을 피하고 이겨내기 위해 뿔뿔이 흩어진다. 구천은 별당아씨가 죽은 후 전국을 표랑하고 서희는 간도로 떠나며, 거복도

---

21 박경리, 『성녀와 마녀』, 인디북, 2003, 29쪽.

평사리를 떠나 김두수로 살아간다. 강포수도 갓 태어난 귀녀의 아들 두매를 데리고 사라지며, 두매의 출신을 영원한 비밀로 하기 위해 권총 자살을 한다.

위에서 언급한 인물들이 선택한 것은 세상으로부터 문을 닫고 자기 속으로 칩거하는 것, 혹은 벽지(僻地)로부터 또 다른 벽지로 옮기는 일이었다. 가문의 저주와 부조리한 낙인을 감추거나 지우기 위해, 자신의 혈통적 결함을 후세에 남기지 않기 위해 사람을 떠나는 것이다. 〈토지〉의 1부까지도 각 인물들은 자신의 운명을 똑바로 들여다보고 성찰하고 정신적으로 투쟁할 어떤 준비도 되어 있지 않았다. 사실, 박경리의 소설에서 가문의 저주나 혈통의 문제가 직접적으로 이 인물들을 불행하게 하거나 파멸로 이끄는 사건은 나타나지 않는다. 이들을 불행하게 하는 것은 오히려, 운명에 대한 지나친 집착과 체념이고, 불안으로 인해 스스로를 고립되고 소외시키는 과도한 행위이다. 박경리 소설의 비극성은 부조리한 운명의 탐색 그 자체가 아니라, 이로부터 도피와 고립에서 야기되는 문제, 근대의 비극적 요소에 방점이 가 있다.

4. 운명의 함정, 하마르티아(hamartia)[22]

불합리한 운명은 비극적 결함을 지닌 주인공으로 하여금 다른 함

22 아리스토텔레스는 비극적 서사의 주인공이 덕과 정의에 있어 월등하지도 않고, 그렇다고 악덕과 비행 때문에 파멸하는 것도 아닌 중간적 인물일 경우, 불행에 빠지게 하는 원인은 어떤 과실, 곧 하마르티아(hamartia)에 있다고 본다. 아리스토텔레스, 천병희 역, 『시학』, 문예출판사, 1985, 91쪽. 하마르티아는 보통 판단 착오나 실수를 의미하며 근대비극에서는 비극적 결함(tragic flaw)으로 종종 설명된다.

정에 빠지게 할 수도 있다. 비극적 조건에 대해 무지의 상태에서든 자각의 상태에서든 그들은 실수를 범하고 그것이 불행한 결과를 초래한다. 중요한 것은 이 결함에 비해 주인공이 지나치게 큰 고통을 받는다는 것이다. 곧 작은 실수나 착오, 결점에 불과한 것이 외부의 우연한 사건, 숙명, 관련된 다른 힘들에 의해 조직되어 어쩔 수 없는 상황으로 치닫고, 결국엔 비극적인 파국에 이른다.

〈토지〉의 전사(前史), 최씨가에 전해지는 저주는 윤씨부인과 김개주의 운명적 실수, 곧 하마르티아로 현실화되고, 비극적 사건이 연속적으로 나타난다. 최씨가에 퍼부어진 저주는 최모의 돌연한 죽음에서 시작된다. 윤씨부인은 요절한 남편의 명복을 빌기 위해 천은사에 기도드리러 갔다가 김개주에게 겁탈당한다. 자살을 하여 은폐하고자 했지만, 결국 비밀리에 김환을 낳고 평사리로 돌아온다. 그러나 문제는 여기에서 수습되지 않고 더 큰 운명의 소용돌이로 휘말려 들어간다. 윤씨부인은 불륜에 대한 죄책감 때문에 최치수에게 냉정한 어머니가 되고, 양육을 하지 못한 죄책감 때문에 자신을 찾아온 김환을 곁에 두며 별당아씨와의 불륜을 용인한다. 자신의 의지와 상관없이 벌어진 겁탈 사건을 감추는 과정에서 윤씨부인이 한 행동은 결국 최참판가에 더 큰 비극적 사건을 가져온다.

어머니 윤씨 부인의 냉엄한 태도와 폐쇄적인 애정 때문에 어린 최치수는 신경질적이고 잔인하며, 방약무인한 젊은이로 성장한다. 또 어머니에 대한 반항으로 여자를 혐오하여 별당아씨를 냉정하게 대하며, 조준구와 어울려 자학적으로 여자들을 상대함으로써 남성을 잃는다. 가장 중요한 어머니를 잃은 것이 모든 여성에 대한 폐쇄적인 태도로 이어졌고, 그것이 귀녀의 욕망과 살의를 조장했다는 것을 알면서도 그대로 둠으로써 죽음을 맞이한다. 겁탈사고로 태어난 구천(김환)은 형의 아내와 불륜을 저지르고 윤씨부인의 도움으로 함께 도피한다. 그는 숨길 수밖에 없는 불순한 혈통, 형의 아내를 빼앗은 패륜적 행위, 유일한 사랑의 통로였던 별당아씨의 죽음으로 고통과 허무, 가학과 자학에 시달린다.

최참판가의 유일한 혈육, 최서희는 가문의 비극 그 가장 마지막에 서서 모든 사건을 목격하고 감당해야 하는 인물이다. 어머니 별당아씨는 아버지의 이부동생과 도망가 버리고, 아버지 최치수는 교살당하고, 호열자로 할머니 윤씨부인과 어머니처럼 의지했던 봉순네까지 모두 죽는다. 게다가 친척 아저씨 조준구는 어린 조카를 돌보아준다는 핑계로 재산을 송두리째 가로챈다. 그러나 이 연속된 비극적 사건을 감당하고 종결시키는 비극적 인물이 되기에 서희는 육체적으로나 지적으로 너무 어리다. 결국 서희는 다시 운명적 실수를 범하게 된다. 간도에 가서 복수와 가문의 부활만을 꿈꾸며 재산을 모으지만, 매점매석과 친일도 서슴지 않으며, 길상과 신분을 넘어선 결혼을 하는 것이다.

도덕적으로 중간적 인물이 운명적인 실수를 하고 그것이 외부의 다른 힘과 얽히고설키면서 비극적인 파국을 초래하는 내용은 〈토지〉 전반부 외에도 〈노을진 들녘〉, 〈성녀와 마녀〉의 중심 줄거리를 이루고 있다.

〈노을 진 들녘〉(1961~1962)은 박경리가 연재 5년 전부터 구상과 집필을 할 정도로 애정을 가졌던 작품이다. 특히 작가의 의도된 '통속성'과 1960년대 초반 젊은 지식인을 통한 4·19혁명의 형상화[23], 〈토지〉와의 유사한 요소[24] 등 여러 가지 측면에서 분석의 여지가 많

---

23 조윤아, 「1960년 전후 박경리의 글쓰기에 나타난 역사의식-〈내 마음은 호수〉, 〈노을 진 들녘〉을 중심으로」, 성신여대인문학연구소, 『인문과학연구』 29집, 2011.

24 박상민, 「운명적 불행과 파멸의 원리」, 『노을 진 들녘』, 마로니에북스, 2013.

은 문제적 작품이다.

〈노을 진 들녘〉의 내용을 간단히 살펴보자. 송화리 과수원의 주인 송노인은 손녀 주실이와 함께 문명 세상과 등을 지고 살아간다. 아들과 딸, 며느리의 연속된 사망사고로 두려움을 가지게 되어 자신만의 고집스런 원칙에 따라 살아가는 것이다. 기차나 자동차를 보기 싫어 과수원의 작물을 내놓을 때도 트럭을 쓰지 않고 달구지를 사용하며, 친손녀딸 송주실을 학교에도 보내지 않고 원시 그대로 '동물적으로' 길러냈다. 송화리는 송노인의 과수원이 중심으로 그 안에서 그는 신과 같은 존재, '자기기만에 빠져있는'[25] 비극의 주인공이다. 그는 "조그마한 부정도 용서하지 않는 강직한 성격"으로 마을 사람들의 두려움을 산다. 이 와중에 주실이는 송노인의 재산을 노린 성삼에게 힘없이 겁탈당하고 사촌인 영재에게 다시 겁탈당한다.

작품의 처음부터 긍정적 인물로 묘사되는 영재는 주실에게 단 하나밖에 없는 사촌오빠로서, 서울 K공대 건축과를 졸업하고 장래가 촉망되는 청년이다. 그가 주실을 겁탈하게 된 것은 원시적으로 자라난 주실의 무방비적 육체 때문이고, 젊은이로서 자연스러운 본능을 이기지 못해서이다. 외가의 원시성은 사회적인 금기조차 허용될 것 같은 착각을 불러일으켰던 것이다. 영재의 일시적인 욕정에 의한 단 한 번의 실수, 하마르티아에 의해 송노인 일가는 파멸에 빠지게 된다. 송노인과 영재가 가진 것, 그리고 그들의 성격적 결함이 복합적으로 작용하여 성삼의 악마적 행동을 강화시킨다.

근친상간의 비밀을 감추고자 성삼과 결혼한 주실은 성삼으로부터 정신적 육체적 학대를 당한다. 그 학대는 송노인이 성삼의 어머니를 거절했던 사건, 영재의 방약무인한 행동에 대한 분노와 보복에서 비

---

25 N. 프라이, 임철규 역, 『비평의 해부』, 한길사, 1994, 303쪽.

못된 것이다. 송노인은 성삼의 어머니 김서방댁을 '술집 작부로 놀아났던 행실이 좋지 못한 여자'로 여겨 김서방댁에게서 느껴지는 자신의 야릇한 정욕에 대해 반사적으로 광포하게 행동하였고, 그것이 성삼의 분노를 일으킨다. 이점은 영재도 마찬가지이다. '성삼의 위치가 얕은 것이 자기 양심의 약점이 된다'는 것을 알고 처음부터 방약무인하게 행동했던 것이다.[26] 같은 젊은 세대로서 영재의 행동은 성삼에게 질투와 선망의 대상이 되었을 뿐 아니라, 과수원과 주실을 자기 것으로 하고자 하는 욕망을 강화시킨 셈이 되었다.

> 거의 반나체가 된 주실은 입에 수건을 물고 쓰러져 있었다. 가죽끈으로 후려치고 있는 성삼의 무서운 눈, 사람이 아니다. 야수다. 완전히 미친 개의 눈이다.
>
> "너 할아비가 우리 엄마를 때렸지! 짐승처럼 말이야. 나도 너 할아비처럼 이렇게. 이렇게 때려준다! 말을 해! 아가리를 열란 말이야!"
>
> (중략)
>
> 가엾은 주실은 송노인의 극단적인 염세로 하여 동물적으로 길러졌고, 성삼의 비뚤어지고 변태적인 성질로 하여 또한 동물에 가깝게 만들어지고 있는 것이다. 그에게는 살아야 한다는 본능과 죽음

---

26 이 부분은 〈토지〉의 모티프로 이어졌을 것으로 보인다. 곧 재산이 있는 송노인을 유혹하는 김서방댁은 최치수를 유혹하려는 귀녀와 겹쳐지고, 송노인과 영재로부터 받은 모멸감과 재산에 대한 탐욕으로 한 가문을 파멸시키려는 성삼은 김평산의 모습과 겹쳐진다. 근친상간의 죄를 범하고 고통 속에 번뇌하다가 4.19혁명에 참가하여 부상당하고, 결국 그 죗값을 치르고 모든 것을 돌려놓기 위해 성삼과 자살하는 영재는 김환의 모습과 상당부분 유사하다. 아들 며느리, 딸까지 모두 잃은 후 고집스럽게 과수원을 경영하는 송노인의 모습은 윤씨부인과 유사하다.

에 대한 공포만이 남아 있었다고 해도 과언은 아니었다. 오욕을 오욕인 줄 모르고 불행을 불행인 줄 모른다. 잔인한 성삼의 조종 앞에 엎드리는 한 마리의 말 없는 개에 지나지 못하였다.[27]

이 사실을 알게 된 송노인은 자신의 시대착오적이고 불합리한 선택의 결과에 괴로워한다. 그리고 주실에게 재산을 넘긴 채 자살하고 주실은 영재의 아이를 사산한다. 한편 영재는 사랑이 없어도 본능적인 성행위가 가능하다는 것 때문에 자기혐오에 빠진다. 이 혐오로 인해 사랑하지도 않는 일혜에게 본능적 욕구만을 충족시키는 등 자신을 방탕한 존재로 하락시키는 위악적 행동을 한다. 영재는 도덕적으로 우월한 인물도 아니고, 사악한 의지를 가진 성삼과는 다른 인물이므로 그의 실수와 고통은 더욱 독자의 연민을 불러일으킨다.

〈성녀와 마녀〉의 형숙은 안박사로부터 '무서운 탕녀, 요부의 피'가 흐르고 있다는 말을 듣고 충격을 받는다.

"저는 탕녀와, 피가 나쁜 저의 어머니란 여자를 생각해봤어요. 그 여자는 아마도 사랑을 몰랐다기보다 감정의 노예로부터 빠져 나가려고 평생 발버둥친 여자가 아니었을까 그렇게 생각해봤어요. 사내들은 그 여자를 소유하려, 그 여자를 정신적인 노예로 만들려고 생각했을 거예요. 사랑했겠죠. 그렇지만 경멸했을 거예요. 결코 존경하지는 않았을 거예요. 그 여잔 많은 사내들을 망쳐버렸다지만 결국 그녀는 아편중독자가 되었고 자살하지 않았습니까? 전 그 여잘 변호하려는 건 아니에요. 저는 지금 자신의 마음을 돌이켜 그렇게 이해했을 뿐이에요. 기생이었던 여자의 열등감 때문에 그 애정

27 박경리, 『노을 진 들녘』, 마로니에북스, 2013, 339~341쪽.

이 그릇되었고, 그와 같이 탕녀의 딸이었기에 그 애정이 얼마나 그릇되게 발전될 것인가. 저는 안선생의 동정을 받아가며 제가 지니고 있다는 유전적인 사실을 엄폐하고 살아가긴 싫단 말입니다."[28]

그리고 형숙은 사내들로부터 희생당한 어머니 오국주의 비극적 삶을 제대로 들여다본다. 기생이었던 여자의 열등감, 그로 인한 그릇된 애정, '정신적인 노예', '감정의 노예'로 살지 않기 위한 몸부림이 오히려 오국주를 아편 중독자로 만들고 자살로 이끌었다. 이 말을 듣기 전까지 형숙은 장래가 촉망되는 가수였고 도덕적으로 문제가 있는 인물은 아니었다. 그러나 이후 자신의 나쁜 피를 증명이나 하듯, 병적일 정도로 분방한 애정행각을 벌이는 등 위악적 행동을 한다. 이것은 한편 자신에게 덧씌워진 '마녀' '나쁜 피'라는 부조리한 낙인(烙印)에 저항하는 과정이며, 동시에 외부로부터 철저히 고립되기 위한 자학의 과정이기도 하다.

5. 나르시시즘과 소외, 혹은 폐쇄성과 결벽증

결벽증[29]에 가까운 도덕적 자존심, 비천한 현실적 욕망에 대한 경멸, 문제를 극한까지 몰고 가는 폐쇄적 태도, 부조리한 운명과 사회에 대한 집요한 저항을 보여주는 인물형상화는 박경리 소설 전체를

28 박경리, 『성녀와 마녀』, 앞의 책, 80쪽.

29 최유찬은 박경리 소설에서 자신의 존엄을 지키기 위해 표출하는 결벽증은 대부분 비극적 파국을 초래하고 있으며 이는 어떠한 합리적 단일성으로 환원될 수 없는 감정과 이성의 모순에서 야기되는 것으로 보고 있다. 최유찬, 『현대소설의 상황』, 푸른사상, 2014, 176~180쪽.

지배하는 중요한 특성이며, 그대로 작가의 모습이기도 하다.[30] 이러한 인물 중 다양한 이유에 의해 세상과 벽을 쌓고 고립되거나, 상처와 두려움 때문에 자기 속에 도피하거나, 자기도취에 의해 세상으로부터 소외되는 인물[31]이 있다. 비극적 난관을 해결해나가는 가운데 인간의 한계를 뛰어넘으려는 오만함, 과도한 자신감, 지나친 결벽증은 주인공의 궁극적 파멸의 요인이 되는 성격적 결함이자 비극적 투쟁의 창조적 원동력으로서[32] 히브리스(hybris)[33]라고 할 수 있다.

초기 단편소설 〈전도(剪刀)〉(1957)에는 사랑의 좌절 때문에 사람들로부터 고립된 채 살아가는 숙혜라는 여성이 등장한다. 그녀는 "자기의 과거를 말거리로 삼는 외부사회에는 죽어도 나가고 싶지 않

---

30 이상진, 「언어, 생명의 진실에 이르는 유일한 허상 – 『버리고 갈 것만 남아서 참 홀가분하다』에 남은 박경리의 삶과 문학」, 『작가세계』 78호, 2008. 가을, 268~269쪽.

31 하우저는 사회와 벽을 쌓고 고독에 갇히는 것, 세상으로부터 소외되는 것은 근대 비극에서 없어서는 안 될 조건이라고 말하고 있다. 그는 근대의 비극적 주인공은 '제어하기 어려운 성격 때문에 – 억제할 수 없는 격정 때문에 그의 본성의 격렬함 때문에 비운에 빠진다'고 지적하고 있다. 하우저에 의하면 근대 비극의 원인은 바로 성격 그 자체 속에 있다. 아놀드 하우저, 김진욱 옮김, 『예술과 소외』, 종로서적, 1981, 173~175쪽.

32 김주언, 『한국비극소설론』, 국학자료원, 2002, 62쪽.

33 고대 그리스 비극적 영웅의 결점, 단점으로 신의 경고를 무시하고 그들의 법과 명령을 넘어서게 하는 것을 말한다. 그 결과 영웅은 파멸하고 응당 받아야 할 벌을 받게 된다. J. A. Cuddon, *Dictionary of Literary terms & Literary theory*, Penguin Books, 1999, 401~402쪽. 넓은 의미에서 비극적 결함인 하마르티아와 같은 맥락에서 이해될 수 있지만, 하마르티아가 단순한 실수나 판단착오와 같은 것으로서 도덕적 비난과 거리가 있다면 히브리스는 일반적으로는 과도한 자존심, 자신감, 과대평가, 오만 등으로서 도덕적 비난을 받을 수 있는 행동의 원인이 된다. N. 프라이는 비극의 주인공들 대부분이 히브리스에 경도되어 있으며, 이 히브리스가 파국을 재촉하는 흔한 동인이 되고 있고, 도덕적으로 보아 당연한 전락을 초래하고 있다고 지적한다. N. 프라이, 앞의 책, 294쪽.

다"고 생각하여 타인에 대해 지나친 거부감을 보인다. 그러던 어느 날 숙혜는 자신을 겁탈하려던 사내의 손에 죽게 된다. 이 지나친 결벽증이 사내로 하여금 돌발적인 살인을 하게 만든 것이다. 물론 그녀의 죽음은 여성에게 가해지는 가부장적 세계의 폭력성에 대한 감정적 저항과 고발이다. 그러나 그녀의 폐쇄적이고 과도한 적대감 역시 비극적 죽음을 야기시킨 원인으로서 비극적 결함이라고 할 수 있다.

〈설화〉의 정원은 박경리 소설에 흔히 등장하는 나르시시스트이다. 정원은 "도도한 기품"과 "뛰어난 재능"을 가졌고, "벼랑에 핀 꽃처럼 침범키 어려운 거리"를 만들며, "정방형과 같은 생활"을 하는 여성으로 표현된다. 그러나 그녀의 냉정함, 암기하는 기계와 같은 수준의 상식, 자기도취는 주변인을 모두 숨 막히게 한다. 검사 부인에서 장군의 부인으로 또 여류시인으로, 성공적인 자기 변신을 꾀하지만 모두에게서 소외된 채 눈 속에 묻혀 동사한다. 나르시시즘이 그 사회학적 상대물인 소외와 함께 근대 비극의 조건[34]임을 간명하게 보여준 작품이다. 비극적인 서사로 볼 수는 없지만, 박경리 소설 중 〈귀족〉(1961)의 민여사나 〈가을에 온 여인〉(1962~1963)의 오세정, 〈푸른 운하〉(1961)의 경란 등도 이 작품의 주인공과 마찬가지로 도도함과 완벽함, 차가움과 우월감에 빠진 여성형이다. 이 인물들은 모든 관심을 자신에게 집중시킴으로써 타인과의 모든 직접적 이해관계를 상실하여 마침내 타인으로부터 소외될 뿐 아니라 타인에게 적대적 태도를 취하게 된다.

〈표류도〉(1958)에서 여주인공 강현회는 부양가족을 거느린 전쟁미망인이다. 가정이 있는 남자 이상현과의 낭만적 사랑은 불행한 삶

34 아놀드 하우저, 앞의 책, 155면, 173쪽.

의 탈출구이지만 동시에 자신의 처지와 소외감을 강화시키는 원인이다. 이때 현회를 '막다른 골목'으로 몰아넣는 비극적 사건이 생긴다. 자신의 자존심을 여지없이 짓밟은 최강사에게 청동꽃병을 던져 죽게 한 것이다. 게다가 미망인에 살인자로 형무소에서 복역하는 중에 아이마저 죽고 만다.

전쟁미망인으로서 생활을 책임져야 하는 불행한 상황에서, 현회로 하여금 갈데없는 비극적 상황에 빠지게 하는 것은 '소외감', '결벽증', '자존심'이다. 자신의 궁핍을 누구의 도움도 없이 해결하려는 자존심이 최강사 등의 남성으로부터 모멸감을 받게 만드는 '다방 마돈나'의 마담일을 하게 했고, 한 남자에 대한 낭만적 사랑이 도덕적 비난을 받게 하고 극도의 히스테리 상태로 이끈다. 결국 더는 어쩔 수 없는 상태에서 광기에 가까운 극단적 행동을 취하게 됨으로써 비극의 한 가운데 있게 된다.

〈김약국의 딸들〉(1962)[35]에서 김약국 집안의 운명적 몰락도 김약국 부모세대의 성격적 결함에서 시작된다. 김약국의 아버지 봉룡은 "몸이 건장하고 눈에는 광기가 번득이는 혈기왕성한" 사람이며 몹시 오만불손하고 자기의 의사를 거역하는 것을 광적으로 싫어하는 사람이다. 전처가 시집온 지 이태 만에 매를 맞아 죽었다는 소문이 돌 정도이다. 김약국의 어머니 숙정은 갓 나서 어머니를 잃고 유모 손에 자랐으며, 사주가 세다하여 김봉룡의 재취로 간다. 어느 날, 결혼 전에 자신을 연모하였던 가매골 욱이가 찾아왔으나 숙정은 결코 만나주지 않는다. 그러나 이를 의심한 봉룡은 그녀를 심하게 문초하

35 이덕화는 이 작품의 비극성의 원인을 가부장제 사회에서 허락되지 않는 낭만적 사랑의 문제로 보고 있다. 이 분석을 포함하여 「김약국의 딸들」의 비극성을 여성주의적 시각에서 해석하는 논의는 대체적으로 동의되어 왔다. 『박경리와 최명희, 두 여성적 글쓰기』, 태학사, 2000. 141~142쪽.

고, 숙정은 비상을 먹고 자살한다. 결국 김봉룡의 오만하고 안하무인인 성격적 결함과 숙정의 지나친 결벽증은, 세상의 이해를 구하거나 타협할 기회도 갖지 못한 채 스스로 소외되고 파멸을 자초하였다. 그녀의 지나친 감정표현, 극단적 선택의 결과 '비상 묵은 자손은 지리지 않는다'는 저주 섞인 운명이 이 집안을 지배하게 되는 것이다.[36]

주인공 김약국 역시 집안을 위해 어떤 의지나 행동도 보이지 않는다는 점에서 가족의 비극을 불러온 장본인이라고 할 수 있다. 우유부단하고 소극적인 그의 성격은 가족의 비극을 고스란히 받아들이고 스스로 고독과 무위 속에 가둠으로써 다섯 딸들의 비극을 초래했다. 이 외에 〈나비와 엉겅퀴〉의 희련도 역시 여리면서도 자존심이 센 여성으로 성적인 결벽증 때문에 장기수와 이혼을 하며, 결국에는 자살을 하는 비극적 인물이다.[37]

〈토지〉의 초반 비극적 서사의 중심에도 성격적 결함이 나타난다. 최참판가의 당주인 최치수는 "온갖 신경질과 우수가 감도는 모습", "당장에 눈을 부릅뜨고 고함칠 것 같은 위태위태한 분위기" "어떤 일에도 감동되지 않을 눈빛, 철저하게 스스로를 거부하는 눈빛"을 가진 인물로 표현된다. 또 부정적이고 인간 혐오적인 선비 장암선생의

---

36 김약국의 딸들에 나타난 설화적 성격을 분석한 황정현은 이 작품이 한국인의 원형적 심상, 운명에 대한 의식을 상징화한 것으로서 우리 삶의 본질에 대한 인식을 일깨워 주고 삶을 조망하게 하는 기능을 하고 있다고 지적하였다. 황정현, 「김약국의 딸들의 설화적 성격 연구」, 한국문학연구회 편, 『토지와 박경리의 문학』, 솔, 1996, 384쪽.

37 김은경은 유일한 것을 추구하여 그 가치를 절대화하는 이 같은 인물을 '편집증적 인물'로 규정하며, 이런 인물은 욕망에 따른 가치의 무차별화를 자행하는 인물과 대립되어 서사화되고 있다고 분석하고 있다. 김은경, 「박경리 장편소설의 인물 정체성과 현실 대응 양상의 관계-〈영원한 반려〉, 〈나비와 엉겅퀴〉, 〈단층〉을 중심으로」, 한국현대문학연구 21, 2007.

영향을 깊게 받아 매사에 냉소적이다. 그는 집안의 재산관리도 의식적으로 피하고 평사리의 토지의 관리자로서 역할도 하지 않고 세상과 고립되어 지낸다. 결국 냉소적이고 고독한 세계에 스스로를 가둔 그 폐쇄성과 오만함이라는 비극적 결함이 귀녀의 살해 음모를 부추기고 이를 방기함으로써 죽음을 자초한다.

최서희 역시 유사한 성격적 결함을 가졌다. 어린 나이에 가족을 모두 잃고 재산도 빼앗긴 채 간도로 옮겨가야 했던 서희를 지배하는 정신 내용은 가문과 토지 지키기에 대한 집념과 권위손상에 대한 복수, 그리고 지배욕, 소유욕 등이다. 아버지로부터 이어받은 결벽증과 오만함, 연이은 비극적 사건으로 받은 상처로 인해 그녀는 누구도 넘보기 어려운 아성을 쌓고 만다.

> 포악스럽고 음험하고 의심 많고 교만한 서희, 그러나 그것이 그의 전부는 아니었다. 제 나이를 넘어선 명석한 일면이 있었다. 본시 조숙했지만 그간 겪었던 불행과 지켜보지 않을 수 없었던 많은 죽음들로 해서 그의 마음은 나이보다 늙었고 미친 듯이 노할 적에도 마음 바닥에는 사태를 가늠하는 냉정함이 도사리고 있었다. (중략) 서희는 그 명석함도 자기 야심과 집념의 도구로 삼으려 했을 뿐 자신에게 합당치 못한 현실에 대해서는 아무리 그 총명이 뚫어 본 사실일지라도 인정하지 않으려는 완명(頑冥)한 고집 앞에 이성은 물거품이 된다. 그에게는 꿈이 없다. 현실이 있을 뿐이다. 자기 자신을 위해 왜곡된 현실만이 있을 뿐이다.[38]

권위를 손상당한 것에 대한 복수심, 차가운 아버지와 집을 나간

38 박경리, 〈토지〉 4권, 마로니에북스, 2012, 219~220쪽.

어머니에 대한 피해의식 등은 그녀를 내내 욕망에 집착하게 하고, 이처럼 망가뜨렸다. 최유찬의 지적대로 인물의 결벽증적 성격화는 내면적으로 극적 형식을 내장하여 격렬한 파토스를 표현할 수 있었다는 점에서 소설 미학적으로 미덕이지만, 타인에 대해 담을 쌓게 하는 결벽증의 소유자를 통해서는 인간에 대한 깊은 이해도 세계의 총체성도 추구할 수 없다.[39] 따라서 유사한 인물형상화를 반복하던 박경리에게는 새로운 형상화 방식이 이 필요하게 되고, 그것은 1970년대 후반 〈토지〉의 3부 이후부터 본격적으로 드러나기 시작한다. 복수와 재기를 위해 수단과 방법을 가리지 않으며 친일도 당연하게 생각했던 서희는 귀향 후 되찾은 땅의 주인으로서 감당해야 새로운 과업 앞에서 고립과 결벽의 아성을 부술 수밖에 없는 상황에 직면하게 되는 것이다.

6. 운명의 역설, 분복(分福)의 발견과 자기 처벌

누구도 피할 수 없는 인간의 한계상황은 비극적 인식의 기반으로서 인간의 존재론적 현실을 제시해준다. 어떻게 해도 피할 수 없는 갈등과 고통, 책임, 부조리하게 앞에 놓여 있는 죽음의 그림자, 불가항력적인 힘에 이끌려 저지른 실수, 합리적으로 설명하고 받아들일 수 없는 상황 등이 그것이다. 그러나 이러한 한계상황, 비극적 조건이 바로 비극이 되는 것은 아니다. 현대의 비극은 비극적 조건을 거부하고 저항하는 에너지에 의해 움직이는 투쟁의 과정이며, 그 결과 인간의 한계 밖의 불가항력적인 현실이 있다는 것을 자각하는 역설

39 최유찬, 앞의 책, 182쪽.

적 담론이다. 운명적 조건으로부터 자유로워지고자 하는 인간의 비극적 투쟁은 창조적 원동력이 되며, 그것이 바로 현대에 우리가 되살려야 할 비극적 인식의 과정이다.

박경리 소설에서 위와 같은 비극적 조건에 처한 인물들이 모두 저항과 투쟁에 나서는 것은 아니다. 비극적 조건에 맞서는 대신 집착과 불안감에 도피하고 고립되거나, 체념과 허무에 빠져 비극적 투쟁을 위한 여력을 소진시키는 인물이 대부분이다. 이 점에서 박경리 소설에서 비극적 인물의 형상화는 비극적 투쟁의 과정보다는 비극적 조건의 제시에 초점이 가 있는 경우가 많다고 할 수 있다. 그러나 다른 한 편에는 불합리하게 덧씌워진 운명의 굴레에 저항하고 분노하면서 비극적 투쟁을 지속하는 인물들도 있다. 이들은 그 투쟁의 부산물로 생긴 실수와 위악, 자만과 절망을 거쳐 결국 고통과 파멸에 이르게 되는 마지막 순간 그것이 자신의 타고난 분복(分福)임을 받아들인다. 그것은 체념의 결과가 아니라, 비극적 투쟁과 저항의 결과이며, 인간의 운명과 그 운명에 대한 저항 사이에는 어느 한 쪽의 일방적인 승리가 있을 수 없는 상호작용이 존재[40]한다는 것을 자각한 결과이다.

〈성녀와 마녀〉의 형숙은 박경리의 다른 작품과 달리 자신의 부조리한 낙인을 감추지 않고 저항한다. 그녀는 자신을 성적으로 문란한 마녀로 둔갑시켜 윤리적인 지탄과 징벌을 유도하는데, 이것은 모두 운명에 대한 저항으로서 비극적 투쟁의 과정이라 할 수 있다. 그리고 결국 사랑하는 수영을 살리기 위해 자신의 목숨을 버린다. 이러한 자기 처벌로 형숙은 처음부터 환영받지 못했던 자신의 '나쁜 피'를 정화하고, 성스런 사랑을 증명함으로써 오히려 도덕적으로 승리

---

40 김주언, 앞의 책, 63쪽.

하는 운명의 패러독스를 보여주고 있다.

〈노을 진 들녘〉의 영재 역시 운명의 함정에서 헤어 나오지 못하고 방황한다. 그는 주실을 버려두고 성삼에게 방약무인하게 굴며, 자신의 고통에서 벗어나기 위해 위악적이고 방탕한 행동을 하기도 한다. 그러나 영재도 역시 출구가 없는 한계상황을 직시하게 된다. 성삼에게서 주실을 해방시키고 자신이 범한 근친상간의 죄값을 치르고 사랑의 순수성을 증명하기 위해서 영재는 성삼과 낭떠러지로 떨어져 자살한다. 이로써 미루고 피하고자 했던 처벌, 자신의 과오에 대한 처벌과 송노인의 재산을 탐낸 성삼에 대한 처벌을 동시에 완성한다. 위험한 문명으로부터 자손을 지켜내겠다는 잘못된 판단과 오만함으로 인해 송노인은 외손주인 영재까지 불가항력적 실수와 고통, 그리고 죽음에 이르는 비극적 인물이 되게 한 것이다.

〈토지〉의 1부를 이어 비극적 서사 라인의 핵심에 있는 김환 역시 비극적 투쟁의 결과 분복(分福)을 발견하고 자기 처벌을 감행하는 인물이다. 그는 모든 것을 잃은 후 아버지 김개주의 뒤를 이어 혁명에 뛰어들지만, 과정에만 집착함으로써 동학잔당들 사이에 위험한 인물로 여겨진다. 출생에 대한 한과 평생을 잊지 못하는 별당아씨와의 비극적 사랑, 부친 김개주의 죽음으로 인한 상실감, 형의 부인을 취하였다는 데에 대한 죄의식에서 벗어나기 어려웠던 것이다. 유일한 혈육인 서희를 만나러 가서 며칠밤낮을 모래밭에서 뒹굴며 울고 소리치면서 김환은 이 복잡한 내면을 드러낸다.

> "형수를 범한 내가 백주대로에서 내 불륜을 외치고 또 외칠지언정 차마 내 어머니의 불륜은 햇빛이 부끄럽구나! 내 아버지의 만행은 햇빛이 부끄럽구나! 어찌하여 하늘은 그들을 벌하십니까! 어찌하여 나는 햇빛에서 어둠으로, 네! 어둠으로 내 부모를 몰고 가

고 있는 겁니까! 하늘이여 그대는! 벌하였을지언정…… 흐흐흐 흣…… 한 청상이 사람 없는 산중에서 힘센 사내에게 유린당한 것이 죄가 되겠습니까? 앙화를 당한 여자를 매질할 수 있겠습니까. 그, 그러나 나는 그 여인에게 매질을 하였습니다. 그 여인을 고통의 구렁창으로 떠밀어 넣었습니다. (중략)"

"어머니! 어머니! 당신은 두 아들을 섬긴 한 며느리를 용서하셨습니다! 왜 그러셨습니까! 내게 진 빚 때문에 그러셨습니까! 아니면 그 강간자를 당신은 사랑했기 때문에 그러셨습니까! 대답해주십시오! 양반의 법도를 저주했노라고 말씀해주십시오! 어머님! 당신보다 며느님이 진실했다고 말씀해주십시오. (중략) 아버지의 피를 아십니까! 내 아버지는 옳았소! 옳았소이다! 당신을 유린한 것도 옳았고 아귀같이 피를 뿌린것도 옳았소! 내게 더 많은 피를 뿌리게 하옵시고 더 큰 역도가되게 하옵시고! 조선 천지를 피로 씻어내게 하옵시고! 방방곡곡 슬픈 울음이 끊기게 하옵시고 죄 아닌 것을 죄 되게 하지 마시옵고!"[41]

결국 그는 아버지의 대를 이어 부하의 배반으로 체포된 후, 스스로 목 졸라 죽은 시체로 발견된다. 한때는 허무에도 빠졌고, 방황도 했고, 고립과 자학에도 빠졌지만 그는 운명에 굴복하지도 않고 체념하지도 않고 있는 그대로를 받아들였다. 강쇠가 반복하여 기억하는 대로 '삼강오륜도 아니고 목구멍 때문에도 아니고 사람들 한을 풀기 위해 죽은' 인물로서 죽음을 통해 도덕적 승리에 이르게 된 것이다.[42]

---

41 박경리, 〈토지〉 8권, 마로니에북스, 2012, 293~295쪽.

42 〈토지〉의 김환이 자신의 죄의식을 가학 혹은 위악적 행위를 통해 드러내고 처벌을 받고자 하는 점은 위에서 살펴본 〈성녀와 마녀〉의 형숙이나 〈노을 진 들녘〉의 영재, 그리고 〈창〉의 맹시헌 등의 형상화에서 이미 시도되었던

이 점에서 스스로 고립되고 체념한 채 죽음을 자초한 최치수와 대조적이다.

현실에 대한 비극적 인식이 타나토스적 욕망으로 분출되는 위의 경우와 달리, 분복의 발견과 오롯한 생명의 의지로 드러나는 서사 역시 비극적 인식의 또 다른 지향으로 볼 수 있다. 〈불신시대〉의 진영은 남편과 아들의 갑작스런 죽음과 부조리한 전후 현실 속에서, 결벽증적 감각으로 한 치의 실수와 부덕도 용서하지 않는다. 이 비극적 투쟁은 진영의 육체도 정신도 피폐하게 하지만, 결국 자신의 속에 있는 '생명'을 발견하고 운명을 받아들인다. 〈표류도〉의 현회는 마지막에 "내 생명이 있는 한 나는 나에 대하여 거짓으로 살아가지는 않으리라. 이 속에서도 내가 절망하지 않고 삶을 의식하는 이상 여하한 고난도 내 마음의 생장을 막지는 못하리라"[43]고 다짐한다. 마치 모든 것을 다 잃고 시험에 놓인 욥이 진실만을 말하겠다고 다짐을 하듯, 자신의 운명을 받아들이는 것이다. 이렇게 '절박하고 처절한 고독을 더 많이 더 정직하게 받아들이고자' 함으로써 현회의 고통은 한 차원 높은 자각의 단계로 올라선다. 이것이 표류도처럼 '외로운 단독자'[44]가 되는 일이 되는 것이라 해도 현회의 자각은 분명 철저한 내적 대립을 통과한 도덕적 승리라는 점에서 의미가 있다.

것이라 할 수 있다. 또한 〈노을 진 들녘〉의 영재가 4.19 혁명에 가담하여 부상당한 후, 주실의 문제를 해결하기 위한 결단을 내리게 되는 서사는 〈토지〉의 김환이 동학잔당을 규합하여 항일운동을 벌이다 지삼만의 밀고로 체포된 후 죽음을 선택하는 과정과 유사하다. 〈토지〉 이전의 작품들은 모두 〈토지〉를 위한 습작이었다는 작가의 말을 다시 한 번 확인할 수 있는 부분이다.

43 박경리, 『표류도』, 마로니에북스, 2013, 267~268쪽.

44 정호웅은 현회를 '외로운 단독자'로 표현하면서 박경리 소설 중 '초인형' 인물의 하나로 분석하고 있다. 정호웅, 「두 겹의 서사 : 사랑의 진실, 의지와 능동의 정신」, 『표류도』, 마로니에북스, 2013. 299쪽.

저주받은 가문의 딸들의 비극적 삶을 그린 〈김약국의 딸들〉의 마지막도 결국 그 모든 비극적 투쟁을 거쳐 분복을 받아들이는 용빈의 자각과 출발에서 마무리된다. "비상 먹은 자손은 지리지 않는다"는 말을 증명하듯 피로 얼룩진 가족사, 살아남은 딸들에게 짙게 드리워진 상처와 불안은 결국 중심인물 용빈으로 하여금 운명적 결함을 인정하고 받아들이도록 한다.[45]

〈토지〉의 후반부에 생명의 원리를 발견하고 대자대비의 사랑을 깨달아가는 서희는 전반부에서는 비극적 결함을 가진 인물로서 상실한 모든 것을 되찾으려는 열정에 맹목이 되었다. 그리고 이 가운데, 자신과 자신의 가문에 내려진 저주가 비단 절손으로 끝나는 것이 아니라는 것을 알게 된다. 본인은 대를 이어 불륜을 저지른 나쁜 피를 이어받았으며, 그토록 두려워하던 최치수와 마찬가지로 오만하고 결벽증이 심한 성격적 결함을 가졌다는 것, 게다가 집안을 일으켜 세우기 위해 결혼한 길상은 신분도 모르는 사람으로, 최참판의 양반 혈통을 희석시키게 되었다는 것이다. 한 집안을 완벽하게 파멸시킬 수 있는 '실수이자 과오'가 곳곳에 포진해 있었지만, 서희는 이를 통과하여 더 큰 삶의 테두리에서 자신의 한계를 받아들이게 된다.

조병수 역시 전반부까지 비극적 결함을 지닌 인물로 나온다. 불구자로서의 번민이나 부모가 자식에게 가한 수모, 천지간에 맘도 몸도 기댈 수 없었던 처절한 고독, 부모의 악업으로 얻은 재물로 연명해야 했던 죄의식이 그 비극적 조건이었다. 이 치욕을 견디기 어려워 그는 삶을 체념하고 자살 기도와 자학을 거듭했다. 그러나 소목일을

---

45 용빈은 '똑바로 받아들이자! 가정이건 우연이건 나는 지금까지 능히 감당할 수 있는 훈련을 받았었다.'(『김약국의 딸들』, 나남, 1980. 62쪽.)고 말하면서 운명론자가 아닌 자기를 발견코자 한다.

통해 승화되고 용서를 받았으며, 길상이 조성한 관음탱화 속에서 과거와 진정으로 화해하고 소망을 발견한다.

최초의 의도가 그러했듯 1970년대 중반까지 '저주받은 한 가문'과 그 주변의 이야기였던 〈토지〉는 긴 시간적 배경을 두고 5세대에 걸쳐 창조된 인간의 삶의 과정을 충분하게 보여주면서 부조리한 운명에 대한 굴복이 아니라 저항이자 정복으로서 운명애를 강조하게 된다. 그리고 그것은 그 어떤 인위적인 제도나 사상이나 종교를 통해서도 이해할 수 없는, 인간의 한계를 고스란히 드러내는 일이 되었다. 작가가 끝내려야 끝내기 어려웠던 것은 바로 그것 때문이었으며, 그리하여 최유찬의 지적대로 '해방'이라는 '데우스 엑스 마키나'가 〈토지〉의 긴 장정을 멈추어주었다. 이것은 〈토지〉가 비극적 비전을 끝까지 견지했다는 것을 역설적으로 보여주는 것이기도 하다. 결국 이 비극적 비전을 통해서 박경리는 최종적으로 생명의 문제에 도달할 수 있었던 것이다.

7. 박경리 소설의 비극적 인식

박경리 소설의 주된 관심은 역사와 사회현실 또는 양자의 상호관련 양상이 아니라 그것들을 초월하여 존재하는 인간의 본성 또는 인간존재의 초월적 일반성을 탐구하여 드러내는 데 있으며, 작가의 심오한 통찰은 한국문학에서 가장 높은 성취를 이룩하였지만, 현실에 대한 외면 자체는 근본적인 문제를 지니고 있다[46]는 지적은 널리 동의되어 왔다. 이러한 비판에 대한 또 다른 접근은 위의 전제를 뒤집

46 김윤식·정호웅, 『한국소설사』, 예하, 1993, 459쪽.

는 것으로, 박경리 소설이 역사와 사회현실에 대한 형상화와 비판적 인식을 드러내고 있으며, 이는 여성 인물과 여성의 현실에 대한 서사에서 성공적으로 나타나고 있다는 것이다.

이 연구는 박경리 소설의 지배적인 특성이 인간을 초월한 어떤 일반성을 추구하는 것도 아니고, 일정한 시공간적 구체성 속에서 현실을 그려내려는 것도 아닌, 인간 자체의 존재론적 문제의식에 있음을 비극적 인간상에 대한 분석을 통해 드러내고자 하였다. 박경리가 인간의 비극적이고 부조리한 운명적 조건으로 제시하는 것은 대개가 가문의 몰락과 저주, 광기와 불륜의 혈통적 불안과 같은 운명적인 결함, 고립과 소외를 자처하는 결벽증과 오만과 같은 성격적 결함이다. 이러한 결함과 하강적 서사는 초인격적인 힘의 우위와 인간의 한계를 의식[47]하게 하는 대다수의 비극적 드라마와 유사하다. 그러나 실제로는 확장된 의미에서 유사 비극적 요소를 지녔을 뿐, 주어진 조건을 직시하고 받아들여가는 숭고하고 심오한 성찰이나 무거운 실천, 죽음과 파멸을 통해 도덕적 승리에 이르는 인간상은 별로 나타나지 않는다. 심각한 사회갈등을 다루더라도 낭만적 사랑과 멜로드라마적 특징이 전경화되는 일이 많아서 인간의 조건에 대한 깊이 있는 성찰은 미약하게 드러났던 것이다. 그럼에도 불구하고 이 논문의 대상으로 삼은 박경리 소설 중 비극성을 띠는 작품의 대부분이 비극적 비전, 비극적 인간상의 창조와 변형을 보여주고 있으며, 이것은 〈토지〉의 중요한 비극적 서사와 인물형상화로 이어지고 있음을 확인했다.

가문에 대한 저주와 부조리한 낙인, 광기와 자살로 얼룩진 불행한 사건이 대물림될지도 모른다는 불안감으로 '벽지'로 숨어 스스

---

47 N. 프라이, 앞의 책, 293쪽.

로 고립되는 인물은 〈반딧불〉, 〈벽지〉, 〈파시〉, 〈나비와 엉겅퀴〉, 〈노을 진 들녘〉 등에서 형상화되었고, 이 인물형상화에 폐쇄성과 결벽성이 덧보태지면서 또 다른 비극적 사건을 야기하는 서사로 발전되기도 하였다. 〈김약국의 딸들〉의 김약국, 〈노을 진 들녘〉의 송노인, 〈토지〉의 최치수는 이 같은 성격적 결함에 의해서 가문의 비극을 초래하는 가부장이다. 〈노을 진 들녘〉의 영재와 〈토지〉의 윤씨부인과 김환은 부조리한 운명을 타개하기 위한 행동이 우연한 실수나 사고에 의해 비극의 수렁으로 떨어지는 게 만드는 하마르티아를 지닌 인물이다. 불행한 사건이나 좌절, 혹은 나르시시즘으로 인해 세상으로부터 소외된 채 폐쇄적으로 살아가는 〈전도〉의 숙혜, 〈설화〉의 정원 등 박경리 소설의 전형적인 여성 인물은 〈토지〉의 서희의 형상화로 이어진다. 이 같은 인물화 특성은 대체적으로 비극적 조건의 제시를 초점으로 유사하게 창조된 인물일 뿐, 비극적 인식과 존재론적 해명을 향하고 있지는 않다.

현대 비극의 본질은 비극적 조건을 거부하고 저항하는 비극적 투쟁의 과정을 통해 결국 자신의 운명을 의미 있는 것으로 인정함으로써 한 차원 높은 자각에 이르는 역설에 있다. 자신의 운명 조건을 받아들이고 고통을 견뎌내고 혹은 죽음과 파멸, 패배를 감수함으로써 운명은 도덕적 승리라는 역설적인 길을 열어주는 것이다.[48] 운명적 조건으로부터 자유로워지고자 하는 인간의 비극적 투쟁, 자기 내면과의 틈 없는 대결은 창조적 원동력이 되며, 그것이 바로 현대에 우리가 되살려야 할 비극적 인식의 과정이라 할 수 있다. 박경리는 이런 인식을 인물창조로 드러내고자 했으며, 이것은 부조리한 운명을 받아들이고 자기 처벌로 완성하는 〈성녀와 마녀〉의 형숙, 〈노을 진

48 아놀드 하우저, 앞의 책, 183~184쪽.

들녘〉의 영재, 〈토지〉의 김환 등에서 성공적으로 드러난다. 또한 〈불신시대〉의 진영, 〈표류도〉의 현회를 거쳐 철저한 내적 대립과 저항을 통해 더 큰 삶의 테두리에서 자신의 한계를 받아들이게 되는 인물로 형상화된 〈토지〉의 서희, 조병수 등은 '저주받은 한 가문'과 그 주변의 이야기가 부조리한 운명에 대한 굴복이 아니라 저항이자 정복으로서 운명애를 강조하는 이야기로 변화시킨다. 박경리가 최종적으로 도달한 이 비극적 인식은 모든 생명의 조건에 대한 아픔이자 받아들임으로서 생명사상과 맥을 같이 하고 있다. 박경리 소설이 보여주는 인간의 존재론적 문제의식의 핵심도 여기에 있다고 할 수 있다.

참고문헌

박경리, 『김약국의 딸들』, 나남, 1993.

______, 『나비와 엉겅퀴』, 지식산업사, 1989.

______, 『성녀와 마녀』, 인디북, 2003.

______, 『파시』, 마로니에북스, 2013.

______, 『표류도』, 마로니에북스, 2013.

______, 『토지』, 마로니에북스, 2012.

______, 『환상의 시기』, 나남, 1994.

김명희, 「박경리 소설의 비극성 연구」, 전주대학교 석사학위 논문, 2008.

김병익, 「한의 세계와 비극의 발견」, 김병익·김주연·김치수·김현, 『현대한국문학의 이론』, 민음사, 1974.

김은경, 「박경리 장편소설의 인물 정체성과 현실 대응 양상의 관계 -『영원한 반려』, 『나비와 엉겅퀴』, 『단층』을 중심으로」, 『한국현대문학연구』 21. 2007.

방금단, 「통영-그리움의 서사 : 박경리의 『김약국의 딸들』, 『파시』를 중심으로」, 『돈암어문학』 25, 2012.

박상민, 「운명적 불행과 파멸의 원리」, 『노을진 들녘』, 마로니에북스, 2013.

안남연, 「박경리, 그 비극의 미학」, 『여성문학연구』 4, 2000. 12.

이금란, 「가족서사로 본 박경리 소설 연구-초기 단편을 중심으로」, 『현대소설연구』 19. 2003.

이상진, 「탕녀의 운명과 저항」, 『여성문학연구』, 17, 2007.

______, 「언어, 생명의 진실에 이르는 유일한 허상」, 『작가세계』 78, 2008. 가을.

정호웅, 「두 겹의 서사 : 사랑의 진실, 의지와 능동의 정신」, 『표류도』, 마로니에북스, 2013.

조윤아, 「1960년 전후 박경리의 글쓰기에 나타난 역사의식」, 성신여대인문학연구소, 『인문과학연구』 29, 2011.
최유희, 「박경리 〈토지〉 연구」, 중앙대학교 박사학위 논문, 1999.

김주언, 『한국비극소설론』, 국학자료원, 2002.
김창현, 『한국비극소설의 이론』, 서강대학교출판부, 2013.
이덕화, 『박경리와 최명희, 두 여성적 글쓰기』, 태학사, 2000.
정현기 외, 『한·생명·대자대비』, 솔출판사, 1995.
최유찬, 『〈토지〉를 읽는 방법』, 서정시학, 2008.
______, 『현대소설의 상황』, 푸른사상, 2014.
한국문학연구회 편, 『토지와 박경리의 문학』, 솔, 1996.
아리스토텔레스, 천병희 역, 『시학』, 문예출판사, 1985.
J. A. Cuddon, *Dictionary of Literary terms & Literary theory*, Penguin Books, 1999.
N. 프라이, 임철규 역, 『비평의 해부』, 한길사, 1994.
C. I. 글릭크스버그, 이경식 옮김, 『20세기 문학에 나타난 비극적 인간상』, 종로서적, 1983.
아놀드 하우저, 김진욱 옮김, 『예술과 소외』, 종로서적, 1981.

■ 「운명의 패러독스, 박경리 소설의 비극적 인간상」
(『현대소설연구』 56, 2014.)

예외를 보는 시선과 더블(double)

: 박경리 소설의 결손 인물

1. 예외를 보는 예외적 시선

박경리는 〈토지〉에서 600명에 가까운 인물은 물론 1950~60년대 장편과 단편에서도 수많은 인물을 창조해내었다. 각 인물은 가족의 문제, 한과 운명의 문제, 사회현실에 대한 비판 등을 서사화하는 주제적 인물로 형상화되었고 이런 가운데 초인적 인물, 결벽증적 인물, 폐쇄적 인물 등 특유의 개성적 인물 창조로 주목을 받기도 했다. 흥미로운 것은 다양한 인물 창조에 비해 인물의 묘사는 유형적이고 평면적인 특성을 보이는 경우가 많다[1]다는 점이다. 또 인물 묘사에

1 박경리는 인물묘사에 인성과 개성을 포개 넣는 유형적인 인물을 많이 창조하였다. 긍정적 인물의 경우, 그 인상을 표현할 때, '깨끗하다' '맑다' '따뜻하다' '아름답다'와 같은 성상형용사가 주로 쓰이며, 때로 '귀하다', '선량하다' '친절하다' '다정하다' 등 성격을 단정적으로 서술하는 표현이 덧보태지기도 한다. 이에 비해 부정적인 인물은 '흐리다' '사납다' '어둡다' '잔인하다'와 같은 형용사가 주로 쓰이고 '악마 같다' '야수적이다'와 같은 노골적인 비유를

인성과 개성을 포개 넣으며, 선악의 문제를 미추에 대응시키는 고전적인 인물형상화가 나타나기도 한다. 이런 이유로 인물의 외양만으로 '도덕적 자질'에 대한 선입견을 가지게 되어 긴장감을 떨어뜨리는 경우도 많다.

박경리는 때로 신체적 불균형을 강조함으로써 악인의 탐욕을 드러내는 등 미학적인 불균형을 통해 비판적 거리를 보여주기도 한다. 예를 들어 〈토지〉의 가장 분명한 악인으로 등장하는 조준구는 "상체에 비하여 아랫도리가 짧은데다 두상은 큰 편"이어서 병신스럽게 보일 것이라고 표현되며, 하인들이 까마귀나 제비에 비유하며 조롱섞인 말을 하는 것도 자연스럽게 받아들여진다. 조준구의 부인으로 역시 악인형으로 등장하는 홍씨는 "칼로 찢어놓은 듯 가늘고 조그마한" 눈꼬리와 "희미한 빛깔"의 눈동자로, 김평산과 김거복 부자는 "튀튀하게 나온 입술"과 "위협하듯 조그만 눈"을 가진 균형 잡히지 않은 얼굴로 표현된다. 반면 선하고 긍정적인 인격을 지닌 길상은 성숙해짐에 따라 준수한 외모와 매력이 반복 서술되며, 서희의 아름다운 외모 역시 인격의 성숙과 맞물려 강조된다. 이 점에서 본다면 대체적으로 박경리는 인간의 본성이 외양으로 발현되는 것으로 보고 있으며, 외양의 미학적인 기준조차 도덕적 기준과 일치시키려 하고 있다고 할 수 있다.

그러나 이것은 어디까지나 정상성의 범위 안에서 나타나는 형상화의 특성이다. 본인의 의지와 관계없이 외부의 폭력이나 사고 혹은 혈통적 문제, 인간으로서는 불가지한 영역의 육체적, 정신적 결손이라면, 이를 인간의 내면과 상응하는 것으로 단순하게 그려낼 수는 없을 것이다. 즉, 그 누구도 심각하게 고려해야 할 예외적인 조건과

사용하기도 한다. 이상진, 『〈토지〉 연구』, 월인, 1999. 151~154쪽.

상황에 처한 인간의 형상화라면 전혀 다른 차원의 접근이 필요한 것이다.

박경리는 신체의 기형성을 포함하여 질병, 폭력에 의한 육체적 훼손, 불임, 유전적인 정신이상 증세, '나쁜(혹은 위험한)' 성격 등으로 고통 받는 다양한 결손 인물들을 창조하였다. 특히, 사고나 폭력에 의해 신체가 훼손되어 불편을 겪는 후천적 장애인이 아니라, 곱추나 난쟁이, 육손이 사팔뜨기 등 자연적인 균형에서 벗어난 선천적 이형성을 지닌 인물을 창조하기도 했다. 이 경우 유형적인 인물화에서 벗어나 훨씬 더 섬세하게 공들여 그려내며, 오히려 내면과 외양을 뒤집어 형상화기도 한다. 예를 들어 〈토지〉에서 난쟁이라고 놀림 받던 막딸이는 또래의 그 누구보다 성숙하고 선한 인물이며 후에 조강지처로서 당당한 위엄을 보이는 기성네로 성장한다. 곱추인 병수는 맑은 오성과 정확한 직감, 예술가로서의 자질을 가진 긍정적인 인물로 그려진다. 또한 "형편없이 야위고 빈약한 체구"에 "말라비틀어지고 검버섯이 얼룩얼룩 핀 얼굴"의 주갑은 사랑하는 여인의 죽음을 두고 가장 감동적인 사향가(思鄕歌)를 부를 수 있는 소리꾼이며 따뜻하고 아름다운 사람으로 표현된다. 한 마디로 외양과 내면을 전도시켜[2] 결손의 지점에 대한 역설적 보상을 보여주는 것이다. 박경리는 이처럼 유형적이고 평면적인 인물형상화의 한편에서 예외적이고 비정상적인 지점이나 그 경계로부터 더 많은 메시지를 전달하고 있는데, 그 접근방식은 인간의 삶에 대한 심오한 통찰과 문제의식에

---

2 한혜선은 식민지 시기 우리 소설의 결손인물에 대한 연구 결과에서 정상적인 신체의 인물이 지각하지 못하고 있는 진실을 세계를 발견하는 '역설적인 가치의 전가치화'의 세계를 나타내고 있다고 지적했다. (한혜선, 『한국소설과 결손인물』, 국학자료원, 2000, 284~285쪽.) 〈토지〉의 이 부분은 우리 소설에 나타난 이 같은 신체의식을 잇고 있다고 말할 수 있다.

깊이 닿아있다.

사실상, 인간의 신체장애, 육체적 훼손, 기형, 질병 등 정상에서 벗어나는 신체의 표지나 증상은 동서양을 막론하고 인간 문제를 제기하는 문학의 중요한 모티프가 되어왔다. 인간은 대체로 정상성의 범위 내에서 관습적으로 익숙해진 기준대로 대상의 전형(archetype)을 추구하게 되어 있으며, 따라서 이에서 벗어나거나 예외적인 현상이 나타날 때 당황하고 현실 세계와 충돌하게 된다. 곧 자연계의 비정상적이거나 기형적인 것(freak)은 우리에게 충격과 공포를 주고, 예외에 대해 성찰하도록 이끈다.[3] 그 성찰의 결과 이러한 존재는 우리의 틀에 박힌 사고방식을 바로잡는 존재임을 깨닫게 되는 것이다. 한편 신체적이거나 정신적인 병은 인간 조건의 한 근본적인 불안 내용으로서 시대와 사회, 그리고 문화 공동체 및 도덕성의 환부나 사회병리학의 표상으로서 뚜렷한 문학적 상징[4]으로 표현되는 일도 많았다. 서양의 오랜 신화전통에서 장애는 수형자(受刑者)의 은유였고, 고대에는 희극적 대상이 되기도 했으며, 빅토리아 시대에는 내적인 악의(원한, 종양, 불치)의 가시적인 사인(sign)으로, 그리고 20세기에는 공포영화의 주인공으로, 멜로드라마에서는 역경을 이겨내는 감동적인 주인공으로 형상화되어 왔다.[5] 하지만 인간의 질병이나 신체장애 등을 그 무엇인가의 은유나 징표로 바라보는 사고방식에 대한 비판과 저항적인 논의도 제기되었다. 수전 손택(Susan Sontag)은

---

3 마크 S 블럼버그, 김아림 옮김, 『자연의 농담-기형과 괴물의 역사적 고찰』, 알마, 2012, 8~16쪽.

4 이재선, 「현대소설의 병리적 상징」, 『문학의 이해』, 서강대학교출판부, 1988, 5쪽.

5 Fiedler, Leslie A. "Pity and Fear: Images of the Disabled in Literature and the Popular Arts", *Salmagundi*, No. 57, Summer 1982, Skidmore College, pp. 58~68.

암과 결핵, 에이즈와 같은 질병에 대한 사람들의 태도와 문학적 형상화를 치밀하게 분석하면서, 어떤 질병을 사회적 일탈 행위라든가 무질서의 징표로 본다든가 인과응보적인 시각에서 바라보는 등 질병을 은유적으로 다루려는 사고방식을 강하게 비판한 바 있다.[6] 또 레슬리 피들러(Fiedler, Leslie A.)는 비슷한 맥락에서 장애를 가진 인물을 그저 인간 스펙트럼의 한 극(pole)을 재현하는 존재, 무한히 다양한 인간의 한 부류 중 하나로 보아야한다고 주장하였다.[7] 이런 주장은 문학작품에서 결손의 징표를 지닌 예외적인 존재를 '무엇'으로 그리고 '어떤 시선'에서 형상화하고 있는지에 대해 신중하고 균형 잡힌 분석태도를 견지할 필요를 보여준다.

한국 현대소설에서도 결손 인물의 형상화 연구가 지속적으로 이루어진 바 있다. 가장 본격적인 연구는 한혜선에 의해 이루어졌는데, 이에 의하면 식민지 시기 한국 근대소설에 등장하는 신체적 결손인물은 비참한 생활을 영위하고, 본래의 이름이 아닌 신체적 징표로 불려짐으로써 인간으로서의 정체성을 상실한 채 사회적 냉대를 받아 열등인, 국외자, 소외자로 추방되거나 상실되며, 이 때문에 내면적 진실을 추구하며 또 다른 내면의 육체를 구축해야만 하는 고통에 시달린다는 특징을 보인다.[8] 이외 최태응, 손창섭, 장용학, 오정희, 조세희 등의 소설에 나타난 결손인물의 형상화에 대한 단편적인

6 수전 손택, 이재원 옮김, 『질병으로서의 은유』, 이후, 2002, 15~22쪽, 88~95쪽.

7 Fiedler, Leslie A., op. cit., pp. 68~69. 장영희 역시 장애인은 인간 이상도 그 이하도 아닌 공동의 운명을 짊어진 사회구성원으로 간주되어야 함을 강조하면서 '은유의 덫'을 거두고 편견과 장애의 현실을 있는 그대로 그리는 것이 중요하다고 주장하였다. 장영희, 「은유로서의 신체장애 : 미국문학의 경우」, 『미국학논집』 33-1, 2001. 여름.

8 한혜선, 앞의책, 280~283쪽.

분석이 이루어졌다.[9] 이들 연구에서는 기존의 문학 장르에서 관습적으로 다루어온 사회적 약자에 대한 문제제기와 사회적 대응양상, 혹은 사회 병리적 현상의 상징으로서의 불구적인 신체 표상 분석, 불임 혹은 훼손된 여성성에 대한 여성주의적인 접근 등이 시도되었다. 본격적이지는 않지만 박경리 소설에 등장하는 결손 인물에 대한 분석도 시도되었는데, 질병과 혈통적 결함에 대한 여성주의적 분석, 결손 인물의 운명과 혈통에 대한 불안과 공포가 폐쇄적 성격과 결합되어 드러난 비극성 문제 등이 지적되었다.[10]

이러한 연구의 연장선상에서 이 글이 주목하고자 하는 것은 예외적인 인물의 결함을 바라보는 특정 인물의 시선과 태도이다. 박경리 소설에서 결손인물의 고통은 대체로 서술자나 내포 작가, 주변 인물을 통해 인간적 애정과 연민 어린 시선, 혹은 예의 있는 무관심 속에 서술된다. 그러나 특정 인물의 경우, 결손 인물 본인보다도 더 큰 고통과 비이성적인 공포, 혐오감과 죄의식이 부자연스러울 정도로 반복해서 형상화되기도 한다. 특정한 한 인물에게만 드러나는 통제할 수 없는 감정의 분출은 이 예외적 인물의 가시적인 결함이 상대 인물의 불편한 어떤 것, 열등하고 어두운 무엇을 떠올리게 하기 때문이라고 추측해 볼 수 있다. 이 점에서 예외적 인물과 예외적 인물을

9 대표적인 연구로 김미영, 「현대소설에 나타난 장애인물의 교육적 의미 고찰」, 『한국언어문화』 27권, 2005, 김효석, 「최태응 소설의 작중인물 고찰-결손인물형을 중심으로」, 『우리문학연구』, 2010. 6; 이청, 「조세희 소설에 나타난 불구적 신체표상 연구」, 『우리어문연구』, 2006 ; 이청, 「오정희 소설의 불구적 신체 표상 연구-불임모티프를 중심으로」, 국어국문학 144집, 2006. 등이 있다.

10 이경, 「〈토지〉에 나타난 질병의 젠더화 연구」, 『현상과 인식』, 2007. 5 ; 이상진, 「탕녀의 운명과 저항 : 박경리의 『성녀와 마녀』에 나타난 성 담론 수정양상 읽기」, 『여성문학연구』, 2007; 이상진, 「운명의 패러독스, 박경리 소설의 비극적 인간상」, 『현대소설연구』 56호, 2014.

특별한 감정 속에서 바라보는 이 두 인물은 내면의 불구성이 외면화되고, 또 외면의 불구성이 내면화된 상호 투사된 타자, 곧 더블(double)이라고 볼 수 있다. 더블은 어떤 한 자아에서 분리된 분신, 혹은 한 인물이 두 개의 독특하고 상반되는 인물로 나뉜 존재로서 도플갱어(Doppelgänger)나 짝패(counterpart) 등을 포괄하는 용어이다. 심리학적으로 더블을 분석한 로버트 로저스에 의하면 더블은 근본적으로 정신 내부의, 혹은 심리 내적인 갈등을 직접적으로 나타내거나 그것에 의해 간접적으로 만들어진 인물로서 복제나 분할로 만들어진다.[11] 박경리는 특정한 결손 인물을 더블로 설정하고 이들의 관계와 시선을 통해[12] 가시적인 불균형성에서 환기되는 비가시적인 문제를 제기하고 있다. 이렇게 더블 비전(double vision)으로 서사화하여 각각의 결함은 더욱 강조되고 인간과 사회의 문제가 더욱 심층적으로 그려지고 있다.

이러한 문제의식 하에 이 논문에서는 박경리의 소설 〈해동여관의 미나〉, 〈나비와 엉겅퀴〉, 〈쌍두아〉, 〈토지〉를 중심으로 예외적 존재에 대한 형상화 방식을 어떻게 의미화할 수 있는지 살펴보도록 하겠다. 아울러 이 결과를 토대로 이전 소설에서 탐색되어 온 인간 조건과 비극적 인식의 문제가 〈토지〉에서 어떤 방식으로 완성되고 있는지 상호텍스트적 관점에서 고찰하고자 한다.

---

11 Robert Rogers, A Psychoanalytic Study of the Double in Literature, Wane State Univ. Press. 1970, p. 7.

12 육체적인 불구성과 내면의 상처가 대응되는 대표적인 더블로 〈토지〉의 조병수와 삼월을 들 수 있다. 조준구로부터 버림받고 홍씨로부터 폭력을 당하는 삼월을 보면서 병수는 "삼월의 멍든 얼굴"과 내면의 상처를 "자기 등에 짊어진 혹"과 비슷하다고 생각하여, 둘의 관계를 '장화와 홍련'으로 비유한다. 가시적으로 드러난 기형적인 육체를, 성폭력과 냉대로 인한 감춰진 상처와 대응시켜 희생자라는 공통점을 지닌 더블로 형상화한다. 한편 병수에게 부모를 대신한 죄의식을 부여하는 고도의 인물형상화 전략을 펼치고 있다.

2. 전쟁고아와 불편한 신체

〈해동여관의 미나〉(『사상계』, 1959.12)는 전쟁의 후유증으로 당대 사회문제가 되었던 양공주와 혼혈아 문제를 다룬 작품이다. 중심 사건의 발단은 해동여관을 운영하는 최만호씨에게 아이가 없는 것, 곧 절손의 문제[13]이다. 어느 날 바닷가에서 자살을 한 양공주의 아이[14]가 '개구멍받이'로 이 여관에 들어온다. 아이가 없는 최만호 부부는 미나를 양녀로 삼고 사랑을 쏟는다. 소리로만 불리던 '미나'의 이름에 "어디서 어찌 헤매어왔는가"라는 뜻으로 한자 '迷那'가 붙여진다. 미나가 해동여관에 온 지 얼마 지나지 않아, 이번에는 최만호씨 조카의 아기가 어머니를 잃고 이 집에 오게 된다. 이후 미나는 점차 해동여관 내의 가족은 물론 주변 사람들로부터 사랑을 잃고 소외되

---

13 최만호 집안은 마치 저주를 받은 듯, 형이 죽고 형수가 가출하고 조카는 감옥에 갇히고, 최만호 자신은 남성성을 잃는 등 바람 잘 날이 없다. 해동여관이라는 버젓한 집과 재산을 가지고 있지만, 정작 이 집안을 이어갈 후세가 없고, 이 집의 재산을 차지하고자 하는 조카며느리의 욕망, 외부로부터 온 존재로 대를 이어야 할 상황 등의 제시는 〈토지〉 1부에 이어지는 특징이며, 동시에 전후의 성매매 여성 문제와 병치되어 은유적으로 읽히게 하는 요소라고 할 수 있다.

14 자살한 양공주의 딸 이야기는 이로부터 5년 정도 후에 발표한 〈녹지대〉(『부산일보』, 1964.6.1.~1965.4.30.)에서 다시 서사화된다. 이 작품처럼 신체적인 표지가 드러나는 혼혈아로 설정되지는 않지만, 윤은자는 어머니가 양공주였다는 사실 때문에 남녀의 교제 문제에서 거리를 두며, 결국 현실적인 선택을 한다. 이 작품은 '녹지대'라는 상징적인 공간에서 펼쳐지는 제2세대 인물들의 삶을 중심으로 전쟁미망인과 전후 성매매여성문제가 여전히 끝나지 않는 문제임을 보여주고 있다. 또한 박경리는 직접적은 아니지만, 전후 여성에게 가해진 보이지 않는 억압과 폭력에 대한 문제의식을 적지 않게 작품화하였다. 이러한 '조심스러운 서사화' 속에서 당시 여성작가의 침묵과 균열의 지점을 발견하고, 전후의 '신가부장 담론'에 의해 왜곡되고 은폐된 문제를 찾아내는 작업은 박경리의 1950-60년대 소설의 주제를 이끌어내는 중요한 작업이다.

기 시작한다. 요약하자면 이 작품은 미나라는 혼혈아에 대한 주변의 관심과 사랑이 어떻게 무관심과 배제로 변해가는가에 대한 이야기이다.

초반에는 한 생명이자 혼혈아로서 미나의 외모에 대한 긍정적인 묘사, 낯선 것에 대한 호기심 섞인 묘사가 나타난다. 처음에 그들의 눈에 들어온 미나는 "얼굴은 해맑았고 긴 속눈썹이 깊은 그늘을 지워주는" 아이, "마치 길을 잘못 든 천사가 피곤에 지쳐 잠시 나래를 접고 잠든 것 같"은 모습의 "호수처럼 맑은 눈"을 가진 아이로 보인다. 박경리의 인물형상화 문법대로라면 긍정적인 인격을 드러내는 외모이다. 하지만 이러한 미나의 신체는 동시에 혼혈아로서의 민족적 수치심을 드러내는 불편한 감정과 혐오를 야기시킨다.[15] 미나는 주변인들에게 "양짜", "공주 아이", "양코쟁이", "갈보새끼"로 불린다. 학교에 가서는 아이들로부터 "갈보새끼"라고 따돌림과 놀림을 당한다. 이 아이들의 행동에는, 혼혈아는 바로 성매매 여성의 아이이며, '정조를 팔아버린 어머니의 소행' 때문에 천대하고 배제하고자 하는 성인들의 정서가 반영되어 있다. 동네 곰보아저씨는 미나만 보면 잡아서 "다리 밑의 문둥이"한테 보내겠다고 반복해서 겁을 준다. 곰보아저씨의 행동은 정상성에서 벗어나는 신체를 가진 사람들을 격리하고자 하는 당대 한국인의 무의식을 보여주는 것이기도 하다.

이처럼 예외적인 존재로서 양공주의 아이를 향한 사랑과 기만의 이중적 태도는 서구(백인혈통)적인 것에 대한 선망이면서, 동시에 우리의 순혈주의를 더럽힌 부도덕한 자국의 여성에 대한 연민과 멸시를 드러내는 것이라 할 수 있다. 한편 미나의 신체는 그대로 한국전쟁의 비극, 그 상처를 은유하며 생명을 버리고 홀로 남겨진 전쟁고

15 이임하, 『여성, 전쟁을 넘어 일어서다』, 서해문집, 2004, 226쪽.

아의 현실을 상기시킨다. 이 때문에 미나는 주변인들에게 전쟁으로 인한 죄책감과 연민의 감정을 불러일으킨다. 동시에 '순수 혈통을 더럽힌 배출물'로서 불편한 신체를 지닌 까닭에 더 철저히 배제와 차별의 대상이 된다. 이 작품이 발표되기 직전인 1958년 성매매 여성들을 격리시켜야 한다는 여론이 거세지고 특정 유흥지역을 설정함[16]으로써 성매매 여성을 효과적으로 감시하고 차별화하고자 했었음을 환기해볼 때, 이 문제를 소극적으로나마 반영하고 있다고 해석할 수 있다.

이 작품의 마지막은 최만호씨 조카의 새 아기에게 미나가 자리를 내주면서 시작된 '심각한 장난'으로 마무리 된다.

> 미나는 혼자 복도로 뛰어나왔다. 아기는 소리를 지르며 뒤따라왔다. 층계까지 온 미나는 모르는 척하고 내려온다. 미나는 더 강한 효과를 노리는 것이다. 아기가 자기한테 안기는 그 순간의 눈물겨웁도록 즐거운 기분을 더 크게 간직하고 싶은 것이다.
>
> 그러나 아기는 허겁지겁 달려와서 내려가는 미나한테 손을 뻗다가 그만 발을 헛디뎌 층계에서 굴러 떨어지고 말았다.
>
> "아 앗!"
>
> 층계 아래 떨어진 아기의 입에서 빨간 피가 흘러나왔다.[17]

인용한 장면은 이 위험한 장난의 결과보다는 미나의 소외감과 고독이 가져올 위험에 대한 경고로서 의미가 있다. 그녀의 신체적 표지는 우리의 순혈주의라는 갈등요소에 의해, 한편 애정의 과다와 결

---

16 이임하, 앞의 책, 246쪽.

17 박경리, 「해동여관의 미나」, 『환상의 시기』, 나남, 1994, 124쪽.

핍의 불균형으로 인한 자존감 형성의 문제 등에 의해 더 큰 상처가 될 터이고 미나는 이를 고스란히 감당해야 할 것이기 때문이다.

버려진 아이로서 왜곡되고 불안정한 환경 속에서 자라나게 될 미나와 아기의 더블 형상화는 그 10년 후 발표된 장편소설 〈나비와 엉겅퀴〉에서 희련과 희정 자매의 인물형상화를 통해 발전적으로 서사화된다. 〈나비와 엉겅퀴〉는 〈토지〉 연재 직전에 『경향신문』에 연재되기 시작하여 1970년 4월까지 『토지』 1부와 동시에 연재되었다. 신문연재소설로서 이전에 보여준 대중 소설적 문법에 따라, 선악의 대조, 1960년대 부유층의 일상 부각, 악인들의 음모와 삼각관계, 우유부단한 결정 지연, 불륜과 금기라는 애정문제에 의해 서사가 전개되는 특성을 보인다. 동시에 〈토지〉 연재까지 무르익은 인간에 대한 성찰의 결과가 후반부에 집중적으로 서술된다. 이 소설은 12년 터울의 이복자매인 희련과 희정의 갈등이 정신병력의 혈통을 가진 강은식과 강은애 남매, 그리고 그 주변 사람들과 얽히며 진행된다. 결국 강은식과 희련, 은애의 남편 정양구와 남미의 애정 서사가 자살로 끝나면서 가족과 혈통, 전후 사회 문제가 복합적으로 제시되고 있다. 연재 당시 제목은 '죄인들의 숙제'로 '전후 생존자들의 죄의식'의 문제에 방점이 있었다. 그러나 연재 후 범우사에서 단행본으로 출간되면서 '나비와 엉겅퀴'로 제목이 바뀌었다. 전후(戰後) 한 자매의 변화와 성격의 대조를 나비와 엉겅퀴로 비유하려는 의도를 강조한 것으로 보인다.

작품의 초반부에 〈해동여관의 미나〉의 마지막 장면과 유사한 행동이 두 자매의 유년기에 대한 서술자의 장면화로 제시된다.

> 아이들이란 층계를 기어 올라가기는 하지만 내려오지는 못한다. 그 점을 이용한 희정이 아이[희련-필자]를 이층에까지 데리고 올

라가서는 저만 혼자 내려와 몸을 숨기고 아이의 동정을 살피는 그 못된 장난에 맛을 들인 것이다.

아이는 둘레둘레 살피다가 제 옆에 아무도 없는 것을 느끼자

"언니야 ! 언니야!"

하고 불렀다.

희정은 자기를 찾는 아이 부르짖음에 희열을 느꼈다. 응, 나 여기 있다! 마음속으로 외쳐보는 그 순간만은 희정이 외롭지 않았다.

"언니야!"

하다가 아이는 무서움에서 울음을 터뜨린다. 희정은 미친 듯 계단을 뛰어올라가는 것이었다.[18]

이 부분은 미나가 발전한 인물 희정이 이복동생인 희련에게 장난을 하는 장면이다. 희정이 상대를 독점하고 괴롭힘으로써 애정을 확인하는 "그릇된 애정"을 지녔음이 파악된다. 문제의 인물 희정은 일찍이 어머니를 잃고 할머니의 맹목적이고 과도한 애정과 주변의 냉대라는 모순된 환경 속에서 "아욕이 강하고 집념이 무서운 아이"로 자라난다. 아버지가 재혼한 후 새어머니, 이복동생 희련과 함께 살게 되는데, 끊임없이 주변의 사랑을 확인하기 위한 자살극을 벌이고 위험한 장난과 소유욕으로 인한 거짓말, 자학적 행위 등으로 가족 모두를 불행하게 한다. 전쟁은 이 가족 관계마저 끊어버렸으니 아버지는 월북하고 새어머니는 폭사하고 희정은 "한쪽 팔을 잃은 데다 얼굴에는 파편이 박혀 상처를" 입은 것이다. 희정에게 남은 것은 오로지 한 사람, 위험한 장난을 통해 공포감을 주고 애정을 확인해보던 동생 희련이다. 작품의 1장은 희정의 봉사와 희생으로 동생 희련

18 박경리, 『나비와 엉겅퀴』, 지식산업사, 1989, 36~37쪽.

이 성장한 이후의 시점에서 시작되며, 자매의 전사(前史)가 압축적으로 제시된다.

〈나비와 엉겅퀴〉는 각 장별로 초점화된 인물이 달라지는데, 전반부는 희련과 은애, 마지막에는 정양구에게 초점화 되어 서술된다. 따라서 희련과 희정 자매의 "끊임없이 되풀이되는 파괴와 재생"이라는 "기묘한 숙명"은 오로지 희련의 시선에서만 그려질 뿐, 불구자로서 희정이 느꼈을 고통, 일상적 불편함이나 내적 갈등 등은 전혀 그려지지 않는다. 희정은 희련에게 전쟁의 상처와 희생을 상기시키고, 종속을 강요하고 상실의 불안을 가져다주는 두려움의 대상이고, 채무감과 죄책감에 시달리게 하는 혐오스런 존재이기도 하다. 어머니가 다르다고는 하지만, 긴 시간 동고동락을 한 가족, 성인이 된 자매인데도 불구하고 희련은 희정의 비정상적 분노와 신체의 불편함을 이해하고 수용하기보다는 피하거나 저항하고 심지어 혐오감조차 느낀다. 이것은 희정이 희련의 열등한 인격의 한 측면, '내적인 불구성'이 가시적인 신체 기형을 통해 드러내는 검은 대리인, 그림자 인물이기 때문이라고 설명할 수 있다.

폭격으로 훼손된 희정의 신체는 전쟁의 비극성을 보여주는 동시에 그녀의 망가진 인격, 모순되고 잔인하기까지 한 병적 집착을 은유한다고 해석할 수 있다. 그리고 희정의 그릇된 애정의 결과 희련은 폐쇄적이고 자학적인 성격을 가진 사람으로 성장하였다. 희련의 내면에 강하게 자리잡고 있는 죄책감, 자신의 조건에 대한 피학적 이해 등 비가시적인 상처는 가시적으로 드러나는 희정의 불구적 신체와 망가진 인격, 그릇된 애정과 다르지 않은 무게를 지닌다. 이 점에서 이 자매는 신체적 결손과 정신적 결손 때문에 상처받은 전쟁고아로서 동일한 불구성과 공통된 단절감을 지닌 채, 서로의 그림자를 투사한 타자들, 더블이다. 이 자매는 서로 닮은 사람의 의미론적 대립과 갈등에 의해 형상화되는 객관적 더블[19]에 해당된다. 이들의 내적 갈등은 "외롭고 허무한 채권자"와 "고통스런 채무자"의 관계로 표현되며, 또 "아무도 돌아보는 사람 없이 수수하게 핀 꽃, 다만 그 가시가 너무 억세고 꺾으려 해도 꺾을 수 없게 질긴 줄기"를 가진 엉겅퀴인 희정과 그런 엉겅퀴 곁을 못 떠나는 여린 나비인 희련의 대조된 은유로 표현된다.

희련이 희정과 화해하고 독립된 주체로 서기 위해서는 타자화된 그림자, 자기 속에 존재하는 이질성을 파괴하고 벗어나야 한다. 자신의 더블 이미지로서 희정에게 씌워진 부정적인 요소를 파괴해야만 하는 것이다. 희련에게 이런 자각과 용기를 주는 인물이 작품의 중반부를 움직이는 강은식이다. 그는 희련의 절친한 친구 강은애의 오빠로서 어머니가 정신병으로 죽고 아버지가 재혼한 후, 도일, 재일교포 사업가로 성공한 사람이다. 희련은 은식을 만나면서 "마음도 몸도 불구인 희정으로부터 받은 비정상의 애정, 그래서 그 자신도 역시 마음과 몸이 불구자 같았던 그 자각은 봄 안개같이 걷혀지고 영롱한 환희가 발밑에서 출렁거리는"[20] 느낌을 받는다. 하지만 희련은 불구자로 혼자 살아가는 언니 희정에 대한 죄의식으로 남녀의 사랑을 거부한다. 은식도 역시 핏줄에 대한 공포 때문에 희련의 곁에 있는 것을 주저한다. 이처럼 희련과 은식은 아무것도 용납하려 하지 않는 천성, 스스로 세상과 차단하려는 성격을 가지고 있다는 점에서 공통점을 가진 또 다른 더블이다. 은식의 혈통적 결함인 광기와 죽음에 대한 경계가 생물학적으로 드러난 불구성이라면 희련의 폐쇄성과 자학적인 본성은 감춰진 불구성이라 할 수 있다. 희련과 은식

19 이재선, 『현대소설의 서사주제학』, 문학과지성사, 1997, 297쪽.

20 박경리, 앞의 책, 255쪽.

은 서로에게서 그것을 발견했기 때문에 끌렸고, 또 그것을 통해 자신의 가족에 대해 다시 성찰하게 된다.

> 양친이 있는 외사촌들을 바라보면서 피해망상에 사로잡힌 외할머니의 보호를 받아야 했던 유년시절이나, 정다운 내외간의 재롱꾼인 희련을 바라보면서 의무감에서 어쩔 수 없는 형식만의 사랑을 베풀었던 아버지를 대하여야 했던 사춘기, 그러고는 나머지 여자로서 살아야 했던 긴 세월을 불구자라는 형벌에 갇히어 살을 저미는 것 같은 고독을 씹으며 살아왔을 희정을, 희련은 좀 더 일찍 그를 이해했어야 옳았을 것이다.[21]

희련은 자신이 희정의 "불행의 제물"이고 "부당한 학대"를 당해온 "부속물"이자 "꼭두각시"라고만 생각하던 피학적 태도를 되돌아보고 비로소 건강한 애정관계에 대한 희망과 성찰을 한다. 자신의 더블인 희정으로부터 벗어나 하나의 주체로서 온전하게 서려하는 것이다. 하지만 이러한 성찰과 치유의 희망은 부정적 인물들의 황당한 음모[22]라는 대중 소설적 전략에 의해 쉽게 깨지고 이들은 다시 마음의 문을 닫고 만다. 그리고 이 갈등이 하강적으로 해결되는 지점에서 작품의 핵심적인 주제가 새롭게 조명된다.

〈나비와 엉겅퀴〉는 고아들의 자살로 끝이 난다. 혈통적 문제를 가

---

21 앞의 책, 342쪽.

22 이 작품의 서사를 전개시키는 동력은 대중소설이 그러하듯 부정적 인물들의 음모와 전략이다. 희련의 전남편으로 집착적인 애정을 보이는 장기수, 희정의 빚을 이용하여 희련을 차지하려는 최일석, 이 관계를 이용하여 한몫을 챙기거나 이득을 보려는 김마담, 인숙 등이 각자의 이해관계에 따라 서로 얽히고설켜 음모를 꾸미고 오해를 불러일으켜 희련 등의 주요인물을 고난에 빠뜨리는 애상적인 플롯과 내용이 전체의 절반가량을 차지한다.

졌던 강은식, 은애 남매나 전쟁으로 장애인이 된 희정이 아니라, 이들로부터 고립되고 상처받은 두 인물인 희련과 남미가 자살하는 것이다. 이 둘은 모두 전쟁고아로서, 잘못된 사랑과 관심을 받다가 버려지는 인물이다. 또 이들이 사랑을 희구하나 좌절하고 결국 죽음을 선택하게 되는 과정은, 그들이 꿈꾸어 온 '집'을 잃는 과정과 함께 진행된다는 공통점도 지니고 있다. 집을 상실한다는 것은, 가족과의 건강한 삶, 행복한 삶의 터전으로서 뿌리내릴 수 있는 토양을 잃는다는 것이다. 자매가 살던 그 집은 희련이 외할아버지에게 유산으로 상속받은 집으로서 외가의 숨결과 생전의 부모님의 사랑이 담긴 곳이다. 그러나 희련은 희정의 연속된 실수 때문에 어처구니없게도 집을 잃고 만다. 이렇게 집으로 빚을 청산한 행위는 희련이 오랜 시간 감당해야 했던 희정에 대한 심리적인 부채를 청산하였다는 뜻이 된다. 그리고 희련은 강은식과의 새로운 관계 형성에 실패하였으니,[23] 이제 돌아갈 곳을 완전히 잃은 셈이다. 한편 남미는 본인이 사랑한 정양구를 기다리고 함께 사랑을 나누던 집을 매도한다. 부정한 관계였지만, 그 관계가 끝났고 불치의 병에 걸렸으므로 역시 그녀에게 애정을 나누고 삶의 뿌리를 내릴 수 있는 토양은 불필요하게 된 것이다.

이 작품의 마지막이 전쟁고아인 희련과 남미의 자살로 마무리되는 것은 바로 이 부분에 작품의 무게가 실려 있기 때문이다. 이 후반부에서는 이들의 죽음에서 살아남은 '죄인들의 숙제'를 발견하고 이해하는 주제적인 인물, 정양구의 시선과 목소리를 통해 이 문제가

---

23 강은식은 마지막 부분에서 새어머니와 아버지, 형제들이 살고 있는 집을 방문한다. 혈통적인 문제 때문에 2세의 생산을 스스로 포기하였지만, 아버지 중심의 새로운 가족관계의 형성은 그에게 생명을 유지할 이유를 깨닫게 해 주었다 할 수 있다.

심도 있게 서술된다. 그는 자신이 버리고 떠났던 남미가 사실은 고아였고 또 그 뒤로 암에 걸렸다는 것을 알고 난 후 말할 수 없는 분노를 느낀다. 애정을 요구할 권리를 박탈당하고 그저 자신을 물건이나 다름없이 생각하고 살아야 했던 전쟁고아 문제에 맞닥뜨리게 된 것이다.

> 정양구는 별안간 터져나오는 웃음을 간신히 참는다. 다음 그는 전율을 느꼈다. 인간 부재, 애정 부재, 그리고 거리를 누비고 다니는 기형아들의 무리가 따갑게 눈을 자극해 온다. 기형아들의 무리가 사라지고 눈빛 머리빛이 다르고 모습이 달랐던 이방인들이 와서 아이들에게 캔디를 나누어 주던 해방직후의 광경이 선명하게 나타난다.
>
> 그리고 전쟁이 났다. 남미 같은 고아가 많이 생겨졌다. 전쟁이 끝나자 도처에 고아원이 세워졌다.
>
> 고아들을 구제하는 식량과 의복이 국외에서 들어오고 국내에서도 먹을 것을 공급해 주었다. 그러나 애정만은 비행기에 실어 올 수 없었고 트럭으로 실어 낼 수 없었다.
>
> (중략)
>
> 기형아다! 고아원의 울타리 속에서 만들어내어 놓은 기형아. 아, 아니다. 고아원의 울타리는 고아원의 울타리는 아니지. 이 한국 전체가 고아원이 아니냔 말이다. 거리에 우글거리고 있는 기형아들, 나를 포함해서 고아는 매일매일 만들어지고 있다. (후략)[24]

그는 전후 도처에서 만날 수 있었던 전쟁고아들의 삶에 대해 상

24 앞의 책, 443~444쪽.

상하고 경악한다. 전후 국가재건 과정의 그늘에서 소외된 채 자라난 이들의 문제가 비로소 환기된 것이다. 그는 전쟁고아 문제에 대한 책임을 회피하고 자기 속의 불구성을 모르는 채 달려온 모든 이들을 마침내 "기형아"라고 규정한다. 이런 기형아들의 세상에서 생명을 유지하고 살아남으려면 남을 먹는 일을 하면서도 진실을 외면하고 죄의식을 갖지 말아야 한다는 의미심장한 말을 남긴다. 자신의 죄악을 쉬이 잊는 강한 자만이 살아남고, 이를 못 견디는 약한 자는 죽게 된다는 결론은 윤리적인 역설로서 강자에 대한 엄정한 비판과 살아가기 위해 지켜야 할 준엄한 자기 성찰을 강조하는 것이다. 불안이나 공포, 죄책감, 수치심 등은 실존적인 감정들로서 우리 존재, 세상에서의 위치, 삶과 죽음, 삶의 질에 대한 의미와 개념들과 관련되는 것이다. 이중 죄책감은 우리의 도덕적 잘못에 대한 것으로서 이를 경험하려면 우리 자신을 평가한 내적 기준을 가지고 있어야 한다.[25] 작가는 정양구와 강은식의 입을 통해 '죄의식을 갖지 말아야 한다'고 역설적인 주장을 함으로써 당시 사회가 도덕적인 기준, '양심'이라고 부르는 내적 기준이 부재하고 있음을 힘주어 비판하고 있다. 연재시의 제목대로 '죄인들의 숙제'이다.

이 장에서 다룬 〈해동여관의 미나〉와 〈나비와 엉겅퀴〉에서 전쟁으로 인해 훼손된 신체가 전쟁고아들의 드러나지 않은 상처와 사회적 폭력 그리고 소외감을 외면화한 것으로 그려지고 있음을 확인했다. 사실 두 작품에서 신체적 특징과 장애는 비극적 결함을 자각하게 하는 '은유'로 작용될 뿐[26] 이로 인한 구체적 불편과 사회문제에

---

25 리처드 레저러스·버니스 래저러스, 정영목 옮김, 『감정과 이성』, 문예출판사, 1997, 65쪽.

26 예를 들어 박경리의 『파시』에서 박응주의 누나는 청각장애를 가지고 있다. 그러나 그녀의 청각장애의 문제는 전면적으로 다루어지지 않고, 서사전개

대한 지적으로 나아가지는 않고 있다. 그저 누군가와 변별적인 '차이'를 가시적으로 강조[27]하기 위함이었던 것이다. 그러나 이 인물들을 통해 제시된 그릇된 애정과 죄의식의 문제는 전후 사회의 폭력성에 대한 고발에 그치지 않고 '살아있음'의 본질적인 원죄의식으로 연결되고 있음을 〈나비와 엉겅퀴〉의 마지막 부분에서 확인했으며, 이는 다음 장에서 살펴볼 작품에서도 나타난다.

3. 더블, 비이성적 공포와 혐오감

〈나비와 엉겅퀴〉에서 '기형성'을 전쟁고아라는 예외적이고 폭력적 현실문제의 은유로 사용했다면, 이보다 2년쯤 전에 발표된 단편 〈쌍두아(雙頭兒)〉(현대문학, 1967.5)에서는 기형성을 인물의 신체표지로 구체화시킴으로써 인간의 원죄의식과 연관하여 더 본질적인 문제에 접근하고 있다. 전쟁 전 부잣집 외아들이었던 종서는 삼촌에게 집과 재산을 빼앗기고 판잣집 셋방살이를 하고 있다. 그의 유일한 노동은, 번역. 그 세계 속에서 그는 간접적인 사회생활을 할 뿐, 취직도 안 하고 친구에게 "거렁뱅이" 소리를 들어가면서 외부와 차단한 채 살고 있다. 어느 날 우연히 전쟁 전에 헤어진 계동집 영혜를 길에서 만난다. 17년만의 상봉에서 그들은 전쟁으로 가족을 잃고 어렵게 살아가고 있다는 것, 그래서 서로를 동일시할 만한 유사한 고통과 삶의 방식을 가지고 있음을 어렴풋이 깨닫게 된다. 그러나 영

를 위한 하나의 장치일 뿐이다. 곧 부재하는 어머니를 대신하는 존재면서 한 여자를 동시에 사랑하는 박의사와 웅주의 중간에서 소통불가의 가족관계를 은유하는 존재라고 할 수 있다.

27 장영희, 앞의 글.

혜는 종서에게 가까이 다가갈수록 오히려 다른 느낌을 받는다. 그리고 그 원인이 내적 불구성과 외적 불구성의 차이에 있다는 것을 알게 된다.

> "비밀이 있어 숨긴다는 짓이 얼마나 잔인한 형벌인지, 그리고 그것은 끝이 없는 거야. 저지른 죄는 털어놓으면 끝이 나는 건지도 몰라. 하지만 내가 무엇을 저질렀단 말이야? 나는 아무것도 저지르지 않았어. 처음에 죄인을 우리 엄마라도 생각했어. 하지만 엄마도 나처럼 아무 일도 저지르지는 않았어. 다음에는 하나님을 죄인이라고 생각했어. 하지만 그 죄인은 형벌밖에 서 있었으니, 분명히 조물주의 실순데 그는 실수를 자인하기는커녕, 나에게만 속죄하기를 바라는 거야. 불구는 내 죄가 아니야. 그런데 나는 그것을 숨기고 비밀로 하고, 그 비밀로 하여 나는 인간들에게 접근할 수 없는 감옥에서 살아왔단 말이야. 내 성질은 살인자처럼 거칠어지고 열리지도 않는 감옥을 주먹으로 치다가 나는 저승에서 죄를 졌다. 저승에서 죄를 졌다 하고 주저앉는 거야. 정말 외로운 세월이었어. 오욕에 가득 찬 하루하루가 갔던 거야."[28]

영혜를 힘들게 해왔던 것은, 특히 종서에게 이성으로서의 호감을 느끼면서 더욱 힘들게 했던 것은 '반죽이 잘못되어 달라붙은 것 같은 큰 귀, 검붉게 부푼 육괴'로 묘사되는 기형적인 귀를 가졌다는 사실이다. 영혜는 그 귀를 보여주며 자기가 그간 고립되어 살 수밖에 없었던 이유를 종서에게 어렵게 고백한다. 자신에게 부조리하기만 한 운명 때문에 "인간들이 접근할 수 없는 감옥"에서 속죄양이 되기

---

28 박경리, 「쌍두아」, 『환상의 시기』, 나남, 1994, 278쪽.

를 요청받았던 오욕의 시간들에 저항하며, "불구는 내 죄가 아니"라고 말한다. 하지만 정작 영혜의 귀를 본 종서는 연민과 이해가 아니라 "말할 수 없는 염오"를 느낀다. "목을 누르는 듯 심한 압박감"을 느끼면서 겨우 흉하지 않다고 말해줄 뿐이다. "도망치듯" 달아나는 태도를 통해 종서의 염오를 전달받은 영혜는 바닷가에서 자살하고 만다. 어렵게 세상과 소통하고자 하였지만, 결국 마음의 감옥에서 벗어날 수 없었던 것이다.

이 작품에서 눈여겨보아야 할 것은 기형적인 귀라는 신체 표지와 소외감보다는 영혜를 대하는 종서의 태도이다. 종서는 영혜의 귀를 보고 난 후, 이를 반복하여 떠올리면서 염오의 감정을 느끼고 피하려고 한다. 그는 길을 나서서도 도처에서 장애인을 마주하고 있다는 생각을 하며 비정상성에 대한 비이성적인 공포와 그것을 느끼는 자신에 대한 당혹감 사이에서 갈등한다. 그렇다면 종서 스스로도 통제할 수 없었던 염오의 감정은 어떻게 설명할 수 있을까? 종서가 전쟁이 끝난 후에 군대에서 생환했을 때, 외삼촌과 숙모는 실망과 증오의 표정을 감추지 못했다. 자신들이 차지할 수 있었던 집과 재산을 종서에게 돌려주어야 했기 때문이다. 자신의 생환이 누군가의 생존에 장애와 불편이 되는 상황, 조카의 재산을 빼앗으면서 수치심도 모르는 그들로부터 종서는 큰 상처를 받는다. 그리고 이 때문에 세상과 고립되어 무기력하게 살아왔고, 이것은 자신도 싫어하는 열등한 인격으로 무의식에 억압되었다. 종서가 영혜의 기형적인 귀를 보고 자신도 통제할 수 없는 불편한 감정, 혐오감, 경멸의 감정을 드러내고 만 것은 영혜의 기형적인 귀가 종서의 어두운 인격의 한 측면, 그림자의 에너지를 분출시켰기 때문이다. 곧 영혜는 종서의 '내적인 불구성'이 가시적인 신체 기형을 통해 드러내는 검은 대리인, 그림자[29] 인물이라고 할 수 있다.

'쌍두아'라는 제목에서 알 수 있듯, 종서와 영혜는 두 개의 머리를 가진 한 몸, 세상으로부터 고립되어 살 수밖에 없는 동일한 불구성을 가진 더블이다. 더블 중에서도 영혜는 내면의 달갑지 않은 요소들, 터부시하거나 망각하고자 하는 요소들, 사회적인 규범이 '악'이라고 규정하고 배척하고 억압한 요소가 기형적 신체의 타자로 나타난 도플갱어[30]로 볼 수 있다. 이런 더블은 자신과 꼭 닮은 것이면서 자신을 확립하기 위해 파괴하고 벗어나야 할 대상이다. 결국 영혜가 자살하고 난 후 종서에게 주어진 것은 제대로 된 삶이라는 무거운 책무, 살아남은 자의 준엄한 자기 성찰이다. 그것은 이미 〈나비와 엉겅퀴〉에서 희련과 남미가 자살한 후 정양구의 목소리로 고백되었던 '죄인들의 숙제'이다.

〈쌍두아〉에서 종서가 영혜에게 느꼈던 염오감과 당혹감 등은 〈토지〉의 최서희와 최환국 모자에게도 나타난다. 기형적 신체를 가진 병수에 대한 서희의 공포심과 손 위에 끔찍한 혹이 있는 양소림에 대한 최환국의 혐오감은, 이들을 연민으로 감싸고 수용할 것이라는 독자의 기대를 여지없이 무너뜨린다. 평사리를 이끄는 긍정적인 핵심인물이 되기에는 개연성을 떨어뜨릴 만큼 이들의 반응은 부자연스럽고 과장되어 있기 때문이다.

조준구의 아들 조병수는 곱추이다. 곱추는 가장 전형적이고 비극적인 신체 기형의 원형이라고 할 수 있다. 병수의 외모는 조준구 부부에게 혈통적 공포의 대상이자 수치심의 원인이다. 이런 까닭에 병

---

29 이부영, 『그림자』, 한길사, 2004, 88~92쪽.

30 황승환, 「자아의 분열인가, 통일성에 대한 욕망인가?(2)」, 『독일문학』 129집, 2014.

수는 "서울서 열두 살까지 불구 자식을 수치로 아는 홍씨에 의해 세상 구경을 못하고 어둠침침한 골방에서 자란" 것으로 되어 있다. 이런 성장배경 속에서도 병수는 감각이 예민하고 감수성이 빠르며, 직감이 정확하고 인간 행위의 존엄성을 헤아리는 의지를 자각한 인물로 성장한다. 결국 병수는 오욕만을 안겨 준 평사리에서 자살시도를 거듭한 끝에 이곳을 떠나 통영에서 소목일을 하는 예술가로 당당하게 거듭난다. 어린 시절 멀리서 연정을 가지고 바라보던 서희와의 불편한 감정도 길상이 그린 관음탱화 속에서 말끔이 씻어낸다. 부모의 사악한 혈통은 오로지 불구적인 신체로, "등에 짊어진 혹"으로만 표현되었을 뿐, 병수는 이처럼 시종일관 맑은 영혼의 소유자이자 예술적 감성을 지닌 긍정적인 인물로 형상화된다.[31]

문제는 이런 병수를 보는 서희의 시선에 있다. 간도로부터 돌아온 서희는 평사리의 집을 되찾고도 한동안 그 집에 가지 않는다. 그 집에 남아 있던 조병수의 외모에 대해 병적인 혐오감과 공포를 느껴서이다.

> 고국으로 돌아온 후, 평사리 마을이 멀지 않은 곳에 있다는 실감과 함께 걸러내어도 여전히 남아 있는 가장 더러운 찌꺼기 같은 혐오는 때때로 충격같이 그에게 엄습해 오는 것이었다. 가엾은 불구자 병수의 뜻도 아니었으며 잘못도 아니었는데, 그러나 이해의 여지가 없을 만큼 충격적인 혐오감에는 늘 견딜 수 없는 공포까지 동

31 병수는 외모와는 달리, "해맑은 눈동자에는 어떤 의문의 빛도 없었으며 얼굴은 아름다웠다. 계집아이같이 입술은 발그레했다." "투명하고 창백한 얼굴에 커다란 눈", "기괴스런 병신이지만 얼굴은 천상의 동자(童子)같이 깨끗하다. 달밤에 이슬만 먹고 자란 풀잎처럼 가냘프다. 조준구의 모습이 없는 것은 아니나 부모들과는 딴판으로 어떤 성령이 그의 속에 깃들어 있는 것처럼 정하고 귀하게 보인다."와 같이 묘사된다.

반하는 것이었다. 병수가 싫었다. 너무 싫었기 때문에 무서웠다. 반드시 너의 신랑이 되어야 할 병수라는 홍씨의 말이 병수의 존재를 악몽으로 만들어버린 것이다.

'나를 꼽추하고 혼인하라고? 그 더러운 병신하고!'

병수는 서희 의식 속에 마귀로, 괴물로밖에는 존재하지 않는다. (중략) 그는(서희는) 우연찮게 꼽추를 볼 때 손발을 오그리며 떤다. 수모를 당하였다든가 보복을 하겠다든가 그런 사고(思考)를 거치지 않은 반사적 공포본능이다. 그것은 또 상상이 몰고 온 공포본능이기도 하다. 괴물에게 제물로 바쳐지는 처녀의 참상은 과거와 현재, 상상과 현실을 초월한 서희의 환상이다.[32]

서희에게 병수는 "충격적인 혐오감"과 "견딜 수 없는 공포"의 대상, 마귀나 괴물과 같은 존재로서 싫고 무서운 사람이다. 공포는 개인의 안전, 개인으로서의 정체성에 생기는 문제와 관련되는 실존적 감정이다.[33] 곧 어린 시절 생명의 위협을 느끼고 몰래 도피해야 했던 어린 서희의 악몽과 관련하여 생긴 감정이다. 이 감정은 마침내 자신과 결합될 뻔했던 병수를 악의 형상을 한 괴물로, 자신은 괴물에게 바쳐지는 처녀로 보는 환상적 이야기와 결합하여 서희를 계속 괴롭힌다. 그 공포는 원인이 제거되고 두 아이의 어머니이자 평사리의 정신적 지주로 성숙한 후에도 이성적인 조절이 안 될 만큼 심하다. 그 과한 감정은 조병수가 서희의 친밀하면서도 낯선 두려움의 대상, 더블로 해석할 근거가 된다. 조병수가 부모로부터 버려지고 고립된 채 자란 자기 또래라는 점에서, 또 그 악마적인 대상이 조준구와 홍

32 박경리, 『토지』 9권, 마로니에북스, 351~352쪽.

33 리처드 레저러스·버니스 래저러스, 앞의 책, 63쪽.

씨라는 점에서, 결국 둘 다 전세대의 악행과 저주를 푸는 운명에 처해진 대속적 존재라는 점에서 분명한 친밀함을 느낄 수 있다. 그러나 생명을 위협하고 재산을 가로챈 조준구의 아들이라는 점에서 두려움을 버릴 수 없다. 또한 조병수는 평사리에서 생긴 모든 비극적 사건들, 아버지와 어머니의 죽음, 할머니 윤씨부인과 측근들의 목숨을 빼앗아 간 호열자, 대를 이은 불륜과 가문의 저주 등을 떠올리게 했을 것이다. 조준구가 서희에게 저지른 악행은 서희가 간도에서 반민족적인 행동을 서슴지 않고 재산축적에만 몰두하며 저지른 수치스런 과오와 다를 바 없다. 그토록 증오했던 친척 아저씨처럼 자신도 수단과 방법을 가리지 않고 재물에만 눈을 돌렸던 것이다. 이렇게 볼 때 조병수가 서희에게 반사적인 공포를 일으키는 것은 단지 어린 시절의 심리적인 상처 때문만이 아니라, 〈쌍두아〉의 경우와 마찬가지로 내면의 달갑지 않은 요소의 타자화, 내적인 불구성의 외면화로 드러난 그림자 인물이기 때문이라 할 수 있다.

이것은 아들 환국이 양소림의 손등에 있는 혹을 발견하고 혐오감과 연민 속에 갈등하는 모습에서도 똑같이 반복된다. 생인손 치료를 받던 환국은 어느 날, 양소림의 한쪽 손등에서 "꾸물거리고 있는 것만 같은 자두알보다 훨씬 큰 혹", "푸른빛과 자줏빛이 얽섞인 울퉁불퉁한 징그러운 형태"를 보게 된다.

> "미, 미안합,"
>
> 사과를 하다 말고 환국은 자신도 모르게 악! 하고 소리를 지를 뻔했다. 도망을 치려는 자세로, 그러나 선 자리에 못 박힌 채 시야를 빨아 당기는 물체를 응시한다. 그것은 확실히 괴물이다. 소녀의 한쪽 손등 위에 꾸물거리고 있는 것만 같은 자두알보다 훨씬 큰 혹은 푸른빛과 자줏빛이 얽섞인 울퉁불퉁한 징그러운 형체였다. 환국

> 의 얼굴이 새파랗게 질렸으나 다음 순간 두 손을 등 뒤에 감춘 소녀의 얼굴은 거의 잿빛이었다. 크고 뚜렷한 눈동자가 환국을 노려본다. 그 눈빛은 살기였으며 어둡게 타는 불꽃이었다. 언제 그랬는지 소녀는 병원 안으로 사라졌고 환국이는 병원 밖에 나와 있었다. 하늘은 눈이 부시게 푸르고 차가웠다. 환국은 토할 것만 같은 현기를 느끼며 걸음을 옮긴다. 소녀가 양소림(楊小林)이 아니었던들 기분은 다소 안 좋았겠지만 그 불구자를 위해 가슴이 아픈 것으로 그쳤을 것이다. 충격은 너무나 컸었다. 충격이기보다 일종의 공포였는지 모른다. 순간적으로 느낀 혐오감, 또 계속해 남아 있는 징그럽다는 느낌에 대한 자기 불신, 죄책감도 있었을 것이다.[34]

다른 사람이었다면 "가슴이 아픈 것으로 그쳤을", 곧 그저 연민의 감정에서 멈추었을 그 사건은 환국에게 여러 차례 반복되어 기억되며 공포와 혐오감을 느끼게 하고, 이에서 자기 불신과 죄책감까지 가지게 된다. 우선, 이 비이성적인 혐오감은 양소림이 자신과 친숙하고 유사한 존재로서 경계가 모호한 데에서 야기된다. 소림은 진주 양교리 집안의 외동딸로서 환국은 신분상 걸맞은 배필로 사랑의 느낌을 가지고 있었기 때문이다.

그렇다면 환국이 소림에게 투사한 자신의 상처는 무엇인가. 최환국은 참을성이 강하고 천성이 부드러우며, 부유한 환경에서 큰 문제없이 자라는 것으로 서술된다. 환국의 성장과정에서 갈등을 일으킨 사건이라면 아버지 길상이 하인이었다는 말 때문에 순철과 크게 다투었던 일이다. 서희는 이를 무마시켜 주었지만, 자신의 출신에 대한 것은 큰 충격으로 남아 있었을 것이다. 이러한 상처가 소림의 혹

34 박경리, 『토지』 11권, 마로니에북스, 2013, 172~173쪽.

으로부터 환기되고 결국 혐오감으로 이어진 것이다. 따라서 이 사건에서 소림도 역시 환국의 그림자가 투사된 더블로 등장한 것이라 설명할 수 있다. 한편 소림은 이 손등의 흉한 혹 때문에 박의사의 조수로 있던 정윤과 성대하고 비참한 결혼식을 한다. 이후 소림은 손등 위의 추물같이 인간은 추악한 것이며 인생은 오욕에 가득 차 있는 것이라고까지 생각하게 된다. 그것은 자신의 혹을 보는 순간 "공포에 가득 찼던 환국의 눈"으로 인한 것이며, 손등의 혹 때문에 '영원한 고독의 형벌'을 받아야 할 것 같은 질타였다고 느낀다.

사실 〈토지〉의 임이네처럼 어리석음과 탐욕으로 인해 벌이는 사악한 행동에 대한 혐오와 섬뜩함은 인간으로서 자연스러운 반응이라고 할 수 있다. 임이네가 그칠 줄 모르는 탐욕과 도벽으로 재물을 모으고, 용정 대화재시에 돈을 숨긴 베개를 불 속에 던져 태워버리고 망연자실해 하는 모습을 보고 용이가 마치 뱀을 보는 것처럼 느끼는 섬뜩함, 삶을 연장하기 위해 "자라를 삶아 먹고 흰 비둘기를 털 있는 채 고아 먹고 다릅나무의 잎을 달여 먹고, 새끼 낳은 고양이 안 태까지 뺏어다가 날 것으로 먹"는 행위에 대한 용이의 혐오감이 그러하다. 그러나 임이네의 경우와 달리, 병수의 외모나 소림의 손등은 타인과의 관계에서 부정적인 원인이 되거나, 어떤 갈등이나 방해 요소로 작용하지 않는다. 이들은 그 신체적 결함을 제외하고 오히려 선하고 긍정적인 인물로 그려지기까지 한다. 또한 서희와 환국을 제외한 다른 사람들에게는 이들에게처럼 충격적이고 깊은 공포와 혐오감을 주지 않는다. 이것은 이성적인 두려움이 아니라 비이성적인 공포, 본능적인 회피로서 역시 비정상성에 함축되어 있는 비극성과 '차이'에서 야기되는 것이다. 결국 이 가시적인 신체장애에서 최서희와 환국이 특별한 공포를 느꼈던 것은 최씨가의 비극적인 사건들, 저주받은 가문의 혈통을 상기시키고 그로 인한 부정한 행동과 실수,

미래에 대한 불안을 떠올리게 했기 때문이라 할 수 있다.

4. 생명의 아픔, 그 죄의식

박경리의 초기작으로 1950년대의 문제작 〈불신시대〉의 첫 부분은 전쟁 중에 처참하게 죽어간 소년병에 대한 전언에서 시작된다. 주인공 진영은 전쟁 중에 폭사한 남편이 전한 소년병의 이야기, "폭풍으로 터져 나온 내장에 피비린내를 맡은 파리떼들이 아귀처럼 덤벼들고 있"고 그렇게 죽음을 맞은 소년병에 대한 이야기를 기억한다.

> 아직도 나이 어린 소년이었더라는 것이다. 그 소년병은 가로수 밑에 쓰러져 있었는데 폭풍으로 터져나온 내장에 피비린내를 맡은 파리떼들이 아귀처럼 덤벼들고 있더라는 것이다. 소년병은 물 한 모금만 달라고 애걸을 하면서도 꿈결처럼 어머니를 부르더라는 것이다. 그것을 본 행인 한사람이 노상에 굴러있는 수박 한 덩이를 돌로 짜개서 소년에게 주었더니 채 그것을 먹지도 못하고 숨이 지더라는 것이다.[35]

이 소년병에 대한 기억은 "내장이 터져서 파리가 엉겨 붙은" 소년병에 대한 꿈으로, 다시 울음소리와 집이 무너지는 환각으로 바뀌어, 부조리한 전후 현실에서 예민해질 대로 예민해진 전쟁미망인 진영을 강박적으로 괴롭힌다. 그 처참한 죽음은 남편의 폭사와 아들

---

35 박경리, 「불신시대」, 『환상의 시기』, 나남, 1994, 59쪽.

의 사고사를 공포스럽게 환기시키는 폭력적 현실 그 자체이기 때문이다. 육체의 훼손과 무능력한 모성은 전쟁에서 살아남은 자가 두고두고 기억해야 할 장면, 죄의식의 원천이다.[36] 이 죄의식은 전쟁으로 인한 운명의 엇갈림과 상처를 다루고 있는 〈창〉(1970)까지 이어지는데, 박경리는 맹시헌의 목소리를 빌려 "전쟁에서 살아남은 사람 모두는 양심의 상처를 입"었다고 의미심장한 한 마디를 내뱉는다.

앞서 살펴본 〈해동여관의 미나〉와 〈쌍두아〉, 〈나비와 엉겅퀴〉의 주인공인 전쟁고아들이 공통적으로 안고 있는 문제도 전쟁의 폭력이 남긴 숙제였다. 〈해동여관의 미나〉에서 전쟁고아 및 양공주 2세의 신체를 바라보는 연민과 멸시의 이중시선은 결국 〈나비와 엉겅퀴〉의 두 자매를 병적으로 성장하도록 만든 치명적인 원인이 되었다. 이 시선이 만들어낸 내면의 불구성은 다시 불구적 신체로 가시화되고 죄의식을 키우며, 희련과 남미 두 전쟁고아의 비극적 종말로 이어졌다. 〈쌍두아〉에서 '살아남음' 자체가 누군가에게 큰 손해와 증오의 대상이 될 수 있다는 데서 종서가 받은 충격은 모두 실존의 공포와 책임을 무겁게 표현한 것이다. 곧 전쟁으로 상처 입은 결손인물들에 대한 시선과 실존적 감정을 통해, 전후 사회에서 '양심'이라고 부르는 도덕적 기준이 붕괴되었음을 역설적으로 비판하고 있다고 할 수 있다. 그러나 박경리가 이들 결손인물들을 통해서 보여주고자 하는 것은 당대 사회문제의 사실적 재현과 비판에서 멈추지 않는다.

---

36 박경리 소설에는 폭력과 죄의식에 대한 문제제기가 지속적으로 반복된다. 조윤아는 전쟁과 같은 폭력뿐 아니라 사회적인 불합리와 부당함 등에 희생되는 무고한 인물들을 통해 폭력적 상황에 처하게 된 근원, 원죄의식을 드러내고 있음을 〈김약국의 딸들〉, 〈내 마음은 호수〉, 〈재귀열〉 등의 분석을 통해 제시한 바 있다. 조윤아, 「박경리 소설에 나타난 폭력 희생자들의 원죄의식」, 『인문학연구』 41집, 2011.

결손 인물의 고통을 연민을 가지고 바라보고 서술하는 것은, 문제에 대면하기보다는 피하도록 하는 슬픈 관음증이며, 자기만족적 자부심[37]에 불과하다. 그것은 멜로드라마의 값싼 전략이라는 것이다. 박경리가 결손 인물의 문제를 서사화하는 방식은 이와는 다르다. 지금까지 보아왔듯 예외적 존재에 대한 특정인물의 불편한 시선을 포착하고 이들의 통제하지 못하는 감정 분출과 강박성을 보여준다. 이런 반응은 주체가 무의식에 억압된 내면적 불구성이 투사된 타자, 더블(double)을 대면했음을 나타내는 것이다. 이런 더블 인물의 관계와 시선을 통해 외면적으로 드러난 이들의 상처, 기형이나 이형성들을 상대 인물의 내면에 억압되거나 은폐된 심리적인 불구성에 대응시킴으로써 함께 바라보는 것, 나아가 안과 밖의 전도로 내부의 흉한 상처들을 꺼내 보여주는 것이다.

전후의 성매매 여성의 문제를 초점으로 사회의 폭력적 시선과 전쟁 후유증을 문제 삼고 있는 〈해동여관의 미나〉는 혼혈의 표지가 드러난 신체를 보는 불편한 시선, 곧 배제되고 어두운 부분에 대한 양면감정을 미나와 아기의 대립과 대면을 통해 보여주었다. 〈나비와 엉겅퀴〉는 가족의 파탄과 전쟁으로 훼손된 육체, 심리적 상처를 지닌 희련과 희정 자매와, 혈통적 문제를 지니고 스스로 고립되고자 하는 강은식-은애 남매의 얽힌 서사를 통해, 전쟁으로 인한 신체장애자와 전쟁고아라는 더블 인물을 복합적으로 제시하고 있다. 또한 전후의 내면적 불구성은 〈쌍두아〉에서 가시적인 신체 기형을 가진 인물과 더블로 형상화되며, 그림자 인물에 대한 비이성적인 공포와 혐오감은 다시 〈토지〉에서 곱추인 조병수에게 느끼는 최서희의 감정, 양소림의 기형적인 손을 보고 느끼는 최환국의 감정으로 이어진

37 Fiedler, Leslie A., op. cit., pp. 67~68.

다. 결국 서희가 자기 가문에 내려진 불합리한 저주와 혈통의 불안을 극복해가는 과정, 그 2세인 환국이 역시 자기 혈통의 불합리하고 어두운 면을 발견하고 벗어나는 과정이 이러한 예외적인 존재와의 상호적인 이중 시선을 통해 그려진 것이다. 곧 더블을 통해 회피와 연민이 아닌 대면과 극복의 서사로 전환시키고 있는 것이다.[38]

앞에서 지적했듯, 주인공이 자신의 더블인 그림자 인물을 대면하면서 느끼는 비이성적 공포와 죄책감, 불안감 등은 실존적인 감정에 속한다. 이는 보다 본질적인 의미에서 자아의 영속을 위협하는 억압되고 배제된 요소들이 가시화된 것을 보는 데에서 오는 '섬뜩함(Das Unheimlich)'이라고 해석할 수 있다. 프로이트는 과거에 오랫동안 극복해온 것, 버렸던 것, 다른 것들로 대체하고 잊어버리고자 했던 것으로, 억압(un-)을 거쳐 돌아온 친숙한 것(Heimlich)을 '섬뜩함'이라고 설명한다. 따라서 이 모든 억압된 것들의 귀환에서 오는 섬뜩함은 동일시 혹은 타자에 대한 투사를 통해 자아에 대한 혼란을 일으키게 된다.[39] 이에 의한다면 〈쌍두아〉에서 종서는 자신의 생환이 누군가의 증오의 대상이 된 데서 온 실존적 상처로 인해 폐쇄와 고립감을 가지게 되었고, 이것이 기형의 귀를 가진 영혜에게 투사되는 경험 때문에 섬뜩함, 혐오의 감정에서 벗어날 수 없었던 것이다. 마찬가지로 서희가 병수를 공포스러운 괴물로 기억하고 반사적인 공포를 느끼는 것도, 환국이가 소림의 기형적인 손을 보고 혐오감에서

38 이 점에서 이 글은 〈토지〉가 타자의 고통을 자기화하여 윤리의식의 획득으로 나아간다는 지적(박상민, 『박경리 〈토지〉에 나타난 악의 상징 연구』, 연세대학교 박사논문, 2008), 타자의 고통을 직시하고 짊어질 수 있는 윤리적 주체로의 전환을 보여준다는 지적(서현주, 「박경리의 〈토지〉에 나타난 타자인식 연구」, 『국제한인문학연구』 9호, 2012.2)과 같은 맥락에 있다.

39 S. 프로이트. 이노은 옮김. 「섬뜩함」. 『프로이트의 문학예술이론』, 민음사, 1997, 410~422쪽.

벗어나지 못하는 것도, 이들에게 받아들여질 수 없었던 것, 또 억압되어 있었던 것이 상대에게 재현되어 나타났기 때문이다. 그것은 보다 근원적으로 자신에 대한 부정의 시선에서 비롯된 자기 분열, 존재 지속에 대한 불안감에서 오는 것이다. 자아의 영속, 생명의 지속을 꿈꾸지 못하게 하는 내적 외적 불구성, 혹은 그림자의 상호 투사는 결국 인생에 대한 비극적 인식과 인생에 대한 통찰로 나아가게 한다. 이는 내가 살아남아 있다는 것이 누군가의 죽음에 바탕하고 있다는 삶의 역설, "생명의 아픔"에 대한 자각으로서 위의 작품들을 포함하여 박경리가 수십 년간 견지해 온 비극적 인식의 요체이다. 이 모든 습작을 거쳐 모든 것을 걸어 쓰고자 했던 〈토지〉의 서(序)가 풍요로운 한가위에 "열매를 맺어놓고 쓰러진 잔해", 죽은 자들에 대한 기억, "서러운 추억의 현"으로 인해 "쓸쓸하고 가슴 아픈 축제"를 맞이하고 있다고 서술된 것은 이런 맥락에서 나온 것이다.

참고문헌

박경리, 『환상의 시기』, 나남, 1994.

______, 『나비와 엉겅퀴』, 지식산업사, 1989.

______, 『녹지대』, 현대문학, 2012.

______, 『파시』, 마로니에북스, 2013.

______, 『토지』, 마로니에북스, 2013.

강상중 외, 『예외』, 문학과지성사, 2015.

이부영, 『그림자』, 한길사, 2004.

이상진, 『〈토지〉 연구』, 월인, 1999.

이임하, 『여성, 전쟁을 넘어 일어서다』, 서해문집, 2004.

이재선, 『문학의 이해』, 서강대학교출판부, 1988.

______, 『현대소설의 서사 주제학』, 문학과지성사, 1997.

한혜선, 『한국소설의 결손인물』, 국학자료원, 2000.

마크 S 블럼버그, 김아림 옮김, 『자연의 농담-기형과 괴물의 역사적 고찰』, 알마, 2012.

S. 프로이트. 이노은 옮김. 「섬뜩함」. 『프로이트의 문학예술이론』, 민음사, 1997.

리처드 레저러스·버니스 래저러스, 정영목 옮김, 『감정과 이성』, 문예출판사, 1997.

수전 손택, 이재원 옮김, 『질병으로서의 은유』, 이후, 2002.

Robert Rogers, *A Psychoanalytic Study of the Double in Literature*, Wane State Univ. Press. 1970.

박상민, 「박경리 〈토지〉에 나타난 악의 상징 연구」, 연세대학교박사논문, 2008.

서현주, 「박경리의 〈토지〉에 나타난 타자인식 연구」, 『국제한인문학연구』 9호, 2012.2.

장영희, 「은유로서의 신체장애 : 미국문학의 경우」, 『미국학논집』 33-1,

2001. 여름.
황승환. 「자아의 분열인가, 통일성에 대한 욕망인가?(2)」. 『독일문학』 129집, 2014.
Fiedler, Leslie A. "Pity and Fear: Images of the Disabled in Literature and the Popular Arts", *Salmagundi,* No. 57, Summer 1982, Skidmore College.

■ 「예외를 보는 시선과 더블 : 박경리 소설의 결손인물」
(『여성문학연구』 35, 2015.)

타락한 비극, 탕녀의 운명과 저항
: 박경리의 〈성녀와 마녀〉 읽기

1. 1950년대 성 담론과 여성형상화

지난 세기까지만 해도 한국소설에서 '전후파 여성'의 형상화는 전후의 혼란과 무질서의 징표이자 전쟁으로 인해 발생된 불가피한 사회문제 정도로 해석되어 왔다.[1] 그러나 이들은 한국전쟁의 직접적인 피해자이면서 도덕적 타락의 핑계가 된 또 다른 폭력의 희생자라는 해석의 전환이 이루어졌고,[2] 이 해석은 전후파 여성 담론이 남성의

1 강헌국, 「전쟁체험의 소설화와 그 한계-서기원론」, 이남호·송하춘, 『1950년대 소설가들』(나남, 1993)/한점돌, 「전후소설의 현실인식」, 구인환 외, 『한국전후문학연구』(삼지원, 1996) 등 1990년대의 전후문학 논의는 대개 이런 관점을 따르고 있다.

2 김종욱, 「한국전쟁과 여성의 존재양상-염상섭의 「미망인」과 「화관」 연작」, 『한국근대문학연구』 5권, 2004.4./함인희, 「한국전쟁, 가족 그리고 여성의 다중적 근대성」, 『사회와 이론』 9집, 2006.11. 등의 논문에서 이런 시각을 발견할 수 있다.

당대적 욕망과 성적 공포에 의한 왜곡과 은폐에 의해 이루어진 것이며, 그간의 부정적 해석은 그런 왜곡과 은폐에 대한 망각행위임을 지적하고 있다. 전후 여성을 둘러싼 담론은 여성의 사회 활동이나 섹슈얼리티에 대한 규제[3]와 관련되어 있다는 것이다.

1950년대는 남성들의 사망과 실종으로 인한 극심한 여초현상[4], 장기적인 인플레로 인해 남성성이 위축된 시기였다. 또한 전쟁의 공포와 죄의식을 극복하기도 전에 현대적 적응을 요구받아 남성의 거세불안은 더욱 극심해졌다.[5] 한 영향력 있는 남성이 당시를 〈사회의식이 극도로 혼란하고 온갖 패륜이 끓고, 부박한 미국식 퇴폐현상의 도가니 속〉이라고 규정한 것은 이런 분위기 속에서였다.[6] 이른바 '자유부인' 신드롬과 박인수 사건도 이런 분위기에 영향을 주었다. 실상 '자유부인' 신드롬은 전쟁의 종식과 개인주의의 대두, 급격한 미국문화의 유입으로 인한 전통의 해체, 새로운 여성 유형의 등장과 개인적 욕망의 분출이 드러난 결과였다[7]. 그러나 이 신드롬은 여성의 성애를 관리하고 통제[8]할 중요한 빌미를 제공했다. '박인수 사건'

---

3 이정희, 「전후의 성담론 연구-종전에서 4.19 이전 시기의 여성잡지와 전후세대 여성작가의 소설을 중심으로」, 『담론 201』 8-2, 2005, 195쪽.

4 1958년 통계에 의하면 20-24세 연령층과 30-34세 연령층에서 여성의 수가 20만 명 정도씩 많았으며, 25-29세 연령층에서는 여성 174만 명에 남성 127만 명으로 여성의 1/4인 47만 명은 결혼 상대자가 없는 것으로 나타났다. 합동통신사, 『합동연감 1959』, 1958, 467쪽. 이임하, 『한국전쟁과 젠더: 여성, 전쟁을 넘어 일어서다』, 서해문집, 2004, 284쪽에서 재인용.

5 김은하, 「전후 국가 근대화와 '아프레 걸(전후여성)' 표상의 의미」, 『여성문학연구』 16, 2006.12. 180쪽.

6 곽종원, 「봉건적 가풍과 새로운 가풍」, 『여원』, 1961.4.

7 최성희, 「자유부인, 블랑쉬를 만나다: 전후 한국여성의 정체성과 미국 드라마의 수용」, 『미국학논집』 37집, 2005. 겨울.

8 우리나라에서 부부의 성에 대한 본격적인 담론이 형성된 것은 전쟁 이후인데, 여기에는 미국의 킨제이보고서의 영향도 있기는 하나, 당시의 성담론의

은 바로 이런 감시와 통제의 강건함을 보여주는 분명한 사건이었다. 이 일련의 사건에 의해 '전후의 혼란과 패륜, 그리고 부박한 미국식 퇴폐현상'의 근원으로 '전후파 여성'[9]이 사회 표면에 떠올랐다. 당시에 이들은 경계와 교정의 대상이 될 수밖에 없었다.

한편 이 같은 남성권위의 붕괴 위기에서 새로운 가부장적 질서를 세우는 데 중요한 역할을 한 것이 『여성계』, 『여원』, 『주부생활』 등의 여성잡지였다. '자유부인 사건'에서도 알 수 있듯, 이런 논의가 대중의 호응을 얻기 위해서는 대중적인 장편소설이 매우 유효한 전략으로 작용했다. 1960년 4월부터 다음해 5월까지 『여원』에 연재된 박경리의 〈성녀와 마녀〉는 바로 그 전략이 표면적으로 드러난 작품이다. 이 작품은 전후의 여성계몽을 위한 성담론 잡지라 할 수 있는 『여원』에 연재되었고, 제목부터 가부장제 이데올로기 하의 전형적인 여성대립과 보수적 가치를 따르는 분명한 결말을 암시하고 있으며, 여성독자에게 가장 영향력 있는 멜로드라마의 공식을 취하고 있다. 이 점만으로도 매체와 서사공식의 측면에서 전후의 가부장적 이데올로기의 충실한 문학적 형상화로 읽혀진다. 표면만 보았을 때, 이 작품은 여성작가에 의한 남성적 성담론에 대한 모방과 단순재생산인 것이다.

사실 박경리의 장편소설들 대개가 이처럼 대중 소설적 요소가 강

특징이 여성들의 섹슈얼리티를 생식을 위한 성, 가족을 위한 성, 국가를 위한 성으로 통제하려 했다는 데서 찾을 수 있을 것이다. 이정희, 앞의 글.

9 이 용어는 '종래의 예의 습관, 도덕 같은 것을 처음부터 돌아보지 않고 성행위에서 과거의 윤리관이나 정조관념을 깨뜨리고 대담 적극의 행동을 취하는 타입'(백철, 「해방 후의 문학작품에 보이는 여인상」, 『여원』, 1957.8)을 뜻하는 퇴폐적인 경향의 여성을 지칭하던 용어에서 고등교육을 받은 여성, 여학생, 직업전선에 뛰어든 미망인, 미군을 상대하는 성매매 여성 등을 공격하는 도구로 사용되어, 퇴폐적이고 서구지향적인 사회참여 여성이라는 의미로 확대되었다. 이임하, 『계집은 어떻게 여성이 되었나』, 서해문집, 2004, 94쪽.

한 것들이다.[10] 그러나 그런 소설의 주제는 대중적 공식으로 풀어내기에는 다소 무거운 것들로서 인간의 자유의지와 운명, 낭만적 사랑과 가족의 문제, 그리고 진정한 선에 대한 물음을 향하고 있어 섬세하고 저항적인 독서가 필요하다. 박경리는 낭만적 사랑과 운명에 대한 저항, 자연적인 성의 세계와 엄격한 도덕적 징벌 등을 함께 다룸으로써 전복의 욕망을 모호하게 감싸고 위장하기 때문이다. 따라서 작품의 도처에 감춰진 욕망의 흔적과 균열을 세밀하게 분석하는 일이 필요하다. 이런 은폐된 욕망과 균열의 흔적은 가부장제 담론을 가장 근접하게 모방하고 있다고 여겨지는 〈성녀와 마녀〉에서도 역시 발견된다.

이 글에서는 박경리의 〈성녀와 마녀〉의 표면에서 읽혀지는 멜로드라마적인 요소와 그 이면에서 읽혀지는 운명과 저항의 서사구조에 대해 분석함으로써, 박경리의 성담론 수정양상이 어떻게 나타나고 있는가를 살펴보겠다. 이 이중적 전략을 작가의 전기적인 사실과 다른 작품과의 관련 속에서 재검토함으로써, 〈토지〉의 해석을 포함한 새로운 시각과 여성주의적 시각의 유효성에 대해 생각해볼 것이다. 이 연구결과가 1950-60년대 여성작가 작품에 나타난 성 담론의 수정양상[11]을 확대하여 분석할 근거를 마련해줄 것으로 기대한다.

---

10 박경리의 장편이 대중성이 강한 것은 신문에 연재되었다는 사실과 관계 깊다. 박경리의 1960년대 장편소설은 〈김약국의 딸들〉과 〈시장과 전장〉을 제외하고는 대개 신문에 연재된 작품들이다. 이덕화, 「원초적 욕망을 갈구하는 인물들-박경리의 『土地』 이전의 문학세계」, 『연세여성연구』 2, 연세대학교 여성연구소, 1996.12, 212쪽.

11 이 시기 문제적인 여성작가 정연희의 경우, 『여원』에 연재한 대중 소설 『목마른 나무들』에서 '전통적 윤리관과 새로운 여성주체와의 타협적 균형'을 보여주려 하고 있다는 지적(김현주, 「'아프레 걸'의 주체와 방식과 멜로 드라마적 상상력의 구조」, 『한국문예비평』, 2006.12), 또는 〈목마른 나무들〉, 〈아가〉, 〈석녀〉 등 1960년대 대중소설에서 지배적인 남성성을 인정함과 동시에 이를

2. 멜로드라마적 요소와 가부장 담론

1950년대 자전적이고 문제적인 단편을 쓰던 박경리는 1959년, 낭만적 취향이 짙은 장편 〈표류도〉[12]로 독자로부터 예상치 못했던 호응을 얻었다. 이 작품을 통해 소위 인기작가의 반열에 끼게 되자, 〈성녀와 마녀〉를 시작으로 1960년대 초반에만 약 20여 편의 소설을 집중적으로 창작했는데, 주로 낭만적 취향과 통속적 경향이 농후한 장편들이다. 〈성녀와 마녀〉는 1966년 현암사에서 단행본으로 출간된 후, 1980년 지식산업사에서 나온 박경리 문학전집 12권에 〈표류도〉와 함께 묶여 출간되었고, 2003년에 MBC 아침 드라마로 개작되어 방영된 (2003.9.22-2004.4.24.) 후에는 인디북에서 재출간 되었다. 창작된 지 40여 년이 지난 후에도 TV드라마로 만들어질 수 있었던 것은 이 작품이 대중적인 서사 공식을 보이고 있기 때문이다.

한국의 근대적 대중소설이 그렇듯, 이 작품의 지배적 특징도 멜로드라마적 요소에서 찾을 수 있다.[13] 피터 브룩스는 멜로드라마 양식의 전형적 특성을 "강렬한 감정 표출, 도덕적 양극화와 도식화, 존재·상황·행동의 극단적 상태, 공공연한 악행, 선한 자에 대한 박해와 선행에 대한 궁극적인 보상, 과장되고 지나친 표현, 비밀스런 음모와 서스펜스, 아슬아슬한 페리페티(peripety, 운명의 급변)"로 규정

부정·해체·전복하는 이중적 담론을 사용하고 있다는 지적(최미진, 「1960년대 대중소설의 서사전략 연구-정연희의 장편소설을 중심으로」, 『한국문학논총』 25, 1999.12.)은 이런 분석의 확대 가능성을 시사한다.

12 정희모, 「현실에의 환멸과 삶의 의지」, 한국문학연구학회, 『〈토지〉와 박경리의 문학』, 솔, 1996, 42쪽.

13 전영태, 「한국근대소설의 대중성에 대한 고찰-멜로드라마적 성격을 중심으로」, 『한국학보』 33. 1983.3.

한다.[14] 한편 한국 멜로영화의 전통에서는 유형적이고 불변의 속성을 지닌 인물, 양극화된 인물 설정과 인물들 간의 감정적 대립, 사건 중심적 내러티브, 우연성과 운명성의 강조, 가정적·사회적 배경, 과다한 비극적 정서, 사랑과 도덕의 찬미, 그리고 이 모든 것을 관통하는 체제 유지적 가치 등이 특징으로 지적된다.[15] 〈성녀와 마녀〉는 이 같은 멜로드라마적 요소를 그대로 보이는 전형적 대중소설이며, 이 점에서 당시의 신가부장 담론을 충실하게 반영하고 있다고 볼 수 있다. 이 장에서는 이런 특징을 등장인물의 유형성, 극단적 행위와 과장된 표현, 당대적 대중문화 코드 삽입, 낭만적 사랑의 강조, 체제 유지적 가치 추구로 나누어 살펴보도록 하겠다.

1) 등장인물의 유형성과 과장된 행동패턴

멜로드라마에서 등장인물들의 행동은 대체로 윤곽이 단순한데, 그것은 난해하거나 복잡하면 작품의 도덕적 구분이 약화되기 때문이다. 곧 선하든 악하든, 개성보다는 유형성이 강조된다. 〈성녀와 마녀〉는 제목에서부터 여성의 분명한 대립을 명시적으로 드러낸다. 이어 작품의 처음부터 성녀와 마녀의 대립적인 이미지가 직접적이고 단정적으로 서술된다. 이런 이미지를 극단적으로 대립시키기 위한 잉여적인 표현과 전형적이고 평면적인 인물묘사는 대중소설의 읽는 재미마저 삭감시킬 정도로 지나치다. 우선 성녀형으로 나오는 하란은 시종일관 복종적이고 희생적이고 수동적인 여성으로 묘사된다. 하란에 대한 묘사도 이런 성격과 일치한다.

---

14 피터 브룩스, 이승희·이혜령·최승연 옮김, 『멜로드라마적 상상력-발자크, 헨리 제임스, 멜로드라마, 그리고 과잉의 양식』, 소명출판, 2013, 42쪽.

15 김훈수·김은정, 「한국 멜로영화의 장르연구: 관습의 반복과 변형」, 『한국방송학보』 통권 14-1, 1999. 122쪽.

> 조용한 하란의 모습. 모두 시끄럽게 지껄이고 있는 속에서 사뿐히 떠 있는 흰 꽃잎같이 청초한 모습이다. 흰 저고리에 수박색 치마가 더욱 그런 인상을 깊게 한다. 투명하리만큼 흰 얼굴에 짙은 그늘을 지워주는 속눈썹, 입술이 살그머니 열리면서 웃음을 참는 듯 이빨 두 개가 아랫입술을 깨문다. 꿈을 머금은 듯 소리 없이 웃음이 흐른다.[16]

하란은 약한 성격과 외모(창백한 얼굴, 흰 손목 등)로 인하여 많은 남성들의 보호본능을 자극[17]하고 동정을 받는 것으로 서사화 된다. 즉 아버지의 친구이자 사랑하는 사람의 아버지인 안박사는 물론이고, 허세준, 한영진, 박현태 등 남성 등장인물의 대부분이 하란에게 호감을 가지고 보호하고 지켜주려 한다. 그녀의 소극적 성격과 우유부단함은 누구에게도 비난되지 않고, 다만 선의에 의한 갈등의 징표로 여겨질 뿐이다.

반면, 마녀형으로 나오는 형숙은 적극적이고 자기 주도적이며 신비한 매력을 지녔으나 파괴적이고 방탕한 부정적 여성으로 표현된다.

> 한번 쳐다보기만 하면 그 눈은 누구나 평생토록 잊을 수 없는 그런 무서운 아름다움을 지니고 있었다. (중략) 그는 눈뿐만 아니라 또 하나의 신비한 매력을 갖고 있다. 그것은 드물게 보는 훌륭한 소

16 박경리, 『성녀와 마녀』, 인디북, 2003, 11~12쪽.

17 대중문화가 여성에게 주는 쾌락에 대해 연구한 카워드에 따르면, 연애소설에 나오는 여성은 대개 수동적이다. 또, 보통 연애소설은 위험 없는 안락의 세계를 약속한다. 즉, (남성에게) 의존함으로써 안전을, 그리고 복종함으로써 힘을 갖게 된다는 약속을 한다. John Storey, 박 모 역, 『문화연구와 문화이론』, 현실문화연구, 1994, 186~187쪽.

프라노의 소유자라는 것이다. 그의 목소리에는 눈에 못지않은 마력이 숨어 있었다.[18]

이러한 형숙의 이미지를 강화하기 위해 형숙의 어머니 오국주에 대한 부정적인 정보가 덧보태진다. 안박사는 오국주를 만나 젊은 시절을 망쳤다고 고백하면서, "나면서부터 탕녀였고 애정이 무엇인가를 모르는 여자", "어떤 사내고 간에 망쳐놓고야 마는 이상한 습벽"(29쪽)이 있었다고 표현한다. 서술자의 권위를 빌리지 않고, 등장인물 중 하나인 안박사를 통해 정보가 제시되지만, 의사라는 직업이나 인품, 말의 어조 등에서 독자에게 신뢰를 준다. 이런 설정은 이 두 모녀를 '마녀의 피'를 가진 사람으로 규정하고 형숙의 미래를 부정적으로 재단하게 함으로써 독자가 편견을 가지고 서사를 읽게 만든다.

멜로드라마는 거의 전적으로 악한의 조정에 따라 진행된다. 철저하게 파렴치한 한 명 이상의 반동인물 때문에 주인공은 초인적인 시련을 겪는다. 이 소설의 표면적인 반동인물은 형숙으로, 그녀의 등장과 퇴장이 전체 인물들의 관계와 갈등을 휘저을 정도로 영향력이 크다. 형숙이 등장하면서 주변의 젊은 남녀관계가 혼돈상태가 되고, 형숙이 유학을 떠나자 평정을 되찾으며, 귀국하면서 다시 같은 문제가 불거진다. 형숙과 함께 다른 인물의 관계를 바꾸어 놓는 또 다른 인물은 수영이다. 수영이 형숙에게 마음을 빼앗긴 까닭에 하란이 고통을 겪고, 이 문제 때문에 안박사와 허세준, 허세준의 약혼녀인 안수미가 심한 갈등을 겪는다. 또 형숙과 수영의 관계 때문에 박현태는 결혼 직전에 형숙에게 버림을 받기도 한다. 이러한 '반발의 연쇄작용'에 의해 이 작품은 비극적 사건으로 향해간다. 형숙과 수영이

18 박경리, 위의 책, 15쪽.

각각 일찍부터 천재적인 성악가과 작곡가로 인정받아 독선적이고 오만한 행동을 하는 것이 괴팍성으로 이해할 수 있게 설정된 점이나, 교사인 하란이나 박현태 등에 비해 상대적으로 자유분방한 행동을 하는 점은 인물의 설정과 서사의 동인이 일치하는 것이라 할 수 있다.

멜로드라마의 주된 갈등은 환경 문제, 감정의 대립, 우연적인 사건에 의한 것이 대부분이다.[19] 이 작품의 등장인물을 움직이는 것도 주로 질시와 열등감, 장애에 대한 반발심이고 이로 인한 갈등이 사건의 중심이 된다. 역사·사회적 배경은 삭제되고, 감정적 대립과 우연한 사건이 동인이 되어 인물들은 충동적으로 행동한다. 뿐만 아니라 이 행동에 대한 서술은 작위적이고 직접적이며 과장되어 있다. 여기에 시종일관 지속되는 감정적이고 신파적인 내면 묘사 때문에 인물의 행동은 더욱 과장되게 느껴진다. 가학적 남성과 피학적인 여성의 서사구조도 역시 멜로드라마의 선정성을 보여주는 중요한 공식이다. 때로 폭력적인 수영과 이런 행동을 수동적으로 받아들이기만 하는 하란의 태도는 행동의 극단적 대립을 보여줌으로써 선정성을 더해준다.

2) 서구지향성과 체제 유지적 가치 추구

이 작품에는 대중소설에서 흔히 보게 되는 빈부의 극단적 대조가 드러나지 않는다. 안박사 집안과 형숙을 중심으로 한 상류층의 생활이 중심을 이루고 젊은 예술가들의 일상이 주로 펼쳐지는데, 특히 서구적인 문화코드가 지배적이다. 우선 안박사의 집은 장충단 공원 근처의 저택(사오백 평이나 됨직한 넓은 공간)으로 무도회를 벌일 수

19 김훈수·김은정, 앞의 글, 123쪽.

있는 홀과 페치카, 넓은 정원을 갖춘 서양식 저택으로 묘사된다. 1장에 서술된 수미의 생일파티 장면은 서양소설의 어느 한 부분을 따온 듯 착각이 들 정도이다. 이 20대의 젊은이들은 생일파티를 위해 파티복을 입고 남녀가 자유롭게 대화하고 홀에서 연주하고 무도회를 벌이고,[20] 자동차로 자연스럽게 이동하며 정원에서 대담한 애정행각을 벌인다. 다음은 생일을 맞은 수미의 모습이다.

> 수미는 오늘의 주인공답게 주름을 담뿍 잡은 바이올렛 빛 드레스에 진주 네클리스, 이어링을 하고 로만스 라인의 머리 맵시, 그런 것이 잘 조화되어 아주 귀여웠다.[21]

또한 이 작품에서는 도어, 베드, 보이프렌드, 데카당, 코케트, 네크리스, 비어 등 외국어 표현이 빈번하게 사용된다. 형숙이나 세준이 애정의 도피를 위해 미국이나 프랑스로 유학을 떠난다든가, 서구적인 이미지가 강한 양식당, 다방, 호텔의 모습이 주로 그려지는 것도 그런 특징으로 볼 수 있다. 그러나 이런 서구적 이미지는 형숙과 세준을 중심으로 한 예술가들의 생활을 그릴 때 주로 나타난다. 여기서 주목할 점은 1950년대에 이런 서구적 코드는 아프레 걸의 부정적 표지와 관련된다는 점이다. 1950년대 양장의 착용은 미군을 상대하는 성매매 여성을 연상시켜 사치와 허영의 상징으로 취급되기도 한 것이다.[22] 1920-30년대에 신여성의 부정적 측면을 서구지향성을

---

20 댄스는 남녀 간의 미묘한 심리를 만들고 신체적 자극을 주고 서로 접촉할 기회를 더 많이 만든다는 점에서 당시에 많은 논란이 되었다. 이 작품은 댄스홀이 아닌 가정 내의 댄스를 자연스럽게 보여줌으로써 댄스가 표상하는 서구문화와 이에 대한 건전한 수용방식을 표현하고 있다.

21 박경리, 위의 책, 11쪽.

22 이임하, 위의 책, 91~92쪽.

강조하여 형상화했듯, 이 여성들의 매력인 적극성과 낭만성은 '서구 지향성'과 혼동되어 표현되고 있다. 따라서 이 작품에 드러나는 서구지향성은 당대의 대중적 코드일 뿐 아니라 형숙의 '마녀성'을 강조하기 위한 장치라 할 수 있다. 이것은 성녀의 상징인 하란이 거의 청초한 한복 차림으로 등장하는 것과 비교하면 더욱 분명해진다.

등장인물 행동의 패턴에 초점을 두고 테니슨은 멜로드라마는 '자극(provocation) → 고통(pangs) → 형벌(penalty)'의 패턴으로 진행된다고 한다.[23] 멜로드라마의 부정적인 주인공은 지나친 질투심이나 탐욕적인 자극에 의해 타인을 고통 속에 몰아넣지만, 결국은 반전이 일어나 자기 자신의 악행 때문에 벌을 받게 된다는 것이다. 멜로드라마의 가장 중요한 특징이 '엄격한 도덕적 정의의 준수'임을 다시 확인할 수 있다. 그 결과 멜로드라마는 선악, 미추 등 도덕적 문제의 흑백을 가리려는 경향이 뚜렷하다.[24] 이것은 행복한 결말에 대한 대중의 꿈을 반영한다. 추상성보다는 내용에 치중, 사회정치적인 문제보다는 사회제도를 인정하는 도덕극에서 수용자들은 편안함을 느끼고 비록 사회정치적인 부분을 다루더라도 그것이 주요사안이 되기보다는 배경으로 물러나버리는 경우가 허다하다. 이처럼 멜로드라마의 저변에는 사회를 유지시키려는 보수성과 다수인의 가치를 따르는 안정성이 자리하고 있다.

이 작품에는 1950년대 시대적 상황이 완전히 삭제되어 있고, 인물의 도덕적 성격과 애정행각 그들의 충동적인 행동만이 지배하는 것

23 G. B. Tennyson, 오인철 역, 『희곡원론』, 동아학연사, 1982, 119쪽.

24 멜로드라마적 요소가 강한 대중소설은 서사적 신문소설과 함께 천편일률적으로 도덕적이다. 대중소설은 저자와 독자들 당대의 사회와 현재 속에서 선과 악의 투쟁을 기술한다. 이브 올리비에 마르뗑, 임성래·김중현 역, 「프랑스대중소설사 서설」, 대중문학연구회 편, 『대중문학이란 무엇인가』, 평민사, 1995, 153~157쪽.

처럼 보인다. 더구나 그 구조는 테니슨이 지적한 대로 '자극-고통-형벌'의 구조를 그대로 보여준다. 형숙을 자극한 대가로 수영은 그녀에 의해 고통 받고, 하란 역시 수영과 형숙에 의해 고통을 받는다. 그리고 형숙은 자신의 행동의 대가로 총에 맞아 죽는 형벌을 받는다. 이 결말은 처벌이나 죽음 등의 파국을 보여주는 결말을 선호하는 한국형 멜로드라마[25] 장르의 공식에 오히려 가깝다. 또 표면적 내용으로만 볼 때 분명히 권선징악이라는 주제를 전달하고 있다. 형숙이 죽고 사랑을 잃어버린 수영이 집으로 돌아가게 되는, 곧 남성의 귀가로 가족문제가 해결되는 이런 방식은 가부장 이데올로기적 결말[26]로서 대중소설의 특징으로 흔히 지적되는 '체제 유지적 가치'를 따르는 것으로 보인다. 뿐만 아니라 '전후파 여성'의 전형으로 형상화된 형숙을 징벌하는 것은 1950년대 가부장 담론에 대한 강력한 긍정이라 할 수 있다.

3. 비극적 구조와 반어의 서사

박경리의 〈성녀와 마녀〉의 표면에서 읽혀지는 멜로드라마적 요소와 대중적인 공식은 당대 가부장적 이데올로기에 충실한 것으로 남성에 대한 자발적 순종과 절대적 의존을 보여주고 있다. 주인공 하란은 아름답고 부드럽고 조용하며 순종적이고 희생적인 여성, 모든 남성의 이상적 여성이자 연민의 대상이다. 대중 소설에서 이상화되어 나타나는 여성 이미지를 그대로 보여준다. 반면, 형숙은 소프라

25 김훈수·김은정, 앞의 글.

26 조미숙, 「소설의 드라마화 연구-내러티브와 담론에 나타나는 이데올로기 양상 고찰」, 『돈암어문학』 17집, 2004.12. 24쪽.

노 가수로서 독립적이고 당당하며 남성의 행복이나 가족을 배려하기보다는 자신의 행복과 향락을 우선시 하는 전형적인 '악녀'로 형상화되어 있다. 문제는 형숙이 '악녀'로 여겨지는 이유가 남성의 권력과 위계질서에 도전하고 위협하는 데 있다는 것이다. 자신의 아들을 망칠 여성이라는, 안박사의 저주 섞인 말 속에는 그런 위협에 대한 공포가 들어있다. 하란이 가부장인 안박사에게 며느리감으로 '선택된 여성'인 반면 형숙은 가부장으로부터 '거부된 여성'[27]이다.

따라서 이 작품에서 두 여성이미지의 대립과 마녀의 파멸이라는 서사는 전후의 위축된 남성 이데올로기에 의해 주도된 성담론—'아프레 걸'의 팜 파탈[28]적 이미지에 대한 일방적 경계와 간섭, 계몽 담론—이 내면화된 멜로드라마로 읽힐 충분한 근거를 가지고 있다. 그런데 이 작품은 과연 그런가? 인물의 대립은 매우 과장되어 있고, 팜

---

27 거부된 여성, 저주 받은 형숙이 지닌 마녀성은 사실상 1920-30년대 유행한 '모델소설'에 나오는 신여성의 형상화적 특성을 잇고 있는 것이기도 하다. 모델 소설에 등장하는 신여성은 방탕하며 이기적일 뿐만 아니라 비윤리적인 악인처럼 비쳐지는데, 성적 타락, 이기심, 사회의식의 빈약에도 불구하고 분명히 매력 있는 존재로 형상화된다. 그것은 그녀들이 가진 섬세한 감각, 지적 능력, 적극적인 태도 때문이다. 여기에 신분이나 교육, 외모에서 오는 특출함, 성적인 개방성 등은 치명적인 매력이 아닐 수 없다. 곧 이런 특성은 남성들의 불안과 두려움이 투사된 존재이면서 동시에 남성 중심의 상징질서가 지닌 균열을 증명하는 것이다. 강현구, 「1920-30년대 모델소설의 새로운 독법과 매혹적인 악녀상」, 『한국문예비평연구』, 2005.

28 서구에서 '팜 파탈'이 탄생한 것은 남성 중심의 가부장적 이데올로기가 정면으로 도전받게 되었기 때문이다. 기존의 가치관이 붕괴되면서 순결한 이상을 가진 천사형 여성과 대조적인 가해자 여성형인 팜 파탈의 이미지를 만들어 내어 공격하였다. 따라서 아름답고 사악한 팜 파탈의 이미지에는 남성을 파멸적인 상황으로 이끄는 매력적인 여성에 대한 공포와 욕망, 사디즘과 마조히즘, 갈망과 거부, 쾌락과 죽음 등 모순된 남성의 심리가 반영되어 있다. (이명옥, 『팜므 파탈-치명적 유혹, 매혹당한 영혼들』, 다빈치, 2003, 182~184쪽.) 한국의 전후 사회 역시 이런 배경의 서구의 19세기 풍경과 유사하다.

파탈적 여성 하나에 매달린 수영의 태도는 지나치게 병적이고 심지어 공포로 가득 차 있다. 더구나 이 작품의 결론은 아무래도 석연치가 않다. 하란은 이제 세준에 대한 애정을 확인하고 그에 대한 그리움을 알게 되었고, 수영은 자신을 대신하여 죽은 형숙에 대한 미련을 버릴 수 없게 되었다. 이것은 멜로드라마의 깔끔한 권선징악적 마무리와 거리가 있다.

이 부분에서 발견되는 작품의 균열은 작가가 완전하게 받아들일 수 없었던 가치에 대한 부정 혹은 수정의 지점이라 볼 수 있다. 이것은 "보다 접근이 힘들고 사회적으로 받아들여지기 힘든 의미층을 숨기거나 흐리게 만드는, 매끈하고 온건한 표면을 지닌 작품을 내놓음으로써"[29], 가부장적 문학적 관습에 순응하면서 전복시키는 19세기 유럽 여성작가들의 작업과 유사하다. 이 여성작가들은 표면의 온순하고 순응적인 여성과 함께, 미친 여성 또는 괴물 같은 여성을 창조함으로써 가부장적 사회의 억압구조에 대한 순응과 거부의 이중적 태도를 보여주었는데, 박경리 역시 이와 비슷한 태도를 보인다. 이 장에서는 〈성녀와 마녀〉의 이면에서 읽을 수 있는 운명과 저항의 서사구조, 곧 작품의 이중적 전략에 대한 분석을 통해 남성에 의해 주도된 성담론을 어떻게 수정하고 있는가를 살펴볼 것이다.

1) 예고된 운명, 비극적 구조

〈성녀와 마녀〉는 전체 14장으로 되어 있다. 흥미로운 것은 작품의 전체 14장은 전반(1-7장)과 후반(8-14장)이 닮은꼴로서 유사한 갈등이 반복되는 '모래시계와 같은 패턴'[30]을 이루고 있다는 것이다. 이

29 원유경, 「다락방의 미친 여자들-샌드라 길버와 수잔 구바」, 한국영미페미니즘학회, 『페미니즘, 어제와 오늘』, 민음사, 2000, 98~99쪽.

30 박경리, 앞의 책.

를 확인하기 위해 작품의 전체 구조와 내용을 간략히 표로 그려보면 다음과 같다.

장	내용	갈등구조
1. 피가 나쁘다	**수미의 생일파티**, 형숙의 정체	A, B
2. 귀로	세준 하란에게 연정을 느낌	D
3. 공작	형숙에 대한 불안, 하란의 입원, 현태의 방문	A
4. 목격	수영, 형숙의 방탕한 관계 목격, 독점욕구	B, C
5. 역전	세준과 수영의 다툼, 수영 하란 겁탈	A, B, D
6. 결혼행진곡	하란과 수영의 결혼	B
7. 사랑은 멀고	현태가 형숙에게 이용당한 것 알게 됨, **형숙의 유학**	C, D 갈등의 1차 해소
8. 귀국독주회	2년 후, 형숙의 **귀국연주회**, 수영의 갈등	갈등의 재시작 A, B
9.멀고도 가까워라	수미의 장례식, 수영의 외도	A
10. 눈을 밟으며	수미의 묘지, 하란과 허세준 만남	D
11. 해빙기는 왔건만	수영, 형숙에 대한 집착/하란과 세준	B, D
12. 어느 사나이	수영, 형숙을 따라온 사나이에게 위협 당함	A, B
13. 흔들리는 마음	세준의 전화, 흔들리는 하란/식당에서 수영과 형숙 마주침	A, D
14. 이합이 인생인가	**세준의 유학**, 하란 재취업, 형숙이 수영대신 총에 맞음, 집으로 돌아온 수영	갈등의 2차 해소

* 애정 갈등 - A:하란-수영 / B:수영-형숙 / C:형숙-현태 / D:하란-세준

위의 표에 정리된 것처럼 이 작품은 하란과 수영, 수영과 형숙, 그리고 하란과 세준의 복잡한 애정갈등이 두 차례에 걸쳐 해소되는 구조로 되어 있고, 그것이 유사한 모티프를 통해 반복된다. 즉, '모임

(갈등의 발단) → 만남(갈등의 증폭) → 결혼·죽음·유학(갈등의 해소)'의 구조가 정확히 반복되는 것이다. 1장에서 수미의 생일파티와 8장에서 형숙의 귀국 연주회(혹은 수미의 장례)는 등장인물들이 모두 표면에 떠오르는 '모임'으로서 우선 의미가 있다. 그리고 이 모임에 의해 애정의 갈등이 생기고, 의도된 혹은 우연한 만남을 통해 이들의 애정 갈등은 강화된다. 이 갈등은 전반부에서는 하란과 수영의 결혼과 형숙의 유학으로, 후반부에서는 형숙의 죽음과 세준의 유학으로 표면적으로 해소된다. 곧 서사의 주된 갈등의 완전한 해소가 이루어지는 것이 아니라, 잠재된 갈등과 비극적인 가정의 분위기를 전달하는 것으로 끝나는 것이다.

또 다른 흥미로운 점은 1장에서 안박사가 고백한 사건이 전체의 서사를 예고하는 서장의 역할을 하고 있다는 것이다. 곧 안박사와 오국주 사이의 일은 그 2세인 안수영과 오형숙 사이에서 거의 똑같이 되풀이된다. '피가 나쁘다'는 말, "요부가 너를 파멸시킬 것이다"라는 말로 둘의 만남을 반대한 안박사에 대한 반발과 저항은 병적이고 자학적인 애정 행각의 강력한 동인이 된다. 수영은 아버지의 말과 형숙의 위악적 행동 때문에 가정과 주변인들의 관계는 아랑곳하지 않고 한 여자에게만 매달리는 충동적이고 광기어린 인물로 변해간다. 결국 이들은 예고된 대로 부모의 불행을 반복하는 비극적 운명에 처하는데, 이 점에서 오이디푸스의 예언과 도피, 그리고 운명의 발견과 전환과 유사한 비극적 구조를 띠고 있다 할 수 있다. 이런 시각에서 작품의 구조를 바라보면, 성녀와 마녀의 대립과 성녀의 승리라는 표면 이야기와는 전혀 다른, 마녀에 대한 저주와 그 운명에 대한 저항의 비극적 이야기라는 이면 이야기가 중심에 떠오른다. 곧 작품의 표면에서 볼 때 '자극 → 고통 → 형벌'의 멜로드라마 패턴으로 되어 있으나, 이면의 의미를 생각해볼 때 '목적(purpose) → 열정

(passion) → 인식(perception)'의 패턴[31]으로 된 비극으로 읽히는 것이다.

2) 충동과 불안, 위악과 반어의 서사

〈성녀와 마녀〉는 앞서 살펴본 대로 대중소설의 전형적인 공식으로 되어 있으며 한국형 멜로드라마적 요소가 강하다. 하지만 인물의 지나친 유형성과, 공란이 없는 서사 전개 등의 특성은 오히려 작품에 대한 자연스러운 몰입을 방해할 정도로 잉여적이라는 점에서 새로운 분석을 요한다. 예를 들어 형숙에 대한 서술에서는 전반부에 '요부', '탕녀'라는 단어가 상투적 수사로 반복[32]하여 나오며 하란과 대조적으로 서술하여 악녀성을 지나치게 강조한다. 또 인물 형상화 방식에서 행동이나 태도 등을 통해서 성격을 간접적으로 형상화하기보다는 인물의 대화나 서술자의 서술 등을 통해 직접적으로 인물을 규정함으로써 독자에게서 인물의 행동을 예측하고 분석할 기회를 박탈한다. 더구나 1장부터 안박사와 오국주의 과거 사실, 형숙의 출생의 비밀까지 모든 것을 드러내 놓고 시작되어 독자가 추측하고 채워 읽어야 할 정보의 빈자리가 없다. 과거의 사건과 관련되어 갈등이 야기되는 과거지향적인 구조로 되어 있지만, 그 과거가 단계적

---

31 G. B. Tennyson, 위의 책, 119쪽.

32 작품에서 반복적으로 서술된 부분을 대강 나열하면 다음과 같다. "형숙은 너를 파멸시킬 것이다. 그에게는 어미의 피가 그대로 흐르고 있다. 무서운 탕녀, 요부의 피가 말이다."(33쪽.)/ "하란씨는 얼굴이 곱겠다, 마음씨가 착하겠다, 장차 현숙한 부인이 될 자질을 백퍼센트. 형숙이야 그건 요부형이지."(59~60쪽.)/ "명문의 자제분이 무서운 탕녀, 요부의 피가 흐르고 있는 여자하고 결혼을 하다니, 그게 될 말이에요."(78쪽.)/ '역시 형숙은 요부인가, 어미의 피를 받은 요부인가, 저렇게 태연하게 나를 짓밟을 수 있단 말인가?'(82쪽.)/ '정말 형숙은 아버지를 망친 그의 어머니와 같은 여자인가?'(84쪽)/ '역시 요부다!'(85쪽.)

으로 노출되지 않고 시작단계에서 모두 노출됨으로써 분석적인 진행이 되지 않으며, 미래지향적인 새로운 갈등이 생겨나지도 않는다. 곧 충분한 정보의 제시와 잉여적 서술, 그리고 단일 갈등의 반복으로 인해 서사 전개에서 오는 긴장감이 오히려 떨어진다.

결국 이 작품은 일반적인 멜로드라마의 서사 동인인 긴장과 놀람, 안정된 결말에 대한 기대 대신, 인물의 충동적이고 광기어린 행동이나 대화에서 오는 불안감이 전체 서사를 지배한다. 이때 충동과 불안은 이미 주어진 운명에 대한 저항과 금기에 대한 도전에서 빚어지는 정서적 반응이라고 할 수 있다. 독자는 이런 인물들의 갈등이 언제 어떤 방식으로 끝날 것인가에 대해 예측하거나 '반전'을 기대하면서 계속되는 불안감과 서스펜스를 감당해야 한다.

그렇다면 그 불안감의 정체는 무엇인가? 수영은 아버지에게서 형숙의 출생비밀과 염려를 들은 후 오히려 아버지의 말에 반발하듯이 형숙에게 빠져든다. 그러나 형숙을 경계하라는 아버지의 말을 항상 상기하고, 이 때문에 갈등하며, 또 그런 자신을 합리화하기 위해 형숙을 증오하고 두려워하고 급기야 '죽이고 싶다'는 말을 반복한다.

"죽이고 싶다!"

"유치한 소리 하지도 마."

"마물이다!"

"이제 알았나? 그래도 수영이한테는 순정을 바치는 모양이던데?"

"무서운 독부다! 피를 말리는 요부다!"

"알구 있음 그만 아냐? 자넨 아버지구 남편, 답답할 거 없어. 잔말 말구 술이나 처먹구 집으로 가게."

"안 된다. 형숙이한테 간다."

"죽이러?"

"죽일 수 있다면 얼마나 행복할까."

"기가 막히네. 사내자식 꼴 더럽게 되어간다."

"맞았어. 더럽게 되어가지. 나는 형숙이의 하나의 종놈이야. 그 계집이 딴 놈하고 노닥거리는 것을 나는 얌전히 기다리고 있어야 한다. 울어도 보고 때려도 보고 애걸도 하구."

수영의 얼굴에는 자조의 웃음이 번져나간다.

"그러나 돌아서면 그 여자는 내 세계의 전부가 되고 그를 잃어버릴까 하는 공포 때문에 견딜 수 없다."[33]

아버지가 내린 금기를 깨는 것은 아들에게 힘든 일이다. 금기를 어기는 것은 사회화의 통로를 잃게 될 것이라는 두려움, 곧 남성성 상실에 대한 공포를 동반한다. 한편 형숙은 실상 자기 속의 또 다른 자기, 곧 아버지로 대표되는 사회를 거부하는 자기의 그림자일 수도 있다. 형숙에 대한 수영의 이중감정, 곧 벗어나고자 하는 마음과 잃어버릴까 두려워하는 마음의 공존은, '아프레걸'의 규정과 경계, 계몽으로 일관된 구세대의 성담론에 대해 당시 신세대 남성이 가졌던 가치관의 혼돈과 자기 분열적 사회 분위기를 보여주는 것이다.

한편 형숙은 안박사의 말과 어머니에 대한 발견으로 충격을 받고, 자신의 '나쁜 피'에 저항하고 다시 순응한다. 곧 형숙의 행동은 안박사의 말에 대해 복수함으로서 '나쁜 피'에 저항하는 것이지만, 그 방법은 바로 그 '나쁜 피'에 순응하여 자신이 나쁜 피를 가진 사람임을 증명하는 모순적인 것이다. 형숙의 행동은 결국 수영을 사랑해서 나온 것이면서, 안박사가 말한 '요부'라는 말에 대한 저항으로 철저하

---

33 박경리, 위의 책, 190~191쪽.

게 자신을 위악적으로 만드는 것이었다. 그녀는 스스로 요부라고 칭하면서 마음에도 없는 남성들을 만나고 성적으로 문란한 생활을 함으로써 수영의 질투심을 유발한다. 현태의 평가대로 "수영을 사랑하면서 괴롭혀 주며 쾌감을 느끼"(243쪽)는 것이다. 또한 친하게 지냈던 수미의 장례식에 가서도, "늙은이[안박사]의 슬픔을 구경하러 왔을 뿐이야, 얼마나 신이 나는 복수인가."(167쪽)라고 생각할 정도이다. 그러나 이런 위악적 태도는 형숙이가 고백하는 다음 말에서 새롭게 해석되어야 할 국면을 맞는다.

> "(전략) 옛날에 저는 선생님을 사랑하면서도 왜 그런지 선생님을 희롱해보고 싶었어요. 그땐 정신적인 요부였고, 육체는 그야말로 성처녀였나봐요. 자신이 만만한, 흐흠……"
>
> 형숙은 수영을 선생님이라 불렀다가 당신이라 했다가 하면서 웃었다.
>
> "그러나 그 이야기를 당신의 아버지한테서 들은 후, 지금은 육체의 요부가 되고 정신은 성처녀가 된 거예요. 흐흠……"[34]

위에서 고백한 것처럼 형숙은 자신에게 붙은 낙인에 저항하여 복수하는 과정에서 결국 자신의 성스런 사랑을 증명하는 인물이다. 그녀는 자신을 방탕하고 성적으로 문란한 마녀로 둔갑시킴으로써 윤리적 지탄과 징벌을 유발시키고 죽음으로 그 대가를 치르는 매저키스트적 인물이기도 하다. 더 읽기를 해본다면, 수영을 위해 대신 죽는 결말은 처음부터 환영받지 못했던 그녀의 나쁜 피를 정화하는 일종의 제의와 같다. 이 사건으로 그녀는 마녀가 아니라 한 남자를 순

34 박경리, 위의 책, 224~225쪽.

수하게 사랑한 한 평범한 여성으로 돌아온다.

형숙을 중심으로 한 서사가 그녀의 악녀성이 편견과 위악의 결과임을 증명하고 그녀의 순수한 사랑을 보여주는 방향을 향해 있다면, 하란을 중심으로 한 서사는 이와 반대의 방향을 향한다. 성녀형 인물인 하란은 가정을 지키지만, 방황과 절망 끝에 허세준의 변함없는 사랑에 끌려가는 인물이다. 초반에 하란은 수영에 대한 자신의 사랑을 전혀 의심하지 않고 그의 가학적 사랑조차 참고 견딘다. 죽은 아버지를 대신하여 그의 보호자가 된 안박사의 말에 순종하며 그의 집안의 며느리가 될 사람임을 숙명처럼 생각하는 사람이다. 그에게 마음을 주는 박현태나 허세준 등의 유혹에도 아랑곳하지 않는 것은 하란에게 이타적이고 순종적인 태도가 내면화되어 있기 때문이다.

그러나 마음으로 의지하던 수미가 죽고 안박사가 수영의 문제에서 관심을 거두면서 하란은 마음의 평정을 찾지 못한다. 더구나 이 상황에서 한때 수미의 약혼자였던 허세준은 하란에게 적극적으로 마음을 보이기 시작한다. 동시에 하란은 수영에 대한 사랑이 그저 환상이며 집착에 불과하다는 사실을 서서히 깨닫게 된다. 그러나 허세준에 대한 사랑의 실체를 자각하기까지 꽤 오랜 시간이 걸린다. 허세준의 사랑 고백이 여러 차례 있어도 그녀는 그에 대한 슬픔에 "일종이 감미로움"이 있는 것을 깨닫지 못한다. 그것을 그저 친근감이나 자신의 처지 때문에 생긴 슬픔 정도로 해석할 뿐이다. 결국 허세준이 떠난 후에야, 그녀는 죄의식도 자존심도 없이 순수하게 떠난 사람을 그리며 '울음'으로 자신의 사랑을 대담하게 표현한다.

> 하란은 내 딛으려던 걸음을 멈추고 우뚝 서서 눈을 감는다. 현기증을 느낀 것이다. 너무나 생생하게 되살아난 어느 감각이 있었다. 허세준의 뜨거운 입술이었다. 그날 밤 남산에서 하란을 포옹하고

입술을 찾던 허세준의 열기 뿜는 입술의 감각이었다. 환상이라 하기에는 너무나 선명한 회상이었던 것이다.

(중략)

'아주, 아주 가버렸다.'

두 손을 모아 쥐고 뒷머리를 싸며 하란은 방바닥에 이마를 부딪쳤다. 어두운, 어두운 울음소리가 이 사이로 새어 나왔다.

(중략)

울고 있는 하란을 보자 신여사는 적이 놀라며 들먹거리는 하란의 어깨 위에 손을 얹었다. 그러나 하란의 울음은 멎지 않았다. 하란의 마음에는 아무런 죄의식도 자존심도 없었다. 실로 대담한 자기 표시였던 것이다. 외곬으로 흘러간 허세준의 애정처럼. 그러나 지금은 없는 사람인 그에게 하란은 대담하게 애정을 표시하고 있는 것이다.[35]

이 작품은 이렇게 하란의 욕망이 살아서 꿈틀거리기 시작하면서 끝난다. 처음에는 선악이 분명하고 서사의 동인까지 선명하였지만, 후반부에 갈수록 갈등은 더욱 복잡해지고 마지막에는 이처럼 누가 선인이고 악인인지의 구분조차 모호해진다. 정신과 육체의 성스러움을 두고 말한다면 앞서 형숙의 고백에서처럼 이들의 대립된 이미지는 오히려 전혀 다른 것이 될 수 있다. 결국 뻔한 도식과 노출된 서사라는 '매끈하고 온건한 표면'을 통과하여 마지막 부분에 이르면 서사전체를 전복시키는 열린 결말을 보게 된다.

모든 것은 옛날 그대로다. 다만 변한 것은 사람뿐이었다.

35 박경리, 위의 책, 259~261쪽.

'형숙이'

수영은 창가에 서서 담배를 붙여 물며 나직이 불러본다. 형숙은 아무 곳에도 있지 않았다. 눈만 휘날리고 있었다. 차갑게 쓸쓸하게. 한편 하란은 묵념하듯 방에 그대로 앉아 있었다.

'돌아왔다. 허울만이 돌아왔다.'

허황한 바람이 지나가는 것을 하란은 느낀다.

'만나고 헤어지고 바라는 대로 살지 못하는 인간들이라면 이런 대로 질서를 찾을 수밖에 없다.'

(중략)

저녁식사 때 가족은 실로 오래간만에 식당에 모였다. 수영은 형숙의 영상을 안고 하란은 허세준의 추억을 간직한 채 이 상반된 인간과 인간이 모인 가정이란 질서 속에서 그들은 조용히 대면하는 것이었다.[36]

마지막의 이 장면은 대중 소설의 재화합 모티프로 흔한 가족의 식사장면이다. 그러나 하란의 느낌대로 '허울만이' 돌아온 가정 속에서 '이런 대로 질서를 찾는' 자리는 위장된 평화일 뿐 진실은 아니다. 이 부분은 결국 〈성녀와 마녀〉가 당시 가부장제 이데올로기를 반복 재생산하는 멜로드라마가 아니라 표면적인 의도 밑에 '사회적으로 수용되기 어려운 심층적 의미차원을 은폐하거나 모호하게 얼버무려 놓은 양피지적 작품'[37]임을 분명하게 보여준다.

---

36 박경리, 위의 책, 274~275쪽.

37 Toril Moi, 임옥희·이명호·정경심 공역, 『성과 텍스트의 정치학』, 한신문화사, 1994, 69쪽.

4. 탕녀의 발견과 추방으로서의 글쓰기

1950년대 말까지 박경리의 단편소설들은 대개 남성이 부재하는 가족의 이야기에 초점이 가 있으며, 전쟁으로 해체위기에 놓인 가정을 통해 혼돈과 무질서의 사회를 고발하고 있다. 이때 고발의 주체는 그 사회에서 소외되었으나 결코 시대고에 흔들리지 않는 자존심이 굳고 강한 여성 주인공이다. 1950년대말에서 1960년대 발표된 소설에서도 역시 작가는 소외와 자존심의 문제[38]를 다루고 있는데, 이 시기에는 낭만적 사랑이라는 소재가 부각된다. 이 소재는 이 시기 작품의 서사를 더욱 풍성하게 하며, 작품의 대중성을 확보하는 데 중요한 요인이 되고 있다. 1960년대에 창작된 박경리 소설의 상당수는 남성이 다시 가정의 중심부로 자리한 가족관계를 보여준다.[39] 그러나 그렇게 제자리로 온 남성은 가장으로서의 역할을 하지 못하고 금기와 가문 지키기에만 연연한다. 여기에서 다룬 〈성녀와 마녀〉는 이렇게 가정의 중심으로 돌아온 아버지의 '금기와 가문 지키기'의 집착을 여성에 대한 공포와 경계를 통해 역설적으로 보여주고 있다. 어쨌든 이런 집안을 세심하게 살피고 지켜내는 것은 다시 여성(어머니)이며, 이 구도는 〈토지〉에 가서 가장 강력하고도 다양하게 재현된다. 박경리의 작품 대부분은 이렇게 강하고 자존심이 강한 여성인물을 중심으로 한 서사를 보여주면서도, 보수적인 가부장제에 깊이 기대고 있는 듯 보인다.

그러나 지금까지 〈성녀와 마녀〉의 분석에서 알 수 있듯, 박경리

---

38 김해옥, 「'여성적 자존과 소외' 사이에서의 글쓰기」, 이상진 「여성의 존엄과 소외, 그리고 사랑」, 한국문학연구학회, 『〈토지〉와 박경리의 문학』, 솔, 1996.

39 백지연, 「박경리 초기 소설 연구-가족 관계의 양상에 따른 여성인물의 정체성 탐색을 중심으로」, 경희대학교 석사논문, 1995, 33쪽.

는 보수적 가부장제가 불가능함을 보여줌으로써 매우 조심스레 텍스트의 의미를 전복시키고 있다. 이 같은 균열을 작품에서 쉽게 발견할 수 없는 것은 박경리가 전복의 의도를 복합적인 전략으로 은폐시키고 있기 때문이다. 따라서 작품의 도처에 감춰진 욕망의 흔적과 균열을 촘촘하게 분석하고 새로운 해석코드를 찾아낼 필요가 있다. 여기에서는 〈성녀와 마녀〉의 몇 가지 특징을 박경리 작품에 나타나는 이런 균열의 양상과 관련하여 검토해보기로 하겠다.

1) 탕녀의 징벌과 도덕적 자존심 회복

박경리의 작품에 등장하는 여성인물은 몇 개의 유형으로 나누어 볼 수 있는데, 그 유형은 1962년에 발표된 『김약국의 딸들』에 등장하는 딸들의 유형과 거의 일치한다. 곧 용숙이처럼 현실적이고 부도덕한 여성, 용란이처럼 자연적인 성에 몰입하는 순수한 여성, 용빈이처럼 양성구유적이고 지적인 여성, 용옥이처럼 가부장적 이데올로기에 충실한 여성 등이다. 작가는 앞의 두 여성군을 매우 부정적으로 그리고, 뒤의 두 여성인물들을 긍정적으로 그린다. 다시 말해 성애적이고 비도덕적이고 현실적인 여성에 비해, 지적이고 양성적이고 가부장적 이데올로기에 충실한 여성을 긍정적으로 바라보는 것이다. 이런 특징은 다음처럼 정리될 수도 있다.

> 작가의 나르시시즘이 투영된 얼음같이 차갑고 단아한 미모의 여성들은 주로 '좋은 피'의 여성들이다. 신분상 품위 있는 여성들은 목숨이 위태로운 절박한 상황에서도 의연한 품성을 지니고 있다. 신분에 걸맞는 인품이라는 환상이 투여된 이들 여성은 주로 성녀과에 속한다. 마녀과에 속하는 여성들은 극악스럽고 생존본능에 충실한 천민출신들이거나 아니면 '나쁜 피'를 물려받은 여성들이

어서 가부장적 질서를 교란하는 요부, 탕녀들이다.[40]

사실, 박경리의 작품 속 여성인물을 극단적으로 나눌 때 위와 같은 분류는 충분히 설득력이 있다. 문제는 왜 그렇게까지 반복하여 좋은 피와 나쁜 피, 혹은 마녀과의 인물과 성녀과의 인물 대립을 그리고 있으며, 마녀의 징벌에 집착하는가이다. 여성인물의 이분화와 징벌은 가부장적 사회에 대한 순응과 거부의 이중적 태도를 반영한다. 곧 표면의 온순하고 순응적인 여성과 함께, 미친 여성 또는 괴물 같은 여성을 창조함으로써 작가 자신의 혁명적 충동을 투사하는 것이다. 이렇게 보면 여성 작가의 작품 속에 나오는 미친 여성, 악녀는 작가의 분신, 작가 자신의 분노와 불안의 이미지일 수 있다.[41] 그렇다면 작가의 악녀성은 어떤 것이며, 그것은 작가의 어떤 정신적 불안과 충동의 재현인가?

1950년대에 한국에는 낭만적 환상이 급격히 퍼졌는데[42], 특히 1950-60년대 여성작가의 작품은 거의가 이런 낭만적 사랑에 대한 유토피아적 환상이 지배적이다. 박경리도 예외는 아니다. 실상 박경리 소설 전체에서 낭만적 사랑은 반복하여 서사화되고 있다. 1950년대 말에 발표된 박경리의 단편 가운데 〈전도〉, 〈비는 내린다〉, 〈반딧불〉, 〈어느 정오의 결정〉, 〈벽지〉 등은 대부분 유부남을 사랑하거나 언니의 애인을 사랑하는 내용이다. 이 금지된 사랑은 낭만적 사랑의

---

40 이은경, 「저주는 나의 것, 김약국의 딸들」, 여성문화이론연구소정신분석세미나팀, 『다락방에서 타자를 만나다』, 여이연, 2005, 120쪽.

41 원유경, 앞의 글, 99쪽.

42 이는 전후의 붕괴된 사회적 위기상황, 뿌리 뽑힌 사회의 문화적 허함으로부터 도피하고자 하는 졸속한 대응일 수 있다. 김복순, 「분단 초기 여성작가의 진정성 추구양상」, 한국문학연구학회 편, 『페미니즘과 여성소설』, 한길사, 1997, 43쪽.

환상과 쉽게 결합되고, 장편소설화 되면서는 대중성과 결합하여 더욱 다양하게 변주되었다.

초기 장편인 〈성녀와 마녀〉에도 역시 이 같은 낭만적 사랑의 서사가 그대로 나타난다. 곧 완벽한 아름다움의 강조, 형숙의 남성 편력, 하란에 대한 세준과 박현태의 거의 무조건적인 사랑 등은 이상화되고 낭만적인 사랑의 결정이라 할 수 있다. 무엇보다도 형숙과 이들을 둘러싼 인물들은 서양 예술에 영향을 받은 예술가로 설정되어 있어, 일반인보다 예민하고 섬세한 감성과 질투, 분노, 기쁨과 욕정에 대한 솔직하고 열정적이며 대담한 반응을 보이는데, 이 역시 낭만적 사랑의 서사를 긴장감 있고 개연성 있게 전개하기에 적절한 설정이라 할 수 있다.

부양가족을 거느린 미망인이었던 작가에게 불가능했던 사랑[43]은 간혹 절대적이고 낭만적인 외피를 입고 이렇게 서사화 된다. 이 작품에서 작가의 내면은 남편이 부재하는 가정을 지키는 착한 하란의 모습과 운명에 저항하며 낭만적이고 열정적인 사랑에 빠지는 위악적인 형숙의 모습으로 이분되어 나타난다고 볼 수 있다. 그런데 이 낭만적 사랑은 시종일관 불안과 충동, 공포와 광기 속에 움직이며, 급기야는 남성에 대한 절대적 의존과 자발적 순종이라는 가부장적 담론과 결탁하고 결국 부르주아 가족 이데올로기와 윤리를 수용하는 지점에서 신속히 마무리된다. 이 부분에서 작가의 낭만적 사랑에 대한 욕망의 반영이자 그림자인 형숙과 그녀에 대한 징벌에 주목해보자. 작가는 작품에서 수도 없이 요부와 탕녀라는 말을 강조하고

---

43 작가는 남편이 사망한 3년 후 고향에서 K라는 인물과 불행한 연애를 했고, 배신적인 언질에 자존심을 다쳤던 경험을 말한 바 있다. 이 시절을 회고하면서 작가는 '연애의 신성을, 사랑의 순수를 신봉'했음을 고백했다. 박경리, 「반항정신의 소산」, 『창작실기론』, 어문각, 1962, 393쪽.

그녀의 성적 문란함을 강조하며, 예정된 징벌을 향해 가차 없이 달려간다. 그리고 스스로 그 벌을 받는 것으로 서사를 마무리 한다. 곧 비극적인 결말을 통해 낭만적인 꿈에 대한 환상을 황급히 접어버리는 것이다. 이것은 자신의 낭만적 사랑의 경험을 반성하고 단죄함으로써 자존심을 회복하려는 무의식적 욕망이 작품으로 승화되어 나타난 것이다. 또 근본적으로는 허위적 세계와 속물화된 현실 세계에 대한 거부이며, 그것은 자기 자존심을 확보하고자 하는 박경리식의 정신적 에고이즘의 표현이다.[44] 곧 자기 속의 탕녀를 추방함으로써 도덕적 자존심을 회복하고자 하는 의지를 드러낸 것이다.

중요한 것은 그 결말이 아니라 과정 속의 균열이다. 곧 분명한 윤리적 결말을 향하면서도 낭만적 사랑을 추구하는 까닭은 그 과정에서 작가가 자기의 욕망을 응시하고 성적으로 종속된 자기의 위치를 자각하게 되기 때문일 것이다. 다시 말해 악녀의 이미지에 덧씌여진 낭만적 사랑의 환상은 작가의 은폐된 욕망과 분리하여 생각할 수 없다. 그 속의 또 다른 머뭇거림, 형숙의 악녀성에 대한 변명과 반어의 서사가 보여준 전도된 의미는 작가의 내면을 다시 한 번 들여다 볼 것을 요구한다.

2) 나쁜 피, 혹은 운명에 대한 저항

〈성녀와 마녀〉는 탕녀의 단죄와 추방으로 끝난 소설이 아니다. 작품의 마지막에, 깨진 평화를 억지로 회복한 채 식사를 하는 '불안하고 허위에 가득 찬' 가족들에 대한 서술은 진실은 다른 곳에 있음을 암시한다. 그것은 가부장제로 인해 저주받은 여성들이 오히려 그것을 저주하게 됨으로써 가부장제를 공포스럽게 만든다는 여성의 무

44 정희모, 앞의 글, 53쪽.

의식적인 욕망[45]의 조심스런 표현이다. 탕녀로 낙인찍히고, 그것이 대를 이은 '나쁜 피'의 결과라는 운명의 발견, 그리고 탕녀로서 살아갈 수밖에 없을 것이라는 저주를 받은 형숙에게 초점을 둘 때, 이 작품은 유전과 운명, 그리고 이에 대한 저항의 이야기가 된다.

사실 유전과 운명은 박경리 소설의 단골 소재이다. 이 작품에 이어 발표한 〈김약국의 딸들〉의 다섯 딸 이야기도 운명에 대한 이야기이며, 핏줄에 대한 편견이 서사를 지배하고 있다. 또 저주받은 가문과 저항의 서사는 〈김약국의 딸들〉뿐만 아니라 〈토지〉의 초반부를 긴장하게 만드는 매력적인 모티프이다. 박경리의 작품 곳곳에는 유전적인 결함이나 혈통에 대한 불안이 서사의 중요 동인으로 작용한다. 예를 들어 〈토지〉의 서희는 할머니와 어머니의 대를 잇는 불륜에 대해 반항하고 불안해하며, 구천 역시 아버지 김개주에 이은 자신의 불륜에 저항한다. 전형적인 악인으로 등장하는 거복이는 아버지 김평산의 악마적 혈통을 타고 났으며, 임이네와 용이 사이에 태어난 홍이는 자신 속에서 어머니 임이네의 부정적 혈통이 나타날 것을 두려워한다. 〈나비와 엉겅퀴〉에는 정신질환으로 사망한 어머니의 혈통에 대한 불안을 가진 강은식, 은애 남매 이야기가 나온다. 이런 혈통적 불안은 신체적 결함(장애)으로 구체화되기도 하는데, 〈쌍두아〉의 영혜가 가진 불안감, 〈토지〉의 조병수의 혈통적 불안도 잘못된 유전 혹은 부정적 운명에 대한 작가의 집착을 보여주는 분명한 예가 된다. 이렇게 볼 때, 염무웅이 박경리 소설은 운명에 얽매인 인간의 고통스러운 삶을 보여준다[46]고 지적한 것은 비단 〈토지〉만을 염두에 둔 말은 아니라고 할 수 있다. 그렇다면 작가는 왜 이렇게 인

45 이은경, 앞의 글, 122쪽.

46 염무웅, 「역사라는 운명극」, 『신동아』, 1973.11.

간의 운명과 이로 인한 고통스런 삶에 주목했는가.

> 나의 출생은 불합리했다. (중략) 증오하고 학대하던 남자의 자식을 낳게 해 줍시사고 애원을 한 어머니를 경멸했었다. 그것은 사랑의 강요였기 때문이다. 어머니의 그러한 모습은 내게다가 결코 남성 앞에 무릎을 꿇지 않으리라는 굳은 신념을 못박아 주고야 말았다. 그 신념은 무릇 강한 힘에 대한 반항이 되었고 그러한 반항정신이 문학을 하게 한 중요한 소지가 되었다.[47]

박경리는 여러 차례에 걸쳐 자신의 불운한 태생에 대해 고백하고 있다. 부모의 불행, 자신의 탄생과 유년시절의 불우한 삶, 이 때문에 자존심과 반항의식이 깊어졌다는 것이다. 또 작가는 동일시의 대상으로 어머니를 거부한 결과 자존심을 굽히고 현실과 타협하는 여성, 세속적인 욕망을 지닌 현실적인 여성에 대한 비난을 작품 속에 쏟아부었다. 무엇보다 박경리는 1950년대에 위험한 여성으로 치부된 '전쟁미망인'이었다. 젊고 아름답고 재기 있는 전쟁미망인인 박경리에 대한 외부 시선은 당시 '아프레걸'에 대한 경계와 계몽의 시선과 다르지 않았을 것이다. 이렇게 볼 때, 〈성녀와 마녀〉의 운명적 결함과 저주에 저항하는 서사, 그리고 낭만적 사랑에 대한 환상과 그 파기의 여운은 작가의 치명적 상처로 인해 무의식으로 가라앉은 욕망의 흔적이다. 뿐만 아니라 당대 여성과 여성 작가가 가질 수밖에 없었던 불안과 고뇌, 그로 인해 전통을 수정하고 재해석하기 위해 펜을 들어야 했던 숨길 수 없는 욕망의 표현이었다고 할 수 있다.

---

47 박경리, 「반항정신의 소산」, 위의 책, 389~390쪽.

5. 수용과 해체의 이중 전략

1950년대 남성 중심적 질서를 회복하기 위한 방안으로 현명한 어머니와 양순한 아내를 바람직한 여성상으로 키워내면서 동시에 현모양처의 타자로서 '위험한 여성'의 이미지를 생산하는 담론이 무성해졌다. 여성을 정상적 질서와 규범을 존중하는 현모양처와, 질서와 규범에서 벗어나 늘 유혹의 눈길을 보내는 위험한 여성으로 이분화시켰다. 결국 전후파여성, 곧 위험한 여성에 대한 담론은 집밖으로 나온 여성들의 노동력과 가정 밖의 경험에 대한 남성의 두려움이 사회적으로 표출된 것이었다.[48] 이러한 남성의 두려움이 반영된 '위험한 여성', '전후파 여성'에 대한 계몽담론은 여성잡지들을 통해 주도되었다.

박경리의 〈성녀와 마녀〉는 이 논의의 한 가운데 있었던 『여원』에 연재된 대중적 장편소설로서 매체와 서사공식의 측면에서 전후의 가부장적 이데올로기의 충실한 문학적 형상화로 읽혀진다. 여성에게 가장 영향력이 있는 멜로드라마적 공식에 의해 당대의 서구지향적 가치와 가부장적 담론을 충실하게 재현하고 있으며, 특히 전후파 여성으로 나오는 마녀적 여성에 대한 징벌과 원점 회귀라는 마무리는 남성중심적이고 보수적인 가치를 따르는 전형적인 대중소설임을 보여준다.

1950년대 성담론과 문학작품에 나타난 탕녀의 이미지가 역사적으로 남성의 공포와 불안이 반영된 것이라면, 〈성녀와 마녀〉에 나타난 탕녀에 대한 저주는 전후파 여성에 대한 경계와 계몽을 은유하는 것이라 말할 수 있다. 그런데 이 서사는 불안과 충동, 광기로 얼룩져

---

48 이임하, 위의 책, 62-94쪽.

있으며, 인물에 대한 지나친 유형성은 오히려 반어적 읽기로 유도한다. 심지어 작품이 진행되면서 선악 구분도 모호해지고 마지막에는 서사전체를 전복시키는 열린 결말로 향한다. 이렇게 볼 때 당대 가부장 담론을 내면화하고 이를 단순 재생산하는 것으로 보여졌던 표면의 서사는 성담론에 대한 작가의 무의식적 욕망에 의해 균열되고 수정되고 있다는 새로운 분석이 가능해진다. 곧 작가는 성녀와 마녀의 대립과 마녀의 파멸이라는 뻔한 공식 속에 사회적으로 수용되기 어려운 심층적 의미차원을 은폐하거나 모호하게 얼버무려 놓은 것이다.

출간된 지 40여년이 지난 후 드라마로 만들어진 〈성녀와 마녀〉는 소설과 달리 여주인공 하란이 의식의 각성을 이루어 성녀로서의 이미지를 벗고 능동적이고 활동적인 성격으로 변화하는 것으로 그려지며, 형숙의 마녀적 성격이 오히려 완화되고, 소설의 단순구성을 벗어나기 위해 오국주의 스토리가 더해진다[49] 이것은 이 같은 균열과 작가의 이중 전략을 파악하여 서사로 구체화 시킨 결과라고 할 수 있다. 이는 1960년대의 소설에서 작가가 침묵할 수밖에 없었던 부분을 소리 내어 말하고 있는 것으로 수십 년 사이 여성의 인식과 여성 작가의 위치가 어떻게 변화되었는가를 보여준다.

이 작품에서 발견되는 이중의 전략은 박경리 작품의 특징으로 지적되어 온 존엄성에 대한 추구, 운명론적인 특징, 낭만적 사랑에 대한 새로운 해석을 가능하게 하며, 보수적이고 가부장적인 가치에 침윤되어 있다는 오해를 불식시킬 수 있는 근거가 될 수 있다. 전쟁미망인으로 위험한 여성이었던 작가 자신의 마녀성을 추방하고 경계

---

49 조미숙, 「소설의 드라마화 연구-내러티브와 담론에 나타나는 이데올로기 양상 고찰」,『돈암어문학』 17집, 2004.12.

해야 했던 당대 이데올로기를, 운명적 결함과 저주에 대한 저항, 그리고 낭만적 사랑의 환상과 파기의 몇 겹의 의미를 덧씌워 해체시키는 이 전략은 박경리 작품 전체를 새롭게 읽는 접근법이 될 수 있다. 뿐만 아니라, 이와 유사한 낭만적 사랑과 여성담론을 서사화하고 있는 1950-60년대 여성작가의 작품에 대한 해체적 분석 작업을 가능하게 할 것으로 생각된다.

참고문헌

박경리, 『성녀와 마녀』, 인디북, 2003.
______, 『박경리문학전집12-표류도/성녀와 마녀』 지식산업사, 1980.
______, 「반항정신의 소산」, 『창작실기론』 어문각, 1962.

이명옥, 『팜므파탈 - 치명적 유혹, 매혹당한 영혼들』, 다빈치, 2003.
이임하, 『계집은 어떻게 여성이 되었나』, 서해문집, 2004.
______, 『한국전쟁과 젠더: 여성, 전쟁을 넘어 일어서다』, 서해문집, 2004.
G. B. Tennyson, 오인철 역, 『희곡원론』, 동아학연사, 1982.
John Storey, 박 모 역, 『문화연구와 문화이론』, 현실문화연구, 1994.
피터 브룩스, 이승희·이혜령·최승연 옮김, 『멜로드라마적 상상력-발자크, 헨리 제임스, 멜로드라마, 그리고 과잉의 양식』, 소명출판, 2013.
Toril Moi, 임옥희·이명호·정경심 공역, 『성과 텍스트의 정치학』, 한신문화사, 1994.
이브 올리비에 마르땡, 임성래·김중현 역, 「프랑스대중소설사 서설」, 대중문학연구회 편, 『대중문학이란 무엇인가』, 평민사, 1995.

강현구, 「1920-30년대 모델소설의 새로운 독법과 매혹적인 악녀상」, 『한국문예비평연구』 16. 2005.
곽종원, 「봉건적 가풍과 새로운 가풍」, 『여원』, 1961.4.
김은하, 「전후 국가 근대화와 '아프레 걸(전후여성)' 표상의 의미」, 『여성문학연구』 16, 2006.12.
김현주, 「'아프레 걸'의 주체와 방식과 멜로드라마적 상상력의 구조」, 『한국문예비평』, 2006.12.
김훈수·김은정, 「한국 멜로영화의 장르연구: 관습의 반복과 변형」, 『한국방송학보』 통권 14-1, 1999.
백지연, 「박경리 초기 소설 연구-가족 관계의 양상에 따른 여성인물의 정체성 탐색을 중심으로」, 경희대학교 석사논문, 1995.
백 철, 「해방 후의 문학작품에 보이는 여인상」, 『여원』, 1957.8
송희영, 「천사 아니며 마녀? – 그림동화와 헐리우드 영화 속의 여성이미지」, 『헤세연구』 12, 2004.
이덕화, 「원초적 욕망을 갈구하는 인물들 – 박경리의 『土地』 이전의 문학세계」, 『연세여성연구』 2,연세대학교 여성연구소, 1996. 12.
이은경, 「저주는 나의 것, 김약국의 딸들」, 여성문화이론연구소정신분석세미나팀, 『다락방에서 타자를 만나다』, 여이연, 2005.
이정희, 「전후의 성담론 연구 – 종전(終戰)에서 4·19 이전 시기의 여성잡지와 전후세대 여성작가의 소설을 중심으로」, 『담론 201』 8-2, 2005.
정희모, 「현실에의 환멸과 삶의 의지」, 『〈토지〉와 박경리의 문학』, 솔, 1996.
조미숙, 「소설의 드라마화 연구-내러티브와 담론에 나타나는 이데올로기 양상 고찰」, 『돈암어문학』 17, 2004.12
채진홍, 「인간의 존엄과 생명의 확인 – 박경리론」, 『1950년대의 소설가들』, 나남, 1994.
최미진, 「1960년대 대중소설의 서사전략 연구 – 정연희의 장편소설을 중심으로」, 『한국문학논총』 25, 1999.12.
최성희, 「자유부인, 블랑쉬를 만나다: 전후 한국여성의 정체성과 미국 드라마의 수용」, 『미국학논집』 37, 2005. 겨울.

■ 「탕녀의 운명과 저항 – 박경리의 〈성녀와 마녀〉에 나타난 성 담론 수정양상 읽기」
(『여성문학연구』 17, 2007.)

1930년대 아내표제소설과 남성 작가의 글쓰기

1. 근대소설 속의 조역, 아내

근대 초기 서사의 지식인 남성은 가치관의 혼란을 겪던 과도기에 갈등하고 고민할 충분한 자격을 갖춘 근대적 자아, 서사를 성찰적으로 이끌고 합리적으로 행동할 수 있는 주인물로 등장한다. 당시의 남성은 자신들이 주인인 세계에서 그 힘을 누리면서 살았고, 그런 전통을 문제 삼지 않았다. 그러나 모든 남성이 그랬던 것은 아니다. 어느 시대나 사회가 요구하는 '헤게모니적 남성성'[1]을 갖춘 남성은 일부였고, 그렇지 않은 나머지는 무책임하고 무력한 현실에서 상처를 받았다. 근대 초기 조선 남성들에게 헤게모니적 남성성이란 아마도 서구적 교양과 근대문명에 대한 지식, 자본주의화에 따른 직업적 업무 능력 혹은 경제력, 식민 현실을 타개할 정치적 이념과 실천

1 R. W. 코넬, 안상욱 현민 옮김, 『남성성/들』, 이매진, 2013, 123~130쪽.

력 등이라고 할 수 있을 것이다. 이를 인지한 남성들은 그런 능력을 갖추고자 했겠지만, 헤게모니를 쥐고 있던 일본제국주의 남성 집단의 지배에 의해 주변화될 수밖에 없었다. 따라서 일제 식민 치하의 중심에 설 수도 없고 서서도 안 되는 조선 남성 집단의 갈등과 사회 문제가 소설의 주요 소재가 된 것은 당연한 일이라고 할 수 있다. 문제는 그런 사회적 갈등과 모순을 남성만의 문제로만 이해했다는 데에 있다. 이 모든 문제에서 여성은 바깥에 있는, 잉여적이고 종속적인 존재였던 것이다.

이러한 남성의 시각과 여성의 위치는 근대 서사에서 여성인물의 역할과 형상화에 고스란히 반영되었다. 남성내포작가에 의해 포착되고 남성인물화자의 시선과 목소리로 그려진 여성은 주인물이 되더라도 누군가의 어머니이거나 딸이거나 사랑의 대상, 그리고 아내라는 일반명사로 나타났다.[2] 여성은 남성과의 관계 속에서나 의미를 부여받았던 것이다. 특히 아내는, 주제적 인물이 되기보다는 남편의 보조역이거나 적대자와 같은 서사적 기능으로 더 의미가 있었고, 의도적으로 삭제되거나 생략되기 일쑤였다. 아내를 주인공으로 삼은 현진건의 〈빈처〉조차 "신풍조에 띠어 까닭 없이 구식여자를 싫어"하던 과거를 떨치고 구여성 아내의 헌신적 사랑에 눈을 뜨는 남편, '나'에게 초점이 가 있다. '빈처(貧妻)'는 사소한 욕심을 숨기고 가난한 문사인 남편을 위해 희생할 줄 아는 '집안의 천사'가 됨으로써 허구상의 해피엔딩을 맞이한다. 무지하고 순종적인 구여성 아내의 모습을 '아내다움'으로 그리는 현진건의 시선이 그대로 담겨있다. 염상섭의 문제작 〈만세전〉에서 '나' 이인화를 조선으로 불러들이는 '아

2 1920년대 연애담론을 연구한 임정연에 따르면 이 시기 서사에서 아내는 이름이 주어지지 않는 경우가 많았다. 임정연, 「1920년대 연애담론연구 : 지식인의 식민성을 중심으로」, 이화여자대학교 박사논문, 2006, 138쪽.

내'는 남편의 사랑도 시가의 자상한 보살핌도 받지 못한 채 병들어 죽어가는 구여성이다. 만세 전, 한 지식인의 식민지 조선에 대한 장황한 관찰과 자각, 개성의 발견은 고평되었고, 아내에 대한 냉정한 태도는 조혼의 폐습과 과도기 지식인의 고민, 고백적 글쓰기 방식으로 충분히 변호되었다. 허구에서도 현실에서도 아내는 '아무것도 아닌 존재'로 비평의 사각지대에 있었던 것이다.

그간 남성작가의 '펜(penis)'에 의해 재현된 근대소설 속의 여성이미지 비평은 지속적으로 이루어져 왔고 당대의 젠더 담론과 비교를 통해 재현의 개연성도 충분히 입증되었다. 이 연구들은 여성억압의 현실을 분명하고도 반복적으로 확인해주고 있는데, 본 논문에서 문제 삼으려는 1930년대의 '아내' 이미지도 이와 크게 다르지 않다. 곧 1920~30년대의 구여성 아내는 결핍되고 열등한 존재로서 '새 시대의 교양과 통찰력이 부족'하여 신여성에게 자리를 내주어야 했다. 또한 아내는 남편과 시가의 폭력을 묵묵히 참아내야 했고, 자유롭게 이혼하기도 어려웠으며, 남편의 소유로서 생계를 위해 매매되거나 직업여성이 되어야 했다. 신가정을 이루려는 신여성조차도 양처가 되기 위해서는 전통적인 가치를 지키고 남편의 교정과 지도에 따라야 했다. 이러한 방식으로 남성은 가부장권을 강화하고 여성은 근대적 가정의 현모양처를 욕망하며 길들여질 수 있었다는 것이다.[3] 남

---

3 이러한 연구결과를 보여주는 주목할 만한 논문으로 다음을 들 수 있다. 임정연, 「근대 젠더담론과 '아내'라는 표상」, 『배달말』 45, 2009. ; 전미경, 「1920-30년대 '남편'을 통해 본 가족의 변화」, 『한민족문화연구』 29, 2009. ; 진선영, 「부부 역할론과 신가정윤리의 탄생」, 『여성문학연구』 28호. ; 김미영, 『1920년대 여성담론 형성에 관한 연구』, 서울대 박사논문, 2003. ; 박혜경, 「남성작가의 작품에 나타난 여성 이미지들」, 『한국문학연구』, 1997. ; 박정애, 「근대적 주체의 시선에 포착된 타자들」, 『여성문학연구』, 2001. ; 노지승, 「한국 근대소설의 여성 표상에 관한 연구」 서울대 박사논문, 2005. ; 신수정, 「한국근대소설의 형성과 여성의 재현양상 연구」, 서울대 석사논문, 2003. ;

성의 권력에 의해 일방적으로 타자화 된 존재로서 당대의 '아내'에 대한 이 같은 인식은 남성작가의 글쓰기에서 그대로 재현되었고, 그것은 "여성에 대한 남성의 성적 지배의 공공연한 또는 은폐된 승인"[4]의 결과였다.

본 연구는 위와 같은 재현 내용과 전략에 대한 확인을 바탕으로 당시 남성작가의 글쓰기에 나타난 윤리적 태도를 살펴보고자 한다. 이를 위해 두 가지 점에 주목하였다. 첫째, 근대적 주체로서 남성작가는 당시 여성(아내)에게 가해진 불합리한 제도와 억압적 현실에 대해 어느 정도의 자각을 가지고 있었으며 어떤 문제의식으로 창작을 했는가이다. 둘째, 남성작가의 여성 이미지 재현이, 자본주의적 가부장제와 식민지 현실에서 위축된 남성성과 주체의 불안을 은폐하려는 자기방어 전략과 어떤 상관성을 보여주고 있는가이다. 이 연구의 대상은 1930년대에 '아내'를 표제로 하여 창작된 일련의 소설 작품이다.[5] 1930년대 이후의 서사에서는 구여성 아내와 신여성 간의

배효진, 「1920년대 전기 소설에 나타난 여성상연구」, 세종대 박사논문, 2009. ; 김경일, 『여성의 근대, 근대의 여성』, 푸른역사, 2004.

4 이혜령, 『한국 근대소설과 섹슈얼리티의 서사학』, 소명출판, 2007, 19쪽.

5 이 논문의 대상으로 삼은 1930년대의 아내표제소설은 다음과 같다.
이광수, 「혁명가의 아내」, 『동아일보』, 1930.1.1.~2.4.
김동인, 「무능자의 아내」, 『조선일보』, 1930.7.30.~8.8.
채만식, 「감독의 아내」, 『동광』 31호, 1932.3. (희곡)
이기영, 「변절자의 아내」, 『신계단』, 1933.5.
박노갑, 「안해」, 『조선중앙일보』, 1933.9.30.~10.2.
김유정, 「안해」, 『사해공론』, 1935.12.
안석영, 『안해』, 『여성』, 1936.11~1937.4.
김남천, 「처를 때리고」, 『조선문단』 속간 11호, 1937.6. 『소년행』, 학예사, 1939.
김남천, 「이런 안해(혹은 이런 남편)」, 『농업조선』, 1939.4.
물론, 이전 시기에도 '아내'를 표제로 한 작품이 발견된다. 10년간 같이 살던 아내가 1년 전에 가출했다가 돌아오는 것을 문사인 내가 받아들일 것

대립, '자유연애-자유결혼'으로 이룬 신가정의 이상과 현실의 균열, 경제적 문제로 인한 가정해체와 갈등 등을 다룬 작품들이 많이 나타나고 있기 때문이다. 이 가운데에는 아내가 제목에 들어있는 작품이 상당수 발견된다. '아내(혹은 처)'를 표제로 한다는 것은 부부 관계를 소재로 한 남편(남성)의 시선과 글쓰기 과정이 중심이라 전제할 수 있다. 실제로 장덕조의 〈안해〉(『신가정』, 1934.2)를 제외하고 남성작가의 작품이며, 주로 자전적이거나 주변인을 모델로 한 소설로서 작가의 재현 근거가 비교적 뚜렷하여, 본고의 목적인 1930년대 남성작가의 글쓰기 태도를 더욱 잘 들여다볼 수 있을 것으로 짐작된다.

2. 책임의 회피, 열등한 타자의 일탈

근대 서구 문명의 세례를 받은 지식인들에게 전통과 구습은 부정의 대상, 근대화의 발목을 잡는 장애물로 인식되는 일이 많았다. 자신과 가족을 묶는 불합리한 제도와 전근대적인 생활방식, 특히 하층민들의 피폐해진 일상과 비윤리적인 행위 등은 계몽의 대상이자 열등함의 기표였다. 헤게모니적 남성성을 갖추고자 신교육과 신사상, 신문물과 신생활을 수용하기에 조급했던 남성 지식인들에게 이 모든 '구'투과 구습은 하루빨리 청산해야 할 어떤 것으로 비쳐졌다. 그들은 도시로, 식민 제국으로 떠나 신여성과의 자유로운 사랑을 꿈꾸었고, 지배적 문화영역에 포함되지 못한 황무지의 일상은 은폐되거

인가 말 것인가 하고 고민하다가 아내를 받아들이기로 결정하는 최승일의 〈안해〉(『신여성』, 1924.6.)와 어리석을 정도로 순박한 물지게꾼이 아내와 그 간부에게 사기당하는 과정을 그려낸 염상섭의 〈똥파리와 그의 아내〉(『신민』, 1929.11) 등이 있다.

나 격리되었다. 김유정의 〈안해〉는 바로 그렇게 거리를 둔 채 교정과 계몽의 대상이 된 농촌 하층민 부부의 일상을 희화화시켜 그리고 있어, 재현 내용과 내포작가의 어조에 대한 세밀한 분석이 요구된다.

남성 지식인들에게 구여성 아내도 결핍의 기호이자 열등한 타자였다. 그들은 직업여성이 될 능력도 없고 신가정을 꾸밀 새로운 교양과 통찰력, 지식도 없는 존재였다. 가정 내에서도 환영받지 못하였고, 가정이라는 성역을 벗어나서는 더욱 불안정한 삶으로 내팽개쳐졌다.[6] 경계를 넘어 새로운 삶을 꿈꿀 자유도 욕망도 모두 위험하기 이를 데 없었다. 구여성과의 결별을 꿈꾸는 신지식인 남성들에게 이들의 출분과 일탈, 불행에 대한 정신적 물질적 책임이 일정 부분 있었으나 대부분은 침묵으로 일관했다. 그들 역시 강제 조혼의 피해자였기 때문이었다. 김동인의 〈무능자의 아내〉는 이러한 구여성 아내의 출분과 타락의 과정을 회피와 은폐의 글쓰기로 보여주고 있다.

1) 그들의 윤리, 우처(愚妻)와 우부(愚夫)의 궁합

1920~30년대 농민층의 전반적인 몰락과 빈민화는 부부관계와 가족의 자연스러운 해체로 나타났다. 일자리를 찾아 떠난 남편이 아내를 유기한 채 사라짐으로써 이혼하는 일도 많았고, 남편의 가부장

6 출분은 사실상 이혼을 위한 선택이었고, 그렇게 이혼한 여성은 가정에서도 가정밖에서도 설 자리를 잃었다. 지속적으로 생계를 걱정해야 하는 불안정한 삶으로 나아가게 되었던 것이다. 출분한 여성은 공장노동자, 행상, 어멈, 유치원 보모 등 노동을 통해 자활의 길을 모색하였으나 여성에게는 열악하고 성차별적 노동환경으로 인해 빈곤에서 벗어나기 어려웠다. 게다가 재산분할권을 허용하지 않았던 불평등한 이혼법 등의 현실은 이혼여성의 빈곤을 심화시키는 요소였다. 소현숙, 「생존과 자존의 길 찾기 - 1920~30년대 여성 이혼과 빈곤문제」, 『여성문학연구』 32호, 2014.

적 폭력과 종속에서 자유로워지기 위해 아내가 출분하는 일도 있었고, 가난으로부터 벗어나고자 가정 밖의 새로운 노동인력으로 편입되려고 아내가 집을 나서는 일도 많았다.[7] 김유정 소설에는 이런 가족 해체와 유사 출분이 소재로 등장한다. 〈만무방〉에서 응칠은 먹고 살기 어려워 야반도주하며 가족들과 헤어져 동생 집에 오게 된다. 〈산골나그네〉에서 거지 아내는 병든 남편을 살리기 위해 다른 남성과 거짓결혼을 하기도 한다. 〈소낙비〉에서는 외간 남자에게 성폭행을 당하고 첩이 되어달라는 제안을 받고도 기뻐하는 아내가 나온다. 이같이 비윤리적인 부부 문제를 다루고 있는 김유정의 작품들은 재현된 내용과 미학적 해석의 충돌을 어떻게 해석할 것인가가 가장 문제가 된다. 대개가 '아내를 밑천으로 삼아 돈을 벌려는 한심한 남편들과 남편의 말에 순순히 따르는 아내'[8]의 공식을 따르고 있는데, 이를 당대 농민의 아내에 대한 비하나 폭력, 비윤리성을 고발한 것이라고 간단히 결론지을 수 없는 균열의 지점이 있기 때문이다. 그간의 연구결과들은 〈소낙비〉, 〈가을〉, 〈정조〉, 〈산골나그네〉, 〈정분〉, 〈안해〉 등에 나타나는 '아내팔기 모티프'를 부정적 현실의 극복수단, 사회적 폭력에 대한 폭로, 숭고의 메커니즘 등으로 해석[9]한다. 또

7 가출의 원인은 시부모와 남편의 구타와 학대, 남편에 대한 불만과 혐오, 다른 남성과의 정분 등 다양했지만 생활난도 주요한 원인이었다. 앞의 글.

8 최성윤, 「김유정 소설의 여성인물과 '정조'」, 『김유정의 귀환』, 소명출판, 2011, 131~133쪽.

9 극한 상황을 벗어나기 위한 부부간의 합의, 임시적 묵계에 의한 것, 부정적 현실 극복의 수단이다. 박정규, 「아이러니와 변이된 상실감의 미학」, 『호서문학』 13집, 1987. ; 수난의 역사나 사회적 폭력을 폭로하고 있다. 한상무, 「김유정 소설에 나타난 부부윤리」, 『김유정의 귀환』, 소명출판, 2011. ; 불쾌와 쾌의 공존과 변화 확장이라는 숭고의 메커니즘이 첨예하게 드러난다. 특히, 〈산골나그네〉에서 아내팔기 모티프에 나타난 아내의 숭고한 행동은 좌절과 절망을 겪허하면 할수록 그만큼 더 높아지고 그만큼 더 도덕적이 된다는 역설을 보여준다. 김미현, 「숭고의 탈경계성」, 『한국문예비평연구』 38집,

남편의 폭력과 비하의 행동조차 당대 조선 농민의 평균치에 해당하는 인간상을 구체적으로 형상화[10]했다는 점에 무게를 두고 평가되고 있다. 결국, 빈궁하고 무력한 (남성) 농민의 현실을 그려내고 있는 개성적인 작품이라는 결론으로 수렴되고 있는 것이다. 〈안해〉(1935)에 대한 해석도 이에서 벗어나지 않는다.

〈안해〉의 남편은 들병이로 나서겠다는 아내에게 노래를 가르치고, 생계를 위해 아내를 어떻게 이용하는 것이 이익인지를 셈하며, 못생겼다는 이유로 수시로 폭력을 휘두르고 화풀이를 하는 파렴치한 남성이다. 그리고 아내는 가정의 노동력이고, 생계수단이며, 피곤한 남편의 화풀이 대상이자 불운의 핑계가 되는 존재, 남편의 소유물과 다름없다. 가부장제의 폐해와 여성의 성매매, 폭력의 문제가 재현되지만, 분명한 비판적(풍자적) 거리가 확보되지 않은 채 서사화되고 있다. 특히 '아내'와의 관계에 대한 다음의 표현은 부부간의 교묘한 궁합을 암시하고 있어 그 가정폭력의 심각성이 완화되고 만다.

> 우리가 원수같이 늘 싸운다고 정이 없느냐 하면 그건 잘못이다. 말이 났으니 말이지 정분치고 우리 것 만치 찰떡처럼 끈끈한 놈은 다시 없으리라, 미우면 미울수록 싸울수록 잠시를 떨어지기가 아깝도록 정이 착착 붙는다. 부부의 정이란 이런 겐지 모르나 하여튼 영문 모를 찰거머리 정이다.[11]

아무리 부부간에 싸움을 해도 결국은 "잠시를 떨어지기가 아깝도록" 착착 붙는, "찰떡처럼 끈끈한" 찰거머리 정이 있다는 서술은 이

2012. 8.

10 최성윤, 앞의 글.

11 김유정, 『김유정 단편선 – 동백꽃』, 문학과지성사, 2010, 219쪽.

문제가 타인이 관여할 수 없는 이른바 '칼로 물 베기'의 형국임을 보여주는 것이다. 그 결과 이 작품이 인간의 정의를 바탕으로 하는 윤리적 가치를 보여주고 있고 이것이 부부 혹은 가족의 울타리를 지탱해주고 언젠가 삶의 조건이 호전되면 정상적으로 복원할 잠재적 힘을 여성에게서 발견하고 있다[12]는 해석도 가능하게 한다. 그러나 그 '부부간의 정'이라는 것도 남성(남편)의 시선에서 서술된 것임을 놓쳐서는 안 된다.

이 작품이 독자에게 전달되는 상황에 초점을 둘 때, 해석의 국면은 조금 달라질 수 있다. 〈안해〉는 1인칭 화자인 남편에 의해 서술된다. 이 화자는 "압도적인 능변"으로 독자를 몰입시킨다. 김근호에 의하면 이런 화자의 정서적 태도는 독자의 윤리적 사유 혹은 감각을 유발하는 역할을 할 수 있다.[13] 김유정은 화자를 통해 특유의 해학과 감칠맛 나는 언어표현을 구사한다. 서술의 중간 중간에 '땀을 낼 년, 경을 칠 년, 망할 년, 오라질 년, 집안을 망할 년, 망할 잡년' 등의 표현을 리듬감 있게 반복하여, 아내에 대한 비하적 표현임에도 불구하고 이를 유희적으로 읽게 만든다. 심지어 화자의 표현은 독자의 재미를 위해 실제보다는 다소간 과장되고 희화화되고 심지어 반어적인 부분도 있을 것이라는 암시조차 받게 한다. 뿐만 아니라 아내의 못생긴 외양과 순진한 태도를 과장되게 표현하여 남편의 폭력과 비하의 근거를 마련한다.

> 계집 좋다는 건 욕하고 치고 차고, 다 이러는 멋에 그렇게 치고 보면 혹 궁한 살림에 쪼들리어 악에 받친 놈의 말일지는 모른다. 마

12 한상무 앞의 글.

13 김근호, 「김유정 농촌소설에서 화자의 수사적 역능」, 김유정학회 편, 『김유정과의 만남』, 소명출판, 2012, 78쪽.

는 누구나 다 일반이겠지. 가다가 속이 맥맥하고 부아가 끓어오를 적이 있지 않냐. 농사는 지어도 남는 것이 없고 빚에는 몰리고, 게다가 집에 들어서면 자식놈 킹킹거려, 년은 옷이 없으니 떨고 있어 이러한 때 그냥 배길 수야 있느냐. 트죽태죽 꼬집어가지고 년의 비녀쪽을 턱 잡고는 한바탕 홀 두들겨대는구나 한참 그 지랄을 하고 나면 등줄기에 땀이 뿍 흐르고 한숨까지 후, 돈다면 웬만치 속이 가라앉을 때였다.[14]

아내에 대한 폭력을 행사하는 장면인데도 화자의 서술태도는 매우 당당하다. "농사는 지어도 남는 것이 없고 빚에는 몰리고", 집에서는 아이도 아내도 불쌍하게 울며 떨고 있으니 "부아가 끓어" 오르지 않을 수 없다는 것이다. 문제의 원인을 (남성)농민의 곤궁함으로 초점을 옮김으로써, 분노로 인한 폭력을 합리화하고 있음을 읽을 수 있다.[15]

이 작품에서 눈 여겨 보아야 할 부분은 들병이 수업에 대한 남편과 아내의 태도이다. 남편이 보기에 아내는 박색인데다 음치이고 우둔하여 자신이 가르쳐주는 노래도 제대로 따라하지 못하는 한심한 존재이다. 남편은 들병이로 나서겠다는 아내를 무시하며 노래를 가르치는 동안 새디스트적인 쾌락에 빠진다. 우둔한 아내에게 '교정과 지도'를 하는 남편의 권위를 만끽하는 것이다. 문제는 아내가 남편의 지도와 정보의 범위를 넘어서는 데에서 시작된다. 아내는 야학에

14 김유정, 앞의 책, 218쪽.

15 하층민들의 생활난과 실업, 빈곤으로 인한 아내들의 동거 거부나 무단가출, 남편의 축첩 등 다양한 상황들이 계기가 되어 폭력이 빚어졌다. 생존조건의 악화는 식민지 시기 가정불화가 빈번하게 일어나는 주요 계기였다. 소현숙, 「고독한 외침,-식민지 시기 아내/며느리에 대한 사형과 여성들의 법적 투쟁」, 『역사비평』, 2013.8.

서 신식 노래를 배워오고, 다른 사람들의 정보에 따라 담배를 배우고, 뭉태라는 동네 남자와 어울려 술을 배우는 것이다. 아내는 스스로 가정의 경계를 넘어 현명한 자립의 준비를 하지만, 남편은 아내의 사회화[16]를 경계를 시선으로 본다. 그리고 종국에는 자신의 권위를 잃는 것에 대한 두려움, 소유물을 상실할 것에 대한 염려로 모든 것을 포기한다. 그저 아이를 낳아 살림밑천을 마련하겠다는 새로운 꿈으로 위장함으로써 아내를 가정 내의 존재로 가두기로 하는 것이다. 마지막의 계산은 결국 이 화자가 얼마나 우둔한 인물인가를 드러내고 있어, 서사의 전도가 이루어진다.

이 소설은 부부의 우매함, 아내의 폭력에 대한 순응, 본능에 철저한 장면, 화자의 유희적 서술 등이 심리적 지적 거리를 발생시킴으로써, 독자에게 감정이입이나 동일시가 불가능하도록 만든다. 이것은 이혜령의 지적대로 하층민을 통한 원시적 삶의 표상으로 문명권에 있는 엘리트와의 차별화를 시도한 것이라 할 수 있다. "무기력한 남성엘리트의 미학적 상쇄전략"에 다름 아닌 것이다.[17] 이와 같이 〈안해〉는 우부와 우처에 대한 희화화된 서술 전략을 통해 가부장의 폭압을 노골적으로 드러내는 동시에 거리 두기를 통해 차별화함으로써 문제로부터 회피하는 이중성을 보이고 있다.

---

16 이 부분은 1930년대 농촌에서 진행된 농촌진흥운동이 농민여성에게 끼친 영향을 짐작케 한다. 이 같은 사회적 동원에 의해 전통적으로 가족이 독점했던 부덕(婦德)의 혜택을 약화시키고 부계친족집단의 권위를 약화시키는 효과를 내었을 것으로 추측된다. 김혜경, 『식민지하 근대 가족의 형성과 젠더』, 창비, 2006, 314쪽.

17 이혜령, 「동물원의 미학-한국 근대소설의 하층민의 형상과 섹슈얼리티에 대하여」, 『한국소설과 골상학적 타자들』, 소명출판, 2007, 37~38쪽.

2) 보복의 글쓰기, 출분의 환상과 타락

1920~30년대에는 가정이라는 성역을 벗어나 자활의 길을 찾으려 출분한 아내를 소재로 한 소설이 적지 않게 나타난다. 그 대부분은 조혼한 구여성이 (신여성을 만난) 지식인 남편으로부터 버림받고 집을 나서는 정황을 그리고 있다. 김일엽의 〈자각〉(1926)은 조혼한 구여성의 성공적인 독립기이다. 유학 간 남편을 기다리며 모진 시집살이를 견디던 '나'가 임신 8개월째에 남편으로부터 돌연 절연장을 받지만, 결혼생활이 '노예의 삶'에 지나지 않았음을 뒤늦게 자각, 신교육을 받고 자립하게 된다는 편지글 형태의 작품이다. 강경애의 『어머니와 딸』(1931)에도 유학을 간 후 이혼을 요구하는 남편을 떠나 노동자로 운동에 투신할 결심을 하는 구여성 아내가 나온다. 두 작품 모두 가부장적 억압에서 벗어나고자 하는 여성의 자각을 긍정적으로 그리고 있다.

남성작가의 작품에서도 이혼을 당하거나 출분한 구여성 아내의 이야기가 그려진다. 심훈의 『직녀성』(1935)은 조혼한 구여성이 모진 시집살이와 남편의 비합리적인 태도를 견디며 살지만 결국 다른 여자와 살림을 차린 남편과 이혼하고, 자살시도 끝에 유치원 보모가 된다는 장편이다. 아내의 수난에 초점이 가 있는 '감상적 플롯'[18]으로, 결국 성공적인 여성의 독립을 그려내고자 하고 있다. 채만식의 『인형의 집을 나와서』에서 주인공 '노라'는 변호사인 남편에게 실망을 느껴서 가출한 후 경제적 역경과 성적 시련을 겪다가 인쇄소 직공이 되어 결국 노동운동에 투신하게 된다. 여성작가이든 남성작가

18 불운의 위협을 이겨내고 결국에 가서 모든 것이 잘 되는 공감적인 주인공을 포함하는 플롯으로서 미덕이 정당한 보상을 받는 것을 보여준다. 노오먼 프리이드먼, 「플롯의 제 형식」, 김병욱 편, 최상규 역, 『현대소설의 이론』, 대방출판사, 1984, 180~181쪽.

이든 출분한 아내가 자립해가는 과정을 낙관적으로 그리고 있음을 알 수 있다. 그러나 이런 결말은 실제 현실과는 거리가 멀었다.

김동인의 〈무능자의 아내〉는 1927년 김동인의 아내 김혜인의 출분을 소재로 한[19] 자전적 소설로서, 준비 없는 출분이 여성에게 어떤 결과를 가져다주는지를 비정하게 그리고 있다. 제목부터 '무능자'임을 표방했을 뿐 아니라, 초반에 영숙의 남편을 "방탕한 남편 방종한 남편, 무능자, 그러면서도 아내에게 대하여는 그 지아비로서의 온갖 권리와 심지어는 정도 이상의 호의와 희생을 요구하는 남편, 아내의 무지를 저주하면서도 자기의 무지를 자각하지 못하는 남편"으로 표현하고 있다. 이것으로 보아, 김동인은 김혜인에 대한 분노와 섭섭함을 지우고, 자신이 한 행동에 대해 반성과 부끄러움으로 소설을 쓰기로 고백하고 있는 것처럼 보인다. 그러나 이 후의 내용에서 이 소설쓰기의 이유가 다른 데 있음을 확인할 수 있다.

이 작품은 아내 영숙에 초점을 두고 진행되지만, 화자는 영숙의 내적 고민을 무성의하고 냉담하게 서술하고 희화화하는 태도조차 보여 내포작가와의 분명한 거리가 느껴진다. 뿐만 아니라 영숙이 교육을 받고 자립을 할 수 있는 능력도 의지도 없는 어리석은 인물로 형상화하고 있어 서사의 내용은 점차 반어적인 상황을 향한다. 우선, 출분의 원인을 영숙의 정신적인 허영과 충동으로 보려는 의도가 드러난다. 영숙은 남편의 서가에서 『인형의 집』을 읽었지만, 유능한

19 김동인은 물려받은 재산만으로도 충분히 살 수 있는 부유한 소설가였지만, 방탕한 생활을 하여 가세가 급격히 기울었고 1926년 수리사업(토지관개사업)에 손을 대었다가 재산을 거의 날리게 되었다. 참다못한 아내 김혜인은 나머지 재산을 정리해서 집을 나갔다고 전해진다. 이상진, 「오만한 예술가의 초상」, 『한국근대작가 12인의 초상』, 옛오늘, 2004, 65~67쪽. 이 소설은 그 후 3년 정도가 지난 후인 1930년, 김경애와 재혼을 하고 경제적, 심리적 안정을 되찾은 상황에서 발표한 것이다.

남편 헬머를 두고 노라가 왜 출분했는지 제대로 이해하지 못했으면서도 공상만 가지고 모방행동을 하였다든지, 그저 잠깐의 여행을 갔다 오려는 것을 '출분'이라는 연극으로 만들었다가 공포와 절망을 느끼게 되었다는 식이다. 즉 영숙의 출분이 남편의 무능과는 무관한 시대조류[20]를 따른 것인 양 서술하고 있다. 김동인이 아내 김혜인의 출분 원인을 다른 곳으로 돌리고자 한 의도가 작용[21]하고 있음을 눈치챌 수 있다.

또 영숙은 구여성으로서 전통적 부덕이나 모성을 가지고 있지 않다는 것을 강조한다. 아이(옥순)를 데리고 떠났지만, 아이와 자신을 돌볼 의지가 부족하여 주변의 만류에도 불구하고 남편에게 돌려보내기 때문이다. 영숙의 이 행동은 화자의 서술이나 남편의 말 등이 아니라, 제3자의 의견을 통해 비판되고 있다.

> (가) "이봐요, 아직 여섯 살 난 어린애가 어미를 버려두고 애비를 따라 가겠다는구려. 얘 어미라는 사람은 아이 어미 노릇을 할 자격이 없는 사람이야요. 마- 사내구려. 여인이 아니야."[22]

> (나) 영숙의 평판이 평양에서는 매우 나빴다. 점잖은 집 딸, 명가의 아내, 두 아이의 어머니, 조강지처, 이러한 사람이 가정과 남편과 자식을 버리고 달아났다 하는 것에 평양시민의 노여움이 발한 것이었다. 더구나 남편의 재산이 다 없어지는 것을 기회로 달아났

20 김혜인의 출분 시기인 1927년 전후는 서구적 사랑, 연애의 제 의식 및 남녀평등을 주창한 제 사상이 일본을 통해 이입, 신청년들 간에 전파되었다.

21 정혜영, 「삶과 문학의 경계-김동인의 〈무능자의 아내〉를 중심으로」, 『한국문학이론과 비평』 30집, 2006.

22 김동인, 「무능자의 아내」, 김동인, 『김동인단편전집 1』, 가람기획, 2006, 441쪽.

다 하는 것은 더욱 그들의 노여움을 돋우었다.[23]

(가)는 영숙이 하숙하고 있는 일본의 노파가 하는 말이며, (나)는 고향인 평양에서의 평판을 옮긴 것이다. 이 인용은 출분한 아내에 대한 사회의 가부장적 시선을 선명하게 드러낸다. 화자는 제3자의 시각으로 비난의 객관성을 확보하고 설득력을 높이는 전략을 보이고 있다.

결국 집으로 돌아갈 기회를 잃은 영숙은 급격하게 파멸에 빠지게 되는데, 이는 이른바 "가정과 남편을 뒷발로 차 던지고 뛰쳐나온 사람들로 조직된 그룹"에 속하면서부터이다. 화자는 이 모임의 성격을 다음처럼 설명한다.

> 그들은 모이면 남성의 포학함을 욕하였다. 남성, 더구나 남편이라는 남성의 우월감과 거기에서 나온 압제를 저주하였다. 그리고 여자의 해방을 부르짖었다. 우리도 사람이다 하였다.
>
> 그리고 아무 불평과 불만이 없이 가정생활을 하는 친구들을 찾아다니면서 가정에서 뛰쳐나오기를 권하였다. 남편을 반역하기를 권하였다. 그리고 그들의 유일의 표어는 인습을 벗어버리라는 것이었다.[24]

이 모임에 대한 무성의하고 악의적인 표현만으로도 김동인의 부정적인 시선과 비판의 의도가 짐작된다. 결국 영숙은 이러한 신여성 그룹에 속하게 되면서 성욕의 쾌락에 몸을 맡기는 타락자가 되어

---

23 김동인, 앞의 책, 443쪽.

24 김동인, 앞의 책, 445쪽.

가며, 가지고 나온 전 재산을 잃어버린다. 반면 남편은 새로운 여성을 만나 소설가로 성공하게 되었음을 신문에서 확인한다. 이 마지막 장은 집을 나간 아내와 남편의 현재를 극단적으로 대조시키고 있어 작위적인 느낌조차 있다. 물론 이런 설정은 "명확한 목적과 방향성 그리고 근거를 지닌 노라의 가출과 노라에 대한 이상적 동경 속에서 '영웅적인 일면'에 도취되어 스스로 조작해낸 환영과 환상을 통해 행해지는 출분"의 거리를 제대로 형상화하여 개인사를 넘어 시대성을 확보하고 있다[25]고 볼 수 있다. 나아가 신여성에 대한 김동인의 냉소적이고 부정적인 시선을 드러낸 것이기도 하다.

문제는 자신의 방탕함, 무능력, 비윤리적 태도와 무책임함을 아내의 '출분'으로 인한 타락과 신여성 일반에 대한 부정적인 서술로 포장하여 은폐해버리려는 글쓰기에 있다. 김동인은 실패한 결혼과 실책에 대한 분노를 감당할 희생자로 구여성 아내를 선택하였고, 이것을 소설쓰기라는 수단으로 폭로하고 있다고 할 수 있다. 이 문제점은 가정을 지켜나갈 자신의 '양처상'을 역시 소설형식을 빌려 표현한 것에서도 발견된다. 김동인은 새 아내를 수신자로 하여 쓴 편지글 형식의 소설 「약혼자에게 – 김경애 양에게 보내는 글」에서 자신의 이상적인 아내를 다음과 같이 표현하고 있다.

> 그는 가정에서는 착한 지어미가 되고, 어린애에게는 좋은 어머니가 될 자격과 품성을 가진 사람이외다. 나는 사회의 투사를 나의 가정에 들이고 싶지 않습니다. 현대식의 경박한 여자에게 귀중한 '가정의 주권'을 맡기고 싶지 않습니다. 무지한 사람에게 중대한 아이 교육의 사명을 맡기고 싶지 않습니다. 요컨대 세상이라는 것을

---

25 정혜영, 앞의 글.

'사회'와 '가정'의 두 가지로 나누어서 그 절반을 점령한 가정, 이것을 넉넉히 지배하고 지도할 만한 능력을 가진 사람, 이러한 사람이라야 가정에 들이겠습니다.[26]

우처와 양처를 비교하여 그려낸 이 두 작품에서 김동인은 그저 소설작품 내에서 "주인으로서 말하고 거리낌 없이 행동하면서 사회에서의 자신의 실패를 앙갚음"[27]하고 있다. 자기 서사가 주는 위험한 매력에 스스로 갇혀 자신의 무능력과 무책임한 행동을 변명함으로써 결국 김동인의 작가로서의 상상력과 영광은 퇴색하고 말았다고 할 수 있다.

3. 비난의 전가(轉嫁), 나쁜 동반자의 역할

1930년대 초반, 소설가 주요섭은 당대 여성이 지향해야 할 행로, "본능적인 충동"을 '현모양처'라고 못 박고 있다. 이런 주장을 포함하여, 신여성이든 구여성이든 새로운 가정의 현모양처 이데올로기에 복종하는 것이 행복의 원천이라는 내용을 담은 남성들의 담론이 『신여성』 잡지를 가득 채웠다. 이 잡지를 구독하고 관여하던 특권층 여성들 역시 자유연애와 자유결혼을 통해, 신가정을 이루고 그 속에서 남편의 애인 같은 아내가 되기를 소망했다.[28] 이렇게 1930년대의

---

26 김동인, 「약혼자에게」, 김동인, 앞의 책, 452쪽.

27 모리스 블랑쇼는 이처럼 예술가들이 비현실의 세계에 자리 잡으면서 행동하기 어려운 세계로부터 자신을 보호하는 경우를 예술 활동이 가진 위험의 하나로 지적한다. 모리스 블랑쇼, 이달승 옮김, 『문학의 공간』, 그린비, 2011, 60~61쪽.

28 전미경, 「1920~30년대 현모양처에 관한 연구」, 『한국가정관리학회지』, 22

지식여성들은 조혼한 남편들로부터 버림받았던 구여성 아내와는 근본적으로 다른 아내가 되고자 하였다. 하지만 1930년대 이후 경제공황의 여파가 나타나고, 사회가 전시체제로 재편되면서 일제는 여성들에게 전사를 길러내는 어머니의 역할, 남편의 빈자리를 메우는 아내의 역할을 강요하였다.[29] 여성은 근대적인 화장술, 요리법, 재봉술, 의학지식과 육아지식을 습득함으로써 가정을 돌보는 관리자가 되어야 했다.[30] 여성성 대신 모성성을, 공적 공간에서의 자기실현 대신 사적 공간에서의 가정관리를 우선시해야 했던 것이다.

무엇보다 보수적인 분위기가 강화되면서 자신의 목소리를 가지고 남성중심의 질서와 세계관에 의문을 제기하는 여성, 자신의 여성적 욕망에 충실한 여성은 위험한 존재로 경계의 대상이 되었다. 한편 퇴폐적이고 향락적인 분위기가 도시를 중심으로 확산되면서 신여성은 종종 낭비와 사치, 허영의 상징으로 비난받았고, 1930년대 후반이 되면서는 오히려 구여성이 긍정적으로 평가되는 분위기가 형성되었다.[31] 이러한 분위기 속에서 조혼한 남성의 본처가 되지 못하고 동거관계에 있던 신여성들은 사회의 냉대와 비난, 가정 내에서의 차별까지 감내해야 했다. 중혼 금지법에 의해 이른바 "제2부인"으로 불린 신여성들은, '자유연애 – 자유결혼'이라는 시대적 사명과 조혼의 폐해가 빚어낸 과도기적 현상이었다.[32] 이들은 신여성으로서의 지식과 교양을 갖추고 신가정을 유지하기 위한 노력을 기울였지만,

---

권 3호, 2004.

29 유영희, 「1920 30年代 '新家庭'과 '新女性'」, 서강대학교 교육대학원 석사학위논문, 2006, 52쪽.

30 노지승, 앞의 논문, 59쪽.

31 김경일, 앞의 책, 50~54쪽.

32 연구공간 수유+너머 근대매체연구팀, 『매체로 본 근대여성풍속사, 신여성』, 한겨레신문사, 2005, 218쪽.

처가 있는 남성을 유혹하여 가정의 평화를 무너뜨린 침입자이자 같은 여성을 몰아낸 가정파괴범으로 간주되는 일이 많았다. 또한 부부간의 의무로 규정된 동거, 부양, 정조의 권리를 요구할 수 없는 불안한 위치에 있었다.

1930년대에 이념적 좌절과 경제적 무력함에 피폐해진 남성들에게 신여성 아내의 적극적인 성격과 경제적 능력, 여성성은 종종 위협시되었고, 자유연애의 경험과 가족관계의 느슨한 구속력은 남편의 자리에 대한 불안을 가중시켰다. 이 장에서는 변절하거나 전향한 지식인들의 자기모멸과 위축된 남성성에 의해 신여성 아내 혹은 제2부인의 이미지가 어떤 방식으로 그려지는지 살펴보겠다.

1) 모독과 변절의 대리자, 악처

이광수의 중편소설 〈혁명가의 아내〉는 〈사랑의 다각형〉, 〈삼봉이네 집〉과 함께 1930년대 농민과 지식인, 젊은이들의 모습을 사실적으로 그린 이른바 군상(群像) 3부작의 하나이다. 이 작품은 병든 혁명가 공산(孔產)의 아내가 저지르는 불륜과 그 대가를 그 주요내용으로 한다. 공산과 동지애적 관계로 결혼한 방정희는 폐결핵으로 누워있는 공산을 치료하러 온 의전학생 권오성과 외도를 하여 임신까지 한다. 공산이 죽고 난 후, 정희는 권오성의 발길질에 유산을 하고, 옛 애인 강호영으로부터 치료를 받으나 혁명가가 되겠다는 유언을 남기고 죽고 만다. 그렇지만 정희는 용감하고 성실한 아내이자 투사로 공의 곁에 묻힌다.

이 작품은 이광수가 스스로 밝혔듯, 이봉수[33]라는 인물을 모델로

33 이봉수(李鳳洙, 1892 -?)는 함경남도 홍원 출신으로 1920년대에 활약한 공산주의 운동가이다. 동아일보 경제부장과 조선공산당 중앙집행위원회 위원을 지냈고, 식민지 시기 투옥과 출옥을 반복한 골수 공산당원 중의 한 사람으로

한[34] 모델소설(roman à clef)[35]이다. 하지만 시작부분에서 화자는 주인공의 본명이 무엇인지를 비밀로 하겠다고 지나치게 강조하여 서술하고 있다.

> 혁명가 – 그의 이름은 공산(孔産)이라고 부른다. 무론 이것은 가명이다. 그의 본명이 무엇이냐고 물어도 나는 절대로 대답할 수가 없다. 이것이 이야기꾼이 지키는 유일한 비밀이요, 또 신의이다. 이야기꾼에게는 이 비밀 밖에는 다른 비밀이 없고, 이 덕의 밖에는 다른 덕의가 없다.[36]

이 작품은 남편이 있는 아내의 불륜, 연애사건의 전말에만 초점이 있을 뿐, '혁명'과 관련된 전후 서사는 찾아보기 어렵다. 풍자적이고 냉소적인 화자의 어조나 공산(孔産)이라는 희화화된 명명법이 나타나는 것 등으로 미루어 혁명가 집단을 우회적으로 비난하기 위해 창작한 소설임을 알 수 있다. 이런 이유로 당시 프로문학가들의 비판은 물론, 이후 북한문학사에서도 일관된 비난을 받았다. 이기영은 주인공을 공산(共産)이 아닌, 공산(孔産)으로 명명한 것을 두고 공산주의 혁명가를 허사만을 쫓는 자로 모함하는 작품이라고 하면

알려져 있다. 한국학중앙연구원, 『한국민족문화대백과사전』, 1991.

34 이광수, 「혁명가의 아내와 모델」, 『신여성』, 1932.4.

35 모델소설은 현실에 실재하는 특정한 인물이나 사건들을 허구적 기술 속에서 재현, 구성해내는 소설의 종류로서 우리나라에서는 1926년작 염상섭의 〈해바라기〉를 시작으로 1930년대 말에 가장 활발히 창작되었다. 모델소설은 그 특징상 특정인의 성격 혹은 운명, 치부 들추기와 같은 이야기방식으로 되어 있는데, 작가들은 이런 특징을 적극적으로 활용하였다. 강현구, 「1920~30년대 모델소설의 새로운 독법과 매혹적인 악녀상」, 『한국문예비평연구』 16권, 2005.

36 이광수, 「혁명가의 아내」, 『이광수전집 2』, 삼중당, 1976, 465쪽.

서, "일부러 이 소설의 주인공을 색광과 요부를 만드렀다."고 비판하였다.[37] 북한문학사에서는 혁명가들의 투쟁을 중상모독한 극악한 반동소설이며, 소설에 나오는 혁명가와 그의 아내 정희는 모두가 참된 혁명가를 모독하기 위해 작가가 왜곡 형상한 인간쓰레기라고 비판하고 있다.[38]

이런 지적에서도 암시되어 있듯, 이 작품의 중심은 이념의 문제나 아내의 불륜이라는 스토리에 있지 않다. 공산이라는 인물을 우회적으로 비난하기 위해 창조한 악처의 표상에 있다. 이 악처 이미지를 강조하기 위해 이광수는 천사와 마녀의 이분법적 이미지를 활용한다. 공산의 전처와 재혼한 방정희의 이미지를 대조적으로 형상화함으로써 본처를 버리고 신여성과 결혼한 행위까지 혁명가의 변절 원인으로 삼고자 하는 것이다.

> (가) 공산의 전처는 몸이 가냘프고 얼굴이 하얀 옛날 조선의 현숙한, 여자다운 여자였다. 그의 흰 얼굴은 마치 청자기 모양으로 파란빛을 띠었다. 청초한 그 자태는 미인이라고 할 만하였다.[39]

> (나) 그의 눈이 가늘고 검붉은 빛이 도는 것을 보아도 알려니와, 그에게는 조선여성에서는 드물게 보는 표독함이 있다. (중략)
>
> 정희는 여자 중에는 몸집이 큰 사람이다. 살빛은 좀 가무잡잡하나 피부가 좋고, 특별히 체격이 좋아서 이를테면, 남자의 정을 끄는

---

37 이기영, 「혁명가의 안해와 이광수」, 『신계단』, 1933.4.

38 김하명 외, 『조선문학사(1926-1945년)』, 평양:과학백과사전출판사, 1981, 366쪽.

39 이광수, 앞의 책, 466쪽.

육감적인 여자였다.[40]

(가)에 인용한 것처럼 공산의 전처는 순종적이고 현숙한 구여성으로서 가냘프고 얼굴이 하얗고 청초한 자태를 지닌 여성이다. 반면, (나)에서 보듯, 재혼한 정희는 신여성으로 몸집이 크고 살빛이 검으며 육감적이고 표독스러움이 있는 팜 파탈(femme fatale)적 이미지를 가지고 있다. 이광수는 불륜을 저지르고 혁명가를 배신하고 동료를 기만하는 악녀형 아내를 설정하여 혁명가의 이념과 위상을 비판하였다. 곧 아내를 대리로 내세워서 혁명의 허구성을 우회적으로 비난하였던 것이다. 남성 작가들의 글쓰기에 나타난 이런 무자각의 문제는 이 작품의 문제성을 알고 있으면서도 동일한 글쓰기 전략을 통해 보복적 글쓰기를 한 이기영의 〈변절자의 아내〉에서 다시 확인할 수 있다.

이기영의 〈변절자의 안해〉는 〈혁명가의 아내〉에 대한 문제제기로 발표한 것으로 이광수를 모델로 한 모델소설이다. 이광수가 2.8 독립선언서를 기초한 후 일경에 쫓겨 상해로 탈출하였다가 허영숙이 찾아오자 함께 귀국하고 허영숙과 정식으로 결혼한 후 『민족개조론』을 연재한 것까지의 사건을 소설화하고 있다. 이 작품에서는 민족주의자를 변절시키고 본부인을 버리게 만든 요염한 아내를 등장시켜, 이광수의 변절과 그 원인으로서 허영숙의 행위를 폭로[41]하고 있다. 이기영은 허영숙 대신 함희정이라는 '양장아씨'를 창조하여 민족(이광수)이 "하루아침에 자기의 주의 주장을 헌신짝 버리듯이 내버리고 일개 아녀자의 뒤를 따라서 마치 도수장에 들어가는 짐승

40 이광수, 앞의 책, 465~466쪽.

41 조남현, 『그들의 문학과 생애 – 이기영』, 한길사, 114쪽 ; 임선애, 「〈혁명가의 아내〉와 〈변절자의 아내〉」, 『영남어문학』, 2002.

처럼" 돌아왔다고 표현한다. 이 소설의 화자 역시 〈혁명가의 아내〉와 마찬가지로 비아냥거림이 포함된 풍자적인 어조와 패로디의 전략을 처음부터 드러낸다.

> 세상에서는 지금 그의 이름을 민족(民足)이라고 부른다. 그를 왜 '민족'이라고 부르는지 그것은 나도 잘 모른다. 나는 신문 기자나 정탐이 아닌지라 남의 비밀을 잘 알지도 못하거니와, 또한 그런 것을 알고 싶어하지도 않는다. 그러나 이 유명한 '민족'에게 대해서는 다만, 그의 드러난 '사실'만 가지고라도 훌륭한 이야깃거리가 몇 '다스'라도 될 줄 안다. 그것은 우선 '민족'이라 하면 아동주졸까지라도 모를 이가 없으리만큼 그는 너무도 유명짜하기 때문이다.[42]

민족(民足)이라는 명명도 공산(孔産)의 경우와 마찬가지로 희화화의 의도가 분명하게 나타난다. 또 재혼한 부인인 함희정의 아들이 ** 잡지사 주간인 피개량 선생의 발가락을 닮았다는 풍설의 설정도 모델소설인 김동인의 〈발가락이 닮았다〉를 둘러싼 염상섭과 김동인의 불편한 정황과 민족문학파와 카프의 초기 논쟁을 의도적으로 환기시키고 있다.

〈혁명가의 아내〉와 마찬가지로 〈변절자의 아내〉에서도 아내는 전처를 쫓아내고 아내의 자리를 차지한, 육감적이고 요염한 신여성으로 설정되어 있다. 주변인의 말을 통해 "독살이 나면 여간 암상(남을 미워하고 샘을 잘 내는 잔망스러운 심술)쟁이가 아니겠"으며, "색골"로 생겼다고 표현된다.

---

42 이기영, 「변절자의 아내」, 『이기영 단편선 – 민촌』, 문학과지성사, 2006, 249쪽.

당시 유학생계에 수재이던 '민족'씨도 이 '모던걸'인 함희정에게는 어쩔 수 없이 홀딱 반해서 아들까지 낳고 아무 죄도 없는 전실 아내를 친정으로 쫓아버렸다 한다. 그것은 말똥 같은 쪽은 찌고 봉건적 구도덕에 젖은 구식 여자의 언제든지 '날 잡아잡수'하는 동양식 부인보다는 육감적이요 열정적이요 활발하고 요염하고 또 이성(理性)을 끌어당기는 지남철 같은 마력이 있는 근대적인 신여성인 함희정이가

"나는 당신을 사랑해요!"하고 붉은 키스를 보낼 때 그의 소부르적 자유사상과 부합했던 것이다.[43]

그 후 함희정은 이른바 신성한 스위트홈(이상적 가정)에 대한 욕망과 수호를 위해 행랑어멈까지 까다롭게 관리하는 등 가정 내 주부와 직업여성에 대한 분리와 경계[44]를 분명하게 하는 신가정의 주인이자 변절자의 아내가 된다. 그러나 이 작품은 여기까지를 끝으로 중단되었다.[45] 이기영으로서는 미학적으로 완성된 작품이 아니라 이광수와 그의 〈혁명가의 아내〉의 문제성을 비난하는 작품을 쓰려한 것이므로 소기의 목적은 달성한 셈이다.

어쨌든 이 두 작품에서 이기영과 이광수는 서로 신여성 아내를 빗대어 공격함으로써 마르크스주의자와 민족주의자의 욕망의 대상으로 여성을 보고 있다는 점에서 일치하고 있다.[46] 더 큰 문제는, 각 진영의 이념적 대립과 그 균열의 상황을 그 아내를 대리자로 내세워

43 이기영, 앞의 책, 255-256쪽.

44 노지승, 앞의 글.

45 실제 『신계단』 5월호에는 '계속'이라고 표기되어 있으나, 이후 연재가 되지 않고 미완으로 끝났다.

46 이미림, 「이기영의 '여성해방' 소설연구」, 『여성문학연구』 6권, 2001.

그려낸 데 있다. 즉, 혁명가와 민족주의자의 변절의 원인을 신여성 아내의 잘못된 처신으로 돌리고, 남성은 그에 희생되는 무력한 지식인으로 그림으로써 책임을 면하고 실제인물에 대한 직접적인 비난의 부담을 덜고자 한 것이다. 이런 식의 낮은 차원의 면책과 비난의 전략으로 소설쓰기를 한 행위는 이들이 보여준 이념논쟁의 진정성조차 의심케 하는 기록이라 아니할 수 없다.

2) 자기고발 전략과 위험한 제2부인

1930년대 룸펜 인텔리를 그린 소설들은 대체적으로 그들의 무기력한 일상과 내면을 자기풍자와 연민의 눈으로 그리고 있다. 이들을 괴롭힌 것은 공적 영역에서 지식인으로서의 책무를 감당하지 못하는 데서 오는 열패감이었겠지만, 이 고민은 대체로 일상의 사소한 갈등과 주변 인물들과의 불화로 대신 서사화되기도 하였다. 특히 자본주의적 가부장제 하에서 경제적으로 무능력한 남편의 자격지심은 종종 아내에게 투사되어 표현되곤 했다. 이렇게 볼 때, 아내의 매춘행위와 그 맥락을 이해하지 못한 채 아내에게 기생하고 사육되는 룸펜 지식인의 일상을 그린 이상의 〈날개〉는, 아내의 매춘으로 생활하는 남편의 경제적 무능력과 죄책감을 은폐하기 위해 박제된 천재로서의 포즈를 취한 화자를 설정한 것이라고 고쳐 읽을 수 있다.

아내는 지식인의 무력함과 자격지심을 상기시키는 존재로서, 그들을 사정없이 전락시킨 말할 수 없는 적(보이지 않는 적)의 대리자로 종종 형상화되었다. 이런 특성은 1930년대 후반 사회주의 혁명이 실패한 후 양심을 저버릴 수밖에 없었던 전향지식인들의 소설에서 두드러지게 나타났다. 혁명의 이상이 좌절되고 패배감과 우울증에 빠져 있는 지식인들은 자기를 정당화시켜 줄 방어기제를 필요로 하였다. 또한 이념으로부터 물러서 생활로 돌아온 전향자들에게 무력한 일상은 남성의 권위와 가부장적 권력이 붕괴되는 현실을 확인시켜 주었다. 오랜 시간 감옥에서 시간을 보내고 나온 전향자들은 정신적으로나 육체적으로 피폐해진 까닭에 아내와의 성적 관계에서도 무력하고 예민해질 수밖에 없었다. 이런 증상은 현실에 대한 냉소와 섹슈얼리티에 대한 무조건적인 혐오로 나타나기도 했다.[47] 좌절된 이상, 비굴한 타협, 위축된 남성성, 이로 인한 불안감을 떨쳐내기 위해 그들이 찾아낸 가상의 적대자는 생활인으로서의 아내, 성적 욕망과 건강한 육체를 지닌 여성이 되었다.

김남천의 〈처를 때리고〉(1937)는 전향자인 남수와 아내 정숙의 부부싸움과 그 전후 이야기를 쓴 소설이다. 아내가 남편의 후배와 산책한 것을 숨긴 것이 발각되는 바람에 싸움이 벌어졌고, 아내는 오래 묵었던 불만을 터뜨리고 만다. 조혼한 아내와 이혼하지 않아 자신을 제2부인(첩)으로 만들고, 피임수술을 하게 했으며, 친정과 친구들로부터 굴욕을 받아가며 학비를 대고 옥바라지를 했으나 시가로부터 인정은커녕 학대만 받았다는 것이다.[48] 이 부분은 아내의 목소리를 직접화법으로 전달함으로써 당시 전향자의 아내 일반, 제2부

---

47 한민주는 대부분의 전향소설에서 전향자인 남편은 생활의 문제보다 아내의 성문제에 초점을 맞추어 이야기하고, 여성의 섹슈얼리티에 대한 거부와 혐오를 나타나고 있다고 보고 있다. 김남천의 경우 특히 전향의 타락상을 여성의 신체에 비유하여 표현하고 있다고 하면서, 전향자인 남성의 시각에서 볼 때 여성들의 지방질적 신체는 세속화된 신체이며 건강한 신체는 부끄러움의 징표인 것으로 그리고 있다고 지적하였다. 한민주, 「1930년대 후반기 전향소설에 나타난 남성 매저키즘의 의미-김남천과 한설야를 중심으로」, 『여성문학연구』 10권, 2003.

48 기혼남성과 결혼한 신여성에 대해서 소위 '신여성 첩'이라 하여 사회적으로 엄청난 비난의 화살이 쏟아진 데 비해, 이 남성들에게는 그러한 비판이 별반 적용되지 않았다. 오히려 신여성과의 결혼을 위해 이혼과 재혼을 불사하는 남성들은 인습의 제단에 올라갔던 희생자로 동정을 사기도 했다. 김혜경, 앞의 책, 311쪽.

인이 겪어야 했던 어려움을 생생하게 전달한다.

그러나 정작 이 부부싸움을 끝 간 데까지 몰고 간 것은, 남편친구의 성희롱까지 참아내어 받은 돈으로 생활비를 대신해야 했던 사건을 전달하다가 남편의 마지막 자존심을 건드리는 부분이다.

> 흥 사회주의 이름은 좋다. 그 철없는것들이 웅게중게 모여들어 선생 선생 하니 그게 그리 신이나던가. 우쭐해서 갈팡질팡. 드럽다 드러워. 제여편네 젖통 만지는 건 모르구 눈앞에내놓는 지폐장만 보이나.
>
> 징역이나 치른게 장한줄아는가. 거지에게 돈한푼준게 십년뒤에 두 적선인줄 아는가.
>
> (중략)
>
> 정치담이나 하구다니면 사회주읜가. 시국담이나 지꺼리고 다니면 사회주읜가. 백 년이 하루같이 밥한술 못 벌고 십여년동안 몸을 바친 제여편네나 때려야 사상간가. 세월이좋아서 부는바람에 우쭐대며 헌수작이나 지껄이다가 감옥에 단녀온게 하늘같애서 백년가두 그걸루 행세꺼릴 삼어야 사회주의자든가.[49]

뒤늦게야 이 일을 전달하면서 아내의 분노가 폭발하고 말이 점점 거칠어지자, 남편은 '처를 때리고' 만다. 자격지심으로 위축되고 부끄러운 상황에서 아내의 노골적이고 냉소적인 비난을 참아내기 어려웠던 것이다. 이어지는 부분은 남편 남수를 1인칭 화자로 하여 진행되는데, 부부싸움 중에 나온 문제의 핵심은 피하고 오히려 아내의 성적 충동과 주변 남자들의 관계에 대한 질투를 드러내고 있다. 화

49 김남천, 「처를 때리고」, 『소년행』, 학예사, 1939, 155~156쪽.

자는 불안정한 동거 관계와 생계유지를 위한 수단의 부재 등 현실 문제는 외면하고, 그 대신 아내의 성적 욕망과 관계에 대한 의심, 남편에 대한 불순한 태도를 문제 삼는다. 대부분의 남성젠더 서사에서와 마찬가지로 '아내의 속물성과 그런 아내를 경계하는 남편의 교화적 시선'[50]이 어김없이 등장하는 것이다. 무엇보다 아내의 자존심보다는 동지와 친구 등 남성간의 관계 유지를 우선시하는 남편의 시각은 다분히 문제적이다. 아내가 전달한 내용을 의심하고 상대 남성들끼리의 연대와 신뢰를 확인하려는 것으로 문제의 방향을 돌려놓고 있기 때문이다.[51]

아내의 섹슈얼리티에 대한 비정상적 집착과 비난은 김남천의 〈이런 안해(혹은 이런 남편)〉에서도 나타난다. 아내는 여배우로 첫 영화의 시사회를 하고 돌아온 후 남편의 눈치를 보며 관계를 회복해보고자 하는 제스처를 보인다. 남편은 경제력이 없는 자신을 대신하여 아내가 여배우가 된 후로 그녀의 육체에서 '불순한 감각', '불쾌'와 '질투'를 느낀다. 그리고 그 이유를 가능하면 모른 척하려 한다. 문제를 회피하기 위해 무감각과 무지로 위장한 일상은 이상의 〈날개〉를 연상케 한다.

> 나는 영화회사에서 받는 월급이 얼마인지 모른다. 그리고 그것으로 옷감을 끊고, 양복을 짓고, 화장품을 사면 얼마나 돈이 남는지를 나는 알지 못한다. 그가 집에서 먹는 것은 하루 한때나 되나마나

---

50 임정연, 앞의 글.

51 강지윤은 이러한 대립을 '지식인의 윤리'·'사회의 윤리' 대 '가정의 윤리'·'생활의 윤리'라는 대립적 구도를 표면화시킨 것으로 파악하고 있다. 강지윤, 「전향자와 그의 아내-룸펜 인텔리겐차와 자기반영의 문제들」, 『사이』 8호, 2010.

> 하였으나, 어쨌든 찬값은 용하게 떨구지 않는다. 나 혼자 있을 땐 담배값과 설렁탕값이 그런 대로 떨어진 날이 없다.
>
> 나는 그가 낮이고 밤이고 어디에서 시간을 보내는지 아지 못한다.
>
> (중략)
>
> 나는 몸서리를 치며 고깃덩어리를, 무감각상태에 빠진 두팔로 들어서 저만침 옮겨놓았다. 그리고 나의 직책처럼 된 먹은 그릇의 뒷치닥거리를 시작하였다. 난주는 계집이 할 것을 사내가 하는데도 옴쩍달싹 하지 않는다.[52]

남편은 직업여성이 된 아내의 모든 것을 모른 척하고, 아내는 '계집이 할' 집안일을 남편이 하는 것을 또 외면한다. 인용된 대목에서 볼 수 있듯, 남편은 집안에서 생활을 맡아 하면서도 아내가 번 돈의 쓰임에 대해서 알려고 하지 않는다. 뿐만 아니라 아내의 육체를 '고깃덩어리'로 표현함으로써 동물적이고 물질적인 것으로 전락시킨다. 곧 세속적이고 물질적인 생활의 영역에 아내를 위치시키고 혐오와 거리감을 드러냄으로써 무력해진 남성성을 은폐하고 정신적 순결성을 회복하고자 하는 것이다.

김남천의 두 작품은 다른 전향소설과 마찬가지로 전향자인 남성작가를 대신하는 남성관찰자의 서술이 중심이다. 이 서술을 통해 전향한 룸펜 지식인의 '자기고발'이 이루어지고 있다. 그러나 이 자기고발이라는 글쓰기 전략을 통해 아내를 위험한 타자로 만들고 매저키즘적으로 형상화하여 전향지식인의 자기연민을 더욱 강화시키고 있다고 할 수 있다. 결국 자기고발 서사 속에서도 아내는 무력한 근

52 김남천, 「이런 안해(혹은 이런 남편)」, 『농업조선』, 1939.4.

대지식인의 적대자라는 역할로 위치 지어지는 것이다.

4. 관계의 성찰, 자각과 실천의 기대

1920~30년대에 확산된 '신가정담론'에서 여성은 사적인 영역인 가정을 담당하며, 남성은 공적인 영역으로 분리된 사회 일을 하는 것이 근대적 성별분업이자, 이상적 부부역할로 여겨졌다.[53] 1920년대 신여성은 여성해방을 부르짖고 경제적인 독립을 위해 직업을 선택했지만, 1930년대의 신여성, 근대교육을 받은 여학생 대부분은 가사종사자로 신가정의 주부가 되었다. 근대화가 진행되면서 오히려 여성은 아내와 어머니의 역할을 자신의 고정된 성적 역할로 한정짓게 된 것이다. 근대소설에서 아내가 근대적인 개성과 이름을 가진 주체가 되지 못하고 그저 '아내'라는 타자의 역할과 기능으로 불리어진 것은 이런 사정을 반영하고 있다고 할 것이다.

앞에서 본 아내표제소설은 대체적으로 아내의 부정적인 이미지를 강조하고 비판함으로써 현처와 양처 담론을 강화하고 있다. 또 공적 영역에서의 남성의 역할에 대한 성찰과 반성을 삭제한 채, 무력한 남성성을 변명하고 합리화하고자 하는 의식적/무의식적 전략이 무리하게 서사를 이끌고 있다. 다음에서 살펴볼 작품들은 양처 혹은 현처의 이상적 이미지를 강조하는 점에서 역시 여성 억압적이고 계몽적인 의도가 다분하지만, 남성(남편)의 자기반성과 비판, 성적 분업과 역할에 대한 노력을 보여주고 있다는 점에서 적어도 균형 잡힌

53 최정희, 「신가정 교육에서의 아버지 연구 : 1920~30년대 신문 잡지를 중심으로」, 고려대학교 교육학과 석사논문, 2011, 39쪽.

시각을 보여주고 있다.

박노갑의 처녀작 〈안해〉는 경제적으로 무능력한 지식인의 자기 연민과 고발이 중심이다. 실직한 주인공 찬호는 아들의 죽음을 알리는 아내의 편지를 받고 고향으로 내려간다. 그러나 농사일에 서툴기만 하여 하는 일마다 방해가 될 뿐 온전한 성인이자 가장으로서 제 일을 해내지 못하고 '건달' 소리만 듣다가 서울로 돌아오고 만다. 가난한 일가에게 취직소식을 전해주지 못한 상태에서, 이번에는 임신을 했다는 아내의 편지를 받는다. 임신소식을 남편에 대한 미안함과 자신의 어리석음을 탓하면서 전달해야만 하는 아내의 목소리를 끝으로 답답한 현실을 고발하고 있는 것이다.

이 작품의 아내는 가족을 떠나 10년째 공부만 한 지식인 남편을 위해 쉬지 않고 노동하며 고향의 가정을 지키는, 희생적인 구여성이다. 누구보다도 남편의 취직을 바랐지만 결국 남편이 실직한 채로 귀향하여 무위도식하자, 아내는 현명하고 간곡한 충고를 한다. 모두들 바삐 일하는 농촌에서 무력한 지식인, 잉여적인 존재로 생활하고 있음을 자각시키는 것이다.

> 아침에 일찍 일어나면 아내가 좋아하는 것을 찬호는 보았다. 늦으면 깨우기도 하였다. 찬호가 골을 내면
>
> "생각을 해 보셔요. 다른 이는 나가 일을 한참씩이나 하였는데 아침도 안 먹고 잠만 자고 누웠으면 좋겠다고들 해요? 어서 일어서세요."
>
> 하는 아내의 간곡한 충고를 그는 가끔 들었다.
>
> 아내는 남편이 무슨 일이었든 일을 붙들으면 좋아했다. 호미나 삽을 쥐고 나갈 때 들어올 때 그는 아내의 얼굴에서 이 표정을 보았다. (중략)

> 한동안 찬호는 자기에게 적당한 일을 찾기에 열중하였다. 집안 식구들을 기쁘게 한다는 것보다는 미움을 덜지도 모르고 아내가 좋아하는 까닭이었다.[54]

아내는 남편의 무능력을 탓하지 않고 함께 노동할 것을 권하고, 남편은 그런 아내를 위해 자기 영역에서 역할을 다 하고자 노력한다. 그러나 결국 적응하지 못하는 남편을 서울로 돌려보내고, 아내는 인내와 희생의 자리로 되돌아온다. 뿐만 아니라 임신이 남편에게 부담으로 작용할 것을 알고, 어미가 되기 위해 "한 칸 움집을 모으는 것"을 의무로 여기겠다는 의지를 보여준다. 이 작품은 구여성을 가정에 충실한 노예이자 일하는 기계, 실용품적인 여자로 그려내어 양처담론을 강조하고 있다. 하지만 그것이 그저 침묵과 순종, 희생을 내면화한 결과가 아니라 남편에 대한 사랑과 현명한 상황판단, 가정에 대한 책임의식에서 나온 것으로 그리고 있음은 주목할 필요가 있다.

안석영의 〈안해〉는 신남성과 신여성의 자유연애를 기반으로 결합한 신가정의 문제와 해결과정이 아내의 내면에 초점을 두고 서술된 소설이다. 장편으로 기획되었으나, 총 6회만에 '전편종료'라는 설명과 함께 연재가 종결되었다. 1~4회는 결혼 후 변모한 남편을 바라보는 아내의 내적 갈등과 심리묘사가 중심이고, 5~6회는 남편 최씨와 주례를 맡았던 풍원선생의 이면성을 풍자하고 다양한 부부의 모습을 관찰, 평가하는 내용으로 되어 있다. 한 마디로 이상적인 부부관계와 가정은 어떠해야 하는가에 대해 성찰하고 제시하는 계몽적인 서사로 볼 수 있다.

---

54 박노갑, 「안해」, 『40년』, 깊은샘, 1989, 182~183쪽.

주인공 김영란은 남편 최씨와 변치 않는 사랑의 맹세를 주고받는 등 낭만적인 연애 끝에 결혼하였지만, 결혼 후 남편은 점점 다른 남성들과 다름없는 가부장적인 면모를 보인다. 결혼 전에는 "자긔의 지배자", "왕", "신(神)"과 같이 보였던 남편이, 결혼 후에는 "폭군(暴君)과가치", "마왕과 가치" 변하였고, 결국 동물이 되었다고 느끼는 것이다. 남편은 자신을 화풀이 대상으로 여기고 남들 앞에서 호령하고, 금지하고 억압하며, 처가를 무시하고, 자신을 "한 개의 안해"로, "아이를낫는직분만을 가진 가축"으로만 돌려버렸다는 생각을 하게 된다. 하지만 아이를 잃고 난 후에는 아내로서의 도리를 다하지 못했다는 시선 때문에 집안 살림을 하며 노동에 힘쓴다. 유일한 취미는 신문과 소설책을 읽는 것이지만 남편은 이성(理性)에 눈을 뜨면 여성으로서의 천직을 잃기 쉽다고 경고한다. 그러던 어느 날 술에 취해 병이 난 남편이 불평을 쏟아내자, 결국 참았던 생각을 털어놓는다.

> "당신은 팔자가 조흔편이예요. 날마다 연회니 무에니하고 매일 장취니 아모리회사의밋바닥이 아니라 밋바닥의 밋바닥이라도 그건호강이예요. 집에 드러오면안해란사람이 물지게까지 지고 물을 기러다가 밥을 지어드리고 … (중략) … 길에를나가보서요 비참한 광경을 얼마나 만히보는가를요 아마삘딩이나 어느층계에서 잠을 자는 거지의 꿈이제일 슬플것이요 그들로는 저희들이 이세상에서 제일 불우하다구 생각할게야요. 그 외에도 인생의 맨밋바닥에서 사는사람들을 생각해보서요. 나도 이러케지내다가는 그들가운데 끼워서 당신을원망하고 세상을 저주할지도 몰라요. 아마 불행하기는 당신보다 나일것이에요. 언제 당신이 나에게 행복을 주겟다고 한번이나 생각해보았아요 나를 사람값에나 처보았어요! 나도 뜻이

있어요 재조도있어요 그러나 그전의안해는 그것을 사나희들의게 금제를 당한지가 오래예요. 그러니까 하는수없이 개껄리드키 껄려 다니며 사는게지요."[55]

조리 있고 당당한 영란의 공격적인 말에 최는 자신이 가정내에서 어떤 존재였는가를 깨닫고 충격을 받는다. 그리고 각성하여 신가정의 이상적인 남편으로 돌아온다는 것으로 4회가 종료된다. 아내의 내면에 대한 치밀한 묘사에 비해 남편의 갑작스러운 변화로 사건이 해결되고, 5-6회에서는 서사의 단절이 일어나는 등 전반적으로 완성도가 떨어진다. 그러나 당시 신가정의 부부문제에 대한 섬세한 포착과 문제의 제기, 아내를 주체적이고 이성적인 가정 관리자로 형상화한 점에서 앞서의 아내표제소설들과 차별적인 시각을 보여준다.

앞의 두 작품이 가정 내의 존재로서 주체적이고 현명한 아내의 모습을 비교적 긍정적으로 그려내고 있다면, 채만식의 일련의 작품은 이혼 혹은 출분한 여성의 고통과 주체적인 삶의 형상화에 대한 각별한 관심을 보여준다. 채만식은 일찍이 이 문제에 관심을 가지고 있었음이 처녀작 〈과도기〉(1923)에서 다음처럼 나타나고 있다.

그렇지만 우리가 지금 생각해볼 것은 그 이혼을 한 여자가 자기 스스로 앞길을 열어가질 못하고 한평생 홀과수로 지내지 않으면 은근짜 집으로 팔려가거나 못된 놈의 첩이 되어 필경은 논두덕 죽음을 하게 되구…… 또 우리나라 사람이 여자의 정조에 대해서두 그런 종류의 여잘 '헌계집'이란 관념을 가지구 있으니까, 설혹 그 여자가 앞길을 열어 나가려구 해두 사회에선 그걸 용납해주질 않

55 안석영, 「안해」, 『여성』 2권 2호, 1937.2.

으니까……[56]

동경유학생의 대화중에 나오는 이 대목은 강제 조혼한 아내를 버리고 동경으로 유학을 떠난 채만식 자신의 죄책감이 반영되어 있다. 사실 구여성을 버리고 신여성과 자유연애를 하는 일은 당시 지식인들 사이에서는 흔한 일이었지만, 채만식은 강제 조혼과 가부장제 이데올로기에 희생된 여성들의 운명에 대해 많이 고민했다는 것을 알 수 있다. 문제작 〈치숙〉에서 이중의 풍자가 발생하는 것도 이런 자각이 작동하기 때문이다. 곧 삯바느질로 옥바라지를 하며 온갖 고생을 한 조강지처를 버리고 신여성과 살림을 차리는 아저씨의 비윤리적인 태도는 친일을 하여 자기 하나 잘 살아볼 욕심을 가진 '믿을 수 없는 화자'에게조차도 비난을 받을 만한 것이다. 이러한 자기 풍자는 본인을 향한 것으로서, 채만식은 글쓰기를 통해서나마 여성문제를 제대로 형상화하고자 노력하였다고 말할 수 있다.

그의 노력은 〈인형의 집을 나와서〉에서 좀 더 선명하고 본격적으로 작품화된다. 주인공 임노라가 변호사인 남편 현석준에게 실망을 느껴서 가출한 후 경제적 역경과 성적 시련을 겪지만, 주체적인 인간이 될 수 있도록 돕는 주변인을 통해 가정교사, 화장품 외판원, 여급을 거쳐 인쇄소 직공이 된다. 가정에서 노라의 삶은 주체적이지 못한 반면, 사회운동이라는 공공선을 위한 행위는 주체적임을 대조적으로 보여주는 서사이다. 채만식은 이 작품의 창작 동기를 쓰면서 부인해방은 단순히 출분에서 끝날 것이 아니라, "소뿌르의 의식을 청산하고 진정한 해방의 길을 발견"해야 한다고 주장함으로써 사회문제 및 계급문제로 확장하려는 의도를 보여주었다. 이 의도는 채만

56 채만식, 「과도기」, 『채만식전집 5』, 창작사, 1987, 237쪽.

식의 희곡 〈감독의 아내〉에서 더욱 강조된다.

이 희곡은 1931년 겨울, 경성을 무대배경으로 하며, 남편과 아내가 감독과 노동자의 대립관계로 설정되어 있다. 아내는 공장파업을 하고 남편은 그것을 막아야 하는 감독인데, 아내가 함께 파업을 하자고 남편을 설득하고 남편은 아내를 말리다가 부부싸움이 된다.

> 전: 무어야?(노려본다) 이년이 이만큼이라도 살어가는 것이 회사덕인줄은 모르고 왜 괘니 이 지랄이야 지랄이?
>
> 안해 : 흥 뭇척 고맙겟소. (방백) 어쩌면 사람이 저러케 속이 없서!
>
> 전: (들은체 아니하고) 되지 못한 년놈들이 괘니 (間) 갈잔케 동맹이란 다 무어말러비트러진거야, 이 오랄 질놈년들아!
>
> 안해 : 글세 그러니까 당신이나 어서가서 소갈이 말갈이 일이나 잘해주어요. 남의 참견은 그만두고.
>
> 전 : 이년아 글세 너때문에 나까지 말을 들으니까말이야 이년아.
>
> 안해 : (방백) 녀편네 없는 사람도 공장에만 잘 다녀먹더라!
>
> 전: (노려보다가) 그래도 냉큼 아니나오고 이러케 조동아리만 놀릴테냐?[57]

남편은 파업을 막지 못해 회사에서 폭력단에게 당하고, 집에 와서는 그 분풀이로 아내에게 나가라고 하면서 폭력을 행사하며 서로 싸운다. 그 바람에 아내에게 폭력을 행사하러 왔던 폭력단은 관찰만하다가 다른 곳으로 가버린다. 아이러니컬하게도 가정 밖에서 파업으로 벌어지는 폭력은 남편이 당하고, 부부싸움을 하는 바람에 도리어

57 채만식, 「감독의 아내」, 『동광』 31호, 1932.3.

폭력단의 폭력으로부터 아내를 보호하게 된다. 곧 파업을 하는 여직공 아내가 당할 가정 밖의 폭력을 남편이 대신하여 막아주게 되는 것이다. 또한 직장에서는 감독과 직공이지만, 가정 내에서는 남편과 아내로서 비교적 정상적인 소통과 다툼을 보여준다.

이 작품은 검열에 걸려 삭제된 부분이 많아서 이 이상의 내용을 짐작하기는 어려우나, 당시 아내표제 서사와는 매우 다른 아내상을 보여주고 있다는 점에서 주목할 만하다.[58] 그간의 서사에서 형상화해온 아내들, 출분하여 노동자로 거듭나게 되었다는 아내들을 괴롭혔을 폭력적 현실로부터 보호해주고자 하는 남편(작가)의 소망이 미약하게나마 나타나고 있으며, 또 그 가운데에서도 자기를 지킬 줄 아는 적극적이고 개성적인 한 인간이자, 남편의 폭력과 회유에도 당당하고 꿋꿋하게 자기 길을 가는 주체적인 아내를 형상화했다는 점에서 다른 작가들과 분명한 차별성을 지닌다.

5. 해석의 사각지대, 아내의 자리

지금까지 살펴본 1930년대 남성작가의 아내표제소설에서 여성억압적 제도와 현실로부터의 일탈을 꿈꾸는 아내는 결핍된 존재로서 열등한 타자이거나 위험한 욕망을 가진 나쁜 동반자로 주로 형상화되었다. 그런 부정적 이미지는 종속된 존재로서 '아내'의 자리

58 유진월은 이 작품에 대해서 살림을 맡아서 하는 아내가 집안 살림을 부수는 폭력과 파괴행위나 집을 나가면서 어린 딸을 뿌리치는 장면 등 모성성을 부인하는 것 등은 여성의 심리를 전혀 이해하지 못하고 계급의식으로만 인물을 형상화한 남성작가의 한계라고 보고 있으나, 마르크스적 페미니즘의 측면에서 매우 의미 있다고 평가하고 있다. 유진월, 「1930년대 프로극의 여성인물 연구」, 『한국극예술연구』 6, 1996. 7.

를 짐작하게 한다. '아내'는 남편과의 관계, 가정의 성역에서 자유롭게 벗어날 수 없는 존재이며, 본능적인 욕망이 금지된 존재임을 재확인시키고 있다. 남성작가의 글쓰기에서 이런 재현내용에 대한 균열이나 충돌의 지점을 찾아보기 어렵다. 오히려 그런 여성문제에 대한 회피와 지배영역의 공고화를 위한 은폐의 욕망조차 확인할 수 있었다.

남성(남편)의 시각에서 (남편을 화자로 하여) 아내를 형상화한 일련의 작품들은, 자본주의적 가부장제 하에서 빈곤한 남편의 무력하고 위축되고 불안정한 상황을 그리는 데 초점을 두고 있다. 아내를 표제로 한 소설쓰기는 그 현실 문제를 은폐하기 위한 남편들의 자기방어 전략에 다름 아닌 것이다. 이런 문제는 당대 이념논쟁의 대리전으로 형상화된 작품에서나 혁명이 실패로 돌아간 후 자기 고발과 성찰의 글쓰기를 보여준 작품에서 더욱 심각하게 나타났다. 이는 어떤 정치적 이념도 여성문제의 본질적인 시각을 교정하는 데에 소홀했음을 반증한다.

일제에 의해 교묘하게 확산된 신가정 담론과 현모양처론은 지식여성의 자유를 제한하는 결과를 낳았다. 신여성은 몇 중의 경쟁과 억압에 시달려야 했는데, 신여성에 대한 부정적인 시선에서 벗어나 '가정의 천사'로서 교양 있고 능력 있는 양처상을 보여주어야 한다는 것이 그 하나였고, 주체적인 여성으로서 자기실현의 욕망을 어떻게 현실화할 것인가도 문제였다. 또한 구여성 아내와의 경쟁과 불안한 위치에서 '제2부인'들은 도덕적 비난과 희생을 강요당하기도 했다. 그 결과 아내는 경제력은 물론, 스위트 홈을 이끌 신지식과 교양, 전통적인 부덕과 순종적인 내면까지를 고루 갖추어야 했다. 신구의 경쟁과 가부장적 가치의 내면화의 요구 속에서 양처의 조건은 더욱 까다로워진 것이다. 남성(남편)의 시선은 바로 이런 국면을 배려나

동조 없이 그리고 있으며, 경제적으로 무력한 남성들의 권위상실에 대한 우려와 자기연민에 빠진 채 허구적 서사로 위장하고 은폐하려 하였다고 할 수 있다. 이런 고민과 문제의식은 당시 소설가에게 당연히 수반되어야 할 것이었지만, 불행하게도 한국 근대문학사에서 의식적으로 이 문제를 꿰뚫어본 경우는 극히 드물었다. 아울러 이러한 작품에 대한 남성비평가의 해석 역시 그러한 사각지대에서 반복 생산되어 왔다고 할 수 있다.

앞서 살펴본 문제들은 비단 남성작가의 문제에서 그친 것은 아니었다. 남성적 글쓰기의 윤리를 내면화하여 문단활동을 시작한 초기 여성작가들의 경우에도 이런 현상은 유사하게 드러난다. 아내표제 소설은 아니지만, 부부간의 문제를 다루고 있는 강경애의 〈원고료 이백 원〉은 여성 작가가 여성 화자(아내)를 내세운 소설로 남성작가가 남편의 시선에서 서술한 앞의 작품들과 흥미로운 비교가 가능하다. 이 작품에서 '나'(아내)는 원고료의 사용 문제로 남편과 다투고 쫓겨난 후에 남편의 훈계와 지도에 교화되어 남편의 뜻에 따른다. 〈원고료 이백 원〉은 자전적 소설로 실제 아내이자 여성작가인 강경애가 남성(남편)의 시선을 의식하며 지도와 교정을 받아 성장하는 수동적이고 순종적인 아내를 그려낸 것이다. 즉, 이 작품의 표면은 여류작가인 '나'의 소시민성에 대해 남편이 계급적 지도를 하였다는 줄거리로 되어 있지만, 그 속에 은폐되어 있는 성적 차별과 검열이 글쓰기의 억압으로 작용할 수 있었음을 간과해서는 안 된다.[59] 강경

59 〈원고료 이백원〉의 남편은 아내의 작가로서의 태도나 선택, 원고료 문제조차 간섭하고 폭력적 발언을 행사하는 인물이다. 작중 아내는 남편에게 복종적이지만, 강경애는 이를 소설화함으로써 자신이 남편 장하일과 애정적-동지적 관계이기보다 정신적 주종관계에 있었고, 남편이 단순한 독자이자 조언자라기보다는 글의 검열자이자 권위자였음을 드러내 밝힌 것이라 해석할 수 있다. 이상진, 「식민 치하 하층민 여성의 글쓰기와 간도 : 강경애론」, 이상

애의 하층민에 대한 성공적인 소설화는 이렇게 가부장제를 내면화함으로써 가능했다는 것이다.

아내로서 아내를 형상화한 여성작가 역시 글쓰기에 대한 남성의 보이지 않는 검열에서 자유롭지 않았으며, 당대가 요구한 가부장적 질서의 내면화에서 벗어날 수 없었던 것이다. 이를 통해, 당대 현실에서도 글쓰기에서도 해석에서도 사각지대에 있었던 여성의 현실을 재차 확인할 수 있다. 이 점에서 남편에게 충고하고 반성을 이끌어내는 긍정적이고 현명한 아내를 등장시킨 안석영의 〈안해〉나 자립적인 노동자로서 감독인 남편의 폭력과 회유에도 당당하고 꿋꿋하게 자기 길을 가는 주체적 여성을 형상화한 채만식의 희곡 〈감독의 아내〉는 문학적 형상성의 가치평가를 떠나 주목할 만한 성과라고 할 수 있다.

진·김신정·심원섭·한수영, 『한국근대작가론』, KNOU Press, 2015, 341~344쪽.

참고문헌

강경애, 이상경 편, 『강경애전집』, 소명출판, 1999.
김남천, 「이런 안해(혹은 이런 남편)」, 『농업조선』, 1939.4.
_____, 「처를 때리고」, 『소년행』, 학예사, 1939.
김유정, 『김유정 단편선 – 동백꽃』, 문학과지성사, 2010.
김동인, 『김동인단편전집 1』, 가람기획, 2006.
박노갑, 『박노갑소설집 – 40년』, 깊은샘, 1989.
안석영, 『안해』, 『여성』, 1936.11~1937.4.
이광수, 『이광수 전집 2』, 삼중당, 1976.
이광수, 「혁명가의 아내와 모델」, 『신여성』, 1932.4.
이기영, 「혁명가의 안해와 이광수」, 『신계단』, 1933.4.
이기영, 『이기영 단편선 – 민촌』, 문학과지성사, 2006.
채만식, 「감독의 아내」, 『동광』 31호, 1932.3.
최승일, 「안해」, 『신여성』, 1924.6.
염상섭, 「똥파리와 그의 아내」, 『신민』, 1929.1.

김경일, 『여성의 근대, 근대의 여성』, 푸른역사, 2004.
김유정학회 편, 『김유정과의 만남』, 소명출판, 2012.
__________, 『김유정의 귀환』, 소명출판, 2011.
김하명 외, 『조선문학사(1926-1945년)』, 평양:과학백과사전출판사, 1981.
김혜경, 『식민지하 근대 가족의 형성과 젠더』, 창비, 2006.
박형지·설혜심, 『제국주의와 남성성 – 19세기 영국의 젠더 형성』, 아카넷, 2004.
연구공간 수유+너머 근대매체연구팀, 『매체로 본 근대여성풍속사, 신여성』, 한겨레신문사, 2005.
이상진, 『한국근대작가 12인의 초상』, 옛오늘, 2004.
이상진·김신정·심원섭·한수영, 『한국근대작가론』, KNOU Press, 2015.

이혜령, 『한국 근대소설과 섹슈얼리티의 서사학』, 소명출판, 2007.
______, 『한국소설과 골상학적 타자들』, 소명출판, 2007.
조남현, 『그들의 문학과 생애 – 이기영』, 한길사,
한국학중앙연구원, 『한국민족문화대백과사전』, 1991.
R. W. 코넬, 안상욱 현민 옮김, 『남성성/들』, 이매진, 2013.
모리스 블랑쇼, 이달승 옮김, 『문학의 공간』, 그린비, 2011.
노오먼 프리이드먼, 「플롯의 제 형식」, 김병욱 편, 최상규 역, 『현대소설의 이론』, 대방출판사, 1984.
강지윤, 「전향자와 그의 아내-룸펜 인텔리겐차와 자기반영의 문제들」, 『사이』 8, 2010.
강현구, 「1920~30년대 모델소설의 새로운 독법과 매혹적인 악녀상」, 『한국문예비평연구』 16, 2005.
김미영, 『1920년대 여성담론 형성에 관한 연구』, 서울대 박사논문, 2003.
김미현, 「숭고의 탈경계성」, 『한국문예비평연구』 38, 2012. 8.
노지승, 「한국근대소설의 여성 표상에 관한 연구」, 서울대학교 박사논문, 2005.
박정애, 「근대적 주체의 시선에 포착된 타자들」, 『여성문학연구』, 2001.
배효진, 「1920년대 전기 소설에 나타난 여성상연구」, 세종대 박사논문. 2009.
소현숙, 「고독한 외침,-식민지 시기 아내/며느리에 대한 사형과 여성들의 법적 투쟁」, 『역사비평』, 2013.8.
______, 「생존과 자존의 길 찾기 – 1920~30년대 여성 이혼과 빈곤문제」, 『여성문학연구』 32, 2014.
신수정, 「한국근대소설의 형성과 여성의 재현양상 연구」, 서울대 석사논문, 2003.
유진월, 「1930년대 프로극의 여성인물 연구」, 『한국극예술연구』 6, 1996. 7.
이미림, 「이기영의 '여성해방' 소설연구」, 『여성문학연구』 6, 2001.
임선애, 「〈혁명가의 아내〉와 〈변절자의 아내〉」, 『영남어문학』, 2002.
임정연, 「1920년대 연애담론연구 : 지식인의 식민성을 중심으로」, 이화여자대학교 박사논문, 2006.
______, 「근대 젠더담론과 '아내'라는 표상」, 『배달말』 45, 2009.
전미경, 「1920~30년대 현모양처에 관한 연구」, 『한국가정관리학회지』, 22-3, 2004.

______, 「1920~30년대 '남편'을 통해 본 가족의 변화」, 『한민족문화연구』 29, 2009.
정혜영, 「삶과 문학의 경계-김동인의 〈무능자의 아내〉를 중심으로」, 『한국문학이론과 비평』 30, 2006.
한민주, 「1930년대 후반기 전향소설에 나타난 남성 매저키즘의 의미-김남천과 한설야를 중심으로」, 『여성문학연구』 10, 2003.

■ 「불안한 주체의 시선과 글쓰기 :1930년대 남성작가의 아내표제소설 읽기」
(『여성문학연구』 37, 2016.)

김채원 소설에 나타난 실존적 탐색과 장소성

1. 집이라는 장소, 글쓰기의 기원

김채원은 전쟁과 분단, 이산의 가족사를 배경으로 하여 여성의 실존적 의미를 집요하게 파헤쳐 온 작가이다.[1] 1970년대 중반에 등단하여 지속적으로 작품을 발표해 왔으며 오정희, 서영은, 강석경 등과 함께 전후 여성 성장소설 세대 작가로 특별한 문학사적 위치를 차지하고 있다. 김채원 소설이 동시대 다른 작가들과 구별되는 지점은 실험성으로, 서사의 해체, 산만한 구성, 플롯의 부재 등의 특성이 지적되기도 했고,[2] 물질문명과 가부장제라는 거대 질서의 폭력으로

---

1 50년 가까이 작품 활동을 한 것에 비한다면 김채원 관련 연구는 많지 않다. 작품론 중 대부분은 서평 중심이고, 특히 문학상을 수상하여 특별한 주목을 받았던 〈초록빛 모자〉, 〈겨울의 환〉 등의 작품에 집중된 경향이 있다. 김채원은 시인 김동환과 소설가 최정희 사이에서 태어나, 언니인 소설가 김지원과 함께 문인 가족이자 자매소설가로 주목받았다.

2 김채원은 스토리를 거부해온 작가, 사물과 만나는 감각적 의식 그 자체를 중

인한 관계 단절로부터 탈피하고 새로운 관계를 맺기 위해서 초현실주의적 인식 체계를 소설에서 내보였다는 해석도 있었다.[3] 또한 김동환의 납북과 전쟁, 분단으로 인한 이산체험, 복잡한 가정사 등 전기적 사실이 작품 해석의 초점이 되기도 하였다. 이야기에서 유사한 모티프가 반복되는 점, 서술자의 논평적, 고백적 서술이 두드러진다는 점이 이러한 평가에 설득력을 높여준 것으로 보인다.

그간의 연구 결과를 종합해보면, 김채원 소설에 나타난 (여성의) 실존적 탐색에는 몇 가지 공통점이 발견된다. 우선, 소설의 주제적 인물이자 화자는 주로 관찰하고 보고하고 논평하며 삶의 의미를 되묻는 여성이다.[4] 이 여성은 어디에도 무엇에도 완전히 소속될 수 없는 이질감,[5] 뭔지 모를 불안과 두려움을 느끼며 열린 자유의 세계를 찾으려 한다. 그러나 자기 문제를 파악하는 데 실패하고 그리움으로 남은 유년기의 낙원으로 회귀(퇴행)한다.[6] 이러한 서사적 해

시하는 작가로 주목받았다. 중기 이후에는 이미지나 모티프의 느슨한 연결과 흐름이 더욱 지배적으로 나타나, 이런 특성을 화가로서의 회화적 감각, 이미지에 초점을 두고, 혹은 의식의 흐름, 환상성 등으로 분석한 연구가 축적되어 있다. 원형갑, 「김채원 또는 미래의 아방가르드」, 김채원, 『달의 몰락』, 청아출판사, 1995, 405쪽; 권택영, 「수채화같은 내면 소설」, 김채원, 『달의 강』, 해냄출판사, 1997, 195쪽. 외

3 오유진, 「김채원 소설에 나타난 초현실주의적 상상력 연구」, 서울대대학원 석사논문, 2020.

4 보통 주인공이자 화자, 혹은 초점자로 등장하는 이 여성 인물의 설정에서 김채원의 전기적 사실 중 많은 부분이 공통적으로 나타난다. 남성 부재의 가족관계, 자매 혹은 모녀의 관계설정, 작가가 체류한 이국 배경, 반복적으로 재현되는 경험 내용 등이 그렇다. 이러한 상호텍스트성을 설득력 있게 논증하기 위해 이 논문에서는 전기적 사실을 근거로 한 분석을 병행하였다.

5 문혜원, 「그 여자, 시시(時時) 곳곳에 있는 '나'들」, 『쪽배의 노래』, 문학동네, 2015.; 김훈, 「집 없는 여자들의 집짓기」, 김지원 김채원, 『집/그 여자는 거기에 없다』, 청아출판사, 1996.

6 박철화는 이러한 흐름에 나타나는 작가의 사유를 '낙원 → 상실 → 회복'의

결은 현실을 피상적이고 원론적인 시각에서 관찰한 결과로서, 전형적인 중산층 여성의 자의식에 근거한 수동적 이데올로기의 표현이자, 가부장제적 의식의 내면화[7]라고 비판받기도 했다. 한편에서는 여성의 실존에 대한 진지하고도 집요한 탐색으로서 결코 가볍지 않은 문제의식을 보여주고 있다는 지적도 있어왔다.[8] 이러한 실존적 탐색의 구조는 후기소설에도 이어져 "삶의 근원적이고 본질적인 문제를 보기 위한 렌즈"[9]로 일상을 비추고 탐색하는 글쓰기가 나타난다.

김채원 소설의 또 다른 특징은 이러한 탐색의 과정을 장소에 대한 기억과 느낌을 통해 사실적으로, 또 비유적으로 서사화하고 있다는 것이다. 김채원은 자주 본인의 창작 산실이자 고향과 같은 장소로 동숭동의 집을 언급했다. "꽃과 나무가 많고 약수가 있는 낙산 밑의 집" "아침이면 꿩이 마당에 내려왔고, 우리는 아버지와 함께 방안에서 마당의 꿩을 내다 보았"[10]던 이 집은 김채원의 유년기, 단란하고 평화로웠던 가족의 가장 행복했던 시절의 기억을 품고 있다. 인문지리학자들에 의하면 장소는 인간 실존의 근원적 중심이며, 특히 유년기의 집은 인간이 뿌리내리고 있는 터전이자 가장 이상적인 장소이

구조로 보고, 존재의 문제가 폐쇄적 공간에서 이타성의 공간으로 전화한 것이라고 분석했다. 박철화, 「의지의 떨림, 떨림의 미학」, 『봄의 환』, 열림원, 2003, 264쪽.

7 김영미·김은하, 「중산층 여성의 정체성 탐구」, 『오늘의 문예비평』, 1991.9

8 장석주, 박철화, 임금복, 문혜원, 김인옥, 오유진 등의 연구가 이러한 내용을 지적하고 있다. 특히, 크리스테바의 논의를 빌려 기호계-상징계를 거쳐 미끄러지는 욕망의 환유를 지적한 김인옥의 분석은 초기 작품만을 대상으로 한 논문이나, 후반부의 작품까지 여전히 유효한 연구시각이라 생각된다.

9 변신원, 「환멸에서 환상으로-김채원론」, 『페미니즘은 휴머니즘이다』, 한길사, 2000, 117쪽.

10 김채원, 「작가 연보」, 『달의 몰락』, 앞의 책, 407쪽.

다. 집은 생애 전체를 통해 지속적으로 안정감과 신뢰, 정통성의 근원이 되는 장소이며 강력한 내부성을 구축하는 구심점이 된다.[11] 전쟁이 일어나기 전까지 동숭동의 집은 김채원에게 세계를 인식하고 실존적 내부성을 획득하는 구심점이 되는 장소였다고 할 수 있다. 그러나 그 집은 전쟁이 일어나고 제때 피난하지 못한 아버지 김동환이 납북되면서 슬픈 가족사가 스민 장소로 변했다. 김채원은 이 집을 후에 '얼음집'으로 표현했으며, 그간의 연구는 전쟁기를 거치고 난 후, 이 집에서 겪은 납북과 이산, 전후 남성 부재로 인한 여성 가족원의 고통이 김채원에게 상실과 억압, 불안감의 원인이 되었다고 지적한다.[12] 유년기의 뿌리, 집이라는 장소성에 균열이 가기 시작한 것이다.

김채원의 〈작가 연보〉를 보면 동숭동 집에 대한 이 기억과 함께 길을 잃어버린 사건이 소개되어 있다. 피난지에서 돌아온 후인 1953년, 김채원은 학교 가는 길에 혼자 다른 길을 선택했고, 다른 길로 가도 학교에 도착할 것이라는 막연한 예상을 했지만, 결국 길을 잃어버리고 말았다는 내용이다.[13] 어린아이가 길을 잃은 것은 그리 특별

11 인문지리학자인 에드워드 렐프에 의하면 유년기의 장소들은 자신뿐 아니라 타인도 자신의 지각공간과 장소를 가진다는 것, 합의된 생활 공간의 일부를 구성한다는 것을 알게 만든다. 에드워드 렐프, 김덕현·김현주·심승희 옮김, 『장소와 장소상실』, 논형, 2005, 42~46쪽.

12 김인옥은 김동환의 납북과 이별은 상실의 고통과 무의식적 억압의 원인이 되었다고 보고 있다. 김인옥, 「김채원 소설 연구」, 『개신어문연구』, 1998.12. ; 김경수도 상징적인 아버지의 부재와 가부장제의 균열은 여성가족원에게 정신적 충격이 되었음을 지적한다. 김경수, 「한국여성소설의 현단계」, 『한국여성소설연구 2』, 갑인출판사, 1991, 293쪽.

13 이 부분을 그대로 옮기면 다음과 같다. '1953년 : 서울 창경국민학교 입학. 국민학교 2학년때 학교 가는 길을 잃어버린 적이 있다. 동네 아이들과 함께 가다가 혼자 다른 길을 택해 갔는데 그 길로 가도 학교가 나오리라 예상했던 것과는 달리 점점 이상한 동네가 나왔다. 급기야는 길 가는 사람에게 이끌려

할 것 없는 사건이다. 그러나 김채원이 글쓰기의 기원이 되었다고 밝힌 동숭동 집에 대한 기억과 함께, 어린 시절의 가장 중요한 사건으로 기록에 남겼다는 점에서 주목할 필요가 있다. 유년기의 장소들은 자신과 가족 중심의 장소로서, 이 장소를 중심으로 타인의 삶과 공간을 이해하고, 공간을 확장하여 자신의 위치를 파악하게 된다. 김채원은 자기가 중심인 기지(旣知)의 장소로부터 이탈하여 독립적으로 미지(味知)의 공간을 향해 나아갔지만, 결국 관계와 경험을 확장하는 일에서 실패했다. 이 경험을 특별하게 서술함으로써, 정통성의 근원이 되는 집에 대한 막연한 불안과 이탈의 무의식적 욕망, 그 선택(탈주)과 회귀의 과정에서 가지게 된 길 찾기에 대한 본능적인 두려움을 암시한다.

유년기 집에 대한 기억과 길을 잃은 이 사건은 김채원 소설에 반복적으로 등장하는 집의 이미지와 길 찾기 모티프의 원체험이 되었다고 할 수 있다. 〈애천〉(1984)에서 시작하여 〈겨울의 환〉(1989), 〈인 마이 메모리〉(1999)를 거쳐 〈베를린 필〉(2015)까지 다수의 작품에서 인물이 느끼는 유사한 장소성, 이탈과 탐색의 서사 구조를 공통적으로 찾아볼 수 있다. 김채원 소설의 주인공들은 어떤 장소에서도 행동으로나 감성적으로나 내부성과 소속감을 느끼지 못하고 주변화되고 있다. 초기 소설에서는 가족의 해체, 분단과 이념적 대립으로 인한 불안감이, 이국을 배경으로 한 소설에서는 외국 생활 부적응과 이질감이, 후반부에는 노년기에 접어든 인물이 느끼는 위축감,

---

파출소를 찾게 됐는데 순경이 2학년이나 돼서 어떻게 학교 가는 길을 잃어버리느냐고 했다. 순경과 함께 이상한 동네에서 벗어나 큰길로 나오자 곧 길을 알 수 있었으나 순경에게 그 말을 못 하고 할 수 없이 순경을 따라 집까지 와야 했었다.' 「김채원 연보」, 김채원, 『오늘의 한국문학 33선-김채원』, 양우당, 1991, 43쪽.

소외감이 지배적으로 나타난다. 특히, 빠른 속도의 변화에 적응하지 못하고 주변화되는 주인공이 느끼는 현실에 대한 두려움이 전경화되면서 물질주의에 대한 강한 비판도 드러난다. 2016년 이상문학상 수상작 〈베를린 필〉은 광화문 광장 한복판에서 절박하게 '어마이'를 외치는 마지막 장면을 통해 한 세대의 쇠퇴과정과 피로감, 불안과 상실감을 무겁게 전달함으로써 이런 문제의식이 여전히 유효함을 확인시켜주었다. 그 실존적 탐색은 해결되지 않은 채 여전히 노작가의 글쓰기를 지배하고 있는 것이다.

이에 본 연구는 김채원 소설에서 지속적으로 나타나는 실존적 탐색의 구조와 내용을 이-푸 투안과 에드워드 렐프의 장소와 장소성, 장소상실 등에 대한 논의를 바탕으로 해석해보고자 한다. 특히, 후기작품을 중심으로 전기의 주요작품에서 이어지는 상실감, 불안, 두려움의 정서가 어떤 의미를 가지는지 분석하고, 장소성을 중심으로 전후 성장세대의 문제적 지점에 대해 살펴보도록 하겠다.

2. 여성 정체성과 환(幻), 뿌리내림의 지향과 저항

김채원 소설의 문제성을 살피기 위해 실존적 탐색의 원형이 되는 대표작 〈겨울의 환〉[14]을 재검토하는 데에서 논의를 시작해보기로 하겠다. 이 작품은 불운한 결혼생활을 청산하고 돌아온 여성 화자가 "나이 들어가는 여자의 떨림"에 대해 쓴 고백체 소설이다. 마흔셋의

14 〈겨울의 환〉은 "이념의 잣대로 모든 것을 마름질하는" 풍토에서 "새로운 변화를 갈망한" 1980년대의 이념적 피로감 때문에,(권영민, 「13회 이상문학상 심사평-잔잔하게 밀려드는 이상스런 감동」, 『겨울의 환』, 문학세계사, 1989.) 이상문학상 수상작이 되는 등 많은 평자들에게 주목을 받았다.

'나'가 비로소 "자궁을 가진 여자로서의 숙명"에 대해 생각하면서, 외할머니와 어머니, 그리고 나의 운명을 겹쳐서 읽게 된다. '나'는 삼촌과 아버지의 부재로 조각난 가족의 삶을 기록하고, 외할머니와 어머니의 불운한 대물림에 저항한 끝에, 스스로 사랑하는 이를 위해 "싸리문은 여잡고 기다리"고, "밥상을 차리는 여자"의 세계로 회귀[15] 하고 있다.

나이 들어가는 여자의 떨림에 대한 답으로 싸리문을 부여잡고 집을 지키며 밥상을 차리는 행위를 발견한, 이 '인식의 대전환'은, 실상 버선에 찐득하게 묻은 때가 준 충격, 집을 뛰쳐나오게 한 애초의 문제 해결과는 거리가 멀다. 이 회귀는 제목 그대로 겨울의 환상으로서, 닮은 운명, 같은 문제에 도달한 여성 3대의 순응적 삶에 대한 보고이자 저항의 역설적 표현일 뿐이다.[16] 여성의 실존적 탐색의 구조에 방점을 두고 읽을 때, 〈겨울의 환〉에서 주목할 것은 탐색의 실패와 회귀의 과정을 지배하고 종국에는 이를 뒤집는 비현실적인 실체감, 환(幻)이다. 화자는 아이도 못 낳고 결혼예물도 제대로 해오지 않았다고 갈등을 겪다가 이혼한 상황도, 나와 아저씨가 냈다는 산불도, 할머니의 동치미도, 어머니의 두루뭉수리 된장찌개도 "내가 없으면 다 없는" 것, "이 세상이 아닌 것 같다"는 생각을 반복하여 서술한다.

---

15 장석주는 진정한 여성적 삶의 실현, 여성으로서 살아감의 진정한 의미 발견과 그것으로의 회귀의 여로를 보여준다고 보고 있다. 장석주, 앞의 글 ; 박철화를 비롯한 몇몇 남성비평가들도 이 마지막 지점의 변화를 두고 인식의 대전환, 낙원으로의 회귀로 파악한다. 그러나 이는 남성적 시각에 의한 편향적인 해석, 의도적 오독에 가깝다.

16 이 점에서 악마와의 결탁에 방점을 둔 김윤식의 분석은 겹겹이 숨겨놓은 문제의 본질을 꿰뚫은 지적이라고 할 수 있다. 김윤식, 「동치미가 불러낸 허깨비」, 김채원, 『봄의幻』, 앞의 책.

평화로운 산과 논밭 들판, 어디선가 개 짖는 소리, 닭 울음소리 그리고 아이들 소리, 한낮의 햇빛과 바람 속에서 긴박감을 알리는 제 소리가 전혀 현실감이 없었습니다.

이것은 이 세상이래도 좋고 아니래도 좋다. 이 세상이 아닌 것 같다. 아마 이 세상이 아닌가 보다. 도깨비방망이를 흔들어 어딘가 이 세상과 다른 세상이 잠시 열린 것 같은, 갈피를 잡을 수 없는 심정이 되었습니다.[17]

주인공은 묘소에서 불길이 번지던 그 긴박한 순간에 느낀 비현실감에 대해 서술한다. 이 세상이 아닌 것 같은 느낌, 다른 세상이 열린 듯한 환상적인 느낌을 받은 것이다. 이뿐 아니라 '나'는 평화로운 들판에서도, 사람들이 많이 모여 있는 거리에서도, 일상의 그 어느 곳에서도 현실에 뿌리내리고 있다는 장소감을 느끼지 못한다고 고백한다. '나'가 "비현실적 실체감"이라고 표현한 이 느낌은 남성 가족원의 부재에 대한 느낌과 연결된다. 주인공은 "아무것도 잡히지 않으며 그러나 없는 것이 아닌, 거기에 뚜렷이 있는" 존재를 하나씩 언급한다. 처음에는 "당신"으로 지칭되는 남자이고, 월북한 삼촌이며, "기억 속에 아무런 영상도 없이 오직 無인 아버지"이다. 즉 할머니가 애타게 기다리는 삼촌과 어머니가 그리워하는 납북된 아버지, 그리고 내가 사랑하게 된 남자이다. 이 남자들은 '부재의 존재'로서 이 집에 사는 여성들의 삶을 강력하게 지배하고 있다. 현실에 뿌리내리고자 해도 다른 세상을 사는 것 같은 느낌을 가지는 것은, 여전히 싸리문을 부여잡고 집을 지키도록 추동하는 이 보이지 않는 힘 때문이

---

17 김채원, 「겨울의 환」, 『봄의 幻』, 앞의 책, 97쪽.

다.[18]

그러나 문제는 남성 부재의 현실에만 있지 않다. 대물림된 가부장적 사고에 의해 여성 가족원은 거꾸로 '존재하나 부재하는 존재'가 된 것이다. 곧 월북한 아들만을 기다리느라, 할머니는 남편을 잃은 딸에게 충분한 위안과 배려를 베풀지 못한다. 또 납북된 남편과 냉정한 어머니 때문에 상처받은 어머니는 성장기의 딸에게 아버지의 자리도 채워주지 못하고, 제대로 된 성장모델도 되지 못한다. 결혼과 이혼의 과정에서 강조되는 "버선"은 가정 내 노동 강요라는 메세지를 상징적으로 보여준다. 결국 상처투성이의 여성 3대로 인해, '나'는 일상의 곳곳에서 "비현실적 실체감"을 느끼게 된 것이다.

같은 해 발표된 〈오후의 세계〉에서 이 비현실적 실체감은 더 강조된다. 이 작품은 인생의 오후에 닿은 중년 여성의 시선과 목소리에 의지하여 서술되며, 이렇다 할 극적 사건이나 이야기 없이 일상에 대한 관찰과 촘촘한 보고가 중심이다. 여기에 주인공이 느끼는 이질감, 잃어버린 것들이 불러일으키는 상실감, 아득한 그리움이 겹쳐서 그려진다. '여자'는 남편을 따라 프랑스의 작은 소도시 아파트에서 살고 있다. 자전거를 타는 아들을 바라보고 장을 보고 음식을 하는 일상을 보내고 있지만, 사람들 사이에서 소통되지 않는 고립감, 몸속에 이물질이 들어차 있는 듯한 거북함과 갑갑함을 느낀다. "있으려고 안간힘을 써야만 있어지는 듯"한 느낌도 받는다. 인간은 보통

18 바로 이러한 점에서, 여성연구자들로부터 성역할 대립 구도를 넘어서 '돌봄의 윤리'가 만들어 내는 성스러움을 발견해냈다는 해석(조회경, 「김채원의 〈겨울의 환〉에 나타난 구원의 여정」, 『문학과 종교』, 2007.)과 가부장적 이데올로기를 내면화한 희생적 여성의 신화로 인도하는 "시대에 뒤떨어진 젠더 감수성"을 보여주었다(정미숙, 「'밥상'의 지형과 젠더 구성」, 『현대문학이론연구』 78집, 2019.)는 상반된 지적을 받았다. 사실상 이는 김채원을 포함한 여성 분단성장세대가 공통적으로 보여준 한계이기도 하다.

한 장소에서 적절한 활동과 관계 맺음이 이루어지지 못할 때, 장소로부터 소외되고, 진정한 장소감을 경험할 수 없게 된다.[19] 이 소설의 '여자' 역시 이국의 도시에서 집 안의 존재로서의 역할을 수행하고 거리를 관찰할 뿐, 관계확장을 위한 활동을 하고 있지 않으므로 이런 '외부성'은 개연성 있게 전달된다.

중요한 것은 이 비현실감이 정도 이상의 상태로 이끈다는 데 있다. '여자'는 가족이라는 울타리 안에서 가정을 바라보는 일이 이상하고, 아이에게도 임신한 태아에 대해서도 무덤덤할 뿐이다. 어머니로서나 아내로서 또 한 개인으로서 현실감을 느끼지 못한다. 작은 실수에도 위축되고 긴장하며, 진짜 자신으로부터 멀리 도망간, "중년의 껍데기를 쓴 아이"같다는 자각에 말끔하게 토해내고 싶은 혐오감과 분노까지 느낀다.[20] 현실에서 느끼는 이질감의 한편에서 여자는 순간순간 다른 시간, 다른 세계로 옮아간다. 아이의 자전거 바퀴살에서, 이제는 돌아오지 않을 인생의 시간 조각들을 떠올리고, 어떤 흑인의 춤사위에서, 시간의 문을 열고 유년기의 집, 텃밭으로 되돌아간다. 공항에서 본 박제된 곰의 표정에서 "마치 관통상을 당한 듯", 가장 근원적인 어떤 것에 대한 간절한 그리움을 읽어낸다.

> 나는 그 자리에 얼어붙은 듯 멈추어 섰어. 그리고 다음 순간 몸속으로 스며드는 그 감명이 무엇인지 알아내었어. 그것은 그리워하는 마음이었어. 무엇을? 하고 나는 빠르게 묻고 스스로 대답했

---

19 심승희, 「장소 개념의 스펙트럼과 잠재력」, 한국문화역사지리학회, 『현대문화지리의 이해』, 푸른길, 2013, 108~109쪽.

20 류미향은 이러한 느낌을 상처 입은 영혼이 견디기 힘든 현실의 고통에 맞서거나 이겨내게 하는 힘으로 작용하는 자기방어 전략으로 해석하였다. 류미향, 「권도옥과 김채원 소설 속 병리와 문학치료 연구」, 경북대 박사논문, 2017, 52쪽.

> 지, 그것은 어머니. 나는 내 대답이 맞다고 생각했어. 그리고 왠지 푹 안도했어. 이 세상의 모든 것은, 인간은 물론이고 짐승, 벌레 그리고 산의 나무와 정원의 꽃, 길가의 마른 풀까지 그리고 하늘의 별들 달과 해 땅덩이와 바다, 집, 개천, 다리, 모든 것이 어머니를 그리워하고 있다는 그 사실을 나는 새로이 확인하듯 인식하였어. 바꾸어 말하면 그것은 낙원에 대한 꿈이기도 할 거야. 유년의 집 들창과 대문, 마당, 꽃밭, 부엌, 책상 이런 것이 내게 한꺼번에 어떤 이미지로 밀려들었어. 곰의 몸 전체 표정에는 그만큼 간절한 그리움이 있었어. 그것은 가장 근원적인 어떤 것을 꿰뚫고 있었어. 나는 관통상을 당한 듯 아, 이렇게 근원이라는 게 역시 있는 것이로구나 생각했어.[21]

'여자'는 어머니에 대한 그리움, 낙원에 대한 꿈, 그리고 유년의 집의 이미지를 한꺼번에 떠올린다. 그 간절한 그리움은 유년기의 집에서 느낄 수 있는 안정감, 모성으로 상징되는 어떤 것에 가 있는 것이다. 마지막에 바캉스로 떠난 니스의 바다에서 여자는 무중력상태의 기분 좋은 압박감, "있으려고 애를 쓸 필요가 없는 있는 그대로의 편안함"을 느낀다. 자궁(잃어버린 낙원)으로의 회귀를 암시하는 이 대목은 여자가 줄곧 느꼈던 이물감과 비현실감이 어머니라는 안식처를 잃어버린 데에서 비롯되었음을 말해준다. 어머니는 아이의 제일의 장소이다. 그러나 아이를 돌봐주는 부모가 부재하면 아이는 표류하고 만다.[22] 여자는 인생의 오후에 이르러서야 생애 최초의 장소 상실이 가져다준 트라우마를 마주한 것이다. 그러나 피안을 향해 가려

---

21 김채원, 「오후의 세계」, 김채원·유익서, 『자전거를 타고, 민꽃소리 외(한국소설문학대계 79)』, 동아출판사, 1995, 102-103쪽.

22 이-푸 투안, 구동회·심승희 옮김, 『공간과 장소』, 대윤, 2011, 54쪽.

는 여자의 노력은 실패하고 만다. 어머니를 찾으려는 순간, 자신이 어머니로 호명되는 현실로 돌아오게 되는 것이다.

〈겨울의 환〉과 〈오후의 세계〉는 모두 여성 정체성의 탐색 과정에서 느끼는 비현실적 실체감을 통해 결핍과 갈망, 근원에 대한 그리움을 보여주고 있다. 〈겨울의 환〉에서 여성 3대의 상처를 온전히 기억하고 부재의 존재를 기다리는 집, 〈오후의 세계〉에서 시간의 문을 열고 간절하게 돌아가고 싶은 유년기의 집은 이러한 탐색의 종착지, 뿌리내림의 장소로 나타난다. 집은 정체성의 토대로서, 위안과 휴식, 안정과 신뢰를 원할 때 누구나 회귀를 갈망하는 장소라 할 수 있다. 그런데 앞에서 확인했듯, 김채원에게 이 유년기의 공간은 단순히 행복한 추억의 장소만은 아니다. 그 집은 김동환이 납북된 곳, 분단의 상처와 파탄에 이른 가정의 슬픈 기억 때문에 '얼음집'[23]으로 표현되었다. 동시에 집은 남성 부재로 한층 강화된 가부장제가 만든 억압의 장소가 되었다. 이러한 자전적 사실을 상당 부분 그대로 서사화한[24] 〈겨울의 환〉에서 이 집은 남성을 위해 밥상을 차리고, 싸리문을 잡고 기다려야 하는 숙명의 공간으로 그려지고 있다. 이에는 집을 보호하고 위안을 주고 휴식을 주는 여성성의 장소로 보

23 김채원이 이 집에서의 가족사를 바탕으로 쓴 〈얼음집〉에는 남편을 잃고 두 아이를 키워야 하는 아내(최정희)의 모습이 그려진다. 서영은은 어린 김채원에게 히스테리컬하고 불안정한 어머니의 모습은 부정의 대상이자 채워지지 않는 결핍의 증거로 남았다고 쓰고 있다. 서영은, 「생의 태풍 속을 무구한 노(櫓)로」, 『문학사상』, 1984.5. ; 오유진은 김채원이 이 집을 몽상적, 환상적인 감각을 풍기면서 구원을 지닌 곳으로 그리고 있다고 지적하고 있다. 오유진, 앞의 논문, 45쪽.

24 최정희가 밝힌 전쟁기와 전후 이 집에서 겪었던 일, 파인의 납북과 친정 동기의 월북과 잔류, 피난 전후 친정어머니의 사건과 피난 과정에서 김지원을 잃어버렸다가 후에 찾은 일 등(김복순, 『"나는 여자다" - 방법으로서의 젠더』, 소명출판, 2012, 52~66쪽.)은 이 작품의 내용과 상당부분 유사하다.

려는 남성중심적 시각이 깔려있다.[25] 그러나 여성에게 가해지는 그런 속박과 억압 때문에 여성에게 집은 뿌리내림의 지향과 저항이 충돌하는 장소가 된다. 어머니에 대한 부정과 모방 속에 성장한 주인공이 결국 마지막 회귀에서 탐색이 실패하고 마는 것은 그리움의 실체, 모성(집)이 가진 이러한 이중성 때문이다. 어머니는 부정하고 넘어서야 하는 가치이면서도 결핍을 채워 줄 유일한 회귀의 장소이다. 유년기의 집도 그리움의 대상이면서 동시에 여성으로 하여금 집안의 수동적인 존재로 만드는 가부장제의 감옥이기도 하다.[26] 이 때문에 김채원 소설의 마지막에서 상실한 낙원(집, 어머니)의 이중성을 확인하는 일은 지연되고, 상실된 가치와 새로운 의미의 탐색은 지속된다.

3. 엑조티시즘(exoticism)과 실존적 외부성[27]

김채원에게 유년기의 집이 안정과 불안, 그리움과 부정의 모순된

25 도린 매시는 장소와 공간에 대한 기존의 개념정리에 남성중심적인 시각이 자리하고 있다고 지적한다. 곧 장소를 집과 노스탤지어의 결합으로 보고 갈망화, 낭만화시키는 시각에는 집을 보호하고 위안을 주고 휴식을 주는 여성성의 장소로 보려는 경향이 있다는 것이다. 도린 매시, 정현주 옮김, 『공간, 장소, 젠더』, 서울대학교출판문화원, 2015, 54~62쪽.

26 장소는 또한 억압적이고 감옥 같은 것일 수도 있으며, 틀에 박힌 일상 속에 속박되어 있다는 느낌 때문에 벗어나고 싶은 욕망과 정착하고 싶은 욕구가 함께 나타날 수 있다. 에드워드 렐프, 앞의 책, 101~102쪽.

27 에드워드 렐프는 장소에 대한 경험의 방식을 문화에 동화되는 수준에 따라 크게 내부성과 외부성으로 나눈다. 내부성은 직접적이든 간접적이든 실제로 행동을 하거나 감성적인 참여를 하거나 장소에 완전히 무의식적으로 빠져들어 감으로써 획득된다. 실존적 외부성(existential outsideness)은 장소에 대한 자각적이고 깊은 생각 끝에 내린 무관심, 사람들과 장소로부터의 소외, 돌아

감정의 원천이 되었던 까닭에 실존의 근원으로서의 '집'은 영원한 탐색의 대상으로 남았다. 진정한 장소감의 상실은, 가짜 세상임을 의심하고 종종 '여기가 아닌' 다른 시공간, 다른 세계에 대한 상상으로 이끈다.[28] 그 중 하나가 이국의 공간으로 1970년대 김채원의 소설 대부분의 배경이 되었다. 데뷔작인 〈밤인사〉(1976)를 비롯하여 〈자전거를 타고〉, 〈달의 손〉, 〈먼 바다〉 등은 일본, 〈몽수리 공원에 내리는 가을〉, 〈밀월〉, 〈오후의 세계〉 등은 프랑스, 〈안개〉, 〈나이애가라〉 등은 미국이 배경이다. 주인공들은 이 장소에서 참된 장소감을 찾지 못하고 정체성 갈등과 좌절을 겪는다.

실제로 김채원은 1970년대 초 한국에서 동경으로, 동경에서 뉴욕으로, 다시 파리로 이주하여 생활하였다. 이 시기의 이국 체험을 두고 "어디론가 가버린 그 빛을 찾아서" "확실히 윤곽을 잡은 것은 아니지만 아마도 희구하는 세계를 찾아서" 집을 떠나 이국을 향하였으나, "체험의 승리로 이끌지 못했"다고 고백한 바 있다.[29] 같은 공간에 살고 있는 사람들의 상징과 의미를 공유하고 관련을 맺음으로써 그 공동체에 소속되고 완전히 동일시할 수 있어야 비로소 실존적 내부성을 획득할 수 있음을 뒤늦게 자각한 것이다.

사실상, 1970년대 다수의 청년층이 유학과 취업을 위해 외국으로

갈 집의 상실, 세계에 대한 비현실감과 소속감의 상실을 포괄하는 개념이다. 이 경우 장소는 실존의 의미 있는 중심이 되지 못하고 망상적 활동의 배경이 될 뿐이다. 에드워드 렐프, 앞의 책, 118~120쪽.

28 기억 속 유년기의 집이나 금지된 장소, 산 너머의 세계, 혹은 영화 속의 삶, 땅 밑, 바다 속, 거울 속의 세상 등에 대한 상상이 자주 나타난다. 김채원은 이런 상상을 가장 압축적으로 보여주는 단편 〈시간의 춤〉을 쓴 후 다시 〈거울 속의 샘물〉로 다듬었고, 이를 단편영화로 만들었다. 이 작품은 과거와 현재, 소리와 공간의 이미지들이 거울을 매개로 펼쳐진다.

29 김채원, 「내가 가장 예뻤던 때」, 『꿈꿀 시간 있으세요?』, 전원, 1993, 22~25쪽.

이주한 상황은 전쟁과 함께 유입된 막강한 아메리카니즘, 성취의 열망만으로 설명할 수는 없다. 그 이면에는 자유의 세계에 대한 동경, 분단의 상처로 인한 경계와 도피의 심리도 작용하고 있었다. 김채원의 이국 배경 소설에는 그 복잡한 상황이 다소 불투명하게 그려진다. 남북의 적대적 분위기 속에서 남북교류가 가능한 국가에서 느끼는 유혹과 불안감이 그것이다. 〈달의 강〉(1997)은 작가의 말대로 분단상황을 배경으로 분단문제를 의식하고 쓴 장편소설이다. 이 작품의 전반부는 김채원의 체험을 소재로 하여 재일북한인과의 우정을 그리고 있다. 일본을 배경으로 한 초기 단편 〈자전거를 타고〉(1977)를 개작하여 넣은 것으로, 남북으로 이산된 가족을 둔 자신의 상황을 제3국에서 객관화시켜 보며, 교류에 대한 희망을 엿보게 한다. 중반부는 파리를 배경으로 한 〈아이네 클라이네〉(1981)를 개작하여 넣은 것으로, 이응노 화백과의 인연과 동베를린 사건, 백건우와 윤정희 부부 납치 미수사건이 삽입된다. 〈바다의 거울〉(2002)은 김채원의 평양방문기로서 다큐멘터리 형식의 소설이다. 이 소설들에 나타난 재일한국인과의 우정, 북한 방문 예술인과의 교류의 서사, 그리고 평양방문의 기록에서, 부재하는 아버지의 세계에 접근하고자 하는 작가의 실제적이고 상상적인 노력을 읽어낼 수 있다. 이국 체험은 단순한 취향이 아니라, 분단의 상처를 치유하기 위한 분명한 노력의 흔적인 것이다. 그러나 분단은 엄연한 현실이었고 결핍을 해소할 방법은 사라진 과거에서나 찾을 수 있었다.

자각과 성찰의 시간을 보낸 후, 김채원은 그 이국 체험의 실체를 실존적 감각과 역사의 흐름 속에서 서사화한다. 그 중 하나가 자전적 소설 〈애천〉이다. 이 작품은 영화의 한자 제목도 읽을 수 없으면서 영화의 여주인공이 되어 “무방비 상태로 자신을 슬픔 속에 내맡”기던 소녀의 막연한 엑조티시즘을 전후의 불행한 가족사 속에 소환

하여 그려냄으로써 분단과 갈등으로 방치된 채 성장한 세대의 아픔을 강조한다. 주인공은 전쟁과 분단, 그리고 "부성(父性)이 멸실된 가족 공동체 속에서 '엄격한 생존의 현실'에 내팽개쳐진" 채[30] 방치된 어린 소녀이다. 소자라는 이름의 이 소녀는 전쟁 중 돌아오지 않은 아버지 대신 이부(異父) 오빠 승일이를 통해 어른의 세계를 배우며 성장한다. 그를 통해 서양의 문화를 접하고 영화를 즐기며, 영화 속에 "아름다운 온갖 것들"이 있다고 상상하고 동경한다. 주목할 부분은 정전된 거리에서 소녀가 느끼는 막막함과 불안에 대한 다음의 서술이다.

> 어느 순간 갑자기 툭, 소리를 내며 거리의 등불이 일제히 꺼졌다. 정전은 익숙한 것이었다. 극장의 네온만 어두운 하늘 아래 선명했다. 현실은 짓밟고 지나가야 할 무엇으로 소자에게 비쳤다. 지금 눈앞에 보이는 알 수 없는 어두운 거리와 같았다. 그 거리는 끝없는 미로로 통하고 있었다. (중략) 비밀을 극복하기에는 상처가 따른다는 것을 아이는 이미 깨달았을까, 그러나 어른스레 곧 눈물을 닦고 길 건너편 영화관 쪽으로 빨려들 듯 달려갔다.[31]

갑작스런 정전으로 어두워진 거리와 그것의 익숙함은 단지 전후의 암담한 현실을 재현하는 것을 넘어 박탈감이 일상화되고 있음을 보여준다. 유일하게 빛나는 극장의 네온은 이국의 환영 속에서 그 박탈감을 메우고 꿈을 키우는 어린 소녀의 이야기를, "짓밟고 지나가야 할" 현실과 끝없는 미로는 성인모델이 부재하는 혼란한 현실을

30 장석주, 「'당신', 아버지, 그리고 여성적 실존의 원형」, 김채원·유익서, 앞의 책.

31 김채원, 「애천」, 『달의 몰락』, 앞의 책, 191~192쪽.

암시한다. 주변에 내린 갑작스러운 암흑은 나를 중심으로 한 지각공간, 집단의 구성원으로서 의미 있게 연결된 생활 공간(실존공간)이 사라져버리는 경험이다. 본능적이고 원초적인 공간만이 남은 상태에서 빛나는 네온, 그리고 미로는 이 주인공으로 하여금 현실을 넘어선 다른 세계, '대리적 내부성'[32]을 느끼던 영상 속의 세계로 향하게 이끄는 장면이라 해석할 수 있다.

집과 공동체의 '장소성'을 상실하고, 정전된 길에서 이국의 환영과 미로를 따라 현실을 짓밟고 나가야 했던 이 여성 인물은 이후 여러 작품에 변형되어 등장한다. 그 중 하나가 〈서산 너머에는〉(2002)이다. 이 작품은 서산 너머, 미국 뉴욕에 사는 사촌과 전화 대화를 중심으로 어린 시절부터 현재까지의 일을 회상하는 내용이다. 어린 시절 서구 취향에 사로잡혀 있던 주인공은 과거 미국에서 온 소포에서 "신성함, 풍족함, 젊음, 유능함, 굳건함, 신사적인, 신식인…… 신세계……"(16쪽)의 느낌을 받았고, 그것은 그곳으로 유인하는 "이 세계를 지배하는 힘"의 이미지로 여겼다.

> 승준이 오빠에게 미국에서 오던 우편물 속에서 분명 그런 어떤 냄새를 맡았던 어린 날의 그 첫 느낌. 이 세계를 지배하는 힘은 대체 무엇일까. 무엇이 우리를 이렇게 만드는가. 전쟁, 테러, 어둠, 굴절된 빛, 역사는 무엇에 의해서 이루어지는 걸까. 사람들, 우리들의 의식 속에 숨어 있는 것은 도대체 무엇일까, 이 비틀린 세계의 밑그

---

32 특정 장소를 생생하고 직접적인 경험을 통해서가 아니라, 소설이나 다른 미디어를 통해 장소를 경험하는 것을 대리적 내부성이라고 한다. 즉, 간접적이거나 대리적인 방식으로 장소를 경험하고 그 느낌을 전해 받아 감정을 이입하게 됨을 뜻한다. 에드워드 렐프, 앞의 책. 118쪽, 122~123쪽.

림의 정체는 무엇일까.[33]

어느덧 중년의 나이가 된 '나'는 사촌과의 대화를 통해 모든 갈등과 문제를 해결해 줄 근원적인 힘에 대해 다시 생각한다. 한때 그것은 강대국에 의해 주도되는 물질문명, 이국의 삶의 냄새로 감각되었지만, 이제 '의식 속에 숨어있는 어떤 것'으로 방향이 바뀐다. 마지막에 "지구에 뿌리박고 있다기보다 지구를 감싸 안고 있는 듯 보인다는" 생명의 나무, 혹은 어둠을 몰아낸 '빛의 통로'를 통한 치유와 구원을 찾겠다고 마무리하고 있다. 실존의 근원에 대한 탐색은 '여기가 아닌' 다른 시공간에 대한 상상—현재 공간을 확장한 이국의 공간이나 시간의 문을 열고 과거의 장소로 향하는 것—이 아닌, 내면 성찰을 통해서라는 인식의 전환이 이루어진 것이다.

4. 현대 문명 비판과 장소 상실

김채원이 귀국 직후 발표한 〈나이아가라〉(1978)[34]는 미국에서 진학할 수 있기를 꿈꾸며 택시 운전을 하는 기묘라는 인물이 결국 적응에 실패하는 이야기이다. 주인공은 처음부터 미국 대륙의 어느 풍경에서도 정감을 느끼지 못할 뿐 아니라 격차가 심한 자본주의 사회

33 김채원, 「서산 너머에는」, 『쪽배의 노래』, 37쪽.

34 이 작품은 〈안개〉와 함께, 김채원이 유학에서 돌아온 직후 발표한 것으로 도시에 거주하는 문제적인 남성이 등장한다. 욕망과 공간, 도시성과 남성성을 겹쳐서 그림으로써 현대 물질문명에 대한 비판적 시선이 젠더 문제와 연관되어 나타난다. 오유진은 초현실주의적 상상력을 통해서 진보적 도시 질서에 대응하고자 했음을 더욱 직접적으로 보여주고 있다고 분석하고 있다. 오유진, 앞의 논문, 57-59쪽.

에 적응하지 못한다. 결국 거대한 욕망의 도시 맨해튼의 한 가운데에서, 아무리 걸어도 그 빌딩의 숲에 도달할 수 없다는 '요원함'에 자살을 택한다. 이 빌딩숲, 욕망의 대도시는 21세기에 들어선 한국의 대도시로 다시 나타난다. 김채원 소설의 인물들은 수십 년이 지난 고국의 도시에서 1970년대 기묘가 뉴욕에서 느낀 절망감과 외부성을 느낀다. 고유한 장소 감각의 상실, 정체성의 박탈감이다. 그것은 공간의 확장과 이동이 아니라, 시간의 이동과 문명화 속도의 격차에서 오는 것이다. 세대 문제로 바꾸어 말하자면, 과거의 기억과 관습에 고착된 세대가 같은 공간, 다른 시간에서 느끼는 불안과 두려움, 저항과 관련이 있다.

김채원은 수필을 통해 진보의 개념에 의문을 제기하고 물질만능주의, 이기주의가 만연한 현대사회에 대해 비판하는 목소리를 낸 바 있다.[35] 2000년대 이후 소설에서는 내포작가의 모습을 닮은 화자가 좀 더 적극적으로 문제를 지적하고 직설적으로 논평하는 경우가 많아졌다. 인간 실존의 탐색은 젠더와 분단의 역사를 넘어 산업화 및 상업적 개발과정이라는 거시적 맥락에서 개인이 느끼는 상실감, 현대사회의 보편적 문제로 확대되고 있는 것이다. 이런 소설의 주인공이 느끼고 서술하는 내용은 에드워드 렐프가 제시한 전형적인 장소 상실(placelessness)의 양상을 보여준다. 장소 상실은 장소가 상업적 개발과정에서 개성을 박탈당해 동질적이고 규격화된 경관으로 변화되어 결국은 고유한 장소감(sense of place)을 상실하는 것을 의미한다.[36] 인간의 조건을 자각하고 세계에 대해 개방성을 가지는 대신, 기술중심의 대중적 편의에 맞춘 공통적이고 평균적인 성격에만 관

35 김채원, 「너와 나의 만남은 필연인데」, 『꿈꿀 시간 있으세요?』, 전원, 1993, 200쪽.

36 에드워드 렐프, 앞의 책, 13쪽.

심을 가지고 이에 무의식적으로 따르게 된다는 것이다. 이 비진정성이 여러 프로세스를 통해 장소 상실을 조장한다.[37]

〈푸른 미로〉는 장소에 대한 비진정성, 규격화되고 획일화된 세계에서 느끼는 실존적 외부성과 장소 상실의 문제를 제기하고 있다. 작품은 "이 세상이 아닌 다른 세상", 평행세계에 대해 상상하는 프롤로그에서 시작된다. 화자는 호안 미로(Joan Miró)의 그림에서 미로(迷路)를 연상하고, 다시 파울 클레(Paul Klee) 그림 속의 화살표에서 생각이 멈춘다. 미로를 헤매면서 간절히 원하는 정확한 방향의 제시, 그 화살표의 부재가 이 혼돈된 상황의 문제임을 제기하는 것이다. 이어지는 이야기는 '나'가 제자를 위해 법원에 가서 증언을 하고 돌아오는 내용이다. 제자는 규격화된 사회, 질서 정연한 세계에 맞지 않는 특별한 사람으로서, 여자에게 보낸 나체사진이 문제가 되어 정신이상자로 몰리게 되었다. '나'는 제자가 일으킨 불협화음에 대해 나름대로 설명을 하고자 하였고, 어머니의 시각에서 그 모든 것은 수용할 수 있는 일이라는 말을 덧붙였다. 그러나 '나'는 이 세계의 어디에도 없다는 느낌, 나의 증언이 어디에도 가 닿고 있지 않다는 느낌을 받는다. 결국 법원으로 갈 때와 마찬가지로 돌아오는 길에도 착각과 환상으로 길을 헤매고 만다.

> 푸른 신호등이 켜지자 거리는 푸른빛으로 물들여졌다. 가라는 신호가 켜졌으나 그녀는 그대로 서 있었다. 이곳이 어딘지 알 수 없었다. 그녀가 알고 있는 거리가 아니었다. 길을 건너야 할지 오른쪽으로 가야 할지 왼쪽으로 가야할지 전혀 감을 잡을 수 없었다.[38]

---

37 에드워드 렐프, 앞의 책, 179~197쪽.

38 김채원, 「푸른 미로」, 『지붕 밑의 바이올린』, 현대문학, 2004, 317쪽.

단편 〈애천〉에서 어린 소녀가 정전된 거리에 서 있던 모습이 환기되는 장면이다. 밤은 어둡고 거리는 지나치게 넓고 차들은 너무 빨리 달리는 거리에서, 그녀는 불안감을 느낀다. 잃어버린 근원, '진짜 세계'를 찾기 위한 노력의 연속 속에서, 주변의 세계는 말 그대로 '가짜'가 되어버린 것 같은 느낌을 받는다. 이제 생활 공간의 영역조차 침범당하고 진짜와 가짜를 구분할 수 없는 정도의 혼란에 처한 것이다.

비슷한 느낌과 무감동의 경험, 광범위한 획일화는 인간의 장소정체성을 약화시키고 방향성을 상실하게 한다. 대표적인 것이 똑같이 생긴 공공아파트 지구로서 전선과 도로에 의해 구획되고 연결될 뿐, 인간과 인간의 만남은 고려되지 않고 지역성을 구별하는 것이 불가능하다. 김채원은 여러 작품에서 도시의 아파트 숲이 주는 충격을 세심하게 그리고 있다.

> 생각해보라. 한 정거 내내 아파트 단지여도 이상할 텐데 한 정거 두 정거 세 정거 네 정거 이렇게 아홉 정거까지 아파트 숲이었다. 가도 가도 가도 가도 아파트는 끝나지 않았다. 끝없는 직각과 직선의 세계. 어떻게 이렇게도 많은 아파트가 모여 있는 곳이 있을 수 있는가. (중략) 어마어마한 이 숫자. 공장을 중심으로 이룬 소왕국. 도시 속의 완벽한 요새[39]

〈푸른 미로〉의 주인공은 강남의 백화점에서 셔틀버스를 타고 돌아 나오는 길에, 끝없는 아파트의 숲에서 방향을 잃는다. 자신의 위치를 감지할 만한 특별한 표지를 발견하지 못하여 혼란을 느낀다.

---

39 김채원, 「푸른 미로」, 앞의 책, 293쪽.

그녀에게 아파트만으로 이루어진 숲은 마치 도시 속의 완벽한 요새와 같아, 그 안에 갇힌 기분을 느낀다. 또 밤에 바라본 아파트는 창마다 불이 켜진 "거대한 유령선"과도 같아 보인다.

> 아파트 단지는 불 꺼진 건물들 사이에서 거대한 유령선처럼 창마다 불을 켜고 있었다. (중략) 어느 집이나 같았다. 방위에 방이 있고 또 방이 있으며 욕조 위에 욕조가 있었다. 화장실 배수관은 길디긴 파이프로 천당에 오르려는 듯 세워져 있었다.[40]

장소 정체성의 위협은 강요된 획일성과 표준화에서 온다. 지루할 만큼 이어지는 아파트 숲과 도시의 아파트에서 상상되는 묘사는 개인에게 가해지는 억압의 실체를 비유적으로 보여주고 있다. 도시의 아파트 단지가 주는 거대함, 내외를 구분할 수 없는 요새화는 진정한 장소감을 박탈하고 자기 공간이 폐쇄되는 느낌을 준다. 이 주인공이 변호하기로 한 제자는 바로 그 직각과 직선의 세계에서 곡선을 만들어 불협화음을 일으킨 장본인이었다. 〈등 뒤의 세상〉의 화자는 여자의 관찰을 빌려 이 문제에 대해 좀 더 강하게 논평한다. 새로 짓는 건물의 화려함을 "필요에 의해 멋 부리지 않고 조촐하게 무리 없이 지은" 옛 건물과 비교하여 "싸구려 같"고 "경박하"고 거리는 "막되어 먹은 듯"하다고 서술한다.

> 아무렇게나 거리를 압사시키며 세워져 있는 거대한 고가도로, 아무렇게나 눈을 주는 어디에서나 설 자리 앉을 자리 살피지 않고 무지막지 자리잡고 있는 거대한 아파트 단지, 아무렇게나 쓰러질

---

40 김채원, 「푸른 미로」, 앞의 책, 319쪽.

> 듯 서 있는 시멘트 전봇대, 전봇대 위에 고압전선통이 위태롭게 얹혀 있고 수많은 전선줄이 그 무게를 감당 못 해 축 늘어져 있다. 가로수 사이를 지나가는 전선줄에 시름겨워 보이는 가로수, 바람이 심하게 불면 쓰러질 것 같은 가로수 옆 가로등 …… 이런 것들에 저항하기보다 순응하고 순종하듯 여자는 걷는다.[41]

약국은 대형화되고 안경점은 수도 없이 많고, 모두들 물건을 파느라 정신없는 거리의 무지막지함은 결코 건강하게 비치지 않는다. 인용부에서 알 수 있듯, 고가도로는 "거리를 압사시키며" 세워져 있고, 전봇대는 "쓰러질 듯" 서 있고, 고압전선통은 "위태롭게" 얹혀있고, 수많은 전선줄은 무게를 감당못해 늘어져 있고, 그 때문에 가로수는 쓰러질 것 같다. 이 위태로운 길을 여자는 저항하면서가 아니라 순응하고 순종하듯 걷는다. 인간은 생물학적 필요와 감각에 근거한 수용력에 필수적인 정도, 그런 적절한 규모일 때 장소에서 안정감과 토포필리아를 느낄 수 있다.[42] 그러나 여자가 느끼는 도시는 너무 거대해져서 서로 관계를 맺는 자연스러운 공간 단위가 되지 못하고 불안감만 안겨준다.

앞서 살폈듯, 비인격적인 계획에 의한 경관 훼손과 건설, 그리고 획일성은 인간의 노스탤지어를 파괴하고 장소애를 상실케 한다. 개인의 추억, 사건의 기억이 녹아든 장소, 그 경관이 사라짐으로써 인간은 주변공간에서 고립감과 외부성을 느끼게 된다. 이 주인공을 자꾸 잡아당기는 그 등 뒤의 세상, 유년기 동경 속에서 바라보았던 성 터 건너편의 세계는 이제 개발에 의해 완전히 사라지고, 오로지 과

---

41 김채원, 「등 뒤의 세상」, 앞의 책, 50쪽.
42 이-푸 투안, 이옥진 옮김, 『토포필리아』, 에코리브르, 2011, 158~159쪽.

거의 추억에만 남아있게 되었음을 씁쓸하게 확인해야 한다. 김채원은 질서와 자유, 책임과 평등, 안전에의 욕망, 정신적이고 심리적인 애착의 근원[43]에 대한 지속적인 성찰 결과, 이제 그 문제를 분단의 역사와 가부장제의 문제만이 아닌, 문명화의 문제로까지 확대시킨다. 여기에서 느끼는 실존적 외부성은 내부성에 대한 여전한 갈망이면서, 현대성에 대한 저항의 의지로 나타난 것이라 할 것이다.

5. 노년의 불안과 길 찾기

1990년대 중반 이후 김채원 소설에서 여성성의 의미에 대한 탐구는 점차 내면화, 간접화되고 인생의 새로운 길 찾기라는 주제가 나타난다.[44] 집이라는 장소에 뿌리내린 존재를, 집 밖으로 끄집어내어 미로에 놓아두는 것이다. 그러나 남성에 의해 점유된 집 밖의 공간에서 여성주인공들은 한결같이 두려움과 불안감, 위축감을 느낀다. 유년기의 소자(〈애천〉)에게는 그저 막막함과 불확실함의 기표이자, 무한한 가능성을 향한 문이었던 길 찾기가 중년에 이른 여성에게는 집으로의 회귀를 전제한 모험, 공포와 불안감을 주는 일로 그려진다.

〈인 마이 메모리〉는 길 찾기의 두려움에 대한 소설이다. 짧은 외출에도 피로감을 느끼는 자매는 둘만의 힘으로 길을 잃지 않고 성묘를 다녀온 것에 대단한 성취감을 가진다. 그녀들은 "현대도시사회에서 떨어져나와 고립되어 있는 인생의 다른 조각인 것 같"은 풍경에

43 에드워드 렐프, 앞의 책, 95쪽.
44 장석주, 「김채원, 그 모성적 상상력의 세계」, 앞의 책, 385쪽.

서, 이방인과 같은 낯섦과 두려움을 느끼며 살고 있다. 자매지간에도 서로의 영역을 침범하지 않으려고 애쓸 정도로 철저히 고립된 채 지내는 것이다. 철원 상공에 정체불명의 비행기가 나타났다는 보도와, 목숨을 걸고 귀순한 탈북자의 소식은 그녀들을 더 불안에 떨게 한다. 그러나 이산의 고통 속에서 인생의 길 찾기가 한 번도 수월한 적이 없었던 자매들에게 성묘라는 상징적 외출행위는 목숨을 걸고 귀순한 탈북자의 행위와도 맞먹는 일이었다.

2000년대 이후 발표한 김채원의 소설에는 집 밖의 여성이 가지는 불안에 노화에 따른 불안과 장소감의 상실이 덧보태 그려진다. 이제 주인공이 느끼는 실존적 외부성은 노화와 주변화에서 오는 소외감과 불안과 같은 정서적 특징과 결합하여 현실적인 문제 제기로 발전한 것이다. 노화는 지각세계를 수축시키고, 지리 감각을 둔화시키며, 외부와의 접촉횟수도 줄어들게 만들어 공간적 지평을 축소시킨다.[45] 여기에 경관의 변화, 전통의 약화, 개인이 타인과 맺는 상호작용의 단절은 장소애를 더욱 약화시킨다.[46]

〈푸른 미로〉(2000)에서 '나'는 일상의 질서와 삶의 방식을 잘 이해하고 자기화하지 못하는 비사회적인 존재이다. '나'는 백화점 버스 시간과 노선을 확인하는 것도 서툴고, 길을 묻는 것도 힘들어한다. 똑같은 길과 빌딩, 아파트 숲에서 자신의 위치를 파악하고 방향을 지시하는 화살표가 부재하고 있음을 하루의 외출을 통해 확실하게 깨닫는다. 자전소설 〈등 뒤의 세상〉[47]에는 64세가 된 작가의 시선

---

45 이-푸 투안, 『토포필리아』, 앞의 책, 96~97쪽.

46 에드워드 렐프, 앞의 책, 80~83쪽.

47 이 작품은 『현대문학』 2010년 1월호 신년 자전소설 특집에 실렸고, '대표작가 9인의 자전소설'을 묶은 『석양을 등에 지고 그림자를 밟다』(현대문학, 2010)에 재수록되었다.

이 비교적 뚜렷하게 나타난다. 별다른 사건이나 대화도 없이 산책과 관찰, 묘사와 내면 서술로 이루어진 작품이다. 여기에 주변의 변화에 적응하지 못하여 느끼는 두려움이 지배적 정서로 나타난다.

이 여성 인물들은 자주 "모르겠다"는 말을 반복한다. 버스노선도, 설문조사서, 상품설명서, 저축안내서 등 설명글들을 읽고 이해하는 것에 어려움을 느낀다. 누군가의 질문에 대해서도 답해줄 수 있는 것이 없다. 세상의 빠른 변화에 반비례하여, 그 속도만큼 도태되고 무기력해지는 노인 세대들의 문제가 "모르겠다"는 반복적인 말 속에 고스란히 나타난다. 이들은 1970-80년대 경제발전의 주역이었지만, 그 급속하고 압축적인 성장에서 소외되고 주변화되어 버린 것이다. 〈베를린 필〉에서 '나'는 노화의 자각을 다음처럼 표현하고 있다.

> 친구들이 보여주는 이 공통된 느낌, 물론 그것은 인생이 후려친 자국, 손상의 느낌일 것이다. 나와 친구들의 뇌는 조금씩 표시 안 나게 쇠퇴해가고 있었다. 나는 그것을 뚜렷이 느낄 수 있었다. 그러나 그것만이 아닌 특별한 느낌이 거기에는 덧붙여져 있었다.[48]

'나'는 뇌가 쇠퇴한 느낌, "인생이 후려친 자국"을 일상에서 뚜렷이 느낀다. 콘서트를 보러 간 딸을 따라 나선 외출에서는 카페와 광장의 소음 덩어리가 마음을 부식시키는 느낌을 받으며, 빨리 달리는 자동차를 보고 불안감을 떨치지 못한다. 크고 넓은 건물에서 길을 잃을까 노심초사하고, 멀리서 본 것과 가까이에서 확인한 것이 다른 데에서 실망감을 감추지 못한다. 악기를 실은 큰 차 때문에 막힌 주차장에서는 생의 이면을 보고 말았다는 두려움을 느낀다. 이런 관찰

48 김채원, 「베를린 필」, 『2016 현대문학상 수상소설집』, 현대문학, 2017, 21쪽.

과 느낌은 남이 만들어놓은 세상에서 "주도권을 무엇인가에 넘겨준 채" "자신도 모르는 사이 어딘가에 꿰어져" 살아왔다는 자각을 향한다. 서울 시내 한복판에서 느끼는 장소상실감에 과거 70여 년간의 파편화된 무거운 기억이 겹쳐져 한 세대의 쇠퇴과정과 피로감, 상실감을 그려낸 것이다.[49] 노화의 자각에 덧붙여져 있던 바로 그 "특별한 느낌"이다.

주변으로 밀려난 노년의 인물들은 대체로 장소에 대한 애착과 연대감을 박탈당하고 과거 사건의 회상과 장소의 추억에서 비로소 안식을 얻는다. 이 때문에 어린 시절의 사건과 대상에 묶여 과거의 환상 속에서 지내는 일이 많아진다. 김채원 소설의 노년인물들도 이 비현실적 실체감을 벗어나기 위해 과거의 한 시기, 한 장소에 대한 기억에 집착한다.

〈등 뒤의 세상〉은 등 뒤에서 여자를 부르는 어린 시절의 기억, 성터 저편의 세계에 대한 사유에서 마무리된다. 여자는 어린 시절 성터 근처에서 살며 건너편의 그림 같은 마을에는 행복한 사람들이 살 것이라고 막연하게 생각하며 그곳의 삶을 동경했다. 공교롭게도 그곳에 현재 여자가 살게 되었지만, 그 시절 꿈꾸던 그 공간도 그 미래도 아니다. "괴물이 되어" 시간의 축과 공간의 축이 만난 지점에 서 있는 것이다. 거기에서 여자가 기억하고 느끼는 감정은 모호함, 두려움, 초라함, 그리고 아픔이다. 그저 다른 삶으로 옮겨가기 위한 노력 속에서만 안식을 느낄 뿐이다. 〈푸른 미로〉는 주인공의 어린 시

---

49 노년의 작가가 느끼는 파편화된 시공간, 기억의 파기, 상실의 수용, 공허감은 같은 시기에 쓰여진 〈쪽배의 노래〉(2014)에서도 잘 나타난다. 이 작품은 작가의 글쓰기의 기원이 되었다고 고백한 동숭동 집의 조각난 이미지를 나열하여, 한때 함께 했던 기억만 있을 뿐 결국은 뿔뿔이 흩어지는 공허한 장소가 되고 있음을 그리고 있다.

절, 산꼭대기에 비행기가 추락한 사건의 기억에서 마무리된다. 비행기가 추락한 장소로 가는 것이 금지된 까닭에 "커가면서, 보지 않은 그 부분이 어떤 공백으로 남아 몸속에 세포화"되었다는 자각, 그것이 인생에서 늘 이해하지 못할 미로의 심연과도 같은 부분이 되었던 것이다. 이 세상에 속해있으면서도 타인 같은 느낌을 받은 이유, 채워지지 않는 결핍을, 유년기에 가지 못한 그곳에서 찾아내지만 그 화살표는 곧 안개 속으로 사라지고 만다. 이 공간에서는 결코 도달하지 못할 과거의 장소이기 때문이다. 〈베를린 필〉의 마지막 부분도 회귀할 수 없는 시간으로 되돌아가기 위한 노력과 그 환영에 사로잡힌 상태를 보여준다. 이런 마무리는 이전 소설에 나타난 잃어버린 낙원으로의 회귀의 구조와 크게 다르지 않다. 그러나 이제는 그 시공간으로 회귀를 꿈꾸는 자신을 "괴물"로 표현하며, 낙원의 상실을 받아들이고 있다.

6. 영원한 외부성, 분단성장세대 여성의 글쓰기

김채원은 전쟁과 분단, 이산의 고통을 겪고, 남성가족원 부재의 상황 속에서 동성 가족원(어머니, 할머니)에 대한 모방과 거부 속에 혼란을 겪으며 성장했으며, 전후에 유입된 서구문화에 의해 이국 취향과 전통부정, 대립과 갈등 속에서 글쓰기를 지속하였다. 이러한 삶의 경험과 문제는 김채원 소설의 실존적 탐색이라는 형이상학적 뼈대에 피와 살이 되었다.

실존적 장소는 인간을 중심으로 주위를 둘러싼 환경과 의식적인 관계 맺음의 장을 형성함으로써, 관계를 통해 미지의 공간을 이해하고 가치를 부여함으로써 구축된다.[50] 그러나 김채원 소설의 여성 인물은 현실에서 내부성을 느끼지 못한다. 이 때문에 혈연이나 제도로 치장된 안정된 삶으로부터 벗어나 삶의 본질과 근원(잃어버린 낙원)을 찾기 위해 이국으로 떠나거나, 길을 나서 낯선 주변을 관찰한다. 그러나 그 어느 곳에서도 뿌리내릴 수 있는 삶의 장소를 찾지 못한다. 세계의 '기만'을 깨닫고 다른 세계를 꿈꾸지만, 욕망의 대상을 찾지 못하고 결국 도달할 수 없는 세계로 되돌아오는, 상실과 탐색, 회귀의 서사 구조가 김채원 소설의 구조를 이룬다. 초기 대표작 분석에서 확인했듯, 이 탐색의 과정은 실존적 고립감에 대한 자각이자 상실의 공포와 불안으로 점철된 치밀한 관찰의 과정이었다. 그러나 탐색의 끝에서 발견한 유년기의 집은 그리움의 실체이자, 가부장제의 감옥이고 상처의 근원임을 다시 확인한다. 따라서 이 지속된 탐색은 근원에 대한 지향이면서 동시에 뿌리내림에 대한 저항적 행위가 된다.

김채원 소설에는 지속적으로 공간의 확장과 길 찾기 모티프가 나타난다. 진정한 장소감을 상실한 까닭에 내부성을 느낄 수 있는 다른 시공간을 상상한 것이다. 이런 상상으로, '꿈과 현실의 화해', 과거와 현재가 만나는 서정적 순간을 그려내고자 다양한 실험을 했고, 이 가운데 여러 인물이 겹쳐서 나타나거나 동일시되는 시간적 동시성[51]이라는 초현실적 기법이 나타났다. 그러나 순간적 화해, 초현실적 해법만으로는 몸속에 "세포화"되고 만 공백, "늘 이해하지 못할 미로의 심연"(〈푸른 미로〉)을 채울 수 없었다. 그저 욕망의 대상을 향한 기표의 무한한 미끌어짐을 확인하는 과정이 될 뿐이었다. 그리고

50 김철중, 「실존적 장소의 내 외부성에 관한 연구」, 『한국공간디자인학회논문집』, 2017.

51 임금복, 「존재 그리기의 미학」, 돈암어문학회, 『돈암어문학』 8, 1996.

이 세대는 영원한 외부성과 장소 상실을 견뎌내야 하는 노년층이 되었다.

전쟁과 분단의 시기에 유년기를 보내야 했던 이 세대는 제대로 된 보살핌을 받지 못한 채 이념의 격투장과 폭력적 삶의 현장에 내팽개쳐졌고, 올바른 성장모델을 통해 정체성을 형성하기 어려웠다. 이 세대의 문제를 소설로 재현함에 있어 중요한 것은 회상의 내용과 상처의 노출보다는 진정한 탐색의 형식에 있다. '방치된 채' 성장해야 했던 소녀가 성인이 되고 중년에서 노년에 이르도록 결코 벗어날 수 없었던 영원한 외부성, 그 원인과 답을 찾아가려는 내면의 모험 형식[52], 치열성이 그것이다. 동일한 지점에서 물러서고 다가가기를 반복하는 과정에서 김채원은 조용히 때가 묻은 버선을 던져 버렸고, 길 찾기의 두려움을 견디었다. 한때 "이 세계를 지배하는 힘"의 냄새로 다가온 엑조티시즘의 실체와 자기기만을 목도하고 "인생이 후려친 자국"을 느끼며, 이제 급속도의 산업화 도시화로 훼손된 경관의 경박함과 뿌리 없음에 대해, 그리고 대량화와 획일화가 주는 위험에 대해 단호하고 조용하게 경고한다.

김채원의 후기작은 여전히 길 찾기의 두려움과 불안을 보여주고 있지만, 그것은 더이상 실존의 근원에 대한 개인적 추구만은 아니다. 진정한 장소감의 상실과 실존적 외부성이 작가 혼자의 것이 아닌 모두의 현실이 되어가고 있음을 직시한 데에서 오는 것이다. 이 점에서 김채원이 실존적 존재인 동시에 사회적 존재인 인간의 삶에

---

52 이 형식 역시, 손유경이 지적한 "비의지적으로 회귀하는 유년기-무의식에 정직하게 반응하는 회상의 한 '형식'"(손유경, 「유년의 기억과 각성의 순간-산업화시대 '성장''서사'의 무의식에 관한 일고찰」, 한국현대문학회, 『한국현대문학연구』 37, 2012.)의 하나로서 오정희, 윤흥길, 황석영 등 유년기 전쟁체험 세대의 글쓰기와 같은 맥락에서 논의될 수 있을 것이다.

대한 총체적 성찰이라는 문학 고유의 자리에 이르렀다고 한 오래전의 평가[53]는 오히려 이 후기작들에 걸맞은 예견된 지적이었다고 할 수 있다.

53 박철화, 「의지의 떨림, 떨림의 미학」, 앞의 책.

참고문헌

김채원, 『오늘의 한국문학 33선-김채원』, 양우당, 1991.
______, 『꿈꿀 시간 있으세요?』, 전원, 1993.
______, 『달의 몰락』, 청아출판사, 1995.
______, 『달의 강』, 해냄출판사, 1997.
______, 『봄의 幻』, 열림원, 2003.
______, 『지붕 밑의 바이올린』, 현대문학, 2004.
______, 『쪽배의 노래』, 문학동네, 2015.
______, 「베를린 필」, 『2016 현대문학상 수상소설집』, 현대문학, 2017.
김채원·유익서, 『자전거를 타고, 민꽃소리 외(한국소설문학대계 79)』, 동아출판사, 1995.

권영민, 「13회 이상문학상 심사평-잔잔하게 밀려드는 이상스런 감동」, 『겨울의 환』, 문학세계사, 1989.
김경수, 「한국여성소설의 현단계」, 『한국여성소설연구 2』, 갑인출판사, 1991.
김복순, 『"나는 여자다"-방법으로서의 젠더』, 소명출판, 2012.
김영미·김은하, 「중산층 여성의 정체성 탐구」, 『오늘의 문예비평』, 1991.9
김인옥, 「김채원 소설 연구」, 『개신어문연구』, 1998.12.
김철중, 「실존적 장소의 내외부성에 관한 연구」, 『한국공간디자인학회논문집』 12-5, 2017.
류미향, 「권도옥과 김채원 소설 속 병리와 문학치료 연구」, 경북대 박사논문, 2017.
변신원, 「환멸에서 환상으로-김채원론」, 『페미니즘은 휴머니즘이다』, 한길사, 2000.
서영은, 「생의 태풍 속을 무구한 노로」, 『문학사상』, 1984.5.
손유경, 「유년의 기억과 각성의 순간-산업화시대 '성장''서사'의 무의식에 관한 일고찰」, 『한국현대문학연구』 37, 2012.

심승희, 「장소 개념의 스펙트럼과 잠재력」, 한국문화역사지리학회, 『현대문화지리의 이해』, 푸른길, 2013.
오유진, 「김채원 소설에 나타난 초현실주의적 상상력 연구」 서울대대학원 석사논문, 2020.
임금복, 「존재 그리기의 미학」, 『돈암어문학』 8, 1996.
정미숙, 「'밥상'의 지형과 젠더 구성」, 『현대문학이론연구』 78, 2019.
조회경, 「김채원의 「겨울의 환」에 나타난 구원의 여정」, 『문학과 종교』, 2007.
이-푸 투안, 이옥진 옮김, 『토포필리아』, 에코리브르, 2011.
이-푸 투안, 구동회·심승희 옮김, 『공간과 장소』, 대윤, 2011.
에드워드 렐프, 김덕현·김현주·심승희 옮김, 『장소와 장소상실』, 논형, 2005.
도린 매시, 정현주 옮김, 『공간, 장소, 젠더』, 서울대학교출판문화원, 2015.

■ 「김채원 소설에 나타난 실존적 탐색과 장소성」
(『현대소설연구』 79, 2020.)

한국현대소설의 관습과 전략

초판 1쇄 인쇄 2021년 2월 25일
초판 1쇄 발행 2021년 3월 2일

지은이 이상진
펴낸이 박성복
펴낸곳 도서출판 월인
주 소 01047 서울특별시 강북구 노해로25길 61
등 록 1998년 5월 4일 제6-0364호
전 화 (02)912-5000
팩 스 (02)900-5036
홈페이지 www.worin.net
전자우편 worinnet@hanmail.net

ISBN 978-89-8477-700-2 93810

값은 뒤표지에 있습니다.